Warum ist das Licht gegeben
dem Mühseligen,
und das Leben
den betrübten Herzen?

Hiob 3, 20

vielleicht riete mir
Rabbi Nachman
aber wie ihn finden
unter all der Asche...

Zbigniew Herbert

Dieses Buch widme ich – stellvertretend – all denen, die den Gedanken an ein solcherart persönliches Requiem für die polnischen Juden, von deren Martyrium und Kampf das Schicksal des Warschauer Gettos das umfassendste Bild vermittelt, wachgerufen und über Jahre hinweg wachgehalten haben:

Olga und Otto Axer
Władysław Bartoszewski
Ryszard Marek Groński
Marek Holzman
Henryk Lipszyc
Aleksander Mincer
Jerzy Piórkowski
Mark A. Razumny
Bogdan Wojdowski

Ferner danke ich den Mitarbeitern des Żydowski Instytut Historyczny, Warszawa, für ihre stets freundliche, das Maß eines verständlichen Engagiertseins weit übersteigende Bereitschaft, zu raten und zu helfen, sowie der Agencja Autorska, insonderheit Frau Zofia Ściegienna und Herrn Bartłomiej Białas, für ihre tätige Teilhabe am »Hiob 1943«.

Karin Wolff
Frankfurt/Oder, am 15. November 1981

Hiob 1943

Ein Requiem für das Warschauer Getto

Ausgewählt und herausgegeben
von Karin Wolff

Neukirchener Verlag

Alle im Quellenverzeichnis (S. 317ff.) nicht besonders
kenntlich gemachten Beiträge wurden von der Herausgeberin
übersetzt.

1983
Neukirchener Verlag des Erziehungsvereins GmbH, Neukirchen-Vluyn
Lizenzausgabe
mit Genehmigung der Evangelischen Verlagsanstalt GmbH,
DDR-Berlin © 1983
Alle Rechte vorbehalten
Umschlaggestaltung: Kurt Wolff, Düsseldorf-Kaiserswerth
Satz: Druckwerkstätten Stollberg VOB
Druck und buchbinderische Verarbeitung:
Breklumer Druckerei Manfred Siegel
Printed in Germany
ISBN 3-7887-0708-9

CIP-Kurztitelaufnahme der Deutschen Bibliothek

[Hiob neunzehnhundertdreiundvierzig]
Hiob 1943: Requiem für d. Warschauer Getto /
ausgew. und hrsg. von Karin Wolff. –
Neukirchen-Vluyn: Neukirchener Verlag, 1983.
    ISBN 3-7887-0708-9
NE: Wolff, Karin [Hrsg.]

WŁADYSŁAW BRONIEWSKI

Den Juden Polens

Zum Gedenken an Szmul Zygielbojm

Nun, da verstummt in den polnischen Städten die Schreie der Opfer
und die Verteidiger des Warschauer Gettos im Kampf sind gefallen,
tauche ich, heimatlos irrender Dichter, in Blut meine Feder,
widmend dies Klagelied, polnische Juden, als Nachruf euch allen.

Nicht Menschen – uniformierte Verbrecher, blutgierige Henker
kamen, um euch, eure Frauen und Kinder zu Tode zu hetzen,
euch in den Kammern mit Gas, in den Gräben mit Kalk zu vernichten,
zynisch höhnend die Sterbenden noch, die gepackt von Entsetzen.

Waffenlos habt ihr mit Todesverachtung den Kampf aufgenommen,
der im September begann, ohne Hoffnung, den Mördern zu wehren,
Steine entgegengeschleudert den Richtschützen ihrer Kanonen.
Söhne Makkabis, ihr wußtet zu sterben wie einstmals – in Ehren.

Einmeißeln sollte man so wie in Marmor in aller Gedächtnis:
Juden und Polen gehörte das Haus, das der Feind brannte nieder.
Dachau und Auschwitz, die Gitter, die Mauern der Exekutionen,
unsere Toten vereinen uns alle auf ewig als Brüder.

Ein gemeinsamer Himmel strahlt einst über Warschaus Ruinen,
und unser Sieg wird unsre gemeinsame Mühe belohnen,
jedermann Freiheit und Brot und Gerechtigkeit wieder gewähren;
wahrhafte Menschen nur werden als einzige Rasse hier wohnen.

KRZYSZTOF E. ŚLIWIŃSKI

Introduktion: »Ein armer Christ
blickt aufs Getto«

1. Ich versuche mutig zu sein. Ich versuche nicht zu denken, daß diese Geschichte mich nichts angeht. Daß sie sich unter Menschen vollzogen hat, mit denen ich nichts gemein habe und nie haben werde. Daß dies eine Episode in der Menschheitsgeschichte war, wie man sie von Zeit zu Zeit vor Augen geführt bekommt, ohne daß damit eine bestimmte Strömung in der Historie fixiert würde.

Man könnte glauben, daß bereits genug gesagt worden ist über die Opfer und ihre Leiden. Auch über die Verbrecher ist das Urteil längst gefällt – in Nürnberg und in all den anderen Städten, wo man über sie zu Gericht gesessen hat. Die Historiker haben die Ursachen bestimmt, die Hitler an die Macht und die Deutschen in den Wahnsinn eines zweiten Weltkrieges geführt haben. Die Soziologen kennen eine große Zahl von Mechanismen, die die Willfährigkeit einer Gesellschaft gegen Losungen wie „Ein Volk, ein Reich, ein Führer" und „Judenfreimachung" erklären, und die Psychologen haben ihrerseits Erklärungen mit eingebracht. Die wissenschaftliche Erforschung führt zu einer einsichtsvollen Beruhigung: die Welt ist Forschungsgegenstand, und ich, der ich jene Bücher lese, bin ein Beobachter von Vorgängen, die Erkenntnis vermitteln und damit eine distanzierte Geschichtsbetrachtung ermöglichen.

Die Literatur hebt diese Distanz auf. Ich denke an Bogdan Wojdowskis „Brot für die Toten" [s. auch S. 70–112].

Zwangsläufig unternehme ich den naiven Versuch, mich mit dem Helden des gelesenen Buches zu identifizieren, zwangsläufig versuche ich, den Archetypus aufzuspüren und mich selber im Mythos wiederzufinden, und damit werde ich bald zum Opfer, bald zum Verbrecher, bald zum hilflosen Augenzeugen. So beginne ich den Dialog mit ihnen allen, und vor mir steht ein Mensch, den sie getötet haben, weil Europa *judenrein* zu sein hatte, und ich muß an eine Strophe von Miłosz denken:

Was sag ich ihm, ich, ein Jude des Neuen Testaments,
Zweitausend Jahre auf die Rückkehr Jesu wartend?
Mein zerschlagener Leib liefert mich seinem Blick aus.
Und er zählt mich unter die Handlanger des Todes:
Die Unbeschnittenen.

Das Gedicht, verfaßt in den Jahren 1943/44, trägt den Titel „Ein armer Christ blickt aufs Getto".

2. Es waren sehr viele Menschen, die man in Gettos zusammengepfercht und zum Tode verurteilt hatte. In Warschau allein fast eine halbe Million. Gibt man sich genügend Mühe, so tauchen hinter dieser riesigen, unpersönlichen Zahl nach und nach Gesichter auf. Alte und junge Gesichter, Gesichter von Männern und Frauen und auch von Kindern. Sie unterschieden sich in ihrer Bildung. Manche konnten mit Sicherheit weder lesen noch schreiben; andere kannten die Literatur in mehreren Sprachen, hatten an berühmten Universitäten ihre Examina gemacht.

Wenn Anne Frank schreibt, daß „Frau van Daan bekannt ist als unbescheiden, egoistisch, dummschlau, berechnend und mit nichts zufrieden", so notiert sie auf diese Weise ein verblüffendes Faktum, nämlich die Gewöhnlichkeit und Alltäglichkeit dieser Person.

Eigenliebe und Schläue sind weder für einen Märtyrer noch für einen gesetzmäßig verurteilten Verbrecher typische Attribute. Ebensowenig wie Reichtum oder ein Leben in äußerster Armut, wie Dummheit, Gelehrtheit, Mittelmäßigkeit. Die Menschen im Getto starben nicht, weil sie irgendwelche Missetaten begangen hatten oder weil sie bereit gewesen waren, ihr Leben einer bestimmten Sache zu weihen. Sie starben nicht um dieser oder jener Argumente willen, sondern deshalb, weil man eben vor Hunger, von Kugeln getroffen, erdrosselt, ins Feuer gestoßen, von tödlicher Krankheit geschlagen, stirbt. Die Ungewöhnlichkeit der Situation ergab sich daraus, daß plötzlich eine ganze Stadt dem Tod ins Auge sah.

Als ich Bogdan Wojdowskis „Brot für die Toten" las, überlagerten sich das Bild vom Getto und die Beschreibung einer von der Seuche heimgesuchten Stadt: Der Tod näherte sich allen wie in der „Pest" von Albert Camus.

„*Ein armer Christ blickt aufs Getto*" – Gedicht von Czesław Miłosz (s. S. 16), erschienen 1943/44 in dem Band „Głos biednich ludzi", 1945 in „Ocalenie", Czytelnik Warszawa

3. Das Getto war von einer Mauer umgeben. Aus dem Getto ging man in bewachter Kolonne, mit einer Armbinde versehen, zur Arbeit auf der anderen Seite der Mauer. Oder man gelangte unter Einsatz seines Lebens, manchmal mit Hilfe riesiger Bestechungssummen oder falscher Papiere, auf die „arische" Seite. Am häufigsten jedoch ging man auf den Umschlagplatz, zum Transport, der den Tod bedeutete. Die Mauer trennte Menschen, die nahe am Verhungern waren, von den Menschen, die massenweise vor Hunger starben; Menschen, denen Razzien drohten, von den Menschen, die systematischen Menschenjagden ausgesetzt waren. Auf der „arischen" Seite kam der Tod auf Pfaden heran, im Getto auf breiter Straße.

An manchen Berichten aus dem Getto verblüfft die Schilderung der Okkupation auf der „arischen" Seite; sie weicht völlig von den uns sonst bekannten Zeugnissen ab. Man kann dort lesen, daß auf jener Seite die Welt freier Menschen liegt, daß das tägliche Leben friedlich dahinfließt, daß man aus den Fenstern Radiomusik hört. Verlangen wir nicht von einem Verurteilten, daß er während seiner Todesfahrt absolut gerecht ist, daß er noch abzuwägen und zu differenzieren vermag. Denken wir lieber daran, daß dieser Verurteilte in seiner letzten Stunde auch noch das Gefühl der Vereinsamung erfahren mußte. Der erste Schritt in diese Richtung war getan, als man ihn aussonderte aus der Schar seiner Mitbürger, ihm befahl, sich mit dem Davidstern zu kennzeichnen, und ihm die Straßen der anderen, später auch deren Geschäfte, Züge, Restaurants, verbot. Wenn man durch die Straßen geht und man hat falsche Papiere, dann werden weder die zehn hilfreichen noch die hundert gleichgültigen Mitbürger dieselbe Aufmerksamkeit auf sich lenken und genauso tief im Gedächtnis haften bleiben wie der eine einzige, der mit Denunziation drohte.

Hinzu kam bei dieser Atmosphäre allgemeiner Bedrohung, daß jede Hilfeleistung unbedingt im geheimen vonstatten gehen mußte, während sich jeder Akt von Feindseligkeit offen äußern konnte. Und die Lektion des Hasses, des Abscheus und der Verachtung ist leicht zu lernen. Für Menschen, deren Gesichtszüge, Sprechweise, Namensklang und rituelles Zeichen des Bundes den Tod heraufbeschworen, mußte der Gegensatz zu den anderen Menschen unerträglich sein. So ist das Gesetz der zum Tode Verurteilten. „Die Mauer trennte die Menschen, und dazu war sie errichtet worden; ich kann es nicht knapper ausdrücken", schreibt Bogdan

---

Umschlagplatz — Sammelpunkt für die Transporte in die Vernichtungslager (s. auch Anm. zu „Spital in Stawki", S. 161)

Wojdowski in seinem Vorwort zur polnischen Ausgabe von „Brot für die Toten".

4. Solidarität zu empfinden und zu üben ist eine weise Kunst, die man nur mit Mühe erlernt. Sie stützt sich auf die Erkenntnis, daß die legalisierte oder tolerierte Diskriminierung von Individuen oder Minderheiten sich in jeder Richtung gegen jeden kehren kann und somit die allgemeine Bedrohung vermehrt wird. Die Lüge öffnet der Lüge die Bahn; die Gewalt öffnet der Gewalt die Bahn. Bevor man die Mauer zu Ende baute, hatte man ihre Fundamente errichtet. Dem Urteilsvollstrecker gellten „das Nationalgewäsch, das heisere Geheul der Hetzreden … in den Ohren: Juden regieren die Welt! Tod den Juden! Die Banken der Wallstreet und die Komintern dienen gehorsam ihren schmutzigen Interessen. Der Dollar ist ihr Gott. Sie haben die Menschheit bestochen und ihre Herrschaft auf sämtliche Kontinente ausgedehnt. Sie haben Rußland und beide Teile Amerikas in der Tasche. Eine Schande für die ganze zivilisierte Welt! Die jüdische Kommune im Osten und die Finanzoligarchie im Westen haben die Regierungen längst den Rabbis verpachtet" (Bogdan Wojdowski).

Die Anfänge zeigten nicht sofort das Verbrechen des Massenmordes an; sie tarnten sich mit Forderungen wie: *Juden nach Madagaskar*, maskierten sich mit einem Aussiedlungsprogramm und dem Postulat notwendiger Beschränkungen. „In Ungarn bei einer blutigen Schlägerei entfernte man die jüdischen Abgeordneten aus dem Parlament und erließ ein strenges Verbot der hebräischen Sprache… In der Schweiz … wurde der Presse streng untersagt, auch nur ein Sterbenswörtchen darüber verlautbaren zu lassen, was die Deutschen im Reich mit den Juden anstellen… Ein paar Wochen darauf erließ Portugal, die scheinheilige Nonne, ein Einreiseverbot für jüdische Emigranten. *Judenrein!* Dann Luxemburg … auch Luxemburg empfand plötzlich Abscheu gegen die Juden… nach Lettland, in die Tschechoslowakei, nach Rumänien? Dort ist es überall schon *judenrein* … In Belgien …" (Bogdan Wojdowski).

Wenige Jahre danach schrieb in Polen Tadeusz Borowski („Abschied von Maria") die bitteren Worte: „Ich denke, daß auf der arischen Seite auch ein Getto entsteht… Nur daß es daraus kein Entrinnen geben wird." Bald darauf mußte man begreifen lernen, daß die Schläge, die auf die Juden niederprasselten, auch die Zukunft der Polen kennzeichneten: Heute euch, morgen uns…

5. Der Verbrechensmechanismus. Darüber, was das Getto war, entschieden Menschen, die teilhatten an diesem Verbrechen. Die Tatsache ihres Funktionierens in einem System der totalen Gewalt, des rationalen Wahnsinns der *Endlösung* rückt ihre persönliche, mehr oder weniger schonungslose Grausamkeit in den Hintergrund. Das in Gettomauern eingeschlossene Volk war nicht einfach bloß zum Tode verurteilt. Dem Tod hatte ein langes Sterben vorauszugehen, in dem alle sozialen Bindungen zerrissen, alle Möglichkeiten des Widerstandes vernichtet, alle Ideale geschändet werden sollten. Die menschlichen Reaktionen sollten auf panische Angst vor Hunger und Tod herabgewürdigt werden und die Menschen selber eine hilflose, in die Vernichtungslager abtransportierte Masse bilden. Kein anderes Volk war als ganzes in einer solchen Lage gewesen, kein anderes Volk war durch eine solche Erfahrung hindurchgegangen.

Alle Worte logen: den systematisch realisierten Plan des Völkermordes nannte man *Endlösung*, den Abtransport in den Tod und den Raub von Hab und Gut nannte man *Aussiedlungsaktion*. Die zum Tode Verurteilten sollten die Bedrohung kennen und sich gleichzeitig täuschen, daß sie ein *Ausweis* schützte. Ein immer neuer *Ausweis* hatte der Auskaufpreis zu sein; eine immer neue Verordnung schuf den Anschein von Sicherheit bald für die Arbeitsfähigen, bald für die Alten, bald für Frauen oder Männer, und ließ jeden alle Zustände von äußerster Verzweiflung bis zur Hoffnung durchleben. Das Getto war für die Mehrzahl seiner Bewohner ein fremdes Gebiet. Fortwährende Umsiedlungsaktionen verhinderten das letzte bißchen Sicherheitsgefühl, wie es von einem eigenen Zuhause ausgeht. Konfiskationen und dauernde Umzüge beraubten die Menschen aller beweglichen Habe. Kinder, Alte, Kranke bürdeten den Gesünderen und Stärkeren eine Verantwortung auf, wie sie für gewöhnlich nicht einmal Lagerhäftlinge zu tragen hatten. Es war verboten, sich zum Gebet zu versammeln, verboten war der religiöse Kult. Dafür mußten alle an den erniedrigenden Ritualen der Revisionen, Durchsuchungen, Registrierungen teilnehmen, mußten demütigende Abzeichen tragen und lesen, daß sie schuld sind an Läusen, Krankheiten, Ungeziefer aller Art. Das alles wurde vom Hunger begleitet – unglaublich, unbekannt in Europa. Und von dem allgegenwärtigen Tod. „Täglich dachten wir, daß das für alle das Ende ist. Im Hause durfte man nicht bleiben, auf der Straße durfte man sich nicht zeigen" [„Tagebuch aus dem Warschauer Getto", Warschau 1946].

6. Tausende, Zehntausende gingen in den Tod. Was vermag eine Zivilbevölkerung angesichts von Militär, Polizei, Gewalt? Was vermag ein Mensch angesichts der unaufhörlichen Tragödie der Täuschungen, der gemarterten Hoffnung? Was vermag ein Mensch, der herausgerissen ist aus allen gesellschaftlichen Bindungen, herabgewürdigt ist zum Gegenstand? Was vermag ein Mensch, den der Hunger geschwächt, die Krankheit ausgezehrt hat?

In dieser realitätsfremden, weil vom normalen Leben abgetrennten Welt versuchten die einen eine Politik der Verzögerung zu führen. Die Judenräte organisierten die Produktionsarbeit – vielleicht gab der *Ausweis* ein Recht auf Leben? Sie bestachen die Besatzungsmacht – vielleicht schenkte Geld ein Recht auf Leben? Sie ordneten sich den Verfügungen unter – vielleicht war Unterordnung der verlangte Auskaufpreis? In dieser Welt, in der alle gesellschaftlichen Normen aufgehoben waren, tauchten auch solche auf, die sich um jeden Preis – auch um den Preis der Teilhaberschaft an den Verbrechen – retten wollten. Vielleicht hatten gerade solche das Recht zu überleben? In dieser unbegreiflichen Welt, deren Regeln man nicht verstehen konnte, wartete man auf ein Wunder – im Herbst auf das Chanukka-, im Winter auf das Purimwunder.

Doch die Wahrheit war, daß man im Getto nicht überleben konnte. Leben konnte man nur auf der anderen Seite der Mauer. In ständiger Bedrohung zwar, mit tödlichem Risiko, aber dennoch mit einer gewissen realen Hoffnung. Die Chance, das Getto zu verlassen, nur wenigen geboten, abhängig von der Sprachkenntnis, einem „besseren oder schlechteren Aussehen", einem hilfreichen Freund oder Geld – diese Chance konfrontierte mit Fragen, auf die es keine Antwort gab. Durfte man die Ehefrau retten und die Mutter zurücklassen? Durfte man eine Ausnahme sein wollen und sich vom Schicksal der Brüder und Schwestern abwenden?

7. Denen, die innerhalb der Mauern zurückblieben, die jene Scharfsichtigkeit besaßen, wie sie die Klugheit oder der Mut verleiht, stellte sich nur die eine Frage: *Wie* soll man sterben?

Judenräte – s. Anm. auf S. 85
Chanukka – im November/Dezember begangenes Lichtfest, das zur Erinnerung an die Wiederherstellung des Jerusalemer Tempels durch Judas Makkabäus (165 v. Chr.) gefeiert wird
Purim – zur Erinnerung an die Errettung der Juden durch die Königin Esther begangenes Freudenfest mit karnevalistischen Zügen (Februar/März), bei dem das Buch Esther in der Synagoge vorgelesen wird

Am deutlichsten trat die Pflicht in der Situation derer hervor, die unmittelbar, konkret und unübertragbar, verantwortlich waren für die Schwächsten, Kleinsten, Hilfsbedürftigsten. In der Situation der Mütter und der Ärzte. Sie bedeutete Vermehrung der eigenen Gefahr durch die Gefährdung der Hilflosen. Sie bedeutete Heroismus der Solidarität und der Liebe, Verzicht auf das Restchen Brot und Wasser, das man noch auftreiben konnte, Verzicht auf das letzte bißchen Hoffnung, doch noch zu überdauern: die Tat Janusz Korczaks, der zum Symbol dieses Weges geworden ist.

Für die Jugend hieß mit Würde sterben, den Kampf aufnehmen. In einer Situation, wo selbst die kleinste Chance für einen Sieg fehlte, war die Auflehnung ein letzter Schrei des Protestes gegen das unmenschliche Verbrechen, gegen die eigene Machtlosigkeit angesichts des Todes von Abertausenden. Fast ohne Waffen und Munition, wollten die Erschöpften ihr Leben nicht umsonst hergeben. Kein Kampf wurde je in einem so grausamen Mißverhältnis der Kräfte geführt wie dieser Aufstand, der im April 1943 im Warschauer Getto ausbrach. Aber dieser Aufstand verlieh das Gefühl, am allgemeinen Kampf teilzuhaben, der an anderen Fronten geführt wurde. Und dieser Kampf konnte siegreich sein.

Es gab im Getto auch Menschen, die im Angesicht des Todes bewußt jede Art von Auflehnung verwarfen. Sich völlig von der Welt der Verfolger abzugrenzen, bedeutete die Ablehnung jedweder Tat, die sich auch nur im geringsten in die Konventionen dieser Welt einfügen ließ. Das bedeutete die Verwerfung der gerechten Empörung, weil sich jede Gewalt gerechtfertigt nannte. Die Verwerfung des Kampfes um die eigenen Rechte, weil sich jeder, der kämpfte, auf die eigenen Rechte berief. Die Ablehnung der Verteidigung vor dem Unrecht, weil jede Verteidigung die Möglichkeit in sich barg, einem anderen Unrecht zuzufügen – selbst das Unrecht, das ein hilfloser Greis einem bewaffneten Soldaten zufügen kann.

8. Der Untergang des Gettos ist eingefügt in die Geschichte des jüdischen Volkes. „Kenan zeugte Mahalaleel, Mahalaleel zeugte Jared, Jared zeugte Henoch, Henoch zeugte Methusalah, Methusalah zeugte Lamech, und der ... bis am Ende der Vater des Vaters erschien, der Großvater ..." [Bogdan Wojdowski]. Und am Schluß waren sie da. Auch ihre Verzweiflung reichte tief hinab in die Geschichte. „Sie schluchzten schon seit Tausenden von Jahren, von Geschlecht zu Geschlecht; von Mahalaleel bis zu Jared und von Jared zu Henoch, von Henoch zu Methusalah und Methusalah zu Lamech pflanzte sich dieses Schluchzen fort" [Bogdan Wojdowski].

Ihr Leiden sprach wieder wie zu Jesaja Zeiten: *Verlassen hat mich Gott, der Herr hat meiner vergessen.* Und der Prophet antwortete ihnen: *Wird auch ein Weib ihres Kindleins vergessen, daß sie sich nicht erbarmte über den Sohn ihres Leibes? Und ob sie gleich seiner vergäße, so will ich doch dein nicht vergessen* (Jesaja 49, 15).

Die biblische Geschichte wirft ein Licht auf die Geschichte des Gettos; denn es wirft ein Licht auf das Leiden, vor dem man nur schweigend verharren oder aber – durch die Propheten – seine Stimme suchen kann. Als er sein Volk an den Pranger der Welt stellte, hatte er ein anderes Ziel, als es zu bestrafen und zu ermahnen. Durch dieses unerhörte, schreckliche Beispiel wollte er alle Völker zu sich hinführen, wollte er sein Volk als Zeugen aufrufen, es bevollmächtigen unter den anderen durch das Bild des Unglücks, das es würdig vor allen zu tragen hatte, damit auch deren Vergehen gesühnt würden. Das einzige Privileg dieses Volkes war es, zum Diener auserkoren worden zu sein.

9. *Im Gebüsch verborgen, beobachtete ich ihre laute Ausgelassenheit ... An einer Kreuzwegkapelle mit einem bäuerlichen Kruzifixus hielten sie plötzlich den Wagen an. Einer der Deutschen sprang heraus und torkelte auf den Gekreuzigten zu. „Noch ein Jude, Juda verrecke!"*

Er zerrte die Pistole heraus und begann zu schießen. Erst zersplitterten die Beine des Gekreuzigten, dann seine linke Hand, und schließlich fiel mit der rechten Hand der Kopf mit der Dornenkrone herab [Adam Polewka, „Das tut weh", Krakau 1946].

Noch ein Jude, das ist wahr. „... von denen Christus dem Fleische nach herstammt" (Römer 9, 5).

Und der Apostel Paulus fügt an anderer Stelle hinzu, daß wir eingepfropft worden sind in diesen Ölbaum „und an der saftreichen Wurzel des Ölbaums mit Anteil bekommen haben" (Römer 11, 17).

CZESŁAW MIŁOSZ

Ein armer Christ blickt aufs Getto

Bienen bauen rote Leber ein,
Ameisen bauen schwarzen Knochen ein,
Es beginnt das Zerreißen, Zertreten von Seide,
Es beginnt das Zertrümmern von Glas, Holz, Messing, Nickel, Sil-
                                                        ber und Stuck,
Blech, Saiten, Trompeten, Blatt, Kugel, Kristall –
Puff! Eine Phosphorflamme aus gelben Wänden
Verschlingt Tierfell und Menschenhaar.

Bienen bauen Lungenwaben ein,
Ameisen bauen weißen Knochen ein,
Zerrissen liegt Pappe, Kautschuk, Leinen, Flachs, Leder,
Wollfasern, Tuch, Zellulose, Haar, Schlangenhaut, Draht.
Das Dach, die Wand stürzt ein, und Glut umfaßt das Fundament.
Was bleibt, ist nur die sandige Erde, zerstampft, mit einem einzi-
                                                gen blattlosen Baum.

Langsam, seinen Tunnel grabend, schiebt sich Wächter Maulwurf vor.
Ein rotes Lämpchen eng befestigt an der Stirne,
Berührt er Leiber von Begrabenen, zählt, zwängt sich weiter,
Erkennt er Menschenasche am irisierenden Dunst,
Die Asche jedes einzelnen an einem anderen Ton des Regenbogens.
Bienen bauen die roten Spuren ein,
Ameisen den Platz nach meinem Körper.

Ich fürchte mich, fürchte so sehr den Wächter Maulwurf.
Seine Lider sind geschwollen wie bei einem Patriarchen,
Der viel im Schein der Kerzen saß,
Im großen Buch der Schöpfung lesend.

Was sag ich ihm, ich, ein Jude des Neuen Testaments,
Zweitausend Jahre auf die Rückkehr Jesu wartend?
Mein zerschlagener Leib liefert mich seinem Blick aus.
Und er zählt mich unter die Handlanger des Todes:
Die Unbeschnittenen.   *(1943)*

16

JERZY ZAWIEYSKI

Requiem für zwei Freunde

Dieser Tag! An sich war nichts Verwunderliches an diesem Tag. Es kann immer geschehen, daß es klingelt oder klopft, wenn man es am wenigsten erwartet. Der da kommt, ist nicht allein, auch wenn er allein kommt, sondern mit ihm tritt längst Vergangenes, wie man glaubte, völlig Vergessenes, in den Raum. Selbstverständlich ist hier von Menschen die Rede, die uns Jahre fern waren. Ihr plötzliches Erscheinen hat nicht selten die ungebetenen Schatten von Verstorbenen im Gefolge.

So war es mit Dora gewesen, die diesen Herbst, an einem Nachmittag, als ich auf dem Schreibtisch eine dringende Arbeit ausgebreitet liegen hatte, an meiner Wohnungstür klingelte. Ich erwartete keinen Besuch und ging daher unwillig zur Tür, überzeugt, daß es sich um eine Verwechslung handeln mußte, wie sie bei meiner Wohnung häufig vorkam, und daß wieder einmal jemand nach meinem Nachbarn Herrn Konieczny fragen würde, der nie zu Hause war. Es klingelte abermals, und ich öffnete eilig, den Federhalter noch in der Hand und in Gedanken den unterbrochenen Satz beendend.

Im dunklen Hausflur – es war, wie gesagt, ein Nachmittag im Herbst – erblickte ich, vom Korridorlicht schwach beleuchtet, eine noch junge, elegant gekleidete Frau, die kokett lächelnd auf meine Begrüßung wartete. Aufmerksam betrachtete ich die Unbekannte.

„Ich bin's. Erkennen Sie mich nicht?"

„Nein. Bitte, helfen Sie meinem Gedächtnis."

„Ich bin Dora Rosenblum. Die Frau von Mietek."

Und so begann es – wie in einem alten Liebesroman: An einem Nachmittag im Herbst ...

Ich hatte Dora beinah zwanzig Jahre nicht gesehen; das letzte Mal, als ich sie und ihren Mann, den verstorbenen Dichter Mieczys-

---

Mieczysław P. – In den ersten Februartagen des Jahres 1942 starb an Flecktyphus Mieczysław Braun (geb. 1900), ein Dichter und Esperantist, der von Beruf Anwalt und im Getto als Postbeamter angestellt war. Er ist es vermutlich, von dem hier die Rede ist (s. auch einleitend zu Władysław Szlengel, S. 219/220).

ław P., im Warschauer Getto besuchte. Wie hätte ich sie da sofort wiedererkennen sollen? Erst der Name ihres zweiten Mannes und der Vorname des Verstorbenen frischten meine Erinnerung sofort auf.

Dora war kaum eingetreten, als sie schon ihrem Ärger, ihrem Groll Luft machte: daß sie mich so lange gesucht und nur durch Zufall meine „geheimgehaltene" Adresse ausfindig gemacht habe, daß ich verreist gewesen wäre, als sie endlich bis zu mir vorgedrungen sei, was vermutlich gar nicht stimmte, und so weiter... Sie beschwerte sich auch über die Stadt. Richtiger, sie schimpfte auf all jene, die sich eine solche Art des Wiederaufbaus ausgedacht hätten, daß nichts mehr an seiner alten Stelle geblieben sei, daß ganze Stadtviertel neu seien, daß man sich auf Schritt und Tritt verirre, weil die Straßen jetzt ganz anders verliefen als früher.

„Also, wie kann man diese Stadt noch Warschau nennen? Das stimmt doch alles nicht!" schnaubte sie zornig. „Denkt euch aus, was ihr wollt, aber parodiert nicht die Stadt von einst. Ach, wohin ist sie entschwunden? Wohin?"

Und so weiter und so fort, bis sie sich endlich doch beruhigte und von ihren zornigen Ausbrüchen zum eigentlichen Zweck ihres Besuches überging. Dora war aus Tel Aviv nach Warschau gekommen, um Mieteks Grab wiederzufinden, und auch, um die Herausgabe seiner Gedichte in die Hand zu nehmen. Aber das Grab hatte sie nicht gefunden, und bezüglich der Herausgabe der Gedichte war sie gleichfalls auf Schwierigkeiten gestoßen. Dort, wo das Grab gewesen war, auf dem Hinterhof einer Mietskaserne im ehemaligen Getto, stand jetzt ein großer Wohnblock mit achtunddreißig Treppenhäusern.

„Achtunddreißig!" schrie sie aufgebracht. „Ist das hier Amerika, oder was? Wie finden die Leute überhaupt zu ihren Wohnungen?" Und wieder folgten Klagen über die Stadt, die für sie die Heimatstadt gewesen sei, von der sie geträumt habe, die für sie mehr bedeute als alle großen Städte der Welt, Tel Aviv nicht ausgenommen, das eng und von der Sonne ausgedörrt sei.

Weil sie Mieteks Grab nicht gefunden hatte, wollte sie den Entscheid hinsichtlich der Herausgabe seiner von den hiesigen Verlegern offenbar nicht recht gewürdigten Gedichte gar nicht erst abwarten und so früh wie möglich wieder abreisen. Morgen oder übermorgen.

Dora verbrachte den ganzen Abend bei mir. Und langsam entdeckte ich die Dora unserer Jugendjahre wieder, während sie mir da so gegenübersaß und von ihrem Leben in Tel Aviv, ihrem Mann, den ich von früher kannte, und den halbwüchsigen Kindern erzählte.

Sie und ihr Mann betrieben wie seinerzeit in Warschau eine kleine Textilfabrik, und es ging ihnen nicht schlecht.

„Aber was soll's?" Dora breitete ratlos die Arme aus.

Ich begriff nicht. Denn es ging ihr doch wohl nicht um das Grab, das sie nicht hatte wiederfinden können? Nicht um Mietek?

Während wir uns unterhielten, war ich weniger mit Dora beschäftigt als mit Mietek und durch ihn mit Daniel.

Daniel, Danek, Daneczek, wiederholte ich in Gedanken den Namen des sechsjährigen Jungen, der im Getto umgekommen war. Und Schuld daran waren sowohl Mietek als auch ich – nur daß meine Schuld die größere war, ja vielleicht ganz auf meinen Schultern lastete? Denn wenn diese Briefe nicht gewesen wären, diese lächerlichen, sinnlosen Briefe...

Und eben das ist die Geschichte, ist das Vergangene, das mir keine Ruhe läßt und das wiederaufgelebt ist mit Dora Rosenblums Besuch.

Daniel taucht am Ende meiner Freundschaft mit Mietek auf, am Zenit gewissermaßen, ein paar Wochen vor seinem Tod. Davor hatte es lange Jahre der Bekanntschaft gegeben, die erst viel, viel später zur Freundschaft geworden war.

Ich lernte Mieczysław P. beim Militär kennen. Der Zufall wollte es, daß sich unsere Pritschen in demselben Saal befanden: Miecio schlief im Bett über mir. Seine Gedichte kannte ich bereits aus der literarischen Presse, und so streckte ich dem Dichter begeistert meine Hand entgegen, als ich den vertrauten Namen hörte.

Später kehrten wir in unseren Gesprächen oft zur Militärzeit zurück, die uns in der Rückbesinnung bedeutend interessanter dünkte, als sie in Wirklichkeit gewesen war. Am häufigsten erinnerten wir uns daran, daß wir ständig müde und verschlafen umherliefen und jede freie Minute zum Schlafen nutzten – ganz gleich, wo und wie. Miecio zum Beispiel verstand es, während der Appelle, bei denen man immer auf etwas warten mußte, zu schlafen oder vor sich hin zu dämmern. Beiden tränten uns die Augen, beide gähnten wir ununterbrochen. In einem lichten Moment – wir hatten uns nach den Strapazen des Exerzierens einmal ordentlich ausgeschlafen – behauptete Miecio mit einer geradezu metaphysischen Sicherheit, daß *alles* nur Schlaf und Gähnen sei.

Dergestalt waren unsere Eindrücke vom Militär – ein wenig gespenstisch, ein wenig alptraumhaft, aber nicht in dem Maße, daß wir nicht nach Jahren voller Sympathie, ja sogar mit einer gewissen Rührung von dieser Zeit hätten sprechen können. Miecio, der, wie gesagt, ausgezeichnet die „Technik" des Schlafens beherrschte, wo immer sich auch nur eine Gelegenheit dazu bot, wurde nur

dann wirklich munter, wenn er unseren Korporal die Soldaten an-
brüllen hörte. Dieser Korporal mit dem klangvollen Namen Prandota Przyciasny stammte aus Śląsk und war der Sohn eines Zir-
kusposaunisten, wie Miecio ausgekundschaftet hatte. Korporal
Przyciasny verfügte über einen korporalsoldatischen Wortschatz
erster Güte, dessen einzelne Worte uns, obschon in keinem Le-
xikon zu finden, durchaus bekannt waren; doch nicht die Worte
waren das eigentlich Originelle an Przyciasnys Korporalsjargon,
sondern erst die Wortverbindungen, die überraschenden Verknüp-
fungen — verblüffend, neuartig, köstlich geradezu — stellten das
geistige Eigentum unseres Korporals dar. Miecio, der Dichter,
hegte aufrichtige Bewunderung für diese Ausdrucksweise. Er
überzeugte mich, daß in ihr der Genius volkstümlicher Erfindungs-
gabe am Werke und Korporal Przyciasny ein wahrer Künstler sei,
einfach unerreicht in dieser selbsterdachten Sprache. Natürlich
übertrieb hier Miecio wieder einmal, wie das so seine Art war —
im Positiven wie im Negativen.

Seit Miecio die Redeweise unseres Korporals als etwas Originäres
entdeckt hatte, trug er in der Tasche stets Bleistift und Notizbuch
mit sich herum. Er notierte flink, was Przyciasny herausschrie, bemüht, jedes Wort, jede Wendung so genau wie möglich festzu-
halten.

Miecio also liebte die deftige, saft- und kraftvolle Sprache unseres
Korporals, die ihn aus jedem Schlummer riß, ich dagegen liebte
die Parademärsche in die Stadt. Und die Stadt war nicht häßlich:
Toruń. Von der General-Zajączek-Kaserne aus ging es in einem
Umweg über die Weichselbrücke, bevor man über kleine Plätze
und durch schmale Straßen zum Marktplatz gelangte, wo die Pa-
raden und Truppenschauen abgehalten wurden. Wir wurden von
einer Militärkapelle begleitet und persönlich bewacht von dem
stämmigen, schwarzbraunen Korporal Prandota Przyciasny.

„Prandota ist das leibhaftige Militär!" pflegte ich jedesmal voller
Bewunderung zu behaupten, wenn ich ihn bei den Märschen, den
Übungen und selbst in der Kaserne beobachtete. So zollten Miecio
und ich, jeder auf seine Weise, Korporal Przyciasny die größte
Anerkennung, ja er bedeutete mehr für uns als die Offiziere. Es
muß aber auch gesagt werden, daß wir uns mit Przyciasny nie unterhielten wie mit anderen Unteroffizieren. Wir gingen ihm absichtlich ein bißchen aus dem Wege; denn er war so großartig, so
vollkommen — bei einem Gespräch aber hätte sich herausstellen
können: „Der König ist nackt."

Doch das machten wir uns erst später klar, als ich Miecio viele
Jahre nach unserer Militärzeit zu Hause besuchte.

Miecios Zuhause!

Miecio hatte seine Mutter bei der Geburt verloren. Damit er leben konnte, mußte seine Mutter sterben. Als habe es keine andere Möglichkeit für Miecio gegeben, auf die Welt zu kommen als nur durch den Tausch: Leben um Leben. So bitter drückte sich Miecios Vater aus – ein grauhaariger, dicklicher, kleiner Herr, der seit vielen Jahren Prokurist bei der Handelsbank war. Heute weiß kaum noch einer, was ein Prokurist ist, aber damals, in jener fernen Welt vor dem zweiten Weltkrieg, bedeutete das eine sehr angesehene Stellung. Der alte Herr P. besaß seine eigenen geistigen Liebhabereien, die mit der Bank und dem Bankwesen nichts gemein hatten. Er liebte die Philosophie, und von den Philosophen hatte er besonders Friedrich Nietzsche ins Herz geschlossen, den Philosophen, der später zu niederen, ja vulgären Zwecken mißbraucht worden ist.

Mag sein, daß Herr P. Nietzsche schlecht gelesen und in dessen Philosophie all die düsteren, fragwürdigen Seiten nicht wahrgenommen hat, die auf seine „Rasse" und damit unmittelbar auf ihn selber abzielten. Miecio hatte ebenfalls eine Schwäche für Nietzsche. Interpretierte auch er den Philosophen falsch? Doch wer hätte damals geahnt, daß man aus einzelnen Sätzen, aus Einzelformulierungen das politische System für einen verbrecherischen Polizeistaat herleiten konnte? Auf Miecios Schreibtisch stand Nietzsches Büste, die ich einmal – o Graus! – für die Büste Piłsudskis gehalten habe. Miecio zog mich noch lange mit dieser Verwechslung auf, der alte Herr P. aber sprach von da ab kein Wort mehr mit mir über ernsthafte Dinge. In diesem „nietzscheanischen" Haus gab es noch Frau Rosa, die Schwester von Miecios verstorbener Mutter. Sie war es gewesen, die ihn aufgezogen und Mutterstelle an ihm vertreten hatte.

Miecios Zuhause prägte sich einem durch einen Hauch von Traurigkeit und Vereinsamung ein, die zwei alte Leute um sich verbreiten, sowie durch die Atmosphäre ausgefallener geistiger Liebhabereien. Kam ich vormittags zu Miecio, traf ich ihn für gewöhnlich im Bett an, das mit Büchern belegt war. Miecio war von zarter Gesundheit, mußte viel liegen, stets voller Sorge, ob sich nicht seine Temperatur erhöht habe. Die – natürlich eingebildeten – Krankheiten dachte sich Tante Rosa aus, die mit allein ihr bekannten Mitteln nicht nur Miecio und den alten Herrn P., sondern auch nahe und entfernte Bekannte kurierte. Bedauerlicherweise starb Frau Rosa trotz dieser ihrer geheimen medizinischen Kenntnisse und ihrer feinen diagnostischen und therapeutischen Intuition ganz plötzlich an „Aneurysma des Herzens", wie man damals sagte.

Miecio hatte sein Jurastudium und auch schon seine Applikantur beendet und bereitete sich auf eine Anwaltskarriere vor. Ein Jahr nach Frau Rosas Tod starb Miecios Vater an den Folgen einer Bagatelle, wie es schien. Auf der Zunge war ihm ein Pickel gewachsen, dem er keine Aufmerksamkeit geschenkt hatte – es war Krebs. Sein Tod war qualvoll.

So war Miecio also allein, und ich verlor ihn für ein paar Jahre, die ich im Ausland verbrachte, aus den Augen. Als ich ihn wiedersah, gab es Dora schon.

Miecio wohnte in einer anderen Gegend, in einem Fünfzimmerappartement an einer der Hauptstraßen. Er hatte sich eine Anwaltspraxis eingerichtet, aber natürlich die Dichtkunst nicht aufgegeben. In seinem Arbeitszimmer, das, wie es sich für einen renommierten Anwalt gehörte, mit Klubsesseln und -sofas ausgestattet war, zogen sich Bücherschränke mit nichtjuristischer Literatur die Wände entlang. Nietzsches Büste, die aus Bronze, stand zwischen den Schränken auf einer hohen Säule. Miecio wirkte verloren zwischen all den schweren, häßlichen Möbeln, inmitten der trägen Wohlhabenheit, die auf Dora zurückging. Wie war es zu dieser Ehe gekommen? Mit Sicherheit durch Miecios Dichtung; denn Dora gehörte schon seit langem zu den Verehrerinnen des Talentes ihres zukünftigen Gatten. Mit einem Bändchen Gedichte war sie eines Tages zu ihm gekommen, um eine Widmung zu erbitten. Sie traf den Dichter in einer schweren Depression an, krank, unfähig zu leben. Und sie stellte fest, daß sie hier gebraucht wurde – also blieb sie. Ihr unlängst verstorbener Bruder hatte ihr eine Textilfabrik hinterlassen sowie eine ziemlich große Summe auf der Bank. Sie war vermögend, unternehmungslustig, tüchtig; sie leitete selber die Fabrik, und all das trug vermutlich zu Miecios Entschluß bei, sich ihrer Obhut anzuvertrauen, die Ruhe und Bequemlichkeit versprach. Von nun an brauchte sich Miecio nicht mehr um seine Anwaltspraxis zu kümmern, konnte sich mit dem Schreiben, mit seinen geistigen Interessen beschäftigen. Nietzsche war noch immer sein Lieblingsdenker; von den Schriftstellern konnte sich nur noch Conrad mit ihm messen.

Conrad! Durch ihn, ja, nicht zuletzt durch ihn ist der kleine Daniel

---

Conrad – Joseph Conrad (1857–1924), eigtl. Teodor Józef Konrad Korzeniowski; bedeutender englischer Schriftsteller polnischer Herkunft. In seinen Romanen von hauptsächlich maritimer Thematik zeigt er den Heroismus einsamer Helden auf, die trotz aller Niederlagen im Ringen mit den Widrigkeiten des Schicksals den Geboten der Pflicht und der Ehre die Treue bewahren.

umgekommen. Denn wenn nicht Miecios neue Lektüre gewesen wäre, dort, im Getto, hätte dann sonst Daniel bei mir angeklopft? Doch ich will den Ereignissen nicht vorgreifen, vielmehr Miecios Geschichte so erschöpfend wie möglich darstellen.

Was weiß ich eigentlich von Miecio? In Wirklichkeit so wenig – obwohl wir befreundet waren –, daß ich eigentlich nichts über ihn schreiben sollte. Aber Miecio führt mich zu Daniel, und darum will ich diese Winzigkeit mir zugänglicher Wahrheit, die die späteren Ereignisse rechtfertigen kann, aus seinem Leben herausschälen.

Ich schreibe über Miecio in ständigem Zweifel. Es quält mich, daß er wie jeder Tote auf die Gnade eines fremden Gedächtnisses angewiesen ist. Und auf fremdes Wohlwollen. Denn ein Toter kann sich nicht wehren, kann keinerlei Korrekturen vornehmen. Soll ich also über Miecio schreiben, wie er selber es gewollt hätte, daß man über ihn schreibt, oder soll ich ihn mit barmherzigem Schweigen übergehen? Aber gelänge ich in letzterem Falle zu Daniel? Solcherart sind meine Zweifel, die ich niederkämpfen muß, weil sonst die Reise zu Miecios Lebensende, hin zu dem Zeitpunkt, da Daniel auftauchte, niemals ihren Anfang nähme. Also, zuerst muß man daran denken, daß Miecio Dichter war und vielleicht darum nicht der Welt die Stirn bot und sich in den Dingen anderer Menschen nicht auskannte. Wie viele Dichter lebte er ausschließlich in der Welt der Visionen, Träume, Illusionen – sie bildeten den Wesensinhalt seiner alltäglichen Existenz.

War es ein Fehler, war es ein Vorzug?

Selbst wenn es ein Fehler gewesen wäre, hätte dieser doch zugleich das Merkmal eines Vorzuges getragen; denn wie anders hätten sonst seine Gedichte entstehen können, vornehmlich „Euridikes Klage", die mich bis auf den heutigen Tag erschüttert? Bisweilen hatte ich das Glück, Miecio in seinen schöpferischen Phasen beobachten zu können. Er machte dann immer den Eindruck eines von der Leine gelassenen Jagdhundes, der wachsam und beutegierig einem Wild auf der Spur ist. Wenn er sich gerade auf der Straße befand, und ich konnte das mehr als einmal sehen, blieb Miecio alle Augenblicke stehen und notierte sich die erbeuteten Worte. Wenn er bei sich zu Hause war, machte er den Eindruck eines Fieberkranken oder eines Menschen, der noch nicht aus dem Schlaf erwacht ist. Seine Beute holte er sich von überallher. Von überallher? Nein, nur aus Träumen, nur aus seinen Visionen oder aus dem Geheimnis der Registrierung der Welt in der ersten Person.

Diese Neigung, nichts außer sich selber zu sehen und wichtig zu nehmen, die zum Schreiben von Gedichten ganz sicher notwendig ist, wurde allmählich zu seiner zweiten Natur, zu einem, wie ich zu behaupten wage, unmenschlichen Charakterzug, der dazu führte, daß Miecio den Menschen aus dem Wege ging und sich folglich in der Welt nicht auskannte, obwohl er sich nicht etwa verbittert oder gar rebellisch zeigte, sondern vielmehr einen leichten, allerdings oberflächlichen Kompromiß mit ihr eingegangen war. Muß man sich da wundern, daß Miecio auch die Geschichte seiner Zeit nicht begriff, ja daß er sie eigentlich mißachtete? Mit dem Spürsinn eines Jagdhundes ausgerüstet, der jede Wortbeute erschnüffelte, fehlte ihm jegliches Gespür für alles, was außerhalb seiner Poesie vor sich ging.

Verurteilen wir ihn nicht – so war er nun einmal! Genau so wie andere Dichter jener Epoche. Erinnern wir uns nur daran, daß Miecios Bild geprägt ist von seiner Poesie und daß seinem Leben ebenfalls die Poesie die Richtung gewiesen hat. Diese Feststellung erlaubt es, Miecios Haltung, besonders später im Krieg und dann im Getto, besser zu verstehen. In der Zeit, die ich jetzt beschreiben will, gibt es Daniel noch nicht. Doch obwohl es ihn noch nicht gibt, sind bereits Dinge eingetreten, die dieses Kind später ins Verderben stürzten. Synonym dafür sind die Namen *Nietzsche* und *Conrad*, wenngleich man glauben möchte, daß es sich hierbei ausschließlich um Symbole für entgegengesetzte Anschauungen handelt, die allein im Bereich des literarischen Geschmacks, keineswegs jedoch für das Leben an sich von Bedeutung sind.

Scheinbar! Ja, nur scheinbar! Nietzsche inspirierte ein System, das Verachtung und Tod im Gefolge hatte und das mit zum Fundament für die Lager und Krematorien wurde. Und Conrad? Der kleine Daniel wußte genausowenig von Conrad wie von Nietzsche.

Joseph Conrad also! Neben Nietzsche las Miecio mit Hingabe Conrad – begeistert, exaltiert. Und ganz sicher hat er ihn gelesen, ohne ihn richtig zu deuten; denn später... Aber noch ist es Zeit für dieses „später", und man braucht sich wahrhaftigen Gottes nicht zu beeilen. ...

Ich wiederhole, Daniel gibt es noch nicht, wenn von dem bequemen, bourgeoisen Leben Miecios und von Dora, die für Miecio dieses Leben geschaffen hatte, die Rede ist. Den Stolz, die ganze Pracht dieses Lebens wußte nur Dora richtig zu schätzen, nicht aber Miecio. Sie hatte eine Fabrik, ihre Geschäfte, die unter ihrer Hand üppig gediehen, und sie hatte einen Dichter zum Mann, der in den führenden Literaturzeitschriften häufig erwähnt wurde. Sie fühlte sich glücklich, Industrie und Poesie vertrugen sich gut, und Miecios Advokatur war nur ein Anhängsel.

Um seine gesellschaftliche Stellung in dem Kreis kleiner Industrieller zu erhöhen, veranstaltete Dora des öfteren kostspielige Empfänge – einige davon habe ich miterlebt –, deren Haupt-, vielmehr einzige Attraktion selbstverständlich Miecio war. Es war rührend mitanzusehen, wie Menschen, die sonst ausschließlich mit der Vermehrung ihres Vermögens beschäftigt waren, Verehrung für einen Dichter an den Tag legten. Sobald Miecio sich irgendwie zu äußern geruhte, traten Schweigen und gesammelte Aufmerksamkeit ein. Doras berühmte Abende waren stets von der gleichen Art: Sobald sich alle in dem sehr häßlichen grünen Salon versammelt hatten, trug Miecio seine neuesten Verse vor. Und Miecio liebte, wie ich bemerken konnte, selbst die gröbsten Schmeicheleien, lauschte begierig Komplimenten, die sogar vor einem Vergleich mit Goethe nicht zurückschreckten. Warum ausgerechnet mit Goethe, blieb unerfindlich. Auch Miecio hätte nicht sagen können, warum diese Gesellschaft gerade auf Goethe kam. Nach dem Vortrag schritt man erst einmal zu Tisch. Mir gingen manchmal fast die Augen über beim Anblick der üppigen, von einem Saalende zum anderen reichenden Tafel.

Nach einigen Gläschen Wodka folgte in einer Pause zwischen den Gängen Miecios zweiter Auftritt. Dieser Auftritt war von Rache und Auflehnung gegen Doras Freunde gekennzeichnet. So behauptete zumindest Miecio. Aber keiner verstand das. Im Gegenteil – man hielt Miecios Auftritt für einen großartigen Witz zur Erheiterung der Gäste. Miecio, schon ein wenig angetrunken, schlug gegen den Teller, zog einen Zettel aus der Tasche und las wirklich und wahrhaftig die geschickt aufgereihten Worte und Wendungen Korporal Przyciasnys aus unserem Kasernenleben!

„Das ist Poesie! Das ist wirklich Poesie!" schrie Miecio erregt unter dem allgemeinen Gelächter und Applaus der versammelten Gesellschaft. Wie anders hätten Doras Gäste auf Przyciasnys „Poesie" auch reagieren sollen? Und wie hätten sie verstehen sollen, daß Miecio hier seine Auflehnung herausschrie? Ich für mein Teil hatte jedesmal den Eindruck, daß Miecio, gegen seine Absicht, mit dieser Rezitation eine empfindliche Niederlage davontrug. Möglich, daß es auch Miecio so empfand, weil er meist gleich darauf das Speisezimmer verließ und sich unter dem Vorwand, Kopfschmerzen zu haben, in seinem Zimmer einschloß. Nicht länger durch Miecios Anwesenheit geniert, amüsierte sich Doras Gesellschaft erst jetzt richtig – ganz sichtlich erleichtert, daß dieser gespenstische Dichter, der ja angeblich ein neuer Goethe sein sollte, nicht mehr in ihrer Mitte weilte.

Nur einer unter Doras Gästen applaudierte Miecios Vortrag von

Przyciasnys „Korporalsdichtung" nicht, und dieser eine war Herr Henryk Rosenblum, seit kurzem Doras Teilhaber. Begriff er den eigentlichen Sinn dieses Vortrages? War er der Meinung, daß Miecio die Grenzen des guten Geschmacks überschritt? Einmal befragt, warum ihn nicht amüsiere, was Miecio da bei Tisch vortrug, gab er schlicht zur Antwort: „Es langweilt mich."

Herr Rosenblum war ein schweigsamer, in sich gekehrter Mensch mit stets gerunzelten Brauen in der niedrigen Stirn. Doch trotz seines schweigsamen Wesens hörte ich einmal, wie er Miecios Frau so etwas wie ein Geständnis machte. Es war gegen Ende eines dieser luxuriösen Empfänge; es dämmerte bereits: Ich saß in einem Klubsessel, und der Direktor einer Fabrik für chemische Erzeugnisse erzählte mir Fachliches aus seiner Branche, als Worte an mein Ohr drangen, die der, wie mir schien, arme, arme und geplagte Herr Henryk Rosenblum sprach: „Womit man auch in Berührung kommt – Sinnlosigkeit, Fäulnis, ach, Fäulnis! Es ist ganz einfach eine Schweinerei. Ich rede gar nicht von dem Unflat, den Miecio da zum besten gibt. Sondern überhaupt. Das nimmt ein böses Ende, Dora. Guck dir die Goldberg an und ihren Zimmer, Dora! Soll auch ich sagen, daß das der Garten Eden ist, wie dieser Zimmer behauptet? Und vielleicht soll ich dich immer nur ansehen – und nichts... Und sie, Dora, sie dürfen? Ich nehm dich ihm nicht weg, weil er dich gar nicht hat. Morgen, vielleicht in einer Woche fahren wir auf Geschäftsreise nach Wien. Wir müssen! Was heißt, nein? Wir fahren! Dora, Dora..."

Das Verhältnis zwischen Miecio und Doras Kompagnon gestaltete sich korrekt, und so wie ich Miecio kannte, durfte ich getrost behaupten, daß ihm nie der Gedanke gekommen ist, Herr Rosenblum könnte Doras Geliebter sein. Erst der gemeinsame Aufenthalt im Getto öffnete Miecio die Augen für Doras altes Verhältnis mit ihrem Kompagnon. Aber damals, in jener fernen Epoche, hatte er keinen Blick dafür.

Für eine gewisse Zeit verlor ich meinen Freund erneut aus den Augen, und unsere nächste Begegnung hatte wieder etwas mit Conrad zu tun. Es war in einem bekannten Literatencafé. Miecio war etwas voller, mannbarer geworden; sein Haar hatte sich gelichtet, doch obwohl er häßlicher geworden war, hatte er nichts vom Charme seiner poetischen, ein wenig kindlichen, ein wenig exaltierten Natur eingebüßt. Miecio berichtete gerade mit Verve von dem Drehbuch, an dem er zur Zeit arbeitete, als er mich plötzlich, mitten im Satz, bei der Hand faßte und, den Blick auf einen Neuankömmling gerichtet, flüsterte: „Conrad!"

Und tatsächlich! Es war, als sei die bekannte Fotografie zum Leben erwacht: Conrad im schwarzen Mantel und Hut, einen Stock in der Hand. Unser „Conrad" schritt gemessen und würdevoll, wie sich das für eine solche Größe schickte, auf ein Tischchen zu. Uns war es, als sähen wir vor uns die Malayischen Inseln auftauchen, den unglücklichen Lord Jim oder auch Heyst oder Lingard.

„Conrad" schaute sich einen Moment im Café um; schließlich nahm er in unserer Nähe Platz, wo ein Tischchen frei gewesen war. Wir beobachteten ihn schweigend, mit angehaltenem Atem. Doch da auf einmal eilte raschen Schritts ein wohlbeleibter Herr auf ihn zu, der schon von weitem rief: „Herr Wu, gehen Sie gleich ins Magazin. Es ist ein neuer Transport aus Łódź eingetroffen ..."

Wir waren auf der Stelle ernüchtert. Uns war nicht gerade heiter zumute, und niemals mehr sind wir in unseren Gesprächen auf dieses Ereignis zurückgekommen.

Miecio sah ich nun wieder häufiger. Nicht so sehr bei ihm zu Hause, in seinem Herrenzimmer mit den Klubsesseln, als vielmehr in jenem Café. Es war bereits die Zeit angebrochen, da Nietzsche, von den neuen Politikern, die keiner ernst nehmen wollte, aufs Pflaster gezerrt, eine Gefahr ankündigte, die erst viel später erkannt worden ist.

Ich war in Nietzsches Vaterland gereist und kehrte mit dem Gefühl zurück, eine Reise in die Hölle unternommen zu haben. Mißmutig und zerstreut lauschte Miecio meinen Eindrücken, und auf bestimmte Beobachtungen, die mich erschüttert hatten, reagierte er mit einem Lachen wie auf eine Dummheit, die nicht ohne Pikanterie ist. Heute glaube ich, daß Miecio, der Nietzsche falsch gedeutet hat und Conrad ebenso, noch schlechter seine eigene Epoche gedeutet hat. Aber waren andere klüger? Auch ich unterlag der allgemeinen Sorglosigkeit, wenn auch die Erinnerung an das, was ich in Nietzsches Vaterland gesehen hatte, auf mir lastete wie ein Alpdruck. Ich lief vor der Wahrheit davon wie andere auch. Nach außenhin sah ja alles bestens aus. Visiten von Ministern, Marschällen, Diplomaten fanden statt; es wurden Jagden veranstaltet, auf denen man freundschaftliche Toaste tauschte.

„Siehst du? Der Präsident und ihr Dickwanst, der Feldmarschall!" Mit diesen Worten schwenkte Miecio die Zeitung vor meinem Gesicht. „Siehst du? Und das soll gar nichts bedeuten? Reden wir von wichtigeren Dingen, mein Lieber. Eben ist ein neuer Band von Leśmian erschienen. Hast du ihn schon gelesen?"

Daniel war da bereits auf der Welt. Ja! Er war da und wuchs,

Leśmian – Bolesław Leśmian (1878–1937), polnischer Lyriker, Hauptvertreter des polnischen Symbolismus

wurde reifer, ohne es zu wissen, ohne etwas zu ahnen von seinem Schicksal. Er hatte seinen armen, bescheidenen Platz in der Welt, hinter einem Bretterverschlag, auf einem Hinterhof, in einem dieser Vorstadtlöcher, für die die Bezeichnung „Stadt" oder „Städtchen" nichts als traurige Ironie gewesen wäre.

Zum Ende der letzten Jahre oder auch nur Wochen jener Epoche, da alle am Abgrund entlang balancierten, ohne ihn wahrzunehmen oder wahrhaben zu wollen, konnte man eines Sonntags in den Zeitungen lesen, daß in Nietzsches Vaterland den Juden verboten worden war, öffentliche Orte wie Theater, Kinos, Philharmonien aufzusuchen. Auch eine Verordnung war erlassen worden, die die Juden verpflichtete, eine Armbinde mit dem Davidstern zu tragen.

Ich war sicher, daß jeder, der das las, Scham empfinden mußte, weil etwas Derartiges überhaupt vorstellbar war in der Welt – und Europa es zuließ. Und daß solches das Volk Goethes, Manns, Bachs tat! Ich eilte in die Stadt, und selbstverständlich dachte ich an Miecio, stellte mir sein Entsetzen, sein Grauen vor.

Unser Stammcafé war überfüllt, und ich konnte mich nur mit Mühe zu Miecios Tisch durchdrängen. Die Stimmung war sorglos, ja geradezu fröhlich. Von allen Seiten drang das Lachen heiterer, lebensfroher Menschen an mein Ohr, und Miecio war wie die anderen erregt von der allgemeinen Vergnügtheit. Dora lachte ihr helles Lachen, und sogar Herrn Rosenblum hatte die Kaffeehausfröhlichkeit angesteckt.

Ich zeigte Miecio die Zeitung.

„Das ist doch Unsinn! Idiotie!" rief er laut lachend aus.

Ich stürzte aus dem Café; später hastete ich durch die Straßen, als liefe ich vor etwas davon. Ja, ich floh. Ich war auf der Flucht.

Aber bald darauf begann die Ballsaison – es war Karneval –, und es wiederholten sich die Ministervisiten, Toaste und Reden. Und natürlich nahm keiner gewisse Reden ernst.

Daniel gedieh auf seinem Hof, neben seinem Rinnstein; er wurde vier Jahre alt, dann fünf, dann sechs. Und schließlich kam, was kommen mußte...

Nach ein paar Wochen Krieg erblickte ich an einem kalten, regnerischen Tag von fern Miecio auf der Straße. Am linken Ärmel trug er die Armbinde mit dem Davidstern.

Von jetzt an wird uns das „Zeitvehikel", angetrieben von den Ereignissen der Geschichte, schnell vorantragen, und – mein Gott! – es werden das keine Jahre mehr sein, sondern kaum ein paar Monate, ja Wochen.

Ich besuchte Miecio im Getto einige Tage nach unserer Begegnung auf der Straße. Noch war die brennende Stadt nicht ganz erkaltet, noch schwankten die zur Erde gebogenen Laternen im Wind, noch hatte man die Trümmer nicht weggeräumt. Die, die geblieben und nicht nach Osten marschiert waren gleich in den ersten Kriegstagen, erinnerten sich mit Schrecken der Stadtbelagerung und besonders des Monats, da es schien, als verwandele sich der Himmel in die Hölle, aus silbernen Flugzeugen Feuer und Eisen aus der Höhe herabschleudernd. In den seltenen Augenblicken der Stille ließ sich die Stimme des Stadtpräsidenten vernehmen: eine harte, eiserne Stimme, die zur Ruhe mahnte, Rat erteilte, aber vor allem die Sicherheit vermittelte, daß da einer war, der wachte. Manchmal fiel aus dem Rundfunk ein tragisches Lied auf die Stadt herab, das im Novemberaufstand die Franzosen der Stadt geschickt hatten: die „Warszawianka". Das Lied zog durch die entvölkerte, wie ausgestorbene Stadt und rief das Pflaster, die Ruinen auf, hinzugehen und mit dem Bajonett zu kämpfen. Gegen wen? Gegen den Feuerschlund?

Jetzt, nach der Katastrophe, schleppte sich ein betroffenes Menschenschweigen durch die Straßen. Es war Ende November und bereits frostig; ein früher, schwerer Winter kündigte sich an. Miecio wohnte mitten im jüdischen Stadtteil, in einem düsteren Haus, dessen steinerner Hof mit hohen Hintergebäuden zugebaut war. Ich klopfte an die Tür im dritten Stock, und Miecio zog mich in einen dunklen Korridor, der mit Schränken vollgestellt war, und führte mich dann durch einen etwas helleren Flur in seine Wohnung. Im ersten, großen Zimmer traf ich Dora und Herrn Henryk an, die am Tisch saßen und Patiencen legten. Wir begrüßten uns herzlicher als sonst, wie das bei Menschen der Fall zu sein pflegt, die gemeinsam eine Katastrophe durchgestanden haben. Das zweite, schmale kleine Zimmer wurde von Miecio bewohnt. Ich bemerkte sofort, daß sich Miecio sehr verändert hatte. Die Armbinde mit dem Davidstern hing an der Fensterklinke. Ich blickte mich im Zimmer um: Bett, ein Tischchen, Stühle und rings an den Wänden geräumige Schränke, auf denen große Ballen bis

---

Stadtpräsident – Stefan Starzyński (1893–1943), Politiker, Ökonom, Publizist; von 1934 an kommissarischer Präsident von Warschau. Nach dem Überfall Hitlerdeutschlands 1939 blieb er bis zuletzt auf seinem Posten und mobilisierte die Bevölkerung der Stadt zum Kampf. Starzyńsky ist 1943 in Dachau umgekommen.

„Warszawianka" – polnisch-patriotisches Lied aus dem Jahr 1831 („Heute ist der Tag des Blutes und des Ruhmes"), Text von Casimir Delavigne, polnisch von K. Sienkiewicz

zur Decke aufgetürmt lagerten. Es war eng und schmutzig. Unser lastendes Schweigen unterbrachen wir nur, um Informationen über Alltägliches auszutauschen. Irgendwann brachte Dora den Tee herein – stark, frisch gebrüht, aus alten Vorräten stammend. Sie wollte wie gewöhnlich nicht stören und kehrte schnell in ihr Zimmer zurück.

„Sie da, ich hier", kommentierte Miecio mit bitterem Lächeln.

Ich griff das Thema nicht auf, um nicht zugeben zu müssen, daß ich seit langem von allem gewußt hatte. Miecios Kriegsschicksal war einfach gewesen: Das Haus, in dem er gewohnt hatte, war ausgebombt worden, also waren er und Dora direkt aus dem Luftschutzkeller zu den Verwandten von Herrn Rosenblum gegangen. Und so waren sie zu dritt geblieben, ohne zu wissen, was weiter werden sollte.

Ich gab meiner Überzeugung Ausdruck, die übrigens fast allgemein geteilt wurde, daß das Ganze nur bis zum Frühling dauern würde. Miecio aber schüttelte den Kopf: „Der Krieg wird Jahre dauern! Jahre!" wiederholte er nach einer Weile. Ich hielt das für einen dummen Scherz oder ganz einfach für Dickköpfigkeit, wie sie bei exaltierten Menschen von Miecios Schlag verständlich war.

So saßen wir meist schweigend, bis die frühe Dämmerung hereinbrach. Miecio zündete Kerzen an; denn Strom gab es in diesem Stadtteil noch nicht. Auf meine Bitte hin rezitierte er sein letztes Gedicht. Es war ein Gedicht über seinen Vater. Zum Schluß hieß es darin, daß sich der Pickel auf der Zunge des alten Herrn P. zur rechten Zeit gebildet habe. Und wohl nur dieser Satz bezog sich vielsagend auf die Zeiten, die wir letztens durchlebten.

Beim Abschied bat mich Miecio, ihn nicht zu vergessen und oft zu besuchen. Als ich durch das große Zimmer ging, sah ich Dora und Herrn Rosenblum auf einer breiten Ottomane sitzen. Auf dem Tisch, zwischen dem hingeworfenen Kartenspiel, stand ein Leuchter. Beide schauten gedankenverloren in das flackernde Kerzenlicht. So in Schweigen versunken brachten sie vermutlich die Abende zu, während sie sich den Tag mit Patiencen vertrieben. Und Miecio?

Er hatte mir nur gesagt, daß er selten das Haus verließ, weil er die Armbinde tragen mußte, was wiederum mit der Gefahr verbunden war, daß man ihn zum Enttrümmern der Stadt holte. Man konnte in diesen Tagen häufig Menschen mit Armbinde bei Schwerstarbeit sehen – oder beobachten, wie man sie brutal dazu antrieb.

Also ging Miecio selten in die Stadt, und auch nur selten zeigte er sich in seinem Wohnviertel. Was er tat? Was er dachte? Das Gedicht über den alten Herrn P. legte die Vermutung nahe, daß Miecio erst jetzt zu seinen Toten zurückkehrte oder seine Vergangenheit resümierte. Bestimmt war er mit einem größeren Gefühl der Fremdheit aus seinen Träumen erwacht als andere, mit einem heftigeren Entsetzen über das, was da geschehen war. Alle suchten nach Schuldigen, alle stöberten in den jüngsten Geschehnissen, die vor der Katastrophe neben den Menschen, neben ihrem Leben her verlaufen zu sein schienen. Wen beschuldigte Miecio? Erinnerte er sich des Tages, da ich ihm die Nachricht vom Davidstern gebracht hatte? Ich wollte nicht Vergangenes aufrühren, wenn ich ihn in seinem engen, schmutzigen Zimmer besuchte. Unsere Gespräche drehten sich um politische Neuigkeiten. Zur Politik setzten sich die Reden zusammen, zahlreiche und lange Reden, mit denen sich die kriegführenden Staatsmänner überschütteten. Die Meldungen von der Front irritierten uns am meisten; denn keine Offensive wollte sich vom Fleck bewegen. Wir warteten darauf von einem Tag zum anderen. Real waren nur die Ereignisse um uns her. Die Gefängnisse füllten sich; die Lager, zur Zeit in Nietzsches Vaterland bereitgestellt, verschlangen eine große Anzahl unschuldiger Menschen. Das ganze Land stand unter dem Eindruck des Lagers in Oranienburg, wohin man vierzig Professoren der Jagiellonen-Universität verschickt hatte. Noch einen größeren Eindruck hinterließ die Kunde, daß die Gelehrten beschlossen hatten, bei den Appellen, während sie in eisiger Kälte standen und auf nichts warteten, von ihren wissenschaftlichen Arbeiten zu sprechen. So kam Hoffnung über das Land und gestaltete das Vorbild für Unbeugsamkeit. Begriffe kamen wieder zu Ehren, die man in Zeiten der Sorglosigkeit und des Allotria verworfen hatte. Lebendig war plötzlich von neuem der Ruf der Dichter, Humanisten und Prediger, daß der Mensch über sein begrenztes Menschsein hinauszugreifen habe. Miecio schränkte ein, daß sich die moralische Wiedergeburt des Menschen bedauerlicherweise durch die blutige Ernte des Unglücks vollzöge. Beide lasen wir wieder und wieder ein prophetisches Gedicht Norwids, in dem wir unsere Gedanken bestätigt sahen.

Schon damals, kaum an der Schwelle des Unglücks, schufen wir

Norwid – Cyprian Kamil Norwid (1821–1883), polnischer Dichter, Dramatiker und Prosaschriftsteller. Seit 1842 in der Emigration lebend, blieb der Dichter zeit seines Lebens arm und verkannt, um mit seinem zum Teil unerhört modernen Werk zu Beginn des 20. Jahrhunderts wachsendes Aufsehen zu erregen. Die „Entdeckung" Norwids dauert an.

uns verschiedene Trostsysteme, ohne das allmähliche Anwachsen des Bösen zu ahnen, das über die Welt gekommen war.

So weiß man ja auch heute, nach so vielen Jahren des Unglücks, noch nicht, ob sich das Maß des Bösen erfüllt hat. Ist aus der blutigen Saat jener Epoche aufgegangen, worüber Miecio und ich bis zum Überdruß gesprochen haben? Heute gibt es den Stadtteil nicht mehr, wo Miecio gewohnt hat, und damit auch das enge schmale Zimmer nicht, wo wir einander mit Zukunftsvisionen getröstet haben. Und selbst wenn sich heute dort neue, helle, weiträumige Wohnblöcke erheben, erbaut im Glauben und in der Hoffnung der Geretteten – ist es Übertreibung, der Angst Ausdruck zu geben, das Unglück könne, wie das wilde Tier aus Norwids Gedicht, noch immer lauern, um uns anzufallen, ohne uns diesmal auch nur die kleinste Chance für eine Zukunft zu lassen? Haben wir denn eine andere Lektion gelernt als die, daß das Böse unermeßlich, unerschöpflich ist und daß es außerhalb der Menschheit nicht existiert, nur in ihr? Die Feststellung, wozu die Menschheit fähig ist, blieb Miecio zum Glück erspart. Sein Tod kam wie der Pickel des alten Herrn P. zur rechten Zeit.

Unterdessen lebten wir beide zu Beginn der neuen Epoche in Illusionen. Wir glaubten zum Beispiel an die Macht der Art von Kultur, wie sie die in Oranienburg inhaftierten Professoren verkörperten. Wie hätte es für uns ein anderes Symbol geben sollen als die Vorlesungen jener Gelehrten bei klirrendem Frost auf dem Appellplatz? Da die Staatsmänner ihre Autorität eingebüßt hatten, das Kriegsheldentum niedergebeugt und auf dem Pflaster der Hauptstadt nur das tragische Lied eines Ausländers über unser Sterben zurückgeblieben war – was hatten wir da für eine andere Wahl als den Glauben an die intellektuelle Ehre, die mit der moralischen Ehre einherging?

So bemühten wir uns beide, Miecio und ich, unsere Einstellung gegenüber der Zeit, der wir gewachsen sein sollten, zu definieren. Doch auch alltägliche Dinge nahmen unsere Aufmerksamkeit in Anspruch. Mit Doras Hilfe litt Miecio keinerlei Mangel. Hatte sie Geld? Wie versteckte sie es? Auf welche Weise machten sie und Herr Rosenblum auch fernerhin Geschäfte? Das alles ging nur sie etwas an, und Miecio wußte, wie schon früher, nichts davon. Er hatte zu leben, er konnte tun, was ihm Spaß machte, er besaß Freiheit, soweit sie unter den Gegebenheiten des jüdischen Wohnbezirks möglich war.

Nach und nach begann sich Miecio mit Rilke-Übertragungen zu beschäftigen. Rilke hatte er immer geschätzt, ja bewundert, und die Sprache des Dichters beherrschte er von Kindheit an.

Seit uns das Leben mancherlei Alltagssorgen bescherte, sahen wir uns seltener. Ich selber befand mich in einer viel schwierigeren materiellen Lage als Miecio und würde nur mühsam den ersten grausamen Kriegswinter überstehen. Daher wollte ich die Einladung von Freunden, die Zeit von Mitte Dezember bis Ende März bei ihnen auf dem Land zu verbringen, annehmen, was Miecio für eine glückliche Lösung hielt.

Ich reiste ab. Doch kehrte ich nicht im März zurück, sondern erst im Oktober. In dieser Zeit erlebten wir alle die zweite Kriegskatastrophe: die Niederlage Frankreichs, nach der uns schien, als seien nun für immer alle Hoffnungen begraben. Aber wir erwachten schnell wieder aus unserer Betäubung, weil der Feind uns dazu zwang. Es begann die Luftschlacht um England, in der die Engländer siegten. Die Hoffnung kehrte zurück und wuchs.

Ein paar Tage nach meiner Rückkehr Ende Oktober beschloß ich, Miecio zu besuchen. Zu spät. Leider, zu spät! Das Getto war zugemauert und mit Drahtverhauen gesichert. Ich drang nicht zu Miecio durch, dafür gelangte er zu mir – durch Daniel.

Ich hatte meine Lebensmittelkarten verloren. Ich suchte zu Hause, auf der Straße, im Laden; durchsuchte den Hausflur, durchstöberte den Papierkram auf meinem Schreibtisch. Ein paar Mal ging ich aus dem Haus. Doch wenn sie jemand gefunden hatte und mich bereits suchte? Also lief ich wieder zurück. In Türnähe, auf dem dunklen Flur, bewegte sich etwas. Ein Kind, ein kleiner Junge, kauerte in einem Winkel und musterte mich aufmerksam.

„Was machst du denn hier?" fragte ich verwundert.

Der Junge streckte mir einen zerknitterten Umschlag entgegen, auf dem ich meinen Namen las.

Ich nahm das Kind bei der Hand und führte es in meine Wohnung. Ich erinnere mich noch gut an diesen Tag – es war schon November – und an den Augenblick, da ich von meiner Lebensmittelkartensuche nach Hause zurückkehrte.

Meine Stimmung war nicht gerade rosig. Den Brief in der Hand, suchte mein Blick noch immer den verlorenen Schatz. Noch einmal schaute ich in die Küche, noch einmal ins Badezimmer. Die Karten blieben verschwunden.

Schließlich gab ich auf und kehrte ins Zimmer zurück. Der kleine Junge, an den Ofen geschmiegt, schien zu schlafen. Aber er erwachte sofort und sah mich beherzt und forschend an. Der erste Satz in Miecios Brief setzte mich davon in Kenntnis, daß der Junge aus dem Getto komme, daß er Daniel heiße und von nun an unser „Verbindungsmann" sein werde, weil nur so eine kleine, sechsjährige Krabbe, pfiffig und schlau, durch ein Loch schlüpfen und Mauer und Drahtverhauen entkommen könne, ohne die Aufmerksamkeit der Wachen auf sich zu lenken.

Der Brief zog sich über mehrere Seiten hin. Neugierig auf den ungewöhnlichen Boten aus dem Getto, verschob ich das Lesen auf später.

„Du heißt Daniel, nicht wahr?"

Der Junge nickte.

„Und wie rufen sie dich zu Hause?"

„Wo?"

„Na, zu Hause", wiederholte ich.

„Ich hab kein Zuhause mehr", antwortete Daniel und sah mir fest in die Augen.

Ich merkte, daß seine Stimme hart und spröde klang.

„Und deine Mama? Dein Papa?" fragte ich unbesonnen weiter.

Daniel gab keine Antwort. Er sah zu Boden und bohrte mit dem Finger im löchrigen Strümpfchen. Ich spürte, daß meine Fragen ihn schmerzen mußten, und um das wiedergutzumachen, begann ich von einem gewissen Władek zu erzählen, auch so ein Junge wie Daniel, mit dem wir immer gern zum Fischen an den Fluß gingen.

„Denn die besten Fische hab ich immer gefangen, wenn Władek mit war", versicherte ich Daniel, um seine Aufmerksamkeit, sei es an Władek, sei es an den Fischen, zu wecken. Vielleicht wollte ich auch nur zu verstehen geben, daß ich Kinder gern hatte und schnell Freundschaft mit ihnen schloß.

Aber Daniel zeigte nicht das geringste Interesse an meiner Erzählung. Darum schlug ich vor, mit mir zu essen, und ging hinaus, um den Tee zu brühen. Kurz darauf erschien Daniel in der Küche – was ich für ein gutes Zeichen nahm. Wieder redete ich zu ihm wie zu einem Erwachsenen, erzählte von meinem Aufenthalt auf dem Land und von den Kindern, die ich dort kennengelernt hatte. Diesmal hörte Daniel zu.

Der Tee war fertig, das Brot geschnitten. Auch Pfefferkuchen fanden sich. Zu meinem Erstaunen fragte Daniel von sich aus, wo er sich die Hände waschen könne. Ich wollte ihm dabei helfen, aber er zog es vor, allein ins Bad zu gehen. Nach einer Weile kam er mit sauberen Händen und gewaschenem Gesicht wieder. Er strahlte zufrieden. Erst jetzt schaute ich ihn mir genau an. Er gleicht nicht den Kindern „von dort", stellte ich in Gedanken fest. Daniel hatte große schwarze Augen mit einem Ausdruck erschütternden Ernstes darin. Die lange nicht geschnittenen Haare lockten und ringelten sich. Am meisten verblüffte mich seine Stimme, die zu der Anmut des Kindes in einem seltsamen Gegensatz stand. Ich sehe Daniel noch wie damals und erinnere mich, wie mühsam wir uns anfreundeten. Erst in der Küche begann Daniel von sich zu erzählen. Ich erfuhr, daß er drei ältere Schwestern habe: Lia, Sara und Mania, daß den Vater die Deutschen erschlagen hätten, weil er seine Werkstatt in der kleinen Ortschaft bei Warschau nicht hatte verlassen und ins Getto gehen wollen. Dies war vor den Augen der ganzen Familie geschehen. Daß die Mutter täglich anderswo zur Arbeit gehe und nur manchmal zurückkomme, ein-, zweimal die Woche, zur Waschfrau, die in demselben Haus wie Mieczysław P. im Souterrain wohne. Auch die Schwestern gingen zur Arbeit, aber wohin, wußte Daniel nicht. Er selber wohne bald hier, bald dort, meistens aber bei den Verwandten von Herrn Henryk Rosenblum. Daher also rührte Miecios Bekanntschaft mit Daniel.

Über all diese Dinge sprach Daniel ernst und ruhig, keinesfalls wie ein sechsjähriges Kind. Jetzt verstand ich, wie sehr ihn meine Erzählungen über Dorfkinder, Fluß und Fischfang langweilen mußten, und natürlich war es begreiflich, daß er über Mutter und Vater anfangs keine Auskunft hatte geben wollen. Als wir ins Zimmer zurückkehrten, erklärte der Kleine, daß er nun gehen müsse.

„Und der Brief?" Ich zeigte auf die ausgebreiteten Bögen.

„Ich muß ihn doch noch durchlesen und eine Antwort schreiben ..."

„Ich komm morgen Mittag wieder. Jetzt muß ich noch woandershin", sagte Daniel.

Wie sich herausstellte, war „woandershin" zwei Straßen weiter, wo Daniel noch einen weiteren Auftrag zu erfüllen hatte. Aber zu wem er ging und was er zu erledigen hatte, wollte er nicht verraten. Vielleicht ist es ebenfalls ein Brief? überlegte ich. Daniel fügte noch hinzu, daß er dort über Nacht bleiben werde. Sie warteten auf ihn. Als ich Daniel zum Abschied in die Arme nahm, raschelte es unter meinen Fingern. Unter Pullover und Jäckchen waren Papiere versteckt. Natürlich verriet ich nichts von meiner Entdeckung.

„Hast du denn keine Angst vor den Deutschen?" fragte ich voller Ernst.

„Ich renn denen immer weg!" brüstete sich Daniel. „Ich bin schon mal weggerannt. Ich hab geschrien, und dann bin ich weggerannt."

Wir trennten uns bis zum nächsten Tag.

Vom Fenster aus sah ich ihn laufen, sah, wie er geschickt den Passanten auswich. Ich wollte mich mit dem Brief befassen, doch ich mußte fortwährend an den kleinen Gettoboten denken, der jetzt mit illegaler Korrespondenz auf dem Rücken durch die Straßen eilte, um beizeiten zu einer fremden Person zu gelangen und seinen Auftrag zu erfüllen.

Unversehens griff ich zur Bibel, um etwas über den Propheten zu erfahren, dessen Name der Junge aus dem Getto trug. Doch schnell legte ich das Buch mit den Prophezeiungen wieder weg; denn meine Gedanken waren so sehr mit dem „Verbindungsmann" Daniel beschäftigt, daß ich mich auf den biblischen Daniel nicht konzentrieren konnte.

Ich nahm Miecios Brief zur Hand.

Ich las. Ich las und konnte nicht glauben, was ich da las. Ich las ihn einmal, später noch einmal – diesen Brief Miecios von jenseits der Mauer; flammende Zeilen, obschon gleichgültig und fern, in denen ich jedoch etwas von der Haltung der Professoren aus Oranienburg wiederfand, etwas von dem Trotz des Dichters, der dort im Getto verteidigte, wovon wir noch unlängst gesprochen hatten: die Ehre des Humanisten.

Der Brief handelte von Conrad.

Miecio hatte die Lektüre des geliebten Schriftstellers wieder aufgenommen. Diesmal las er ihn richtig, wie er selber betonte. Dort hinter den Mauern, abgeschnitten von der Welt, verstand er besser, was Lord Jims Patusan bedeutete. Patusan oder das Getto der Einsamkeit. Der gesamte Brief war die Frucht dieser erneuten „Lord-Jim"-Lektüre.

Bis auf den heutigen Tag erinnere ich mich daran, daß Miecio sich die Haltung Jims zum Vorbild nahm, besonders aus der Zeit seines Aufenthaltes in Patusan. Die gleichen Erlebnisse verbanden sie, obwohl Miecio, wie er es selber ausdrückte, von keiner „Patna" fliehen würde, um seine Haut zu retten. Aber war das wirklich so? stellte er die dramatische Frage. Würde er nicht fliehen – er, genau wie die anderen? Ließen wir nicht alle unser Schiff im Stich, wenn ein Unwetter heraufzog, in dem das Schiff zerschellen konnte?

Diese Fragen richtete Miecio nicht nur an sich selbst, sondern zugleich an mich, wobei er auch mich verantwortlich machte für unsere „Patna".

Einen großen Teil seines Briefes widmete Miecio einem Gespräch – „dem großen Gespräch", wie er schrieb – „zwischen dem Verbrecher Brown und Lord Jim". Miecio nannte ähnlich wie Marlow dieses Gespräch „einen der grausamsten Zweikämpfe, der je auf Erden ausgefochten worden ist". Zuschauer war das kalte, gleichgültige Fatum, das allein wußte, wie dieser Kampf ausgehen würde.

Miecio teilte mir mit, daß er bei einer der zahlreichen Haussuchungen mit einem Gestapooffizier ins Gespräch gekommen sei – einem gebildeten Bayern, der Rilke verehrte. Das bewußte Conradsche Gespräch – aufgezeichnet ohne eine Ahnung von dem, was da einmal über den Erdball kommen sollte, und angesiedelt in einem tropischen Land mit dem klangvollen Namen Patusan! Und diese Analogie unterstrich Miecio fortwährend, indem er schrieb: „bei uns in Patusan" oder „in unserem Patusan". Doch über seine Gespräche mit dem Gestapooffizier wollte er ausführlicher erst in seinem nächsten Brief schreiben.

Unmöglich, nach so vielen Jahren die Glut und die Leidenschaftlichkeit dieses Briefes, dieses Aufschrei von jenseits der Mauern des doch so nahen Patusan, wiederzugeben. Miecios Brief ging im Warschauer Aufstand verloren, wie auch all seine anderen Briefe. Doch es geht ja hier nicht um Wortwörtlichkeit und um Zitate, sondern um die Sache, die Miecio zum Ausdruck brachte – und das war wohl nicht nur der wiederentdeckte Conrad, sondern das Wehen der Geschichte, das unsere „Patna" dem Untergang zutrieb.

Was wollte Miecio? Er wollte umkommen – so zumindest habe ich damals seine Zeilen verstanden –, sterben bei einem Gespräch mit dem Verbrecher Brown, in Ehren und mit dem klaren Wissen um seinen Tod; denn außer im Tod sah er keine Rettung.

Und gerade das erregte meinen Widerspruch. Der Terror im Land wuchs, auf den Straßen fanden Exekutionen statt, man schuf Lager – nicht irgendwo in Nietzsches Vaterland, sondern bei uns. Man holte die Menschen von der Straße, aus ihren Wohnungen, aus Straßenbahnen, Cafés. Miecios Patusan hatte man eingemauert, und nur jemand wie der kleine Daniel konnte durch ein Loch entwischen. Wir lebten alle in der Hoffnung auf Vergeltung. Wir erwarteten ungeduldig die Westoffensive, die mit Sicherheit den Feind zerschmettern würde. Und wir wußten, daß dann auch die schändlichen Gettomauern fallen mußten.

Aus diesen realen, so konkret wie nur irgend möglich erscheinenden Prämissen entstand mein Brief an Miecio, den ich mit den harten Worten begann: „Herrscher von Patusan, lieber Lord Jim!" Ich ironisierte ein wenig seine Verlorenheit an die Atmosphäre von Patusan, lobte aber auch seine entdeckerische Lektüre Conrads, doch darüber hinaus schilderte ich ziemlich kraß die Realitäten im „arischen" Teil der Stadt. Die vielen Menschen in diesen Tagen gemeinsame Haltung kleidete ich ungefähr in folgende Worte:

„Die einzig richtige Antwort für die Barbaren ist ein Schießeisen in der Faust!"

Noch einmal warf ich am Schluß das Wort „Schießeisen" ein, und einen solchen Anti-Conrad-Brief steckte ich ins Kuvert, das ich anderntags Daniel aushändigen sollte.

Aber Daniel erschien nicht am Mittag, wie er versprochen hatte. Er kam erst, als es schon ziemlich dunkel war. Obwohl er anders, fröhlicher war als am Tag zuvor, ungezwungener und redseliger, wollte er nicht sagen, warum er sich verspätet und was er gemacht hatte, auch nicht, wo er gewesen war. Er durchstöberte alle Winkel meiner Wohnung und wusch sich im Badezimmer Gesicht und Hände, erfreut darüber, daß er das tun konnte. Er wollte nichts essen, weil er es eilig hatte, noch vor der Polizeistunde zu Miecio zurückzukommen. Den Brief steckte ich Daniel in die Innentasche seiner Jacke, und wieder fühlte ich ein auf seinem Rücken befestigtes Päckchen mit Papieren. Entrüstet dachte ich, daß da jemand ein Kind zu Aufgaben mißbrauchte, die Erwachsenen zukamen. Ich verabredete mit Daniel, daß er mich so schnell wie möglich aufsuchen und dann über Nacht bleiben sollte. Ich zeigte ihm das Sofa, auf dem er schlafen konnte.

Daniel lachte und streckte mir die Hände hin.

Nun begann auch ich, Conrad zu lesen, begab mich auf dieselbe Fährte wie Miecio in seinem Patusan. Ich las ihn anders als er, weil mit Widerstreben, polemisch; und manchmal kam es sogar vor — was ich heute nicht mehr verstehen kann —, daß ich das Buch beinah haßvoll beiseite warf. Doch wenn sich meine Empörung gelegt hatte, kehrte ich immer wieder zu ihm zurück.

Niemand sonst las im Jahr 1942 Conrad, niemand in unserer verwundeten Stadt dachte auch nur daran. War es hinter den Mauern anders? Oder war Miecio mit seiner Leidenschaft, zum Nerv der Geschichte vorzudringen, allein?

Bei uns, im „arischen" Teil der Stadt, las man viel. „Vom Winde verweht" und seltener „Krieg und Frieden" ... So manch einer besann sich wieder auf die Romantiker, auf Mickiewicz zum Beispiel. Wir lasen also in erster Linie Dinge, die sich mittelbar oder unmittelbar auf unser Schicksal bezogen. Aber Conrad? Allusionen, Metaphern, Symbole? Da einen Zusammenhang mit dem eigenen Schicksal zu sehen, vermochten wohl nur Menschen wie Miecio, dort, hinter den Mauern, im steinernen Patusan, wo aus Mitleid mit den Eingeschlossenen ein armseliger Ahorn oder eine krüpplige Pappel auf einem scheußlichen Hinterhof zu sprießen geruhten.

Auf Miecios Hof wollte nicht ein einziges Grashälmchen gedeihen. Was erst ... — o Gott, dieser Hof! Aber eilen wir den Ereignissen nicht voraus! Schließlich warten wir auf Daniel, und alles, was wir über den Dichter Mieczysław P. sagen, betrifft auch dieses Kind. Besonders jener öde, steinerne Hof, hart und karg für das Auge, wie es sonst nur Gefängnishöfe zu sein pflegen ...

Daniel kam nach einigen Tagen, kurz vor der Polizeistunde. Er klopfte nicht, er klingelte nicht, sondern er kratzte an der Tür.

„Nu, und da bin ich", sagte er beim Eintreten.

Diesmal war er zerstreut und unruhig. Jeden Gegenstand auf dem Schreibtisch oder im Regal mußte er anfassen und fragen: „Und was ist das? Wozu ist das da?" Doch er wartete die Erklärungen nicht ab, antwortete auch nicht sofort, wenn ich ihn etwas fragte. Inzwischen schien seine Neugier gestillt, und er lief in der Wohnung hin und her. Und als er sich endlich auf einen Stuhl fallen ließ, sah ich, daß er sich langweilte. Ich fing an, ihm von meiner Reise nach Afrika zu erzählen, die ich vor ein paar Jahren unternommen hatte. Das war wohl zu schwierig für ihn; denn weder die Affen, die mir den Helm vom Kopf gezogen hatten und damit auf eine Palme entwischt waren, noch die Schwarzen, die ich in ihrem Dorf besucht hatte und die mich hätten verspeisen können, interessierten ihn.

Bald schon unterbrach Daniel meine Erzählung mit dem Satz: „Und ich bin mal in Pyry gewesen. Da wächst Kohl, so groß wie ... oj, wie der Tisch da ..."

Ich versuchte an diesen Aufenthalt in Pyry anzuknüpfen, aber Daniel konkretisierte die Sache mit der Erklärung: „Ich würd' jetzt Kohl essen. Ist welcher da?"

Zum Glück hatte ich Kohl im Hause. Auch allerlei Leckerbissen fanden sich, die ich für ihn verwahrt hatte.

In der Küche fühlte sich Daniel wohler als im Wohnzimmer, wo es außer Büchern, dem Schreibtisch und dem Sofa für ein Kind nichts Aufregendes gab.

Dafür erregten hier die Kredenz und ihre verborgenen Schätze sein Entzücken. Ich erlaubte ihm alles, weil mir schon allein seine Anwesenheit, sein Umherstreifen und -stöbern, wo immer sich eine Gelegenheit dazu bot, Freude machte. Deshalb vielleicht, weil es eben Daniel war? Oder weil ich plötzlich ein Kind um mich hatte? Mag sein, daß es sowohl das eine wie das andere war. Damals hätte ich auf derart fordernde Fragen keine Antwort gewußt, und heute kann ich aus der Perspektive der Jahre meine Gefühle für Daniel nicht mehr wirklich beschreiben. Sicher habe ich schon damals meinen kleinen „Verbindungsmann" geliebt. An jenem Abend wurde mir bewußt, daß ich ihn doch eigentlich zu mir nehmen und auf diese Weise vor einem bösen Geschick bewahren konnte. Denn was anderes als ein böses Geschick würde ihn dort, hinter den

Mauern, erwarten? In letzter Zeit waren Gerüchte laut geworden, daß die Deutschen immer häufiger Menschen aus dem Getto in Lager abtransportierten. Sie konnten auch Daniel wegschleppen. Sie konnten ihn mit der Geheimkorrespondenz zu fassen kriegen, auch einer von meinen oder Miecios Briefen konnte ihnen in die Hände fallen. Ja, zweifellos: Daniel hatte den Tod vor sich, weil sie, die verbrecherischen Browns, nicht einmal Kinder verschonten. Ich beschloß, Daniel zu retten. Aber wie? Wer mußte sich damit einverstanden erklären, daß Daniel bei mir blieb? Bei mir oder bei meinen Verwandten, die keine Kinder hatten und den Kleinen gern zu sich nehmen würden?

Ich wagte es, Daniel daraufhin anzusprechen:

„Gefällt es dir bei mir?"

Daniel zuckte die Achseln, und erst nach einer Weile sagte er ja.

„Vielleicht möchtest du hierbleiben?"

„Für immer?"

„Für immer."

„Nein! Nein, ich will nicht!" schrie Daniel und stampfte mit den Füßchen. Danach fing er herzzerbrechend zu weinen an. Lange versuchte ich ihn zu beruhigen, und natürlich mußte ich meinen Vorschlag zurückziehen. Daniel sprach nicht mehr mit mir. Er hockte sich vor den Ofen, und mir den Rücken zukehrend, kauerte er da und weinte leise. Er ließ sich zur Nacht nicht ausziehen, weigerte sich, sich aufs Sofa zu legen, sondern bestand darauf, dort zu schlafen, wo er gerade war – vor dem Ofen. Ich mußte nachgeben. Ich breitete eine Decke auf dem Fußboden aus, holte Kissen und setzte mich an meine Arbeit, damit sich der Kleine ungezwungen fühlte. Ein paar Augenblicke vergingen, ehe er die Schuhchen neben sein Lager stellte und sich angekleidet unter die Decke schob. Bedauernd mußte ich feststellen, daß es mir nicht gelingen wollte, mit Daniel Freundschaft zu schließen. Ich gab mich jedoch nicht geschlagen und beschloß, Miecio um Hilfe zu bitten.

Ich machte mich an die Lektüre des Briefes, der auf meinem Schreibtisch lag, seit Daniel ihn gebracht hatte.

Der Brief handelte wiederum von Conrad. Diesmal schilderte Miecio seine Gespräche mit dem Gestapomann, der Gefallen an ihm gefunden habe und ihn stets in angetrunkenem Zustand zu den verschiedenen Tages- und Nachtzeiten, meistens jedoch nachts oder im Morgengrauen, aufsuchte. Der Gestapomann hieß Rudolf Stein, aber Miecio sah in ihm den Verbrecher Brown, der aufgetaucht war, um Jim zu vernichten – das hieß ihn, Mieczysław P., Einwohner von Patusan, dem Land der Einsamkeit. Dort also wurde zu unvorhersehbaren Zeiten das Gespräch fortgeführt, jener grausame Zweikampf, zwischen Miecio und Stein, Lord Jim und Brown; vielleicht auch zwischen Faust und Mephisto? Miecio schrieb, daß er jetzt nur noch in der Erwartung seines Brown lebe und daß diese Erwartung stets dem Warten auf den Tod gleichkäme. Der Tisch, an dem die Unterhaltung geführt werde, sei stets vollgestellt mit Schnaps und Bier, in der Mitte liege das „Schießeisen".

Schießeisen! Das Wort, von mir einfach so hingeschrieben, kehrte in Miecios Brief wieder und gab wohl im Kontext seiner Realien die Antwort auf meinen Brief.

Bei Schnaps und Schießeisen belehrte Stein seinen Gesprächspartner darüber, was für große Verbrechen die Juden in der Menschheitsgeschichte begangen hätten. Und daß er, Mieczysław P., ein Dichter, der Rilke übertrage, die menschliche Seele mit seiner Poesie vergifte. Darum wiege sein Verbrechen auch schwerer als alle anderen, weil es geistiger Natur sei, mithin unabsehbar in seinen Folgen. Er, Stein, hege die Hoffnung, daß sein Gegenüber das verstehe und auch die Mission, die die Vorsehung dem erhabenen Volk Nietzsches auferlegt habe, nämlich, eine so perfide und verbrecherische Rasse auszurotten. Und er, Stein, der Rilke liebe, der die Dichter überhaupt liebe, der die Musik liebe, alles, was geistig und schön sei – er, ein Verehrer Bachs, müsse hier sein, in diesem spießigen, verlausten, halbwilden Land, und noch dazu im Getto beinah apostolische Gespräche führen mit einem verbrecherischen Dichter!

Es kam nicht selten vor, daß Stein bitterlich weinte über sein Los, sich Schnaps nachgoß, das Schießeisen in die Hand nahm und auf Miecio zielte.

Am schlimmsten waren nach Miecios Bericht diese lyrisch-gefühlvollen Ergüsse Steins. Stein hatte eine Frau, Elsa, und ein Töchterchen, Luise. Er verdächtigte Elsa, ihn mit einem gewissen Erich zu betrügen, der im Wehrmachtsamt arbeitete. Wenn Stein davon erzählte, überfiel ihn maßlose Wut, daß er hier mit Miecio reden mußte, während in demselben Augenblick der durchtriebene Erich still und glücklich in Elsas Armen lag. Was denn ein Dichter dazu sage? Könne er ihm raten? Miecio beruhigte Stein mit der Versicherung, das sei ganz einfach ausgeschlossen: Elsa solle einem anderen vor einem so großartigen Offizier und subtilen Kunstkenner, wie er, Stein, es war, der da das Wort an ihn zu richten geruhte, den Vorzug geben? Offensichtlich klammerte sich Stein nur allzu bereitwillig an diese Hoffnung, klopfte Miecio auf die Schultern, steckte das Schießeisen weg und verabschiedete sich mit „À bientôt".

Dora und Henryk Rosenblum, eingesperrt in dem überbelegten Zimmer ihrer Verwandten, harrten unterdessen auf Steins Abgang, um Miecio ins Bett zu bringen, der nach einem solchen Besuch stets aussah, als würde er auf der Stelle tot umfallen ...

Ich unterbrach an dieser Stelle meine Brieflektüre, weil mir schien, als sei Daniel erwacht. Aber nein. Er redete im Schlaf. Es waren Wortfetzen im Jargon, die ich nicht verstehen konnte. Ich rückte ihm das Kopfkissen zurecht und hüllte ihn fester in seine Decke ein. Der Kleine schlief mit geballten Fäustchen, sein Atem ging ruhig und gleichmäßig.

Miecios Brief lag auf dem Schreibtisch. Lange konnte ich mich nicht aufraffen, ihn zu Ende zu lesen. Ich lief im Zimmer auf und ab, zwischen Daniels Lager und meinem Schreibtisch, und konnte und konnte mich nicht damit abfinden, daß Miecios Gespräche mit Stein denen von Jim und Brown vergleichbar sein sollten. Denn Brown war ein gewöhnlicher Verbrecher, ein Mörder, ein raff- und besitzgieriger Raufbold. Dagegen Stein? Was für eine Analogie sollte hier bestehen? Verglich man das von Conrad beschriebene Gespräch mit dem von Miecio geschilderten, so schien es das Gespräch eines Engels mit einem gefallenen Engel, immerhin jedoch mit einem Engel.

In diesem Sinne beabsichtigte ich Miecio zu schreiben, um ihn aus dem Bannkreis von Lord Jim und seiner erhabenen Einsamkeit in Patusan herauszureißen. Zum Schluß seines Briefes knüpfte Miecio noch einmal an Lord Jims Leiden und sein Schuldgefühl an, das darum so ungewöhnlich groß gewesen sein mußte, weil die „Patna" nicht untergegangen war. „Und unsere ‚Patna'? Unsere ‚Patna'?" rief er.

Ich beschloß, auch dazu mich zu äußern. Gesondert wollte ich die Sache mit Daniel angehen. Ich machte mich ans Schreiben. Daniel, unser „Verbindungsmann", schlief vor dem Ofen. Morgen brachte er meine Antwort zu Miecio, die weder Trost noch Hilfe war für den einsamen Mann im steinernen Patusan.

Die Antwort!

Unlängst fand ich in einem meiner alten Bücher einen mit Bleistift geschriebenen Zettel. Ich habe ihn, während ich das hier niederschreibe, vor mir liegen. Es ist ein Stück von meinem Brief an Miecio. Die Jahre haben die Bleistiftschrift verwischt, und ich kann nicht mehr viel entziffern – bis auf den Namen „Daniel", der sich ein paarmal wiederholt. Auf der Rückseite des Blattes steht eine

---

Jargon – Jiddisch, in Polen häufig als „Jargon" bezeichnet (s. Beitrag von Antoni Słonimski, S. 312/313)

Einkaufsrechnung. Unter dem 20. November hatte ich mir notiert: Zuteilung 10,00; Zahnpasta 0,60; Käse, Brot, Zwiebeln 2,35; Mehl, Zigarettenhülsen, Eier 1,65; Fleisch 2,00; Bonbons 1,00; Schnürsenkel 0,90 – zusammen 18,50.

In anderen Rechnungen finden sich Posten, die Daniel betreffen, zum Beispiel Kuchen 4,00; Kakao 7,50; Pudding 0,90.

Wie aus der letzten Notiz ersichtlich, schrieb ich den Brief an Miecio am 27. November; denn am Tag zuvor hatte ich mit dem Gedanken an Daniel besagte Einkäufe gemacht. Diese mit Tinte geschriebene Aufstellung bewahre ich als einziges Andenken an sie beide auf. Nur dieses Wenige ist mir geblieben!

An dem Brief für Miecio schrieb ich lange, bis spät in die Nacht hinein, in der Stille des Hauses und der Stadt, im Grauen des nunmehr schon zweiten Kriegsjahres. Am darauffolgenden Tag um die Mittagszeit trug unser kleiner „Verbindungsmann" den Brief ins Getto. Diesmal hatte er kein Päckchen mit Papieren unter der Kleidung versteckt, was ich am Abend gründlich nachgeprüft hatte.

Daniel war in besserer Verfassung, ausgeschlafen, gewaschen und gesättigt. Ich schlug ihm vor, ihn ein Stück zu begleiten; aber der Junge protestierte. So brachte ich ihn nur die Treppe hinunter ans Tor und sah ihm nach, bis mir sein anmutiges, drolliges Figürchen aus den Augen verschwunden war.

Es war leer in meinem Haus nach Daniels Fortgang.

Heute könnte ich nicht mehr sagen, wann und wie oft mich Daniel noch besucht hat, und auch nicht mehr alle Briefe Miecios aus dem Gedächtnis rekonstruieren. Ich weiß nur noch, daß Daniel manchmal für einen kurzen Moment zu mir hereinschaute – und das nicht immer mit Nachrichten von meinem Freund. Im ganzen vielleicht dreimal. Daniel kratzte an der Tür und trat mit seinem Triumphschrei: „Nu, und da bin ich!" ein. Er tummelte sich ein Weilchen in der Wohnung, stattete dabei stets dem Badezimmer einen Besuch ab, dann aß er etwas und ging rasch wieder, unempfindlich gegenüber meinen Bitten, doch länger bei mir zu bleiben.

Einer von Miecios Briefen betraf ausschließlich Daniel und war die Antwort auf meine Bitte, den Jungen für immer zu mir nehmen oder zu meinen Verwandten bringen zu dürfen, die ganz in der Nähe wohnten. Miecio reagierte unwillig auf meinen Vorschlag und bat mich, doch einzusehen, daß wir Daniel brauchten, „wir", das heißt er und ich; daß er als Verbindung zur Außenwelt unersetzlich sei, unentbehrlich für viele andere Menschen im Getto. Vor allem jedoch verstehe es das Kerlchen, besänftigend auf seine Depressionszustände nach Steins Besuchen zu wirken. Er wisse genau, wann er kommen, was er sagen, wie er sich verhalten solle, wisse, wie man das allgegenwärtige Gespenst des Todes verscheuchen könne.

„Manchmal denke ich, er ist mein Sohn", schrieb Miecio. Ein Sohn! Ich hatte geahnt, daß dies der eigentliche Grund war, warum Miecio Daniel nicht fortlassen wollte. Später habe ich mir oft heftige Vorwürfe gemacht, daß ich Miecio nachgegeben und nicht auf meinem Entschluß bestanden habe. Aber wie hätte ich Miecio diese einzige Freude nehmen können? Den einzigen Trost seines alptraumhaften Lebens, das ausgefüllt war mit dem Warten auf Stein?

Also ließ ich den Dingen ihren Lauf. Daniel freundete sich allmählich mit mir an und besuchte mich offensichtlich gern, vor allem überraschend und auf einen Sprung. Ich entdeckte auch ein Spiel, das Daniel Spaß machte: gemeinsames Malen. Wer malt besser eine Ente? Ein Flugzeug? Einen Soldaten? Einen Baum? Ein Haus am Wasser? Beide malten wir mit Feuereifer, und natürlich waren Daniels Bilder immer besser als meine. Ja, sie waren wirklich besser. Irgendwie kühn und eigenwillig, mit einem Akzent der Überzeichnung zur Groteske hin. Ich bewunderte aufrichtig seinen Witz und seine ausgezeichnete Beobachtungsgabe. Daniel hatte das Zeug zu einem Künstler; denn seine Zeichnungen drückten mehr aus als Kinderzeichnungen sonst. Oft dachte ich, was wohl aus Daniel werden würde, wenn er überlebte – wenn er überlebte...

Die Angst um sein Leben verließ mich nie. Und doch tat ich nichts, um ihn vor der Gefahr zu bewahren, die ihm ständig drohte. Jeden Tag, jede Stunde.

Und einmal geschah es, daß ich beinah Augenzeuge seines fast unabwendbaren Todes geworden wäre. Ich fuhr mit der Straßenbahn durch die Hauptstraße unserer Stadt, und auf einmal sah ich durch die Scheiben eine Ansammlung von Menschen, die beobachteten, wie zwei Polizisten, mit Karabinern und Granaten ausgerüstet, einen Jungen abführten – oder eher, an den Armen wegtrugen, der weinte und schrie, strampelte und um Hilfe rief. Ich erkannte Daniel. Die Straßenbahn war überfüllt; trotzdem gelang es mir, während der Fahrt abzuspringen. Als ich dorthin kam, wo sich der Vorfall abgespielt hatte, war Daniel bereits von der Bildfläche verschwunden. Die Polizisten schritten feierlich und erhaben die Straße hinunter – gewiß ein wenig beschämt von dem Opfer ihrer Gewalt, das in so gar keinem Verhältnis gestanden hatte zu der physischen und militärischen Übermacht, die sie jetzt in der Stadt zur Schau trugen. Ich mußte nicht erst fragen, was geschehen war; denn alle bewunderten die Flucht des Kleinen und seine Bravour. Warum und unter welchen Umständen hatten die Polizisten den Jungen geschnappt? Wohin war er geflohen? Das wußte keiner. Aber er war entkommen. Ich atmete erleichtert auf.

Obgleich er geflohen war, blieb ich in großer Sorge um ihn, und diesmal wollte ich nicht mehr auf Miecio hören – ich wollte Daniel dabehalten, sobald er auftauchen würde. Ich begann, alle notwendigen Einzelheiten zu erwägen, die zur Aufnahme eines Kindes in ein für Kinder nicht eingerichtetes Haus bedacht sein müssen, verabredete mich mit einer Lehrerin, die den Jungen unterrichten sollte, und besprach mit meinen Verwandten den Umfang der gemeinsamen Fürsorge. Ich wartete auf Daniel von einem Tag zum anderen.

Endlich kam er. Er kam gegen Abend, es dunkelte schon, kurz vor der Polizeistunde. Nachdem er auf seine Art an der Tür gekratzt hatte, stürmte er mit seinem Triumphschrei „Nu, und da bin ich!" in mein Zimmer. Er brachte einen langen Brief von Miecio, der gleich als Nachtlektüre auf meinem Schreibtisch landete. Ich machte Daniel Vorwürfe, daß er so lange nicht gekommen sei – na, und ich wollte natürlich wissen, was da vor etwa einer Woche auf der Straße mit den Polizisten vorgefallen sei. Das Kerlchen lachte und winkte lässig ab. So ein kleines Abenteuer habe er schon des öfteren gehabt. Er könne eben schreien und weinen, also ließen sie ihn immer laufen.

„Aber warum haben sie dich gefaßt?" fragte ich hartnäckig weiter.

„Na, weil ich sie angespuckt hab!"

„Daniel!" rief ich entrüstet aus.

Der Kleine umhalste mich und zog mich zum Schreibtisch; er wollte mit mir zeichnen. Na, und später aßen wir Abendbrot, noch später veranstaltete Daniel eine große Wäsche im Bad und legte sich schlafen. Diesmal war er mit dem Sofa einverstanden.

Von meiner Entscheidung, ihn für immer bei mir zu behalten, wollte ich ihm morgen beim Frühstück erzählen.

Als Daniel eingeschlafen war, las ich Miecios Brief. Als erstes teilte er mir mit, daß Stein für zehn Tage auf Urlaub zu seiner Elsa gefahren und darum Daniel nicht zu mir gekommen sei. Die ganze Zeit hätten sie beide beim Spiel und in einem großartigen Gefühl von Freiheit verbracht – Freiheit wenigstens für zehn Tage, die heute zu Ende gingen. Ganz sicher werde Stein in der Nacht oder im Morgengrauen mit Schnaps und Schießeisen bei ihm erscheinen.

Ich blickte aufs Datum. Der Brief war von gestern, also mußte Daniel gestern das Getto verlassen und die Nacht wieder zwei Straßen weiter bei den Leuten verbracht haben, denen er geheime Botschaften übermittelte. Mich beunruhigte die Nachricht, daß Miecio krank sei, daß er hohes Fieber habe, worüber nur Daniel Bescheid wisse.

„Vor Dora muß das Geheimnis unbedingt gewahrt bleiben", versicherte Miecio. Ich verstand zwar nicht, warum, aber ich bemühte mich auch nicht um des Rätsels Lösung, ganz gefangengenommen von der Überlegung, ob Stein wohl schon zurückgekehrt und bei Miecio mit dem unvermeidlichen Schnaps und besagtem Schießeisen aufgetaucht sein konnte. Ja, Stein war inzwischen zurückgekehrt und würde spätestens heute seinen grausamen Dialog mit dem Dichter führen – den „Brown/Lord Jim"-Dialog!

Und wieder einmal handelte Miecios Brief von Conrad. Warum eigentlich las Miecio jetzt nicht Nietzsche? Warum erschien in seinen Briefen niemals mehr der Name des einstmals so verehrten Denkers, verschwendete er keinen einzigen Gedanken an sein immerhin doch geniales, ideenreiches, wenn auch doppeldeutiges Werk, dessen Tragik nicht zuletzt darin bestand, daß es sich zur Begründung eines verbrecherischen Systems ausnützen ließ? Die Antwort werde ich nie erfahren. Conrad hingegen war Miecio treugeblieben, wie die von Conrad geschaffenen Gestalten ihren Tugenden, Leidenschaften, Fehlern, Mythen und Gefühlen treublieben.

Miecios Brief setzte sich aus zwei Teilen zusammen, woran ich mich noch gut erinnere, weil ich diesen Brief – das letzte Lebenszeichen von ihm – viele Male gelesen habe. Das letzte Lebenszeichen ...

Der erste Teil des Briefes enthielt eigentlich, obwohl er „Die Errettung" betraf, ein Bekenntnis über die Liebe, geschickt verborgen hinter der Schilderung von Gesprächen zwischen Menschen, denen eine Katastrophe droht, Menschen, die eine Sandbank im Meer von der Welt trennt. Wieder eine Entdeckung Miecios, voller Bezüge zu seinen Lebensbedingungen im Getto, diese von Wasser eingeschlossenen Sandbänke, dieses Verurteiltsein zu Einsamkeit und Isolation.

Den Menschen der „Errettung" kommt der Tod Stunde um Stunde näher. Und dennoch erfüllt nicht Furcht, nicht Entsetzen ihre Seele, sondern Liebe. Liebe und Leidenschaft als der Kehrwert einer Letztendlichkeit, wie sie der Tod ist. Lingard, der tapfere, großartige Wolf, erlebt die Geburt der Liebe, ihr Wachsen, eine sinnbetörende Leidenschaft und die Agonie all dessen, dem er stets treu gewesen war. Die arme Mrs. Travers, entzückend und einsam, ist nur noch imstande, sich selber zu sagen: Mag's so geschehen – was darauf hindeutet, daß in diesem Satz das Resümee und der Abschluß ihres ganzen Lebens enthalten ist. Der Dialog zwischen Lingard und Mrs. Travers, auf einer Sandbank geführt, die unermeßliche Wasser einschließen, unter extremen Bedingungen also, auf einem Streifchen sandigen Bodens, durch den langsam die Nässe sickert – ein hoffnungsloser Dialog, durch den sich nur das Motiv von Liebe und Tod zieht –, dieser Dialog war nach Miecio ein erschütterndes Zeugnis für die Größe und die Schwäche des Menschen. „Nur wir im Getto Eingeschlossenen können das verstehen", schrieb Miecio. „Denn es ist wie ein Lied von uns, ein Lied von den Entwürdigten, denen nur noch die eine Möglichkeit geblieben ist: der Taumel der Liebe ..."

Ich unterbrach meine Lektüre und legte den Brief fort. Daniel schlief. Ich konnte mich nicht satt an ihm sehen.

Also auch das noch, grübelte ich, während ich in der stillen Kriegsnacht durchs Zimmer wanderte. Da mußten in Miecio nun auch noch hoffnungslose Sehnsüchte erwachen. Wirklich unfaßbar in seiner Situation! Miecio beschrieb Mrs. Travers nicht, wie Conrad sie beschrieben hatte, sondern so, wie man die Frau seiner Träume, die aus der Phantasie geborene, einzige, nach dem Maß eigenen Verlangens geschaffene Frau beschreibt. Was konnte das anderes heißen als das, was er das „erschütternde Zeugnis für die Größe und Schwäche des Menschen" nannte?

Im weiteren Verlauf des Briefes erinnerte Miecio in ein paar Sätzen an Dora und Herrn Rosenblum, die eben jetzt – oder vielleicht erst jetzt? – auf ihre Weise den „Taumel der Liebe" erlebten. Vereinsamt wie alle dort in Patusan, hatten sie nur sich, den Trost ihrer Körper, die Furcht und die Verzweiflung angesichts des Todes. Aber sie hatten sich! Miecio gab zu, daß sie gut, zärtlich und fürsorglich zu ihm waren. Und Mrs. Travers? Conrad hatte sie ihm zu Spott und Hohn gegeben, besonders da er täglich Dora und Henryk Rosenblum um sich sah.

Diesen wirklich erschütternden Teil des Briefes schloß Miecio mit der Bemerkung, daß er eingespannt in die zwei großen Dialoge lebe, die Conrad für ihn geschaffen habe: den Dialog zwischen Brown und Lord Jim und den Dialog zwischen Lingard und Mrs. Travers. Dort Patusan, das Land der Einsamkeit, da die Untiefen, sandige Inselchen im Meer, das die Menschen von der Welt trennt.

„Und ich weiß, daß mir von nirgendher Rettung kommt", schrieb er am Schluß.

Der zweite Teil des Briefes begann mit den Worten: „Ich hab's! Ich hab's!" Was folgte, war eine etwas verworrene, komplizierte, an triumphalen Entdeckerausbrüchen reiche Abhandlung, die sich auf das „Herz der Finsternis" bezog. Miecio hatte sich in die düsteren Winkel von etwas versenkt, das er die „Verbrecherseele" nannte, also auch in die Seele Steins.

„Endlich!" akzentuierte Miecio mit Ausrufezeichen. „Endlich weiß ich, was das bedeutet, daß sich Stein betrinkt, nachts zu mir kommt, Rilke deklamiert und das Schießeisen zwischen uns auf den Tisch legt. Endlich weiß ich, woraus er seine Vision von der Ausrottung der Juden, der Ausrottung all derer, die ‚unter seiner Rasse stehen', schöpft! Ich habe das ‚Herz der Finsternis' solcher Steins erkannt. Denn immerhin haben sie einen Bach und einen Goethe hervorgebracht, haben die Wissenschaft gefördert und die subtilen Erkenntniswerkzeuge der Humanistik. Das ist nur Schein! Nur Schein! In ihnen steckt das ‚Herz der Finsternis' eines Kurtz — ein tragisches, ein wahnsinniges Herz. Darum kennen nur sie die Dialektik, die Widersprüche, die Abgründe der Seele; sie, die aus dem Paradies Vertriebenen, von ihrer Mission Besessenen, bis ans äußerste mit Verachtung Erfüllten — sie, empfindsam und sensibel, sentimental und mit dem Geschenk der Tränen begabt. — Ich hab Stein!" schrie es aus Miecio heraus. „Ich hab ihn fest in der Hand."

Und so schrieb er weiter, voll leidenschaftlicher Genugtuung über die dunkle, verirrte Seele der Steins. Für ihn, Miecio, kam das Wissen über die Steins zu spät und wurde nunmehr zur Quelle unversiegbarer Trauer.

Trauer? Wieso Trauer? Und welches Wissen denn? Mußte man bis auf Kurtz zurückgreifen, um sicher zu wissen, was die Steins in Wirklichkeit waren? Der Zauber der Conradschen Erzählungen, die doch mit unseren Tagen in keinerlei Zusammenhang standen, übte einen negativen Einfluß auf Miecio aus. Das konstatierte ich allen Ernstes und fürchtete um das psychische Gleichgewicht meines Freundes. Aber wie würde ich mich an seiner Stelle verhalten? Würde ich überhaupt Conrad lesen?

Miecio witterte hinter jedem Satz des Schriftstellers Verständnis für sein Los; er suchte Erleuchtung als Erlösung, und wenn er sich in die Allegorien und Symbole Conrads vertiefte, dann wohl darum, weil er in ihnen den Trost zu finden hoffte, daß er nicht als erster und einziger zwischen letzte Dinge gestellt, daß sein Patusan und seine Sandbank inmitten unendlichen Wassers die Menschen seit Jahrhunderten immer und überall begleitet hatten.

Ein trauriger Trost! Wie ein Tropfen Essig in der Agonie. Doch was wissen wir von dem Trost, den die Menschen dort, in Patusan, erfuhren?

Fast die ganze Nacht hindurch schrieb ich an dem Antwortbrief. Immer wieder zerriß ich schon beschriebene Bögen und begann von neuem. Wie, ja wie sollte man antworten auf den Wahn einer Seele, die begierig war nach dem „Taumel der Liebe" und nach Entdeckungen wie die des „Herzens der Finsternis" in den Steins? Ich schrieb einen Brief über die Hoffnung, übermittelte Nachrichten von der Front und beteuerte, daß das Ganze nicht mehr lange dauern könne, daß der nahe Frühling mit Sicherheit der letzte Kriegsfrühling sein werde. Wieder war es ein sachlicher, ein Anti-Conrad-Brief, aber – mein Gott! – klammerte ich mich nicht auch an Mythen? An den „Mythos des letzten Kriegsfrühlings" zum Beispiel, weil es einfach nicht auszudenken war, daß das alles noch länger dauern konnte? Doch leider gab es damals wohl kaum einen, der anders gedacht hätte als ich.

Der Morgen brachte uns eine Enttäuschung, Daniel und mir. Es nieselte, tröpfelte; der Wind heulte und zauste die Bäume – ganz und gar kein Dezemberwetter. Daniel verlor sofort seine gute Laune, als er zum Fenster hinaussah. Heute wäre es vergeblich, mit ihm seinen eventuellen Aufenthalt in meinem Hause zu besprechen. Und so verschob ich wieder einmal die Angelegenheit auf einen seiner nächsten Besuche.

Beim Frühstück quengelte Daniel herum, vergoß seine Milch, nichts war ihm recht, und er aß kaum einen Bissen. Er nahm den Brief an sich und hatte es wie immer eilig. Trotz seiner Proteste legte ich ihm einen Wollschal um; denn es war kalt. Diesmal ließ er sich an die Straßenbahn bringen.

So schnell also – zu schnell vielleicht – haben wir die Reise an Miecios und Daniels Lebensende hinter uns gebracht. Ich sah Daniel nie wieder, obwohl ich voller Ungeduld, ja fast verzweifelt auf ihn wartete.

Eines Abends fand ich, hinter die Türklinke gesteckt, einen Brief vor. Der Brief war von Dora. Sie berichtete von Miecios Tod, der vor einer Woche an Typhus gestorben war. „Auch Daniel lebt nicht mehr", schrieb sie. „Und seinen Tod sahen alle vom Fenster aus mit an, auch Miecio noch."

Daniels Tod ging auf Steins Konto. Er war aus dem Urlaub zurückgekehrt und an diesem regnerischen Tag gleich zu Miecio gegangen, als Daniel eben mit meinem Brief zurückkam. An Miecios Tür hing das von den Steins gefürchtete Schild „Typhus". Erbost zog sich Stein zurück. Er war bereits betrunken und wankte die Treppe hinunter. Auf dem steinernen Hof traf er Daniel, der bei seinem Anblick zu laufen anfing. Stein rannte hinter ihm her, und als er ihn gefaßt hatte, zog er den Revolver und schoß. Danach nahm er den Brief, der aus Daniels Tasche hervorsah, breitete einen »Völkischen Beobachter« über das tote Kind und torkelte fluchend davon.

Dora erzählte mir bei ihrem unerwarteten Besuch kurz vor ihrer Abreise nach Tel Aviv noch einmal von Daniels Tod. Sie berichtete auch, wie sie und Herr Rosenblum sich hatten retten können.

Dora ist lange fort und hat mich mit den Schatten von Miecio und dem kleinen Gettoboten alleingelassen.

Ich habe schon gesagt, daß ich bei Doras erstem Besuch eine eilige Arbeit auf dem Schreibtisch liegen hatte. Sie befaßte sich mit jenen vergangenen Zeiten, und immer wieder waren dabei in meinen Gedanken Miecio und Daniel aufgetaucht. Wie hätte ich da jetzt, nach Doras Besuch, nicht Zeugnis ablegen sollen von ihrem Leben? Miecio und Daniel, die das Räderwerk der Geschichte zermahlen hat, sind ständig um mich.

Aber was kann ich heute noch für sie tun?

Ich will sie bitten, das inbrünstige Requiem anzunehmen, das aus dem bangen, ruhelosen Herzen eines Christen kommt.

MARIAN PANKOWSKI

Homer

In unbewegtem, starrem Kreis
standen über mir die Juden.

Meine Brüder – sprach ich.

Sie neigten die Häupter,
und Asche rieselte aus dem Firmament.

Ich schlug mir an die Brust.

Und von der anderen Seite der Stille her
stimmte ein in den Rhythmus der Epopöe
Homer –
der siebenmeilene.

(1951)

WŁADYSŁAW SZPILMAN

Der Pianist Władysław Szpilman gehört zu den Geretteten ...

Jerzy Waldorff, Essayist, Musikologe und Feuilletonist, erinnert sich an die erste Wiederbegegnung mit dem Freund im Februar 1945:

Es war „in Praga, in einer engen Privatwohnung, dem ersten Nachkriegsdomizil des Polnischen Rundfunks. Als ich das einzige Studio betrat [...], saß Szpilman am Klavier und spielte. Er war nicht einmal sehr verändert: er hatte noch immer sein krauses, kaum meliertes pechschwarzes Haar, sein junges, brünettes Gesicht; nur in seinen Augen lag ein Ausdruck von Trauer und der Angst eines gehetzten Tieres — ein Ausdruck, den er lange nicht verlieren sollte.

Einige Zeit später schlug mir mein Freund vor, seine Erlebnisse aus der Zeit des Krieges niederzuschreiben. Ich stimmte zu, nicht nur weil Szpilmans Erlebnisse so faszinierend, ja in ihrer Art einzig auf der Welt waren, sondern weil in den Erlebnissen dieses einen Menschen alle Arten von Leiden statthatten, mit denen die Deutschen die von ihnen unterdrückten Völker gemartert haben [...].

Meiner Arbeit an dem Buch ‚Der Tod einer Stadt' liegen zum Teil Szpilmans Berichte, zum anderen seine genauen Aufzeichnungen zugrunde. Ich möchte betonen, daß kein einziges Faktum von mir erdacht worden ist. Alles ist authentisch, obwohl man bisweilen glauben möchte, hier habe ein geschickter Drehbuchautor und Regisseur von Abenteuerfilmen seine Hand im Spiel gehabt. Als ich die Szpilmansche Odyssee niederschrieb, bemühte ich mich allein darum, sie in einer solchen literarischen Form dem Leser zu übermitteln, die auch den emotionalen Inhalt dieser seiner Erzählungen möglichst treu wiederzugeben vermag.“

Die ersten Deutschen

Mehr oder weniger alle Stunden tauchten hoch oben am Himmel, der in jenem Herbst ungeheuer blau war, die silbernen Silhouetten der Bomber und die weißen Wolken der um sie herum berstenden Geschosse unserer Artillerie auf. Dann hieß es, schnell in die Keller! Das war schon kein Spaß mehr: das gesamte Stadtgebiet wurde bombardiert; Fußböden und Wände der Schutzbunker bebten, und es bedeutete den sicheren Tod, falls eine Bombe – die Kugel in diesem Roulette der Vernichtung – auf das Haus fiel, in dessen Keller man sich versteckt hielt. Durch die Stadt rasten pausenlos die Rettungswagen, und als die nicht mehr ausreichten, kamen Droschken hinzu und sogar einfache Fuhrwerke, die die unter den Trümmern geborgenen Verwundeten und Toten abtransportierten.

Die Stimmung in der Bevölkerung war gut; von Stunde zu Stunde wuchs der Enthusiasmus. Wir waren nicht mehr wie am 7. September auf uns allein und ein gnädiges Geschick angewiesen, sondern wir bildeten alle eine Armee, die Befehlshaber und Munition besaß, und wir hatten ein Ziel vor Augen, nämlich, uns zu verteidigen – und von uns hing es ab, wie die Verteidigung ausfiel. Man brauchte nur alle Kräfte anzuspannen.

Der befehlshabende General rief die Bevölkerung auf, rings um die Stadt Schutzgräben auszuheben, die das Vordringen der deutschen Panzer verhindern würden. Alle meldeten sich zu dieser Arbeit. In unserer Wohnung blieb allmorgendlich nur Mutter zurück, um sie zu bewachen und für uns das Mittagessen zu kochen.

Wir gruben an der Vorstadtperipherie, an einem Hügel entlang. Im Rücken hatten wir ein hübsches Villenviertel, vor unseren Augen ein Stadtwäldchen. Die Arbeit wäre sogar angenehm gewesen, wenn uns nicht auch hier die Bomben verfolgt hätten. Sie waren übrigens nicht besonders treffsicher und fielen weitab; es war nur ziemlich unbehaglich, drinnen im Graben ihr Pfeifen zu hören und die Gewißheit zu haben, daß man irgendwann einmal eine von ihnen abbekommen mußte.

Neben mir schippte am ersten Tag ein alter Jude in Kaftan und Jarmulke. Er grub in biblischer Wut, warf sich auf den Spaten wie auf einen Todfeind, Schaum vor dem Mund, das vor Anstrengung erdfahle Gesicht schweißnaß, am ganzen Körper zuckend, die Muskeln verkrampfend, zähneknirschend und mit schwarzem Ge-

---

Jarmulke – Käppchen. Der gläubige Jude darf nie ohne Kopfbedeckung sein.

wirbel von Kaftan und Bart. Seine verbissene, die eigenen Kräfte bei weitem übersteigende Arbeit zeitigte verschwindend geringe Resultate. Der Spaten drang kaum mit der Spitze in den harten Lehm ein, und die so herausgestochenen gelben, zusammengetrockneten Klümpchen rutschten in den Graben zurück, bevor der Dulder mit übermenschlicher Anstrengung den Spaten nach hinten schwenken und den Lehm über den Grabenrand werfen konnte. Alle Augenblicke lehnte er sich mit dem Rücken gegen die Erdwand, hustete röchelnd und setzte matt wie ein Sterbender das Pfefferminzgebräu an die Lippen, mit dem alte Frauen, die nicht mehr graben konnten, doch sich irgendwie nützlich machen wollten, die Arbeitenden erquickten.

„Sie überanstrengen sich entschieden", sprach ich ihn während einer seiner Verschnaufpausen an. „Sie sollten wirklich nicht schippen, wenn Sie nicht die Kräfte haben." Er tat mir leid, und ich versuchte, ihn zu überzeugen, von einer Arbeit abzulassen, der er ganz offensichtlich nicht gewachsen war. „Schließlich verlangt das doch keiner von Ihnen ..."

Er sah mich an, noch immer schwer atmend, dann hob er seinen Blick zum Himmel auf, in dessen ruhigem Saphirblau noch die weißen, von den Schrapnellen verursachten Wölkchen schwebten, und in seinen Blick trat ein Ausdruck der Verzückung, als erblicke er in den Himmelssphären Jahwe in Seiner Majestät.

„Ich habe einen Laden!" flüsterte er.

Er seufzte tiefer, ein Schluchzer entrang sich ihm, Verzweiflung malte sich in seinen Zügen, und er stürzte sich von neuem auf den Spaten, vor Anstrengung toll.

Am 23. September spielte ich zum letzten Mal vor dem Mikrophon. Ich weiß selber nicht mehr, wie ich zum Rundfunk gelangt bin. Ich sprang von Hauseingang zu Hauseingang, versteckte mich und lief wieder auf die Straße hinaus, wenn ich glaubte, in unmittelbarer Nähe kein Pfeifen von Geschossen zu hören. In der Tür zur Rundfunkanstalt begegnete ich Präsident Starzyński. Er war ungepflegt, unrasiert; in seinen Augen und auf seinem Gesicht lag ein Ausdruck tödlicher Ermattung. Seit Tagen hatte er nicht geschlafen. Er war die Seele der Verteidigung, war der eigentliche Held dieser Stadt. Auf seinen Schultern ruhte die ganze Verantwortung für das Schicksal Warschaus. Er war überall ... und trotzdem fand er noch Zeit, täglich zur Bevölkerung zu sprechen. Alle erwarteten diese Ansprachen und schöpften aus ihnen Mut: solange der Präsident nicht zweifelte, hatte keiner Grund, den Mut sinken zu lassen. Die Lage schien übrigens nicht zum schlechtesten bestellt. Die Siegfried-Linie war von den Franzosen durchbrochen, Hamburg von der britischen Luftwaffe gründlich niedergebombt worden, und jeden Augenblick konnte die britische Armee in Deutschland landen. So glaubte man.

An diesem letzten Tag im Rundfunk hatte ich ein Chopin-Recital. Es war die letzte Sendung lebendiger Musik vor dem Warschauer Hörfunkmikrophon. Alle Augenblicke zerrissen Geschosse unweit des Funkhauses. Ganz in der Nähe brannten Häuser. In dem Getöse hörte ich kaum die Klänge des eigenen Flügels. Nach dem Recital mußte ich zwei Stunden warten, bevor das Artilleriefeuer so weit nachgelassen hatte, daß ich nach Hause zurückkehren konnte. Eltern, Bruder und Schwestern hatten mich schon tot gesehen und begrüßten mich, als sei ich aus dem Grabe auferstanden. Nur unser Dienstmädchen vertrat die Ansicht, daß diese ganze Unruhe überhaupt nicht nötig gewesen wäre: „Er hatte ja schließlich seine Papiere in der Tasche", erklärte sie. „Wenn sie ihn totgemacht hätten, hätten sie gewußt, wo sie ihn hinbringen müssen."

Am selben Tag um 15.15 Uhr hörte die Warschauer Rundfunkstation auf zu senden.

Am 27. September, einem Mittwoch, ergab sich Warschau. Zwei Tage vergingen noch, ehe ich es wagte, in die Stadt zu gehen. Niedergeschmettert kam ich heim: die Stadt – so schien es mir, dem Unerfahrenen, damals – gab es nicht mehr.

Nowy Świat zwängte sich als schmaler Pfad zwischen Trümmerhaufen hindurch, an jeder Ecke mußte man einen Umweg um Barrikaden aus umgestürzten Straßenbahnen und herausgerissenen Gehwegplatten machen. Auf den Straßen häuften sich Leichen im Zustand der Verwesung sowie Pferdekadaver, auf die sich die von der Belagerung ausgehungerte Bevölkerung stürzte. Die Ruinen vieler Häuser schwelten noch.

Ich war gerade in den Aleje Jerozolimskie, als sich von der Weichsel her ein Motorrad näherte. Zwei Soldaten in grünen, fremden Uniformen und in Stahlhelmen saßen darauf. Sie hatten große, stumpfe Gesichter und wasserblaue Augen. An einem Bürgersteig hielten sie und riefen einen verdutzten Jungen. Er trat zu ihnen.

„Marschallstraße! Marschallstraße!"

Mit tiefer, rauher Stimme wiederholten sie immer wieder dieses eine Wort. Aber der Junge stand fassungslos mit aufgesperrtem Mund da, außerstande, auch nur einen Ton zu sagen.

Den Soldaten riß der Geduldsfaden.

„Ach, Quatsch!" schrie der Fahrer und winkte verächtlich ab. Er gab Gas, und das Motorrad brauste davon.

Das waren die ersten Deutschen.

Nach ein paar Tagen erschienen an den Mauern von Warschau zweisprachige Aufrufe des deutschen Oberbefehlshabers, in denen er der Bevölkerung friedliche Arbeit und die Fürsorge des deutschen Staates zusicherte. Ein Extraabschnitt war den Juden gewidmet: Man garantierte ihnen alle Rechte, die Unantastbarkeit ihres Vermögens und die absolute Sicherheit des Lebens.

Meines Vaters Verbeugungen

Wir kehrten in die Śliska-Straße zurück. Wenn wir es auch für unmöglich gehalten hatten, fanden wir die Wohnung doch heil vor: außer ein paar Fensterscheiben fehlte nichts. Die Türen waren abgeschlossen, und innen befanden sich selbst die winzigsten Gegenstände noch an ihrem Platz. Auch andere Häuser in der Umgebung waren ganz geblieben oder nur unbedeutend beschädigt worden. Als wir in den nächsten Tagen auszugehen begannen, um uns nach unseren Bekannten zu erkundigen, stellte sich heraus, daß die Stadt, wenn auch stark beschädigt, im wesentlichen stand. Die Verluste waren nicht so schwer, wie man zunächst vermutete, wenn man durch noch rauchende Trümmerfelder ging.

Das betraf auch die Menschen. Anfangs sprach man von hunderttausend Toten, und alle waren starr vor Schreck angesichts dieser Zahl, die immerhin fast zehn Prozent der Stadtbevölkerung ausmachte. Später erfuhr man, daß rund zwanzigtausend Personen ums Leben gekommen waren.

Darunter waren auch Freunde von uns, die wir noch vor wenigen Tagen lebend gesehen hatten und die heute unter Trümmern lagen oder von Geschossen zerfetzt worden waren. Zwei Kolleginnen meiner Schwester Regina waren bei einem Hauseinsturz in der Koszykowa-Straße umgekommen. Wenn man an dem Haus vorüberlief, mußte man sich ein Taschentuch vor die Nase halten: durch die verschütteten Kellerfenster, durch Spalten und Ritzen drang der übelkeiterregende Gestank von achtzig verwesenden Körpern und verpestete die Luft ringsum. In der Mazowiecka hatte ein Artilleriegeschoß einen meiner Kollegen zerfetzt; nur weil der Kopf gefunden wurde, hatte man feststellen können, daß die weitverstreuten Überreste zu einem menschlichen Wesen gehörten, das einmal ein begabter Geiger gewesen war.

So furchtbar all diese Nachrichten auch waren – sie konnten dennoch nicht die schamhaft ins Unterbewußtsein abgedrängte animalische Freude trüben, daß man selber am Leben geblieben war und den Davongekommenen unmittelbar keine Gefahr mehr drohte. In dieser neuen Welt, wo alles zunichte gemacht war, was vor einem Monat noch einen beständigen Wert darstellte, bekamen die einfachsten, früher kaum beachteten Dinge eine übertriebene Bedeutung: ein bequemer, formbeständiger Sessel, ein friedlicher, weißer Kachelofen, auf dem man den Blick ruhen lassen konnte, das Knarren der Dielen – behagliches Vorspiel zur heimeligen Atmosphäre ungestörten Wohnens.

Vater kehrte als erster zur Musik zurück. Stundenlang musizierte er auf seiner Geige und floh so vor der Wirklichkeit. Wenn einer mit einer schlechten Nachricht sein Spiel unterbrach, hörte er unwirsch, die Stirn gekraust, zu; doch bald schon heiterte sich sein Gesicht wieder auf, und er sagte, die Geige ans Kinn hebend: „Äh, das hat nichts zu sagen! In einem Monat haben wir mit Sicherheit die Alliierten hier." Diese stereotype Antwort auf alle Fragen und Probleme jener Tage war seine Art, die Tür zur überirdischen Welt der Musik, in der er am liebsten weilte, hinter sich zuzuschlagen.

Leider bestätigten die ersten Radionachrichten, von Leuten übermittelt, die ihre Apparate mit Akkumulatoren funktionstüchtig gemacht hatten, Vaters Optimismus nicht. Nichts stimmte: die Franzosen dachten nicht im Traum daran, die Siegfried-Linie zu durchbrechen, noch die Engländer, Hamburg zu bombardieren, von einer Landung an Deutschlands Küsten ganz zu schweigen!

Dafür begannen die ersten deutschen Razzien in Warschau. Sie waren zunächst noch ungeschickt, so als schämten sich die Ausführenden dieser neuen Methode der Menschenquälerei; außerdem fehlte ihnen die Übung. Kleine Privatautos flitzten durch die Straßen, hielten unvermutet am Bürgersteig neben einem erspähten Juden, Wagentüren öffneten sich, und eine Hand sah heraus, deren sich krümmender Zeigefinger rief: „Komm, komm!" Die ersten von solchen Razzien Zurückkehrenden berichteten von ersten Mißhandlungen: sie waren noch nicht allzu bedrohlich, beschränkten sich vielmehr auf Ohrfeigen, Püffe und – manchmal – Fußtritte! Aber weil es die ersten Mißhandlungen waren, wurden sie von den Menschen besonders schmerzhaft empfunden, die eine Ohrfeige von einem Deutschen für etwas Ehrenrühriges ansahen und noch nicht begriffen hatten, daß ein solcher Schlag keinen anderen moralischen Wert für den Mißhandelten besaß als der Stoß oder Tritt eines Tieres.

In diesem Anfangsstadium war allgemein der Zorn über die Regierung und die Heeresleitung, die geflohen waren und das Land seinem Schicksal überlassen hatten, stärker als der Haß auf die Deutschen. Voller Bitterkeit erinnerte man sich der Worte des Marschalls, der versichert hatte, daß er dem Feind nicht einmal einen Uniformknopf überlassen würde und tatsächlich nicht überlassen hatte, aber nur, weil er die Uniform gleich mitgeliefert und die eigene Person ins Ausland gerettet hatte. Es fehlte auch nicht an Stimmen, die prophezeiten, daß es jetzt vielleicht sogar besser gehen werde, da die Deutschen im unordentlichen Polen endlich für Ordnung sorgen würden.

Doch seit die Deutschen den bewaffneten Kampf gegen uns gewonnen hatten, begannen sie den Krieg politisch zu verspielen. Eine entscheidende Niederlage trugen sie bereits im Dezember 1939 davon, als sie in Warschau die ersten hundert unschuldigen Personen exekutierten. Während weniger Stunden wuchs zwischen Deutschen und Polen eine Mauer des Hasses empor, die danach keine der beiden Seiten mehr übersteigen konnte, obwohl sich in den späteren Okkupationsjahren die Deutschen dazu willens zeigten.

Die ersten deutschen Anordnungen wurden angeschlagen, deren Nichtbefolgung mit der Todesstrafe geahndet werden sollte. Die wichtigste betraf den Handel mit Brot: Wer Backwaren zu einem höheren als dem Vorkriegspreis kaufte oder verkaufte und dabei gefaßt wurde, wurde erschossen. Dieses Verbot machte auf uns einen erschütternden Eindruck. Tagelang aßen wir kein Brot, nährten uns von Kartoffeln und irgendwelchen Mehlspeisen. Doch dann machte Henryk die Entdeckung, daß es auch fernerhin Brot gab, daß es gekauft wurde, ohne daß die Käufer auf der Stelle tot umfielen. Also begannen auch wir Brot zu kaufen. Die Verordnung wurde nie aufgehoben, und da während der fünf Jahre Okkupation alle Brot aßen und täglich kauften, wurden folglich im Generalgouvernement Millionen Todesurteile allein dieser Art verhängt. Doch es mußte erst eine Menge Zeit verstreichen, ehe wir davon überzeugt waren, daß gar nicht zählte, was in deutschen Verordnungen stand, sondern wirklich bedrohlich nur war, was völlig unerwartet über einen Menschen hereinbrechen konnte, aus heiterem Himmel, ohne auch nur durch eine – wenigstens fiktive – Vorschrift angekündigt worden zu sein.

Bald erschienen ausschließlich gegen Juden gerichtete Anordnungen: Jede Familie durfte zu Hause nur 2000 Zł haben. Die übrigen Ersparnisse und Wertgegenstände mußten auf der Bank auf einem Sperrkonto deponiert werden. Gleichzeitig gingen auch jüdische

Immobilien zwangsweise in deutschen Besitz über. Selbstverständlich fand sich kaum jemand, der naiv genug gewesen wäre, sein Vermögen freiwillig in die Hände des Feindes zu geben. Auch wir beschlossen, das unsere zu verstecken, obwohl es nur aus 5000 Zł und der goldenen Taschenuhr (mit Kette) meines Vaters bestand.

Über die Art des Verstecks entspann sich ein stürmischer Disput. Der Vater schlug bewährte Methoden aus dem vergangenen Krieg vor: ein Bein des Eßzimmertisches anzubohren und dort alles zu plazieren.

„Und was wird, wenn sie den Tisch mitnehmen?" fragte Henryk ironisch.

„Dummkopf", entrüstete sich Vater. „Was liegt ihnen an einem Tisch? An solch einem Tisch?"

Er blickte verächtlich auf den Tisch, dessen hochpolierte Nußbaumplatte Spuren vergossener Flüssigkeiten zeigte und von der an einer Stelle das Furnier leicht abstand. Um dem Möbel den letzten Rest von Bedeutung zu nehmen, trat Vater schnell an den Tisch und schob den Finger unter das abstehende Furnier. Das Stück platzte geräuschvoll ab und entblößte einen Streifen blankes Holz.

„Was machst du da?" schimpfte die Mutter.

Henryk hatte einen anderen Vorschlag. Seiner Meinung nach mußte man sich der psychologischen Methode bedienen – danach gehörten Uhr und Geld sichtbar oben auf den Tisch. Dann würden die auf Suchen eingestellten Deutschen in allen Ecken kramen und die auf dem Tisch liegenden Wertsachen nicht bemerken.

Es kam zu einer gütlichen Einigung: die Uhr wanderte unter den Schrank, die Kette wurde unter dem Griffbrett der väterlichen Geige versteckt, das Geld aber im Fensterrahmen festgeklebt.

Überhaupt verloren die Menschen, wenngleich erschreckt von der Härte der deutschen Gesetze, nicht den Mut und trösteten sich damit, daß Warschau jeden Augenblick von den Deutschen an Sowjetrußland abgetreten werden konnte, daß die nur zum Schein besetzen Gebiete, sobald es möglich war, an Polen zurückgegeben würden. Die Grenze war damals noch nicht am Bug festgelegt, und es kamen von jenseits der Weichsel solche, die beschworen, mit ihren eigenen Augen Truppen der Roten Armee in Jabłonna oder in Garwolin gesehen zu haben. Doch gleich nach ihnen tauchten andere auf, die gleichfalls beschworen, mit eigenen Augen gesehen zu haben, wie sich die Russen aus Wilna und Lwów zurückzogen, um diese Städte den Deutschen zu übergeben. Es fiel schwer, sich zu entscheiden, wem von diesen Augenzeugen man Glauben schenken sollte.

Viele Juden warteten nicht erst den Einmarsch der Russen ab, sondern verkauften in Warschau ihre Habe und zogen nach Osten, in die einzige Richtung, in die sie noch vor den Deutschen fliehen konnten. Fast alle meine Musikerkollegen begaben sich auf die Flucht und überredeten mich, mit ihnen zu gehen. Wir beschlossen jedoch, auch diesmal dazubleiben.

Einer der Kollegen kehrte nach zwei Tagen ohne Rucksack und ohne Geld zurück, empört und blaugeschlagen. Er hatte fünf halbentblößte Juden gesehen, die man mit den Händen an Bäumen des Grenzstreifens aufgehängt und ausgepeitscht hatte. Er hatte den Tod von Doktor Haskielewicz mitangesehen, dem die Deutschen, nachdem er ihnen gesagt hatte, daß er über den Bug wolle, in den Fluß zu gehen befahlen, die Pistolen schußbereit, immer weiter, immer tiefer ins Wasser hinein, bis er den Grund unter den Füßen verlor und ertrank. Dem Kollegen hatten sie nur die Sachen und das Geld weggenommen, ihn verprügelt und zurückgejagt. Doch die Mehrzahl der Juden, obschon beraubt und malträtiert, gelangte dennoch nach Rußland.

Wir hatten natürlich Mitleid mit dem Armen, doch gleichzeitig triumphierten wir: er hätte besser daran getan, unseren Rat zu befolgen. Unsere Entscheidung war von keinerlei logischen Erwägungen beeinflußt. Ich möchte nicht pathetisch erscheinen, aber die reine Wahrheit ist, daß unsere Anhänglichkeit an Warschau den Ausschlag bei unserer Entscheidung, in der Stadt zu bleiben, gegeben hat, obwohl wir auch dafür keine logische Erklärung gewußt hätten.

Wenn ich „unsere" sage, denke ich an all meine Lieben mit Ausnahme des Vaters. Wenn er nicht wegfuhr, dann eher darum, weil er sich nicht zu weit von Sosnowiec entfernen wollte. Er stammte von dort, Warschau hatte er nie gemocht, und je schlechter es uns in Warschau ging, um so mehr sehnte er sich nach Sosnowiec und idealisierte es. Nur in Sosnowiec war es gut und schön, nur dort waren die Menschen musikalisch und vermochten schönes Geigenspiel zu schätzen; selbst ein Glas gutes Bier konnte man nur in Sosnowiec trinken, in Warschau gab es nur abscheuliche, ungenießbare Plempe. Nach dem Abendbrot faltete er die Hände auf dem Bauch, lehnte sich zurück, schloß verträumt die Augen und plagte uns mit seinen monoton vorgetragenen Visionen von einem Sosnowiec, wie es nur in seiner sehnsüchtigen Phantasie existierte.

In jenen Wochen des Spätherbstes, nicht ganze zwei Monate nach der Einnahme Warschaus durch die Deutschen, kehrte die Stadt plötzlich und völlig unerwartet zu ihrem alten guten Leben zurück. Die mit Leichtigkeit vonstattengehende materielle Wiederbelebung war für uns alle eine Überraschung mehr in diesem merkwürdigsten aller Kriege, in dem alles anders als erwartet kommen sollte. Die riesige Stadt, Hauptstadt eines Vielmillionenlandes, war zum Teil zerstört, ein Heer von Beamten arbeitslos, außerdem brach eine Welle von Aussiedlern aus Śląsk, dem Gebiet um Poznań und aus Pomorze herein. Unvermutet orientierten sich alle diese Leute – Leute ohne ein Dach überm Kopf, ohne Hoffnung auf Arbeit, mit den schwärzesten Zukunftsaussichten –, daß man spielend leicht große Summen mit dem Umgehen deutscher Verordnungen verdienen konnte. Je mehr Verordnungen erlassen wurden, um so größer wurden die Verdienstmöglichkeiten. Zwei Leben begannen nebeneinanderher zu fließen: ein offizielles, fiktives, auf Gesetzen gegründetes, nach denen Menschen von früh bis spät, fast ohne zu essen, zu arbeiten hatten, und ein zweites, inoffizielles Leben, ein Leben „unter der Hand", von märchenhaften Gewinnchancen erfüllt, einem toll florierenden Handel mit Dollars, Brillanten, Mehl, Leder oder auch falschen Personalausweisen, von morgens bis abends durch die Todesstrafe bedroht, heiter verbracht in luxuriösen Restaurants, zu denen man mit „Rikschas" fuhr.

Selbstverständlich lebten nicht alle in Saus und Braus. Wenn ich abends nach Hause ging, sah ich täglich in derselben Häusernische in der Sienna-Straße eine Frau sitzen, die Harmonika spielte und traurige, russische Lieder sang. Sie begann ihren Bettelberuf immer erst in der Abenddämmerung auszuüben – vermutlich aus Furcht vor dem Erkanntwerden. Sie trug ein graues Kostüm, wahrscheinlich ihr letztes, dessen Eleganz davon zeugte, daß seine Trägerin einmal bessere Tage gesehen hatte. Ihr schönes Gesicht, in das Dämmerlicht des sinkenden Tages getaucht, war wie tot, und die Augen starrten immer auf denselben Punkt, irgendwo hoch über den Köpfen der Passanten. Sie sang mit angenehm dunkler Stimme und begleitete sich gekonnt auf der Harmonika. In ihrer ganzen Haltung, in der Art, wie sie sich an die Häuserwand lehnte, erkannte man eine Dame der Gesellschaft, die nur der Krieg zwang, auf solch genannte Weise ihren Lebensunterhalt zu verdienen. Aber auch sie verdiente nicht schlecht. In dem mit grellbunten Bändern verzierten Tamburin, das sie sicher für das Symbol des Bettelgewerbes ansah und zu ihren Füßen plaziert hatte, damit niemand daran zweifeln konnte, daß sie bettelte, war stets eine Menge Geld, Münzen, aber auch Fünfzig-Złoty-Scheine.

Auch ich ging, wenn ich konnte, nur in der Dämmerung aus, aber aus völlig anderen Gründen. Unter den vielen lästigen, gegen die Juden gerichteten Bestimmungen war eine, die, obwohl ungeschrieben, auf das sorgfältigste zu beachten war: Männer jüdischer Abstammung hatten sich vor jeder deutschen Militärperson zu verbeugen. Dieser idiotische, demütigende Zwang brachte Henryk und mich zur Weißglut. Wir taten alles nur mögliche, um ihm zu entgehen. Wir schlugen auf der Straße Haken, um nur ja keinem Deutschen zu begegnen, und wenn es sich nicht vermeiden ließ, wandten wir den Kopf weg und gaben vor, ihn nicht zu bemerken, obwohl dafür Prügel drohte.

Ganz anders mein Vater. Er suchte sich die längsten Straßen zum Spazierengehen aus und verneigte sich vor den Deutschen mit unbeschreiblich ironischer Grazie, glücklich, wenn ihn ein Militär, irregeführt von dem strahlenden Gesicht, höflich und mit einem Lächeln wie einen guten Bekannten zurückgrüßte. Allabendlich nach seiner Rückkehr konnte er sich das Vergnügen nicht versagen, leichthin zu bemerken, was für weitreichende Beziehungen er jetzt habe: er brauche nur einen Fuß auf die Straße zu setzen, und schon umringten ihn Dutzende von Bekannten. Er könne sich ihrer gar nicht erwehren, und seine Hand erlahme ihm vom liebenswürdigen Hutziehen. Bei diesen Worten lächelte er spitzbübisch und rieb sich zufrieden die Hände.

Doch diese deutschen Boshaftigkeiten waren ganz und gar nicht auf die leichte Schulter zu nehmen. Sie gehörten zu einem System, das uns in ständiger Nervosität und Unruhe um unsere Zukunft halten sollte. Alle paar Tage erschienen neue Verordnungen, die scheinbar ohne Bedeutung waren, aber zu verstehen gaben, daß die Deutschen uns nicht vergaßen, noch je zu vergessen gedachten.

Es kam für die Juden das Verbot heraus, mit dem Zug zu fahren. Später hatten sie in den Straßenbahnen einen viermal höheren Fahrpreis als die „Arier" zu entrichten. Es folgten erste Gerüchte über die Errichtung eines Gettos. Sie kursierten zwei Tage, brachten die Menschen zur Verzweiflung und verstummten wieder.

Ihr seid Juden?

Gegen Ende November, als die schönen Tage dieses ungewöhnlich langen Herbstes immer seltener wurden und immer häufiger kalte Regenschauer über die Stadt hinwegfegten, kamen Vater, Henryk und ich zum ersten Mal mit dem deutschen Tod in Berührung.

Eines Abends hatten wir drei uns bei einem Bekannten verplaudert, und als ich einen Blick auf die Uhr warf, stellte ich zu meinem Schrecken fest, daß es schon Polizeistunde war. Man mußte unverzüglich aufbrechen, auch wenn keine Rede davon sein konnte, daß wir noch zur Zeit nach Hause kämen. Aber eine Viertelstunde Verspätung war schließlich keine allzu große Sünde, und wir durften hoffen, ungeschoren davonzukommen.

Wir griffen unsere Mäntel, verabschiedeten uns hastig und gingen. Die Straßen waren dunkel und schon völlig leer. Der Regen peitschte uns ins Gesicht, ein böiger Wind schüttelte die Schilder, und die Luft war erfüllt von Blechgeklapper. Die Mantelkragen hochgeschlagen, versuchten wir so schnell und so leise wie möglich zu gehen, dicht an den Häuserwänden entlang. Wir waren schon auf der Hälfte der Zielna-Straße, und es schien, daß wir glücklich unser Ziel erreichen würden, als plötzlich hinter einer Ecke eine Gendarmeriepatrouille auftauchte. Es blieb uns keine Zeit, uns zurückzuziehen oder zu verstecken. Wir standen im blendenden Schein ihrer Taschenlampen und suchten in Gedanken jeder für sich nach einer Rechtfertigung, als einer der Gendarmen unvermutet herantrat und uns ins Gesicht leuchtete.

„Ihr seid Juden?"

Die Frage hatte rein rhetorischen Charakter, da er unsere Antwort gar nicht erst abwartete:

„Na, schön..."

In dieser Feststellung unserer Rassenzugehörigkeit schwangen der Triumph mit, ausgerechnet ein solches Wild aufgepürt zu haben, sowie Zufriedenheit, Drohung und Spott. Bevor wir noch dahinterkommen konnten, was sie mit uns vorhatten, wurden wir gepackt und mit den Gesichtern zur Häuserwand gestellt, während sich die Gendarmen auf die Fahrbahn zurückzogen und ihre Karabiner zu entsichern begannen. So also sollte unser Tod aussehen... In ein paar Sekunden würde er erfolgen. Danach würden wir bis zum anderen Tag mit zerschmetterten Schädeln auf dem Bürgersteig in unserem Blut liegen, dann erst würden Mutter und die Schwestern alles erfahren und verzweifelt herbeigeeilt kommen. Die Bekannten, bei denen wir gewesen waren, würden sich Vorwürfe machen, uns zu lange aufgehalten zu haben. All diese Gedanken gingen mir durch den Kopf wie auf einer fremden Ebene, so als würde eine andere Person das alles denken. Ich hörte jemand laut sagen: „Das ist das Ende!" Und erst nach einer Weile wurde mir klar, daß ich das gewesen war. Gleichzeitig hörte ich lautes Weinen und krampfhaftes Schluchzen. Ich drehte den Kopf und sah im scharfen Licht der Taschenlampen meinen Vater auf dem nassen Asphalt knien und schluchzend die Gendarmen um unser Leben anflehen. Wie konnte er sich so erniedrigen! Über den Vater gebeugt stand Henryk, flüsterte ihm etwas zu und versuchte ihn aufzuheben. Henryk, mein karger Bruder Henryk, mit seinem ewig sarkastischen Lächeln hatte in diesem Moment etwas unglaublich Weiches, Zärtliches. Noch nie hatte ich ihn so gesehen. Es mußte folglich noch ein anderer Henryk in ihm stecken, mit dem ich mich verstehen und nicht andauernd zanken würde, wenn ich ihn nur kennenlernte.

Ich drehte mich wieder zur Wand. An der Situation hatte sich nichts geändert. Vater weinte, Henryk beruhigte ihn, und die Gendarmen zielten sicher weiterhin auf uns; hinter der Mauer weißen Lichts waren sie nicht zu sehen. Plötzlich, im Bruchteil einer Sekunde, fühlte ich instinktiv, daß uns der Tod nicht mehr drohte. Ein paar Sekunden vergingen, und von jenseits der Lichtwand erreichte uns ein Brüllen:

„Was seid ihr von Beruf?"

Henryk antwortete für uns drei. Er war fabelhaft beherrscht. Seine Stimme klang ruhig, als ob nichts geschehen wäre:

„Musiker."

Da stellte sich einer der Gendarmen vor mich hin, packte mich am Mantelkragen und schüttelte mich in einem letzten Wutausbruch, obwohl er dazu gar keinen Grund mehr hatte, sofern er beschlossen hatte, uns das Leben zu schenken:

„Ihr habt Schwein, daß ich auch Musiker bin!"

Ich bekam einen Stoß, daß ich gegen die Wand taumelte.

„Haut ab!"

Wir stürzten davon, um so schnell wie möglich der Reichweite ihrer Taschenlampen zu entkommen, hinein in die Dunkelheit, bevor sie es sich anders überlegten. Wir hörten, immer schwächer werdend, wie sie sich heftig stritten. Dem, der uns das Leben geschenkt hatte, machten die beiden anderen Vorhaltungen. Ihrer Meinung nach gebührte uns kein Mitleid, da wir es gewesen waren, die den Krieg angefangen hatten, in dem die Deutschen fielen.

Vorerst fielen sie nicht so sehr, als daß sie sich bereicherten. Immer häufiger wurden die Wohnungen der Juden von deutschen Banden heimgesucht, die sie ausplünderten und die Möbel mit Autos abtransportierten. Die verstörten Menschen verkauften die schöneren Gegenstände und erwarben an ihrer Stelle wertlose Sachen, die keinen mehr locken würden. Auch wir verkauften unsere Einrichtung, allerdings weniger aus Furcht als aus Not: uns ging es immer schlechter. Keiner in unserer Familie hatte Talent zum Handeln. Regina unternahm den Versuch, aber sie scheiterte. Als Juristin besaß sie ein ausgeprägtes Gefühl für Redlichkeit und Verantwortung. Sie konnte für eine Ware nicht den zweifachen Preis

fordern oder nehmen. Bald ging sie vom Handel zum Stunden-
geben über. Vater, Mutter und Halina erteilten Musikunterricht,
Henryk gab Englischstunden. Nur ich konnte mich damals zu keinem Broterwerb aufraffen. In Apathie versunken, gelang es mir
gerade noch von Zeit zu Zeit, an der Instrumentierung meines Con-
certinos zu arbeiten.

In der zweiten Novemberhälfte begannen die Deutschen ohne Angabe von Gründen die Fahrbahn der nördlichen Seitenstraßen von
der Marszałkowska-Straße mit Stacheldraht zu verbarrikadieren,
und in den letzten Tagen des Monats erschien dann die Bekanntmachung, an die zunächst niemand glauben wollte. Nicht einmal
in seinen geheimsten Gedanken hätte jemand vermutet, daß dergleichen je realisiert werden könnte: Vom 1. bis 5. Dezember hätten sich die Juden mit weißen Armbinden zu versorgen, auf die ein
hellblauer Zionsstern genäht war. Wir sollten also gebrandmarkt
werden, öffentlich für vogelfrei gelten. Ein paar Jahrhunderte
Fortschritt im humanitären Denken der Menschheit sollten durchgestrichen werden und das Mittelalter neuen Einzug halten.

Für Wochen schloß sich die jüdische Intelligenz in freiwilligem
Hausarrest ein. Niemand traute sich mit dem Brandmal am Ärmel
auf die Straße hinaus, und wenn sich ein Weg nicht vermeiden ließ,
versuchte man, unbemerkt durchzuschlüpfen, ging man, den Blick
zu Boden gesenkt, voller Scham, voller Qual.

Es kamen unerwartet schwere Wintermonate, in denen sich der
Frost mit den Deutschen zur Vernichtung der Menschen zu verbinden schien. Er hielt sich wochenlang; die Temperaturen sanken,
wie seit undenklichen Zeiten nicht in Polen. Kohle war kaum zu
bekommen und stieg auf phantastische Summen. Ich erinnere mich
an eine Reihe von Tagen, an denen wir im Bett bleiben mußten,
weil es in den Zimmern vor Kälte nicht auszuhalten war.

Während der schlimmsten Fröste trafen massenhaft aus dem Westen Polens ausgesiedelte Juden in Warschau ein. Das heißt, nur
ein Teil traf in der Stadt ein: In ihren Wohnorten hatte man sie in
Viehwagen verladen, die Wagen verplombt und so die Menschen,
ohne Essen, ohne Wasser, ohne die Möglichkeit, sich zu wärmen,
auf die Reise geschickt, die nicht selten mehrere Tage dauerte,
ehe die gespenstischen Transporte Warschau erreichten. Erst hier
ließ man die Menschen heraus. Es gab Tranporte, wo kaum noch
die Hälfte am Leben und nur mit furchtbaren Erfrierungen davon-
gekommen war. Die andere Hälfte bestand aus Leichen; steif gefroren standen sie zwischen den Lebenden und stürzten erst zu
Boden, wenn sich die Lebenden bewegten.

Es schien, daß es nicht mehr schlimmer kommen könnte.

Doch das schien nur den Juden so. Die Deutschen waren da anderer Ansicht. Getreu ihrem System des stufenweise anwachsenden Druckes erließen sie im Januar und Februar 1940 neue Repressionsverfügungen. Die erste kündigte uns zwei Jahre Arbeit in einem Konzentrationslager an, wo wir die „gebührende soziale Erziehung" erhalten sollten, damit wir endlich aufhörten, „Schmarotzer zu sein am gesunden Organismus der arischen Völker". Zu arbeiten hatten Männer von zwölf bis sechzig Jahren und Frauen von vierzehn bis fünfundvierzig. Die zweite Verfügung definierte die Art der Registrierung und des Abtransports. Um sich nicht selber damit befassen zu müssen, übertrugen sie diese Angelegenheit der Jüdischen Gemeinde. Wir sollten unsere eigenen Henkersknechte sein, mit unseren eigenen Händen unseren Untergang vorbereiten, eine Art gesetzmäßig geregelten Selbstmord begehen. Der Abtransport sollte zum Frühling erfolgen.

Die Gemeinde beschloß, so zu handeln, daß sie weitgehend die Intelligenz verschonte. Sie verlangte tausend Złoty pro Kopf und verdingte anstatt des fingiert Registrierten einen Arbeiter aus dem jüdischen Proletariat. Natürlich gelangte nicht alles Geld in die Hände dieser armen Leute: die Beamten der Gemeinde mußten auch leben, und zwar gut leben, mit Wodka und kleinem Imbiß.

Im Frühling kam es jedoch nicht zum Abtransport. Auch diesmal hatte sich wieder gezeigt, daß die offiziellen deutschen Verfügungen nicht ernst zu nehmen waren. Es trat im Gegenteil für ein paar Monate eine Entspannung in den deutsch-jüdischen Beziehungen ein, die um so echter schien, je mehr beide Seiten mit den Ereignissen an der Front beschäftigt waren.

Endlich war der Frühling da. Jetzt konnte es gar keinen Zweifel mehr geben, daß die Alliierten, die sich den Winter über entsprechend vorbereitet hatten, Deutschland gleichzeitig von Frankreich, Belgien und Holland her angreifen, die Siegfried-Linie durchbrechen, das Saargebiet, Bayern und Norddeutschland einnehmen, Berlin erobern und spätestens im Sommer Warschau befreien würden. Die ganze Stadt lebte in freudiger Erregung. Man erwartete die Eröffnung der Offensive wie ein Fest. Unterdessen marschierten die Deutschen in Dänemark ein, aber nach Meinung der Lokalpolitiker hatte das keinerlei Bedeutung. Ihre Armeen würden dort höchstens abgeschnitten.

Am 10. Mai begann sie endlich, die Offensive, aber es war die deutsche. Holland und Belgien fielen. Die Deutschen marschierten in Frankreich ein ... Um so weniger durfte man den Mut verlieren. Es wiederholte sich das Jahr 1914. Auf französischer Seite befehligten sogar dieselben Leute: Pétain, Weygand – ausgezeichnete

Männer und Schüler aus der Schule Foch. Ihnen durfte man zutrauen, daß sie sich jetzt der Deutschen ebensogut wie damals zu erwehren wußten.

Am 20. schließlich kam nach Tisch ein Kollege, ein Geiger, zu mir. Wir wollten ein wenig musizieren, uns eine Beethoven-Sonate wieder ins Gedächtnis rufen, die wir lange nicht gespielt hatten und die uns beide gleichermaßen entzückte. Es waren auch noch ein paar andere Freunde da, und Mutter, die mir eine Freude machen wollte, hatte einen Nachmittagsimbiß vorbereitet. Es war ein schöner, sonniger Tag, es gab köstlichen Kaffee und Kuchen, den Mutter gebacken hatte, und alle waren wir guter Dinge; obwohl alle wußten, daß die Deutschen vor Paris standen, beschäftigte das keinen sehr. Wozu war die Marne da – diese klassische Linie des Widerstandes, an der alles zum Stillstand kommen mußte, wie bei der Fermate im zweiten Teil des Scherzos h-Moll von Chopin, wonach sich die Deutschen in stürmischem Achtel-Rhythmus, gewaltsam, wie sie vorgerückt waren, bis an ihre Grenzen zurückziehen würden, und weiter, immer weiter und ungestümer – bis zum Schlußakkord des Kriegsendes mit dem Sieg der Verbündeten.

Nach dem Nachmittagskaffee wollten wir mit dem Musizieren beginnen. Ich setzte mich ans Klavier, um mich herum eine Schar sensibler Zuhörer, die die Freude, die ich ihnen und mir sogleich bereiten würde, zu schätzen wußten. An meiner Rechten stand der Geiger, links neben mir saß eine junge, reizende Freundin Reginas, die mir die Notenblätter umwenden wollte. Was konnte ich im Moment mehr verlangen, um glücklich zu sein? Mit dem Beginn warteten wir nur noch auf Halina, die kurz in den Laden hinuntergegangen war, wo sie einen Anruf tätigen wollte. Als sie zurückkam, hielt sie die Sonderausgabe einer Zeitung in der Hand. Mit riesigen Lettern, den größten offenbar, die sie in der Druckerei zur Verfügung gehabt hatten, waren zwei Worte aufs Papier gedruckt: PARIS GEFALLEN!

Ich lehnte den Kopf ans Klavier und brach – zum ersten Mal in diesem Krieg – in Tränen aus.

Jetzt, siegestrunken und mit einer Verschnaufpause bedacht, hatten die Deutschen wieder Zeit, um sich erneut mit uns zu befassen, obwohl man nicht sagen kann, daß sie uns während der Kämpfe im Westen ganz vergessen hätten. Raubzüge, Exmissionen von Juden sowie Verschleppungen zur Arbeit nach Deutschland fanden pausenlos statt, aber die Menschen hatten sich inzwischen schon daran gewöhnt. Jetzt war Schlimmeres zu erwarten.

Im September gingen erste Transporte in die Arbeitslager von Bełżec und Hrubieszów ab. Die Juden, die dort „die gebührende soziale Erziehung" erhielten, standen beim Anlegen von Meliorationskanälen ganze Tage bis zu den Hüften im Wasser, und als tägliche Verpflegung erhielten sie hundert Gramm Brot und einen Teller Wassersuppe. Die Arbeit dauerte nicht, wie angekündigt, zwei Jahre, sondern nur drei Monate, doch die reichten aus, um die Menschen physisch restlos zu erschöpfen und bei nicht wenigen eine Tuberkulose zu hinterlassen.

Die in Warschau verbliebenen Männer mußten sich dort zur Arbeit melden; jeder hatte pro Monat sechs Tage körperlicher Arbeit abzuleisten. Ich tat, was ich konnte, um mich vor dieser Arbeit zu drücken. Mir ging es um meine Finger: es genügte eine Muskelerschlaffung, eine Gelenkentzündung oder auch nur ein Stoß, und ich konnte als Pianist für immer erledigt sein. Anders sah Henryk die Dinge: seiner Meinung nach mußte ein Geistesschaffender körperliche Arbeit kennengelernt haben, um sie richtig einschätzen zu können, und darum wurde er Arbeiter, obgleich ihn das in seinem Studium hinderte.

Bald erschütterten zwei neue Ereignisse die öffentliche Meinung: die deutsche Luftoffensive gegen England hatte begonnen; und über den Straßeneinmündungen, die später die Grenzpunkte des jüdischen Gettos bilden sollten, erschienen Warntafeln, die die Passanten informierten, daß diese Straße von Typhus befallen und daher zu meiden sei. Eine Zeit danach erschien in der einzigen Warschauer Zeitung, die von den Deutschen in polnischer Sprache herausgegeben wurde, der amtliche Kommentar zu diesem Thema: Die Juden sind nicht nur Schädlinge der Gesellschaft, sondern auch Seuchenüberträger. Sie werden nicht in ein Getto eingeschlossen, nicht einmal das Wort „Getto" sollte benutzt werden. Die Deutschen sind ein zu kulturvolles und großmütiges Volk, um selbst Schmarotzer wie die Juden in Gettos zu sperren, die ja ein Überbleibsel des Mittelalters sind, unwürdig der neuen Ordnung in Europa. Vielmehr wird ein gesondertes jüdisches Stadtviertel entstehen, in dem nur Juden wohnen und sich völliger Freiheit erfreuen werden und wo sie ihre rassisch bedingten Bräuche und ihre Kultur pflegen können. Einzig und allein aus hygienischen Rücksichten wird dieser Stadtteil mit einer Mauer umgeben, damit der Typhus und andere jüdische Krankheiten nicht auf die sonstigen Teile der Stadt übergreifen. Dieser humanitäre Kommentar wurde durch eine kleine Karte veranschaulicht, die die genauen Gettogrenzen absteckte.

Wir konnten uns wenigstens trösten, daß sich unsere Straße schon im Bereich des Gettos befand, und wir uns keine andere Wohnung suchen mußten. Juden, die außerhalb des vorgeschriebenen Geländes wohnten, befanden sich in schlimmerer Lage. Sie mußten Wucherpreise als Abstandssumme bezahlen und sich während der letzten zwei Oktoberwochen eine neues Dach überm Kopf suchen. Die Glücklichsten belegten freie Zimmer in der Sienna-Straße, die die Champs Elysées des Gettos werden sollte, oder zogen in diese Gegend. Andere waren zu schmutzigen Löchern in den seit undenklichen Zeiten vom jüdischen Proletariat bewohnten verruchten Revieren der Gęsia-, Smocza- oder Zamenhof-Straße verurteilt.

Am 15. November schlossen sich die Gettotore. An diesem Abend hatte ich etwas am äußersten Ende der Sienna-, unweit der Żelazna-Straße zu tun. Es nieselte, aber es war noch ungewöhnlich warm für diese Jahreszeit. Die dunklen Straßen wimmelten von Gestalten in weißen Armbinden. Alle waren aufgeregt und rannten fieberhaft hin und her wie Tiere im Käfig, die noch nicht eingewöhnt sind. Entlang der Häuserwände, auf Bergen von allmählich durchnässenden, vom Straßenkot beschmutzten Betten lamentierten Frauen und schrien verängstigte Kinder. Das waren die jüdischen Familien, die man im letzten Augenblick hinter die Gettomauern geworfen hatte und die ohne jede Hoffnung auf irgendeinen Fleck zum Wohnen waren. In einem früher schon übervölkerten Stadtteil, der trotzdem kaum mehr als hunderttausend faßte, mußte jetzt eine halbe Million unterkommen.

In der dunklen Straßenperspektive erhellten Scheinwerfer das aus frischem Holz gezimmerte Gitter: das war das Gettotor, hinter dem die Freien lebten, die uneingesperrt und auf genügend Raum verteilt in demselben Warschau wohnten. Und dieses Tor durfte vom heutigen Tage an kein Jude mehr durchschreiten.

Irgendwann faßte mich jemand bei der Hand. Es war ein Freund meines Vaters, auch ein Musiker, und wie er von heiterer, leutseliger Natur.

„Na, was sagen Sie dazu?" lachte er nervös, während seine Hand einen Bogen beschrieb, der die Menschenmassen, die schmutzigen, regennassen Häuserwände und die in der Ferne sichtbaren Mauern mit dem Tor einschloß.

„Was?" erwiderte ich. „Die machen uns fertig."

Aber der alte Herr war nicht meiner Ansicht oder wollte es nicht sein. Wieder lachte er, ein wenig gezwungen, klopfte mir auf die Schulter und rief aus:

„Machen Sie sich nichts draus!" Er faßte meinen Mantelknopf, näherte sein rotbackiges Gesicht dem meinen und sagte mit ehrlicher oder auch gespielter Überzeugung:

„Die lassen uns bald wieder raus. Amerika braucht bloß davon zu erfahren ..."

BOGDAN WOJDOWSKI

Bogdan Wojdowski wurde 1930 in der Familie eines jüdischen Tischlers und Tapezierers geboren. 1940 wurde die Familie in das Warschauer Getto zwangsumgesiedelt, und für den Zehnjährigen begann eine vom Grauen des Gettoalltags überschattete Kindheit. Ende 1942 – die „Große Aktion" (s. Anm. auf S. 75) gegen die jüdische Bevölkerung Warschaus hatte am 22. Juli 1942 begonnen – wurde das Versteck der Eltern entdeckt und die ganze Familie, bis auf den zwölfjährigen Sohn, wahrscheinlich nach Treblinka abtransportiert. Mit Hilfe polnischer Widerstandskämpfer glückte dem Jungen die Flucht über die Gettomauern. Mit falschen Papieren ausgestattet und durch ständigen Wechsel des Wohnortes gelang es ihm zu überleben.

Bei einem solchen Lebenslauf nimmt die erschütternde Authentizität seines eingangs erwähnten Buches „Brot für die Toten" (S. 8), das Bogdan Wojdowski Weltruhm gebracht hat, nicht wunder. Viele Personen aus diesem bedeutenden Prosawerk kehren auch in den „Gettogeschichten" wieder, und erneut hört man den kleinen David Fremde von seiner Kindheit erzählen, spürt den unstillbaren Schmerz eines Überlebenden, der eine – seine! – versunkene Welt heraufbeschwört, sie durch ständiges Erinnern vor dem Vergessen rettet und den Leser zwingt, hinter den anonymen sechs Millionen ermordeter Juden Einzelwesen, Einzelschicksale zu sehen – die Schicksale von Belcia dem Vogelfräulein, von Motele-Kaufmann, Graf Grandi, Mordarski, dem alten Lewin ...

Gettogeschichten

Für Izaak Celnikier

Ein kleines Menschlein, ein stummes Vögelchen,
ein Käfig und die Welt

„Belcia! Bei so einem Wetter, bei so einem Schnee!" Eis hatte sie
auf dem Kragen und auf dem Kopftuch, die grauen Strümpfe sil-
bern bestäubt, helle Tropfen in Wimpern und Haaren. Alle starrten sie an wie eine Erscheinung. Wie war sie hierhergekommen?
Allein?

Lange stampfte sie im Flur mit den Füßen, schüttelte den Schnee
von ihrem Mäntelchen, und später trat sie ein und sagte: „Guten
Tag."

Und wo war der Rest, wo waren die anderen? Sie waren durchgekommen? Wenn sie durchgekommen waren, war es gut. Aber wozu
war sie zurückgekehrt? Was erwartete sie hier Gutes? Das ist ein
Los! In so einem Frost gehen Kinder zu Fuß vom Bug bis direkt
nach Warschau. Wer hat so etwas je gehört? Entweder sie zerren
am Bart und befehlen, eine Armbinde mit Stern zu tragen oder für
den Grenzübertritt zu bezahlen. Denen, die hinüberkommen, und
denen, die nicht hinüberkommen. Alles gehupft wie gesprungen.
Du bist selber schuld, Jude. Und es kommt noch schlimmer.

Sie standen gestikulierend im Kreis, und Belcia hielt die Füße in
eine Schüssel mit brühendheißem Wasser. Solche Kosten, solch ein
Verlust! Geld hat für sie der Wegführer genommen wie für alle.
Aber sie konnte nicht... Sie wird niemals fliehen können, sie fühlt
das in ihrem Herzen. Und das fünfzehnjährige Mädchen, schon
kein Kind mehr, legte die rotgefrorene Hand auf den Pullover genau unter der Kehle.

Während des Hinundhergeredes war das Wasser abgekühlt, und
Mutter goß in hohem Bogen siedendheißes Wasser aus dem hell-
blauen Teekessel in die weiße Waschschüssel.

„Das Kind kommt von unterwegs, es ist ganz außer Atem und völlig verfroren, und ihr macht auf der Stelle eine Familienberatung.
Laßt doch Belcia erst einmal verschnaufen!"

Pajewskis wohnten in der Nähe, in der Łucka. Der alte Pajewski
hatte in der Łucka eine Werkstatt – eine Nähmaschine Marke „Sin-
ger", eine Glühbirne unter einem emaillierten Blechteller, der an
einer Ziehschnur von der Decke herabhing, und ein dunkles Zimmer im Parterre voller Schnipsel und Fetzen schwarzer Watteline,

wo in zwei Ecken zwei kopflose Rümpfe standen, bis zur Nacktheit entblößte Schneiderpuppen. Dort arbeitete und dort wohnte er. Ein Handwerksloch wie viele andere. Belcia war das älteste von vier Geschwistern. Ich erinnere mich an meinen kleinen Vetter Icie, der mit diabolischem Gekicher sein Hemd hochhob und mir die heiligen Enden des rituellen Leibchens zeigte, das mit Fadenbüschelchen gesäumt war. Ich trug so etwas nicht, für mich war das eine Neuheit. Nur daß diese Neuheit schon ein paar tausend Jahre zählte, aber das nur nebenbei. Ich erinnere mich an ihren anderen Bruder, Aron, der den Spitznamen „Kreisel" trug. Er hatte so eine Angewohnheit. Er ging ein Stückchen, drehte sich um sich selbst, ging wieder ein Stückchen und machte kehrt, als täte ihm leid, was er hinter sich zurückließ.

Belcia, die Füße in der Schüssel, erzählte vom Überschreiten der Grenze, und ich sah Aron vor mir: fern von mir bleibt er stehen, vollführt eine ganze Umdrehung und entfernt sich wieder in die Dunkelheit, schweigend und einsam wie ein Planet. So hat er sich mir eingeprägt an einem Sommertag auf dem Kazimierz-Platz. Nun war es schon Winter, Aron ein paar hundert Kilometer von mir entfernt, und der Kazimierz-Platz leer, denn Markt wurde hier nicht mehr abgehalten.

Belcias Erzählung war traurig wie das unglückselige jüdische Los, kurz wie der Atem des Asthmatikers über seinem Schneiderbügeleisen und faulig wie erfrorene Füße in feuchten Lappen. Nacht und Angst und Frost. Finster, finster und schlimm. Eine Nacht, deren Augen ein feuchter Fußlappen zudeckt. Soll das heißen, daß die Nacht Augen hat? Nein. Soll das heißen, daß Fußlappen immer gleich naß sein müssen? Auch nein. Und soll das vielleicht heißen, daß man in einen Fußlappen so etwas wie die Nacht einwickeln kann. Nein und nochmals nein. Und wer beharrt darauf, Juden? Ich sag euch etwas anderes. Die Fußlappen hatte Belcia naß von Wyszków an, den ganzen Tag war Winter draußen und der Bug dick zugefroren. Das ist alles, nichts mehr.

Gerade, als sie hinaustraten auf den Grenzstreifen, vertrieb der Wind die Wolken und zeigte aus Bosheit den Juden den Mond. Gar nicht gut! Das Los der Familie des Schneiders Pajewski aus der Łucka soll sich entscheiden, und da steht so ein Nichts im Wege, so eine Lappalie. Zu spät, schon ist das Geld aus dem Pelzmuff der alten Pajewska in den Filzschaft des Wegführers gewandert. Schon hat der Husten des alten Pajewski die Posten geweckt. Schon verwischt der Schmuggelbauer seine Spuren und kehrt durch das Waldstück zu seiner Hütte zurück. Nun ist er nicht mehr zu sehen. Die Wachen rufen, Karabinerschlösser klicken, und Belcia dreht sich um und sieht, wie die beiden Brüder, die Schwester Ela, die Mutter und der fürchterlich hustende Vater mit erhobenen Händen über das Eis des Grenzstreifens gehen. Alles in allem traurig und beklagenswert! Diese Nacht an der Grenze hinterließ ihre dauernden Spuren. Hände und Füße erfror sich Belcia bis aufs Blut, und mit diesen Erfrierungen kam sie zu uns zurück. Später, bis zum Krieg im Osten, trafen in dicken löschpapierartigen Umschlägen Briefe von den Pajewskis ein, und aus ihnen ging hervor, daß die, die in jener Nacht die Grenze überschritten hatten, heil und gesund waren.

So ein einziger Augenblick entscheidet über das Leben des Menschen. Dieser flieht in die Richtung, jener in die andere, und keiner von beiden weiß, wie die Zukunft aussehen wird. Aber wie soll mit Verlaub die Zukunft eines Juden schon aussehen? Ich frage mich. Hier schlecht und dort nicht gut. Der Frühling, der Sommer gingen vorüber, es kam der Herbst und der Umzug hinter die Mauern. Belcia zog mit uns. Aber ... Dieses „Aber" bedeutet für sie ein unguter Anfang und ein schlimmes Ende. Sie hatte Angst, an die Wache heranzugehen, und beim Anblick eines Wachmanns wurde sie weiß wie eine Wand. Was sollte man da machen! Sie saß zu Hause und kochte in Ermangelung eines Besseren geschnitzelte Rüben mit ein paar kleinen Kartoffeln. Rüben waren billiger als Kartoffeln. Das erkläre ich hier zum gefälligen Gebrauch für einen jeden Juden aus wärmeren Ländern. Belcia füllte mit reinlicher Handschrift die Lebensmittelkarten für die ganze Familie aus und ging sich beim Hausmeister den Stempel holen. Die Karten nannten sich „Bons", Leben sah damals ganz anders aus, und über diese Bons sangen die Bettler laut ein Lied.

Bei uns gingen alle auf die andere Seite, sogar das achtjährige Schwesterchen, das sich die Händchen in einem Muff, der ihr an einer Schnur um den Hals hing, wärmte. Belcia durfte ruhig zu Hause sitzen. Und was hat sie gekonnt? Nähen konnte sie, zugeben, saubermachen, ordentlich den Tisch decken, und Steckrüben oder rote Rüben mit ein paar Kartoffeln auf den Tisch bringen. Sie konnte sich Zöpfchen flechten und mit einem Stoffrestchen zusammenbinden.

Ein breites, flaches Gesicht mit roten Pickelchen, braune Augen, eine Kartoffelnase. Was kann man sonst noch über Belcia sagen? Und dabei so grau, so alltäglich. Sicher hätte ich Belcia vergessen, doch gerade mit ihr begann die ganze Geschichte.

Als der Vater davon hörte, sagte er gleich:

„Dieser Jude, meine Kinder, verkauft Zwirnknöpfe und spielt den Blindgeborenen."

„Er gibt sie umsonst her", versteifte sich Belcia.

„Äh, was weißt du."

Woher sie diesen Vogelhändler kannte? Das weiß ich nicht mehr. Auf jeden Fall hatte sie in Erfahrung gebracht, daß er hungrige Vögel umsonst abgab. Und ich ging mit ihr in die Ogrodowa.

Das Zimmer in der Ogrodowa war mit Käfigen vollgehängt. Es zwitscherte, trillerte, tirilierte, tschilpte aus allen Ecken, und der Vogelhändler schüttete ein Häuflein Körner von einer Hand in die andere, blies hinein, um die Spreu auszusondern. Das Zimmer des Vogelhändlers war hell, grün tapeziert, mit Agavenstacheln gespickt, voll von Palmen in Kübeln, fleischigen Blättern des Affenbrotbaumes und biegsamen Ranken des Asparagus. Bunte Papageien, weiße und zitronengelbe Kanarienvögel, Schwarzdrosseln sangen hüpfend und mit den Flügeln gegen die Käfigstäbe schlagend im Chor ihr Lied beim Anblick der Sonne vor dem Fenster. Den Ärmel ein wenig hochgestreift, die Finger angezogen, steckte der Vogelhändler die Hand in die kleine Öffnung eines Käfigs, und mit dem Daumen zart die flatternden Flügelchen zusammendrückend, holte er die Hand wieder ein und zeigte ein Vogelköpfchen zwischen Daumen und Zeigefinger. Sicher war es eine Hybride; von seiner ganzen Schar offerierte uns der Vogelhändler ein unscheinbares Vögelchen mit graubraunem Gefieder, das mich an einen Hofspatz erinnerte.

„Ein Weibchen", sagte der Vogelhändler. „Es ist unmusikalisch, aber füttere es, wie es sich gehört, und es wird schon singen."

Ich habe nie gehört, daß es gesungen hätte. Das graue Kanarienweibchen gab einen leisen Zischlaut von sich, ein dünnes Gepiepse, aber diese Töne hatten mit Vogelgetriller nichts gemein. Der Vogelhändler übertrieb in seiner Liebe zu den Vögeln; er hatte Angst, sich von ihnen zu trennen, obwohl er hinter den Mauern nicht mit ihrem Verkauf rechnen konnte.

Der Käfig hing bei uns an der Wand, nahe beim Fenster, wo es ein wenig heller war. Das graue Kanarienweibchen hüpfte von der Stange auf den Sand, schluckte ein Samenkörnchen, wetzte seinen Schnabel an einem Stückchen Bimsstein, und manchmal, manchmal piepste es ganz schwach. Was das für ein sonderbares Geschöpf war, weiß ich nicht. Aber noch sonderbarer war etwas anderes: die Anhänglichkeit des Vogelhändlers an seine Vogelschar. Schließlich fütterte er sie mit Krumen seiner eigenen Brotration. Unglaublich! Das graue Vögelchen aus seiner Sammlung überdauerte bei uns hinter den Käfigstäben bis zur Großen Aktion im zweiundvierziger Jahr.

Sie machten sich über Belcia lustig. Vogelfräulein! Wenn die Leute vor Hunger sterben, wirkt die Verbundenheit mit einem lebendigen Geschöpf als etwas Absonderliches und Überflüssiges. Beschämt und verschüchtert versorgte Belcia ihr Vögelchen mit Nahrung und frischem Wasser, doch bald zeigte sich, daß sich das stumme Vögelchen ganze Tage mit einem Mohrrübenschnitzelchen, das man ihm zwischen die Käfigstäbe steckte, zufriedengeben konnte. Ihr breites, flaches Gesicht gegen das Vogelbauer gedrückt, flötete Belcia:

„Sing doch mal! Aj, nu, nu!"

Zu hören war ein leiser Piepser.

Aus unserem Haus hatten sich durch Zufall drei Kinder und zwei Frauen gerettet. Das ist viel für so ein Mietshaus. Belcia war nicht darunter. Ein paar Monate nach der Aktion – schon auf dieser Seite, brachte jemand einen Brief von jenseits der Mauer. Auch ich hatte sie in der Hand, diese zerknitterten, mit verblaßter Schrift bedeckten Seiten, und ich las die undeutlichen, in Eile hingeschriebenen Worte. Belcia schrieb, daß sie nachts noch in die Wohnung zurückkehre und sich bei Tag mit einem Grüppchen Überlebender im Keller verstecke. Sie lebte... (Aber lebte sie noch, als dieser Brief zu uns gelangte?) Zum Schluß schrieb sie, daß sie zu Hause den Vogel füttere und ihm frisches Wasser gebe, daß er sorglos auf seinem Reitel umherhüpfe, daß er schon ein ganz klein bißchen singe ... Nach ein paar schweren Tagen, als sie lange nicht zu Hause gewesen war, hatte sie sich um das hilflos eingeschlossene Tierchen gesorgt und in dem Glauben, daß sie es zum letzten Mal sähe, Käfig und Fenster geöffnet.

Es war einmal ein Vogelhändler, dem die Vögel aus Mangel an Futter starben. Es war einmal ein Käfig in einer Wohnung in der Krochmalna-Straße. Es war einmal ein kleines Menschlein aus dem Grenzgebiet, das in den letzten Tagen seines Lebens den Käfig öffnete und ein stummes Vögelchen freiließ. Aber ob sich so ein kleiner Vogel, der zudem nicht einmal singen kann, unter den wilden Spatzen zurechtfindet? Und es war einmal ein Brief, den ich diesseits der Mauer las. Nur, daß er nicht erhalten geblieben ist.

Das Lied ist aus!

Jeder vernünftige Jude könnte mich fragen: „Nu, und? Auch ein Kummer. Und andere Sorgen hast du nicht? In solchen Zeiten?"

Große Aktion – Unter der Leitung des SS-Sturmbannführers Hermann Höfle wurden in der sogenannten „Großen Aktion" im Laufe von zweieinhalb Monaten (22. Juli bis 3. Oktober 1942) 310 322 Einwohner des „Judenbezirks in Warschau" in die Gaskammern von Treblinka verschleppt oder an Ort und Stelle ermordet.

Und ich sage dem Juden ins Ohr: „Andere Sorgen habe ich auch. Aber nicht darum geht es. Sie wollten eine ganze Stadt von der Landkarte ausradieren. Und das ist ihnen teilweise gelungen. Sie wollten die Gebeine aus der Erde graben und verbrennen, zermahlen, im Fluß versenken, auf den Feldern verstreuen. Und auch das ist ihnen gelungen. Sie wollten die Erinnerung aus dem Gedächtnis reißen. Aber das ist ihnen nicht mehr gelungen. Was stört dich das kleine, graue Vögelchen, Jude? Soll es leben, wenigstens im Gedächtnis."

Wäre das Vögelchen nicht gewesen, vielleicht hätte ich den Vogelhändler vergessen, der seinen Handel in der Ogrodowa hatte; den Schneider und seine Familie aus der Łucka, das kleine Menschlein Belcia, Belcia aus dem Grenzgebiet, und ihren letzten Brief.

Wollt ihr, da habt ihr. Kein Wort ausgedacht. Alles, wie es war. Die Wahrheit — die Geringste unter den Geringen. Nach so vielen Jahren kann man sich irren. Aber worin? Eben, vielleicht war es nicht die Ogrodowa-Straße, sondern ein Stückchen weiter. Vielleicht war es auch nicht die Łucka, sondern die Wronia ... Falls irgendeiner der Pajewskis noch irgendwo auf der Welt zu finden ist, bringe ich auch das in Erfahrung. Aber unterdessen muß ich auf dem Bild, das ich male, in einem kleinen dunklen Winkel, ein kleines dunkles Plätzchen für den Käfig finden und für den grauen Vogel, der niemanden mit seinem Gesang erfreut hat.

Der Sack

„Motele-Kaufmann", riefen alle hinter ihm her. Motele deshalb, weil er dumm den Schlauen spielte. Kaufmann, weil er Sommer wie Winter mit einem Sack auf den Schultern herumlief. Er kaufte altes Zeug von den Leuten, legte es in diesen Sack und ging weiter. Dann frischte er das alte Zeug auf, flickte es und verkaufte es anderen Leuten.

Einer verkauft, ein anderer kauft, und Motele verdient dabei. Alle seine Lieferanten kannte er beim Namen, und auch die Kunden. In der Ceglana, der Ciepła, der Grzybowska und in Walicòw. „Meine Verehrung, wie trägt sich denn so das gute Stück?"

Motele — Motele (oder auch Motke) als Bei- oder Spitzname assoziiert den Schalksnarren Motke Chabad, die halblegendäre Figur eines Spaßmachers im jüdischen Osten (etwa wie der „Till Eulenspiegel" im deutschen Sprachraum).

Walicòw — Stadtteil im Vorkriegswarschau

Auf der Straße kannte er die Garderobe wieder, seine aufgefrischte Ware. Er geht, nehmen wir einmal an, in ein Restaurant. Und mit dem Ärmel wischt er ein Stäubchen vom Jackett eines Gastes, der mit einem Fräulein am Tisch sitzt. An einem solchen Ort kann ein Gast sogar die Beine übereinanderschlagen.

Motele-Kaufmann tritt heran und sagt höflich:

„Verzeihung. Und noch einmal Verzeihung. Das gibt Falten", und stellt das übergeschlagene Bein auf der Erde ab. „So ein Rappaport ... hundertprozentiger. Schade drum!"

Motele war Kaufmann, Handwerker und Reklamefachmann in einer einzigen armseligen Person. Er konnte einem sagen, wo man eine alte Kaffeemühle oder einen Messingstößel loswurde. Oder wem man am besten die von einem alten Bettbezug abgetrennten Zwirnknöpfe verkaufte. Er lieferte seinen Kunden Nachrichten von der Front. Und er wußte, ob das Brot teurer wird. Wann die Deutschen mit der Beschlagnahme der Pelze beginnen. Was die Kohlrüben vor Winterbeginn kosten werden. Was Hitler in der Depesche an Mussolini nach dem Fall von Paris geschrieben hat.

Früh am Morgen weckte sein Ruf ein Haus nach dem anderen. „Mäntel, Jacken, Hooo kaufe ich. Westen kaufe ich. Alte Garderooo, Schuhe kaufe ich!"

In der Krochmalna sagten sie:

„Oj, schon sechs. Motele kommt die Leute wecken."

An dem Tag ging ich ihn suchen; sein kläglicher Singsang führte mich schon von weitem auf seine Spur. An der Ecke Ciepła-Ceglana hielt er ein paar Knickerbocker gegen das Licht. Motele hatte den Rücken eines Bettlers, doch einen stolz erhobenen Kopf und die klare Stirn eines Weisen. Geduldig wartete ich, und Motele handelte:

„Und was sehe ich? Krakau sehe ich, und was schlimmer ist, von dort sieht man mich auch ..."

Er zerrte an den Knickerbockern und drehte sie aufmerksam nach allen Seiten. Die Hosenbeine flatterten im Wind.

„Jeder beliebige Fetzen beansprucht heilige Geduld, wie der Mensch auch. Ich stehe hier mit Euch und rede; die Hosen taugen nichts, die Fasson ist veraltet, keine Schnalle, und unterdessen rennt die Zeit davon. Wem soll ich das verkaufen?"

Und wem verkaufte er das? Vor dem Krieg gab es da so eine Marktbude in Pociejów. Man konnte dort eine Hutschachtel hin-

---

Pociejów – Name eines Platzes auf dem Gelände des Gettos, wo mit Altwaren gehandelt wurde

tragen. Sie beguckten sie von der einen Seite, sie beguckten sie
von der anderen Seite, fragten, woher das stammte, und ob die
Schwiegermutter nicht ihrs zurückfordern würde, taxierten die
Sache, und dann zahlten sie. Einen Groschen, einen halben Groschen, aber sie zahlten. Das nächste Mal wußte der schlaue Kerl
schon, wohin mit dem alten Hut. Reklame. Nun ja, aber das waren
Vorkriegszeiten und Vorkriegspappe. Wer hat schon heute noch
so was. Die Zeiten ändern sich, und niemand wird von Motele solche Hosen kaufen. Ruhig, ruhig. Alles kann man sagen, alles
kaufen und alles verkaufen... Alles kann man umarbeiten, daß
es wie neu aussieht. Hat Motele schlecht gesprochen? Gut hat er
gesprochen, genau so gesund möge er sein bis zum nächsten Schabbes, amen. Aber der Preis muß ein bißchen, ein bißchen ... auf
Zuwachs, da könne er zwar bei Kinderkleidung überbezahlen,
aber nicht bei Hosen für einen erwachsenen Mann von ein Meter
achtzig und siebzig Zentimetern Bundweite, den Hemdkragen nicht
mitgerechnet.

„Hier 'ne Heftnaht, dort 'ne Heftnaht, allein für Garn gehn zehn
Złoty drauf. Arbeitslohn, Zutaten, es kommt genug zusammen.
Und wo ist mein Gewinn? Ich sehe keinen. Aber was sehe ich?
Krakau durch diese Hosen sehe ich, und was das schlimmste ist,
von dort sehen sie mich auch. Und sie lachen. So sehen meine Ge-
schäfte aus. Und die Tasche? Durchlöchert! Warum durchlöchert?
Beinah hätte ich mich selber angeschmiert! So geht's im Leben.
Der eine schlägt was für sich raus, der andere schlägt nichts für
sich raus, und wenn sie auf die Straße gehen, gleich geraten sie
sich in die Wolle!"

Der Besitzer der unglückseligen Knickerbocker mit Schottenmuster
trug sein Geld davon, das ein Viertel Kilo Brot wert war. Motele-
Kaufmann ging weiter, und ich, der ich meinen Auftrag ganz vergessen hatte, schlich hinter ihm her und lauschte seinen Gesprächen mit den Passanten.

Es war schon spät, als er mich und meinen Sack bemerkte. Er
fragte:

„Was hast du da?"

Mein Sack war leichter als der Sack des Händlers. Ich hatte den
schwarzen Ausgehanzug meines Vaters von Zuhause mitgenommen. Er war damit einmal beim Zahnarzt und zweimal im Kino
gewesen. Ich hatte in diesem Sack noch etwas. Motele kehrte die
Innenseite des Jacketts nach außen, betastete das Futter, und seine

---

Schabbes – (jidd.) Sabbat

flinken langen Finger glitten rasch über die Nähte des Kleidungs-
stückes. Er jammerte:

„Aj waj, was sehe ich? Die Krochmalna-Straße sehe ich ... Mordarski stolziert in seinem fast neuen Anzug einher, den er von
mir gekauft hat für den halben Preis. Und ich sehe ihn. Und was
schlimmer ist, er sieht mich auch. Und er sagt, daß er den von mir
nicht kauft. Wozu braucht er einen zweiten Anzug? Einen schwarzen? Das soll ein Futter sein. In solchem Zustand. Wer kauft das
von mir in solchem Zustand? Die Ellenbogen ausgebeult — die Hosen abgewetzt, und das Jackett fast ohne Futter. Die Reparatur
kommt teurer als die Ware, wie man's auch dreht. Ich verliere bloß
Zeit und Geld. Und wo ist die Weste?"

Die Weste hatte ich tief unten versteckt und auf diesen Augenblick
gewartet. So hatte die Mutter befohlen. „Die Weste versteck! Zeig
sie erst her, wenn er selber danach fragt. Ich kenne doch Motele."
Es ging um den Preis. Lange kramte ich im Sack herum. Und Motele, die Leute auf der Straße ins Auge fassend, jammerte laut:

„Aj, waj, was sehe ich? Chicago sehe ich, und auf der anderen
Straßenseite spaziert, als ob nichts geschehen wäre, der Onkel von
Natan Lerch vorbei, Symche der Kapitalist. Und er lacht über
meine Geschäfte. Durch diesen fadenscheinigen Stoff ... Ich sehe
ihn, und er sieht mich! Die jüngere Schwester von meinem Schwager hat Mordarski geheiratet. Aber die ältere Schwester von meinem Schwager hat Symche den Kapitalisten geheiratet. Soviele
Jahre. Nicht einmal gewußt habe ich, daß sie noch lebt. Und sie
lebt mit Lerch wie beim lieben Gott hinterm Ofen, ohne Sorgen
und ohne Hitler und singt den Tango ,O Donna Clara'. Hier abgewetzt, da hat 'ne Motte ein Stückchen rausgefressen ... Und um
sie herum die Vereinigten Staaten von Nordamerika. Wie Symche
nach Chicago gekommen ist? Er ist hingefahren, um sein Erbe an-
zutreten. Die jüngere Schwester von meinem Schwager hat Mordarski aus der Krochmalna geheiratet, aber die ältere Schwester
von meinem Schwager hat den Lerch vom Bank-Platz geheiratet.
Der Jüngeren hat der Vater nichts vermacht, aber der Älteren ist
ein hübsches Erbe zugefallen. Und Symche ist mit ihr das Erbe
holen gefahren. Waj, wo war ich nicht alles? Die Welt hab ich be-
reist, und jetzt stehe ich hier mit dir im Dreck, besehe mir einen
alten Lappen und verliere Zeit und Geld. Aber Hose und Jackett,
das ist noch nicht der ganze Anzug."

Ich holte eilig die Weste heraus und reichte sie ihm. Er entriß sie
mir mehr, als daß ich sie ihm gab. Sein Rücken war gebeugt, doch
der Kopf stolz erhoben, und alles, was er betrachtete, mußte er
hoch über sich halten.

„Was hast du da noch?"

„Eine Uniform."

„Zeig her, Goldfischchen."

Ich nahm Hose, Jacke, Koppel und die goldbraunen Kanonenstiefel des Artilleristen aus dem Sack: die Uniform meines Vaters, der bei den Haubitzen gedient hatte. Die Einheit war in Modlin formiert und von dort nach Warschau geschickt worden. Eines Septembertages begannen die Deutschen aus der Luft das Gebiet zu bombardieren, wo die Batterie stand. Die Pferde verreckten in den Geschirren, die Menschen krepierten an den Geschützen. Wahnsinnig vor Angst galoppierten die schweren belgischen Wallache über den Miedzeszyński-Wall bis dicht an das Ufer der Weichsel und suchten Schutz unter dem Brückenjoch.

„Und das? Was ist das für'n Fehler?"

Motele hielt mir die Jacke hin und zeigte mir einen von einem dunklen Fleck umrandeten Riß.

„Ein Bombensplitter."

Den zweiten Fehler suchte Motele-Kaufmann schon nicht mehr. Bombensplitter waren zwei gewesen. Im Mantel, das Gewehr geschultert, in voller Montur kroch der Vater in Richtung Chaussee. Zwei Verbindungsoffiziere stiegen aus einem vorbeifahrenden Auto. Sie setzten den verwundeten Artilleristen neben den Chauffeur und zogen ihm den Soldatenmantel aus.

„Ein großer Fehler." Motele nickte mit dem Kopf und steckte den Finger durch den Riß in der Jacke.

Auf der Schwelle stand er im bloßen Hemd, das schmutzig und befleckt war. Es war ein grobes Kommißhemd aus Leinen mit doppelter Verschnürung auf der Brust statt Knöpfen. Solche Hemden trugen damals die Gemeinen. Als die Mutter den Blutfleck sah, fiel sie auf der Stelle in Ohnmacht. Man mußte sie mit kaltem Wasser begießen. Und hinter dem Vater her trugen die zwei Offiziere Jacke, Mantel, Koppel und Karabiner.

„Feiner Kriegsgewinn, das." Motele bohrte mit dem Finger im Loch herum und betrachtete abschätzend die Jacke.

Sie salutierten und gingen, und die Mutter erhob sich vom Fußboden. Naß, weil mit Wasser begossen, und ganz verweint, machte sie sich um den Verwundeten zu schaffen. Im Feld war Sanitätspersonal knapp, und die Lazarette in der belagerten Stadt waren überbelegt. September! Am darauffolgenden Tag brachte ein der Familie bekannter Feldscher den Vater mit Ehren in einem Militärhospital unter.

„Was ist das für 'ne Flasche? Für Schnaps?"

„Die gebe ich zu – zur Uniform." Ich bewunderte sie und hätte sie gern selber besessen. Widerwillig nahm ich die Aluminiumflasche mit dem breiten, kurzen Hals aus dem Sack und gab sie ihm. Vielleicht würde Motele zusammen mit der Feldflasche die Uniform kaufen.

„Was soll ich damit? Du weißt es nicht?"

Und er gab die Feldflasche zurück.

„Für alles zusammen ein Złoty", sagte Motele.

„Das ist wenig."

„Und woher weißt du, Goldfischchen, das das wenig ist?"

„Der Anzug", zählte ich auf. „Die Uniform, das Koppel, die Feldflasche ..."

„Ohne Uniform und ohne Feldflasche", unterbrach mich Motele. „Die Schuhe kann ich zurückbehalten, das Koppel kann ich zurückbehalten. Die Fußlappen auch."

Es ist keine Schande, einem Weisen gefällig zu sein, und auch keine, mit einem Motele ein Geschäft zu verpatzen. Der Händler hatte ein Stückchen wertvolles Leder für sich herausgeschlagen und hob nun das schwarze Kleidungsstück gegen das Licht.

„Und was sehe ich? Den Piłsudski-Platz sehe ich, eine Parade ... Das Ende des Krieges sehe ich? Ein Bataillon ganz in Blumen. Oj, und wie gut ich es sehe. In der ersten Viererreihe von rechts ein Bombardier. Und die Bluse des Bombardiers zweimal geritzt, und für diese zwei Wunden wird er zwei Balken bekommen. Und Starzyński persönlich nimmt die Parade ab, und ich sehe ihn. Und was schlimmer ist, er sieht mich auch ... Und was willst du für diesen abgewetzten Anzug, Goldfischchen? An diesem alten Gelumpe willst du dich bereichern?"

„Das ist kein Gelumpe", erwiderte ich. „Das ist ein neuer Anzug, ein Ausgehanzug."

„Einen Złoty zahle ich."

„Zu wenig."

Der Anzug des Vaters war neu, einmal war er damit beim Zahnarzt und zweimal im Kino gewesen. Als der Krieg ausbrach, legte er die Uniform an. So daß er nicht einmal dazu kam, den Anzug schmutzig zu machen. Im Militärhospital brauchte er ihn auch nicht. Als sie ihn zu dem Gefangenentransport brachten, entfloh er unterwegs. Er hatte die Uniform an, aber ohne Rangabzeichen. Er ging über den Bug, und im Frühling kehrte er zurück. Und der schwarze Anzug hing im Schrank, nur die Motten hatten einen Nutzen davon. Jenseits der Mauer ebenfalls. Wer hatte schon Sinn dafür, sich mit einem solchen Anzug herauszuputzen?

„Du kriegst drei Złoty", sagte Motele leise. „Kein anderer an meiner Stelle würde dir diesen Preis zahlen."

Er hatte einmal sechzig Złoty gekostet, aber das war vor dem Krieg. Motele wollte ein Zwanzigstel des Preises geben. Andererseits war das gar nicht so wenig. Denn wem, Leute, konnte man im Frühling neunzehnhunderteinundvierzig einen schwarzen und doch immerhin getragenen Anzug verkaufen?

„Fünf", rief ich. „Und keinen Groschen weniger."

„Drei", sagte Motele.

„Viereinhalb", ließ ich vom Preis ab.

„Vier", war Moteles letztes Angebot. „Und keinen Groschen mehr." Wer betrog wen? Ich weiß es bis heute nicht. Schließlich hat er mir die Uniform, hat er mir die Feldflasche zurückgegeben. Die Fußlappen behielt er, die Schuhe auch, und das Koppel. Zu Hause hatten sie aufgetragen, den schwarzen Anzug für was auch immer zu verkaufen. Und die vier Złoty zählte mir Motele in Kleingeld vor.

„Da hast du, und jetzt zähl nach."

Er zog die letzten zwanzig Groschen aus der Tasche.

Ich ging die Straße entlang, voller Furcht, dem Langen Icchok in die Hände zu fallen. Ängstlich dachte ich an seine langen schwarzen Krallen, seine langen verlausten Haare. Ob er schon von meinem Geschäft mit Motele erfahren hatte? Wenn der Lange Icchok davon wußte, würde er mir die vier Złoty zusammen mit der Hosentasche entreißen. Von der Ciepła aus bog ich in die Ceglana ein. Ich blieb stehen, und um nicht durch Walicòw gehen zu müssen, machte ich kehrt und ging durch die Grzybowska. Mir war klar, daß niemand in der ganzen Stadt einen schwarzen Anzug kaufen würde, und unablässig verfolgte mich der Gedanke: Wofür hat dir Motele bloß die vier Złoty gegeben? Für die Fußlappen? Dummer Motele, nicht wahr?

An diesem Tag unternahm ich die verzweifelte Anstrengung, einen anderen Menschen zu durchschauen. Ich begriff, daß der Händler anders war, als ich gedacht hatte. Der Handel war für ihn Mittel zum Zweck. Und der Zweck … Na, eben. Ich begriff auch, daß Motele nicht schlau war, nicht dumm und nicht barsch. Der Handel erleichterte ihm das Leben, und Motele war einsam. Was die ältere Schwester seines Schwagers, die, die den Lerch vom Bank-Platz geheiratet hatte, und die jüngere Schwester seines Schwagers, die sogar Mordarski geheiratet hatte, wußten. Da er niemanden hatte, pflegte er mit jedem Umgang. Er brauchte nur den Sack zu nehmen und auf die Straße hinauszugehen. In den düsteren Gäßchen des Kleinen Gettos kannte ihn jeder, und jeder ertrug geduldig seine Beredsamkeit. Und wenn er nicht den Sack mit dem alten Trödel getragen hätte? Moteles närrisches Gebaren konnte, gerade weil er mit einem Sack auf dem Rücken umherlief, für Gewinnsucht gelten ... Und so eben verstand dieser Weise die Rolle des Handels.

Kleines Getto — Auf Grund der Verordnung des Distriktgouverneurs Ludwig Fischer vom 2. Oktober 1940 wurden alle Personen, die im Sinne der nazistischen Nürnberger Gesetze als Juden galten, in den jüdischen Wohnbezirk umgesiedelt. Bereits in seinen Anfängen zählte er annähernd 420 000 Einwohner (später kamen noch die aus den Städten und Städtchen des Warschauer Distrikts ausgesiedelten Juden hinzu, so daß die Bevölkerungszahl auf nahezu 500 000 anwuchs). Durch eine drei Meter hohe Mauer von der übrigen Stadt abgetrennt, wurde der Bezirk am 15. November 1940 von der Außenwelt abgeschnitten.

Die Gettogrenze verlief durch die folgenden Straßen: Wielka, Bagno, Grzybowski-Platz, Rynkowa, Zimna, Elektoralna, Bank-Platz, Rymarska, Tłomackie, Przejazd, Krasiński-Platz, Sapieżyńska, Konwiktorska, Stawki, Okopowa, Towarowa, Srebrna und Złota. Das ganze Viertel war in das sogenannte Große und das Kleine Getto unterteilt. Beide wurden durch eine Holzbrücke über der Chłodna-Straße in Höhe der Żelazna-Straße miteinander verbunden. Das Kleine Getto wurde bald aufgelöst, das Große mehrere Male stark verkleinert. Anfänglich machte das Gettogelände mehr als ein Drittel des am linken Weichselufer gelegenen Teils von Warschau aus.

Das illegale polnische »Biuletyn Informacyjny« unterrichtet am 23. Mai 1941 die Leser im „arischen" Teil der Stadt wie folgt:

„Das Getto wurde in einem außerordentlich dicht bebauten Stadtteil eingerichtet. Es wurde so aus der Stadt herausgeschnitten, daß es nicht einen einzigen Park besitzt, nicht an die Weichsel grenzt, und daß die einzige baumbestandene Fläche der Friedhof ist. In diesem Stadtteil herrscht eine unbeschreibliche Enge. Auf ein Zimmer entfallen durchschnittlich sechs Personen, nicht selten sind es sogar zwanzig. Nach Berechnung der Abteilung für Bevölkerungskontrolle wohnen in ganz Warschau 70 Menschen auf 1 ha, im Getto dagegen 1110. Die Abgeschnittenheit von der Welt beraubte den größten Teil der Juden ihrer Verdienstmöglichkeiten. Auf dem Gebiet des Gettos hat nur ein geringer Prozentsatz der Bevölkerung eine Beschäftigung ... Außerdem fließt das jüdische Vermögen auf dem Wege des Schmuggels nach außen ab. Ausschließlich auf den inneren Warenumsatz angewiesen, wird im Getto alles verschleudert, um die Mittel zum Durchhalten aufzutreiben. Da weder Waren noch Rohstoffe ins Getto gelangen, werden die alten Vorräte immer knapper. Die allgemeine Verarmung nimmt zu. Die Warenpreise im Getto sind nicht viel höher als vor dem Krieg, die Lebensmittelpreise hingegen – in ganz Warschau schon sehr hoch – erklimmen phantastische Höhen. Wenn man berücksichtigt, daß die Juden ausschließlich Brot auf Lebensmittelkarten erhalten, und das nur

Sein Geschrei und sein Gefeilsche verfolgten mich, und noch lange hörte ich Worte wie: „Sie lachen? Da ist nichts zum Lachen. Das ist das wahre Epos eines Kaufmanns. Dieser Kaufmann bin ich, und niemand anderes an meiner Stelle würde meinen Preis zahlen. Für diesen Fetzen? Und er würde in dieser Sache kein Wort weiter verlieren. Nur ich, Motele! Ich kaufe, weil mir der Mensch leid tut!"

Ich gelangte ans Ende der Grzybowska, und hier machte ich halt. Nächste Querstraße – Krochmalna. Ich weiß nicht, wie Motele mich überholt hatte. Als ich an der Ecke Krochmalna ankam, sah ich schon den Gendarm, Motele mit erhobenen Händen und im Straßenschmutz der Sack und die verstreuten Lumpen. Der Deutsche brüllte:

„Name!"

Name, Name, was hatte er für einen Namen, dieser Motele? An der Ceglana, der Ciepła, der Grzybowska und in Walicow verschwinden die letzten baufälligen Häuser, die Reste verkrüppelter

---

750 gr. pro Woche, und wenn man noch hinzufügt, daß es im Winter überhaupt kein Heizmaterial gibt, wird man sich erst voll der entsetzlichen Lage der Bevölkerung bewußt ... Infolge der zusätzlichen Verdichtung [durch die Zwangsumgesiedelten des Warschauer Distrikts ab Januar 1941] sind unbeschreibliche sanitäre Verhältnisse entstanden, Hunger und Not sind furchtbar. Durch die übervölkerten Straßen zieht untätig ein Strom überwiegend blasser, ausgemergelter Menschen dahin; an den Mauern sitzen und liegen die ganz Armen; sehr oft sieht man Menschen vor Hunger umfallen. Jeden Tag vergrößert sich das Heim für Findelkinder um mehr als zehn Säuglinge ... Seuchen breiten sich aus, besonders die Tuberkulose. Gleichzeitig dauert die Beraubung der reicheren Juden durch die Deutschen an ... Außerdem sind Mißhandlungen, bestialischer ‚Zeitvertreib', an der Tagesordnung."

Und in einem anderen Artikel desselben Blattes (vom 30. Juni 1942) heißt es:

„Die Deutschen streben bewußt die Verschlechterung der schon bestehenden furchtbaren Verhältnisse an. Diesem Zweck dient auch die ständige Verkleinerung des Getto-Gebietes, die mit einer weiteren Umsiedlung von Juden aus den kleineren Warschauer Vororten ... verbunden ist."

Im Verlauf des dreieinhalbjährigen Bestehens des Warschauer Gettos, vom November 1939 bis April 1943, d. h. einige Wochen vor seiner endgültigen Liquidierung, starben infolge von Hunger und ansteckenden Krankheiten (vor allem Typhus) etwa hunderttausend Menschen.

Mauern, denkwürdige Plätze. Hochmütige Blocks aus Glas und Beton schießen empor. Bevor noch der Bagger den alten Schutt ganz weggeräumt hat und neue Trassen bahnt, verschwinden bereits – einer nach dem anderen – die Namen der ausgestorbenen Gäßchen. O ihr Gäßchen des Kleinen Gettos, es gibt euch nicht mehr! Stadt der Ruinen, die ich noch in meinen quälenden Träumen sehe, wo bist du geblieben ... Hier steht kein Haus mehr an seinem alten Platz, keine Straßenbahnhaltestelle an ihrem alten Ort; die Straßen und Plätze nennen sich anders, die Brücken verbinden schon andere Ufer, und bald wird auch der letzte Stein fort sein, der noch dort steckt, wo ihn der Pflasterer einst hingesetzt hat – so wie man im Gedächtnis nur den Namen eines einzigen Motele behalten kann unter so vielen, die verloren und vergessen sind.

Streit auf der Krochmalna

Das Geschäft wurde auf der Straße gemacht. Und gesehen haben das alles ganz genau die Träger und die Händlerinnen hinter ihren Schemeln. Mit dabei stand Aron Jajeczny aus der Solna, Vater dreier Söhne, Gemeinderat vor dem Krieg, der die Tür des Judenrates angespuckt hatte. Gesehen hat es Kiepele der Schmuggler, einstiger Gepäckträger, Bahnsteigathlet aus der Towarowa. Gehört hat es Kalman Drabik, der koschere Metzger und Mordarskis linke Hand. Dabei stand Baruch Oks, jugendlicher Stern des Schwarzen Marktes und Sproß einer Hehlerfamilie, der hinter dem Rücken von Mordarski eine eigene Bande gegründet hatte.
Dabei standen auch noch Naschwaren-Fajga, Rüben-Sura sowie Buba, die Ecke Walicóv-Straße einen kleinen Handel mit Brennmaterial hatte. Es standen dort andere. Aber nicht darum geht es.
An diesem Tag war Lewin gerade nicht in Stimmung. Aber wann war er das schon? Der Krieg hatte den alten Grossisten längst aus dem warmen Topf genommen wie einen Fisch aus der Tunke. Wo war seine geliebte Tochter Dora hingekommen? Die schwarze

---

Judenrat – von den Deutschen eingesetzte jüdische Gettoverwaltung, die in Verruf stand, sich am Elend der ärmsten Gettobewohner zu bereichern und mit den Faschisten zu kollaborieren. Daß eine solche Beurteilung nicht in allen Teilen gerechtfertigt ist, mag man daraus ersehen, daß ihr Präsident (seit 1939) Adam Czerniaków aus Protest gegen die Massenverschleppung der Juden in die Vernichtungslager gleich zu Beginn der Großen Aktion im Juli 1942 Selbstmord beging.

Dora hatte sich in ein Liebesabenteuer mit einem Kommunisten eingelassen, noch ehe die Polizei sie verhaften konnte am Purimfest. Wo war der Großhandel hingekommen, der auf siebzehn Bäckereien der Stadt Manna vom Himmel regnen ließ und die kleinen Mazzes- und Striezelbäcker am Leben erhielt? Auch geschlossen. Und wo war die Gattin des alten Lewin, Regina, geborene Kózko? Fünfzig Jahre lang trug sie in ihrem verhätschelten Leib, weiß und fett, einen Gallenstein wie einen, mit Verlaub gesagt, Brillanten reinsten Wassers, und sie hielt die zweistündige Operation unter Narkose nicht aus. Wo war sie? In Okopy! Und wo war das Bankkonto hingekommen, und wo die kleinen Ersparnisse des Grossisten? Teilweise von der Polizei geraubt, die schon lange sowohl Lewin, Lewins Adresse als auch seine kleinen Ersparnisse im Auge gehabt hatte.

Aber nicht darum geht es. Der Krieg explodierte wie eine Bombe und schleuderte den alten Lewin aus dem warmen Topf wie einen Fisch aus der Tunke. Die Tunke floß in den Rinnstein, der Fisch zappelte sich auf dem trockenen Pflaster wund. So Kalman Drabik, der vor dem Krieg zu Lewin über die Dienstbotentreppe ging; und nach Drabik wiederholte dasselbe Mordarski, dem Lewin nicht einmal am Sabbat die Hand gab. Und sie – ausgerechnet sie, kleine Hehler, Drabik und Mordarski, wollten den Grossisten gnädigst als Teilhaber aufnehmen. Das Geschäft wurde auf der Straße gemacht, und man muß hier gleich hinzufügen, daß jedes Geschäft von Mordarski am hellichten Tag abgewickelt wurde. Mordarski hatte die Polizei, die Wachposten auf der Chłodna bestochen. Mordarski ernährte die Träger, und die halbe Stadt kannte ihn.

Diesmal sprach er so:

„Lewin, ein Wort – die Zeit drängt. Das Geld liegt auf der Straße, und ich weiß es ... Nu, laß mich hören das eine Wort! Hier steht Drabik, wir haben einen Zeugen. Die Hand drauf. Ich schlag ein, und von nun an ziehen wir gemeinsam den Karren."

Lewin streckte ihm nicht die Hand entgegen. Es geschah das Wunder, und er ließ sich an diesem Tag nicht kaufen. Baruch Oks sah es, ein Halunke seit Väter- und Urväterzeiten, und sogar Aron Jajeczny, der Träger aus der Solna, hat das Wunder gesehen. Die Kulis vom Fahrradrikschastand sahen es, und die Händlerinnen hinter ihren Schemeln mit Waren sahen es. Und sie verbreiteten es von der Krochmalna aus über die Stadt. So eine Sache ließ sich vor keinem verbergen.

Mazze – ungesäuertes Passabrot
Okopy – Gelände des Jüdischen Friedhofs in Warschau

„Mordarski, du bist der größte. Du hast Macht und den Handel in deiner Hand, aber mich laß in Frieden! Was für ein Teilhaber bin ich?"

Mordarski stand im Frost mit aufgeknöpftem Pelz und verspeiste eine kleine geräucherte Sprotte. Das war ein Pelz! Außen englisches Tuch, innen Zibetkatze, und ein Schalkragen aus Otter. Und nachdem er die Sprotte geschluckt hatte, wischte er seine fettigen Finger am schwarzen Überzieher des Grossisten ab. Er hielt ihn an einem Knopf fest und redete das seine:

„Bei mir läßt sich's leben. Ich halt meine Teilhaber kurz, aber ich laß sie leben. Was will man mehr in den heutigen Zeiten? Genugtuung? Gut, ich geb dir Genugtuung! Den Tollen Hund hab ich in der Tasche, und nicht nur ihn ... Ein Wort, und er bringt die Polizisten zur Vernunft. Sie vergessen, wo der alte Lewin wohnt; denn der Tolle Hund befiehlt es ihnen, und ich will es so! Denk dran, alter Mann ... Die Gendarmen kommen und gehen, die Wachen lösen sich ab, aber ich, Mordarski, stehe auf der Straße das ganze Jahr. Und die Straße gehorcht mir."

„Und wie", rief Kalman Drabik, Mordarskis linke Hand. „Und wie sie gehorcht!"

Das Geschrei der Händlerinnen war auf einmal verstummt, es herrschte Totenstille.

Lewin breitete die Hände aus, in der einen das schwarzlackierte Stöckchen mit Silberbeschlag, und am Ringfinger trug er einen Herrenring, nicht etwa mit dem Gallenstein seiner seligen Regina, sondern mit einem Brillanten reinsten Wassers. Er breitete die Hände aus und konnte nicht weggehen. Der Knopf des Überziehers saß fest in Mordarskis Hand. Ohne sich auch nur im mindesten zu genieren, sprach Lewin wie folgt:

„Mordarski, die ganze Stadt kennt dich, gut. Aber ich will dich nicht kennen."

Und darauf Mordarski, ohne auch nur für einen Moment den Knopf loszulassen:

„Warum? Stehl ich etwa? Gott behüte! Spuck das Wort aus, Kalman ... Für mich, für mich spuck es aus!"

Kalman Drabik spuckte aus, und zwar gleich.

„Ehrwürdiger Greis! Ich stehe hier. Du stehst hier. Hier steht Mordarski. Und die ganze Krochmalna sieht auf uns ... Wir öffnen vor dir den ganzen Schwarzen Markt von hier bis zu den Hallen. Wir geben Prozente für die Liebenswürdigkeit. Wir zahlen einen Diskont in jeder Höhe für einen entsprechend langen Zeitraum. Und du, ehrwürdiger Greis, gibst uns deinen Namen und eine kleine Einlage ins Geschäft; die Träger haben heute kein Mittag gegessen. Und die Kasse der Gesellschaft ist mit der Auszahlung im Rückstand … Die paar lächerlichen Groschen bereust du nicht. Es lohnt sich."

Der Knopf war in Mordarskis Hand, also suchte der Grossist nur die wichtigsten Worte aus und hielt den Ärger zurück.

„Und sage ich, daß es nicht lohnt? Lohnen, nicht lohnen. Ich sage nichts. Weder ja noch nein!"

Lewin war weich wie ein frisch aus dem Ofen geholtes Weißbrot, und er beschmierte seine Worte mit warmem Gänseschmalz. Er wußte inzwischen nur zu gut, daß man sich mit so einem wie Mordarski nicht überwerfen durfte; denn die Zeiten hatten sich geändert, und der Grossist mußte gegen jeden Rotzjungen verlieren. Und warum? Das ist keine Frage für diesen Tag.

„Alles versteh ich, Drabik. Die Träger sind vor dem Mittagessen? So etwas kommt in den besten Familien vor. Die Kasse ist mit der Auszahlung im Rückstand? Wieviel? Eine Woche? Das ist nicht viel. Es konnte schlimmer sein, sogar in Vorkriegszeiten! Ich versteh sogar, daß Mordarski aus meiner Tasche seine Leute bezahlen will … Bitte sehr, ich stell ihm einen Wechsel aus. Aber du kannst mich totschlagen, Mordarski, eins werd ich nie verstehen! Was soll der alte Lewin, der mit einem Bein schon im Grabe steht, dem jungen Mordarski als Kompagnon?"

„Äh, wer spricht von jung?" sagte Kalman Drabik.

„Ich", mischte sich überflüssigerweise Rüben-Sura ins Geschäft und bleckte die gelben Zähne.

„Du bist still!" sagte Mordarski, und es wurde still. „Lewin, ein Wechsel nützt nichts, selbst mit deiner Unterschrift … Bank zählt nicht. Was zählt, ist die Straße. Und darum sag ich dir kurz und bündig: es geht um schnelles Geld."

Lewin besann sich kurz und sagte, in die Enge getrieben: „Mordarski, das ist mein letztes Wort."

Mordarski besann sich ein bißchen länger, verspeiste eine Sprotte, wischte sich die Finger am Überzieher des alten Grossisten ab und packte ihn fester am Knopf:

„Lewin, worum geht's? Red!"

Erst da hielt der Grossist seine Rede. Da gibt's nichts zu verheimlichen, das ist längst in die Geschichte eingegangen. Aber bevor das geschah, hatten die Träger schon etwas, das sie auf beiden Seiten der Mauer herumerzählen konnten.

Hier die Rede des alten Vorkriegsgrossisten Lewin:

„Mordarski, du hast den Schwarzmarkt von der Żelazna bis zum Grzybowski-Platz in deiner Hand, und ich weiß es! Jeder Träger kennt dich und jeder Schmuggler. Der hungrige Jude zittert vor dir wie vor einem Zaddik, und der letzte Bettler in Walicòw hebt dich für fünf Groschen in den Himmel. Du, Mordarski, bist wer, und ich bin ein Niemand. Ein Niemand und ein Nichts. Staub zu deinen Füßen ... Ich weiß, ich weiß. Aber laß mich in Frieden. Glaubst du, meine Augen sehen nicht? Und meine Ohren hören nicht? Die Polizei trinkt auf dein Wohl, wenn deine Träger mit Säcken auf die Mauer gehen. Sogar Bluthändchen stellt für ein Schmiergeld den Karabiner beiseite und zündet sich derweilen eine Zigarette an. Und der Tolle Hund? Der salutiert bei Mordarskis Anblick von der anderen Seite her, über die Wache hinweg! Was willst du noch? Lewin als Kompagnon? Das ist nichts für mich. Mein ganzes Leben bin ich Grossist gewesen, und Detail geht mich nichts an ... Mordarski, du kannst mit dem Kopf gegen die Wand rennen. Bis übermorgen! Du kannst geräucherte Sprotten essen und deine Pfoten an meinem Überzieher abwischen. Ich laß mich nicht einschüchtern. Du kannst Bluthändchen rufen, und auch das schüchtert mich nicht ein; du kannst Bluthändchen zusammen mit dem Tollen Hund rufen, wenn das dein Wunsch ist, aber auch das wird dir nichts nützen ... Deine Säcke, Mordarski, sind schmutzig. Meine waren das ganze Leben sauber, aber an deinen klebt Blut. Schmuggel, das ist dir geblieben! Und darum hab ich das Geschäft aufgegeben. Ich werde kein Hehler, und der Schwarze Markt lockt mich nicht. Das ist détail, nicht en gros!"

Der Grossist hatte das seine gesagt und begann furchbar zu husten. Und als er aufgehört hatte zu husten, begann er schwer zu atmen.

Dann erfolgte die langerwartete Rede von Mordarski selber:
„Lewin, du hast Manna auf siebzehn Bäckereien vom Himmel herabregnen lassen, und siebzehn Bäcker mit ihren Familien, die Gesellen nicht mitgerechnet, haben aus deiner Tasche gelebt. Walicòw und die Krochmalna haben von deinen Säcken gezehrt. Was sage ich? Der ganze Platz an der Żelazna Brama hat Striezel aus deinen Öfen und Mazzes aus deinem Mehl gegessen! Und jeder Bissen mußte erst von deinen Mäusen gekostet werden. Die Juden setzten sich freitags zu Tisch, zündeten die Kerzen an und brachen das Brot, und ein Teller stand leer, und der Löffel wartete auf Lewin wie auf den Propheten. In jeder Familie an jedem Tisch und jeden

---

Zaddik − (hebr.) der Fromme, Gerechte, Heilige; bei den Ostjuden (Chassidim) auch die Benennung ihres Rabbi, dem oftmals wundersame Kräfte zugeschrieben werden und der bei seinen Anhängern uneingeschränkte Autorität genießt

wie auf den Propheten − gemeint ist der Prophet Elia, dessen Wiederkunft an einem Sabbat erwartet wird

Freitag. So ist es gewesen! Aus Respekt vor dir und deiner Ware. Und ich sag dir noch mehr: als die Bäcker streikten und die Säcke mit deinem Mehl auf die Straße warfen, verließ die halbe Stadt das Bethaus. Wer wird beten, wenn die Striezel aus Lewins Mehl fehlen? Deine Kunden veranstalteten einen Streik den Rabbinern und dem HERRN! Dir, ehrwürdiger Greis, zu Ehren! Und was geschah? Reb Icie in eigener Person vermittelte zwischen dir und der Berufsgenossenschaft. Und wer verlor dabei? Sprecht, Juden! Nicht der Großhändler, nicht der Bäcker, nein, sondern die, denen das Brot auf dem Tisch fehlte. Reb Icie in eigener Person schlichtete den Streit... Aber was geschah noch? Ein Blauer, der Tolle Hund persönlich, suchte sich einen Verein zusammen, der in den Bäckereien die Scheiben einwarf. Den Bäckern verging die Lust am Streik, aber den Juden verging nicht die Lust am Essen... Das waren Vorkriegszeiten, als ein Großhändler seinen Schnitt machen mußte. Und heute, was ist heute? Übriggeblieben ist der blutbefleckte Sack!" Mordarski packte fester den Knopf und riß ihn ab. „Der Schwarze Markt, ajaj! Die Deutschen haben deine Bäckereien geschlossen, aber die Juden nicht ihre Münder. Wer sorgt dafür, daß der Jude etwas zum Hineinschieben hat? Alle hier, von der Krochmalna bis zu den Hallen, sagen, daß das Mordarski ist. Meine Träger bringen meine Waren unter Lebensgefahr über die Mauer, und der letzte Bettler weiß, daß, solange sie das tun, auch für ihn etwas abfällt. Warum? Wofür? Seit wann ist ein Schmuggler ein verdächtiges Subjekt? Gott sei Dank ist noch Krieg auf der Welt. Und wer füttert euch, Juden? Wer zahlt der Polizei das Schmiergeld? Und wer hält den Kopf hin? Der Schmuggler! Damit dem, der noch ein paar Złoty im Mantelfutter hat, nicht das Stückchen Schwarzbrot auf dem Tisch fehlt..."

Schon hatte sich Mordarski auf den Zehenspitzen erhoben; schon schwebte er hoch über der Krochmalna. Schon sang er, wie in inbrünstigem Gebet vor dem Laubhüttenfest... Die Engel verließen die Leiter unter den Wolken. Auf der Leiter sollte Mordarski zum Himmel emporsteigen und sich mit den Worten „scholem alejchem" an der Seite Abrahams, Isaaks und Jakobs niederlassen. Die Juden auf der Straße nickten mit den Köpfen, weil sie nichts Besseres zu tun hatten, und der Hehler schleuderte im Taumel des Entzückens nur heilige Worte aus sich heraus.

Dabei war es ein Winter, wie ich ihn keinem wünsche! Von der Wache an der Chłodna bis zur Wache auf dem Grzybowski-Platz, über-

---

Blauer — Die polnische Polizei trug blaue Uniformen.
„Scholem alejchem" — (hebr.) „Friede sei mit euch!"

all dasselbe. Kein Ausweg, zum Steinerweichen! Die Wolken hingen niedrig und aufgequollen wie ein bläuliches Geschwür. Vom frühen Morgen an brannten die Laternen, aber selbst das Gaslicht zitterte vor Kälte und vor Angst unter dem Hitlerstiefel. Abraham, Isaak und Jakob lagen unter diesen Wolken auf dem Rücken, nicht einmal zugedeckt, weil den Hauswarten inzwischen die Zeitungen fehlten, um mit dem papiernen Leichentuch alle Generationen zuzudecken, die auf den Trottoiren starben. Die Gedärme des auserwählten Volkes waren leer wie die Taschen eines Habenichts. Und das Skelett des auserwählten Volkes tat seinen letzten Schnaufer. Das Euter der mageren jüdischen Ziege war restlos ausgetrocknet, und schon seit einer Woche hatte die Gemeindeküche selbst an die Allerärmsten keine Schüssel Wassersuppe für fünfzig Groschen mehr ausgeteilt. Das Schauhaus inmitten der Stadt war von einer soliden, drei Meter hohen Mauer umgeben, und Lebende wie Tote bewachten ohne Unterschied die Posten an den Toren.

Aber nicht darum geht es!

Die Schuhe der Händlerinnen versanken im Schnee, und die Bettler hatten sich mit ihren Holzpantinen auf ein Stück Pappe gestellt, und alle sahen sie zu, wie Mordarski den Grossisten Lewin am Knopf festhielt.

Kalman Drabik sagte sofort:

„Lewin, das ist Sünde. Kapital braucht Umlauf!"

Auch der Bettler an der Häuserwand rief:

„Hab ein Herz!"

„Hab ein Herz und sei gesegnet!" riefen andere.

Auf einmal lief auf Baruch Oks ein Handlanger aus seiner Bande zu, Mojsze der Krüppel, ein Junge mit verdorrter Hand, und sagte ihm etwas ins Ohr. Und Baruch Oks pfiff nur auf den Fingern, aber so, daß es die ganze Straße hörte.

„Graf Grandi stattet der Krochmalna einen Besuch ab!"

Die Straße entlang kam Loniek Papierny, ein OD-Mann mit gelber Armbinde und Stempel auf dem Ärmel; in Breeches mit einem großen Lederflicken auf dem Hinterteil und in modischen Offiziersstiefeln mit Schäften bis ans Knie.

„Was ist denn hier los? Was ist das für eine Ansammlung?"

Und Mordarski selber trat heraus aus dieser Ansammlung und sagte nur soviel:

OD-Mann − Ordnungsdienstmann, jüdischer Gettopolizist; die Gettopolizisten, auch Gelbe genannt, waren nur mit Gummiknüppeln ausgerüstet

„Loniek, hast du keine Augen im Kopf? Ich stehe auf der Straße und werde hier stehen bis zum Jüngsten Gericht. Geh! Steck deinen Gummiknüppel ein und geh. Hier ist kein Platz für dich."

Und was tat Loniek Papierny, als er diese Worte hörte? Er ging, wie er stand, und schon war er verschwunden. Und die Unterhaltung über Geschäftliches konnte ohne überflüssige Zeugen weitergehen. Als erster trat Kiepele der Schmuggler, einstiger Gepäckträger in „Sibirien", auf die Fahrbahn. Kalman Drabik war so unvorsichtig und wollte ihn wegstoßen:

„Was willst du denn, Kiepele?"

Aber da erhob sich ein fürchterliches Geschrei:

„Er soll reden. Kiepele, gib's ihm! Leuchte ihnen heim... Wenigstens einmal!"

Kiepele sah sich genau um, erst in Richtung Żelazna, dann in Richtung Walicóv, und dann sagte er, wie sie ihn geheißen hatten:

„Geschäft? Das ist für dich kein Geschäft", und hier nahm er die Mütze vor dem alten Lewin ab, der vor dem Krieg noch mit seinem Vater Weizen auf Pferdewagen bis von Hrubieszów herangeschafft hatte.

Aus der Schar der Träger sprang Aron Jajeczny hervor und unterbrach die ganze Begrüßung:

„Ehrwürdiger Greis, borg uns die paar Groschen! Wir gehen hinter die Mauer nach Mehl."

„Stör nicht, Aron. Jetzt red ich", und Kiepele wollte weitersprechen. „Ich werd schon dafür sorgen, daß er alles bis auf den letzten Pfennig zurückzahlt..."

Aber wieder unterbrachen sie ihn:

„Das versprechen die Träger!"

Kiepele winkte ab und schloß:

„Und noch was... Mordarski hält die Straße an der Gurgel. Aber Mordarski an der Gurgel halten wir. Das soll ich hier wiederholen. Und das ist alles, was ich zu sagen hab."

Aron Jajeczny, derselbe, der die Tür des Judenrates angespuckt hatte, meldete sich noch einmal:

„Der geht vor die Hunde, aber er gibt alles zurück!"

Mordarski stand mit einer Sprotte in der Hand, und durch die Krochmalna ging ein Aufschrei wie eine Feuersbrunst. Nun, und er vernahm ihn.

Lewin antwortete den Trägern unverzüglich mit den folgenden Worten:

„*Sibirien*" – Stadtteil im Vorkriegswarschau mit überwiegend armer Bevölkerung

„Kiepele, der Schweiß deines Vaters ist zusammen mit meinem auf die Erde getropft, wenn der Pferdewagen geschoben werden mußte, weil die Pferde einfach im Morast steckenblieben vor diesem Hrubieszów … Kiepele, dir glaub ich. Und mit ihm (und sein Stock zeigte, mit wem) will ich mich in diesen Zeiten nicht anlegen. Das ist ein gemeiner Strauchdieb!"

„Ein Strauchdieb", wiederholte Kiepele und verließ den Fahrdamm.

„Strauchdieb", ging es von Mund zu Mund. Die Bande von Baruch Oks pfiff, es war nur nicht klar, gegen wen. Der Tumult nahm zu, breitete sich von einem Gehweg zum anderen aus und gelangte bis zur Wache an der Chłodna, wo sich die Gendarmen die erstarrten Finger rieben. Und als es wieder still war, die letzte Händlerin aufgehört hatte, vor Ärger zu beben und zu zetern, baute sich Kiepele vor Mordarski auf:

„Wenn du ihn betrügst, geht das Mehl auf die Straße", und seine Hand wies auf die Bettler, die entlang der Häuserwand standen.

„Bis morgen", versprach der Kaufmann mit der Sprotte in der Hand.

„Siehst du, Mordarski … Für jeden findet sich ein Weg."

Der alte Grossist nahm Mordarski den abgerissenen Knopf aus der Hand, steckte diesen Knopf in die Tasche und ging, auf seinen Stock gestützt, geradewegs nach Hause in die Ogrodowa-Straße. Wegen des Geldes sollte zu ihm geschickt werden, und er wollte es nur den Trägern zu treuen Händen übergeben.

Am anderen Tag wurde die Schuld beglichen, und von Stund an wollten Mordarski und sein Teilhaber Lewin sich nicht mehr kennen. Aber nicht darum geht es.

Lewin, Mordarski, seine linke Hand Kalman Drabik, Aron der Träger sind nicht mehr. Es läßt sich nicht leugnen, der Streit auf der Krochmalna ist längst mit einigen Korrekturen in die neuzeitliche Geschichte eingegangen; doch bevor das geschehen ist, hatten die Bettler in Waliców, die Träger auf beiden Seiten der Mauer, die Schmuggler vor der Wache und die Händlerinnen hinter ihren Schemeln lange etwas zu erzählen.

Grzybowski-Platz

Die Armbinde hing an einem Faden. Er mußte weite Hosen anziehen, die unterm Knie zugeschnallt wurden, ein Jackett mit großen Taschen, und in die Hand eine Wachstuchtasche nehmen. Er
drehte den Kopf zum Fenster und sah hinter der schmutzigen
Scheibe einen trüben Morgen heraufdämmern. Grauer Nebel füllte
den dunklen Brunnenschacht des Hofes vom Souterrain bis zum
Dach. Sie banden ihm noch einen Rucksack um und zogen die Leder-
riemen fest, wobei sie sich lange an dem Gurtwerk zu schaffen
machten. Sie sahen ihn an, als habe er längst aufgehört zu existieren. Nachdem er den Anzug mit der eingenähten langen „Tasche"
anprobiert hatte, stellte er sich vor sie hin in diesem Sack, der ihn
und die Lebensmittel aufnehmen sollte, fertig zum Gehen. Als die
Cousine und die Schwester leise auflachten, senkte er den Kopf.
„Die Kartoffeln schütt in die Hosenbeine. Mach den Gürtel auf
und schütt sie da rein … Und die Armbinde nimm gleich ab, wenn
du durch die Wache durch bist."
Die Kartoffeln schüttet er lose ein, so viel Platz haben, bis hinunter zu den zugeschnallten Hosenbeinen; das Brot schneidet er
in Stücke, damit es ihm der Wachposten nicht wegnimmt. Er wik-
kelt es in Zeitung ein und steckt es in die Tasche, und in die Wachstuchtasche stopft er die Seife. Sie haben ihm so wenig Geld gegeben, daß er sich den Kopf zerbrechen muß, wie er das alles
kauft.
Er geht auf die andere Seite, am Posten auf dem Grzybowski-Platz
vorbei, und damit hat sich's. Und wenn es gelingt, kehrt er an
demselben Tag abends wieder zurück.
Wenn ein Wagen durch die Wache fährt, dann hat der Fuhrmann
einen Passierschein für den Wagen, für sich und das Pferd. Der
Kleine hatte keinen Passierschein; er hatte Angst und wollte ihnen
sagen, daß er Angst hatte, aber dafür war keine Zeit. Er hat zu
gehen und mit der Last zurückzukehren wie ein Pferd, was schließlich etwas ganz anderes ist, weil der Wachtmeister auf Pferde nicht
schießt. Man mußte einfach alles aushalten. Er hörte den Rat, ohne
ein Wort zu sagen, aber er dachte sich sein Teil. Er läuft in einen
Laden und nimmt, was er zu fassen kriegt. Ausgerechnet Seife.
Was die für Wünsche haben in den heutigen Zeiten. Dort ist alles
billiger! Wenn er daran dachte, tat er sich selber furchtbar leid.
Der Gendarm wird ihn erschießen und mit dem Fuß in den Rinnstein stoßen. Seife, Zahnpasta.
„Und vergiß das Salz nicht", sagte Belcia, die Cousine, noch und
band ihm den Schnürsenkel zu einer großen Schleife. Ihre Hand

lag weich auf seinem Schuh. Sie hob das breite, schweißnasse, picklige Gesicht, und ihre braunen Augen glänzten auf.

Er hätte lieber die Hände frei gehabt, und nun noch diese Tasche! Schon von weitem sieht man – eine Einkaufstasche. Er wirft sie unterwegs weg und sagt, daß er sie verloren hat. Beutel, aus denen Kartoffeln und Rüben auf die Straße fielen, mit Brot vollgestopfte Jackentaschen, Hosenbeine voller Lebensmittel ... Der Kleine hatte gesehen, wie die Gendarmen prügelten, schossen und noch über die Juden lachten. Indessen nahm er gehorsam die Wachstuchtasche, ging zur Tür, schloß sie leise hinter sich und marschierte mit dem Vater zum Grzybowski-Platz.

Auf der Straße berührte Henio mit den Händen die Haare und rief:

„Sie haben mich umgebracht! Ich leb schon nicht mehr!" Seine Haare waren mit etwas Rotem, Klebrigem bedeckt. Mit den Händen hatte er sich den ganzen Anzug schmutzig gemacht.

„Dem passiert nichts", sagte ein Passant. „Sie haben ihm einen Kolbenschlag versetzt. Es hätte schlimmer ausgehen können."

Sie gingen weiter, bogen in die Ciepła ein, dann in die Grzybowska, und er sah von weitem die bleifarbenen Mauern der Kirche, die Türme in den Wolken und irgendwelche Leute, die auf den Steinstufen standen. Die Mauer war noch nicht geschlossen worden, und der Platz bildete einen breiten Durchgang, den ein Gendarm, zwei Blaue und ein paar Gelbe bewachten. Letztere fürchtete er weniger; denn sie hatten bloß Gummiknüppel. Alles, was er tun sollte, kam ihm unmöglich vor. Träger, Schmugggler und Händler drängten sich auf beiden Gehsteigen und riefen sich über die Köpfe der Wachen hinweg etwas zu. Er hörte nicht, was der Vater zu ihm sagte, aber er nickte bejahend. Und der Vater gab ihm einen kleinen Stoß, als wollte er ihn von einem Platz auf den anderen umstellen. Auf dem Gehsteig schrie einer:

„Nicht stoßen! Lümmels! Gleich werden die Posten abgelöst."

Der Vater unterhielt sich abseits mit Kalman Drabik, aber von Zeit zu Zeit warf er einen Blick zu dem Kleinen hinüber, als habe er ein wachsames Auge auf ihn.

„Wie ist es denn heute? Wer steht Posten?"

„Von früh an Bluthändchen. Der Tolle Hund von den Blauen – und von den Gelben Graf Grandi und noch zwei, die ich nicht kenne."

„Die passen auf, was? Passen die auf?"

Kalman Drabik zeigte fünf Finger vor und steckte den Daumen weg.

„Vier haben sie seit früh erledigt und nicht einen weniger."

„Vier? So viel?"

„Vier haben sie in den Rinnstein gelegt."

„Da haben sie ja gründliche Arbeit geleistet."

„Und wie!"

Wind. Schräg segelten weiße Flocken dahin. Gegen Mittag war der Grzybowski-Platz weiß. Alles, was lebendig war, barg das Gesicht im Kragen. Die feuchten Lumpen sogen sich mit tauendem Schnee voll. Bis zur Wachablösung können die Toten im Rinnstein liegen. *Durchgang verboten!* Auf der einen Straßenseite, auf der anderen, überall dasselbe. Man braucht bloß genau hinzusehen. „Und wenn du nicht verstehst, was hier geschrieben steht, dann sag es laut. Sing!" So hatten sie ihn einst die Verse des Tanach gelehrt aus dem schwarzen Buch. Wozu? In alten Zeiten, in Vorkriegszeiten. Da gibt es so eine Stelle, wie ER Adam befohlen hat, jedem Ding und Geschöpf einen Namen zu geben. Die Tages-, Jahres-, Lebenszeiten zu benennen. Warum mußte das der Mensch machen? Und warum machte er das nicht selber, der alles kann? Wozu brauchte er all diese Worte, Namen? Wußte er nicht, was er geschaffen hat? Das sah man doch. Alles, wie auf der flachen Hand.

Und man mußte genau aufpassen, ob sich der Wachposten umdrehte. Er hörte, wie der Vater die Stimme senkte. Zu Kalman Drabik gebeugt, sagte er:

„Und in der Chłodna? Dasselbe?"

„Weiß nicht, war nicht da. Aber ich kann mir denken, daß es da auch nicht anders ist."

Der Kleine blickte sich auf dem Platz um und suchte Zyga. Kellergänge, finstere Löcher und Kanäle, Mauerdurchbrüche, düstere Orte, wo die Schmuggler ihre Waren deponierten – aus ihrer ganzen Klasse kannte Zyga sie am besten. Die Ferien dauerten bereits zwei Jahre. Zyga verbrachte sie auf der Straße, und zu jeder Tageszeit konnte er sagen, wer Posten stand. An dem Gesichtsausdruck eines Gendarmen las er ab, ob er schoß oder bloß brüllte. Voller Schrecken dachte er an Zygas Mut. Er wollte mit ihm nicht wetteifern, aber zu Hause sahen alle schon fürchterlich aus, und er mußte gehen. Abgemagert, schlapp, taugten sie zu nichts. Die Mutter und die Schwester, Cousine Belcia, auch der Vater, seit er auf dem Kommissariat mit einer Eisenstange verprügelt worden war. Sie sammelten beim Essen die Krümel auf, und Augen hatten sie

---

Tanach – Das Alte Testament besteht aus drei Hauptteilen (insgesamt vierundzwanzig Büchern): Tora (Fünf Bücher Moses), Niwiim (prophetische Bücher) und Chetuwim (freie Schriften). Aus den drei Anfangsbuchstaben T, N, Ch setzt sich das Wort „Tanach" zusammen.

wie die Hungernden auf der Straße, die mit einem Pappschild umhergehen und auf dieses Pappschild schreiben, daß sie um Unterstützung bitten.

Zyga schlüpft durch verborgene Gänge. Oj, ist der pfiffig! Es gibt solche Durchbrüche von einem Keller zum anderen. Eine Wand, und vor dieser Wand „die" Seite und hinter der Wand die „andere" ... Zyga trägt Ware für Mordarski, und sogar Kalman Drabik, der Kompagnon von Mordarski, hat zum Vater gesagt, daß Zyga mit geschlossenen Augen dort hinfindet. Wo andere mit der Hand tappend nichts ausfindig machen.

Jeder versucht auf seine Art, Leben zu schmuggeln. Mojsze der Krüppel versteckt sich hinter dem Rücken der anderen und läuft mit der ganzen Menge. Mordka Schaf – der versteht es, an die Wache heranzugehen, zu lächeln und höflich um Erlaubnis zu bitten, wenn ein erträglicher Gendarm Posten steht. Mordkas Figürchen, die Art, wie er auf den leeren Brotbeutel klopft, das verschmitzte Lächeln auf seinem mageren, schmutzigen Gesichtchen – das alles belustigt die Wachen, und sogar die Blauen sind nachsichtig gegen ihn. Der Lange Icchok schwenkt den zerfetzten Ärmel und tut, als sorge er für Ordnung, während er hinterrücks den Deutschen nachäfft. Er bittet um Zigaretten; manchmal bekommt er sie, oder er rennt, vom Gummiknüppel auf Trab gebracht und mit einem Fußtritt davongejagt, auf die andere Seite. Baruch Oks schickt seine Leute, er hat eine ganze Bande. Chaim, Krüppel, Josele, Hering, Langfinger, Wallach – sie halten den Kopf hin, und Baruch Oks bearbeitet die Polizisten. Nebenher macht er irgendwelche dunklen Geschäfte mit Kaufmann Mordarski. Baruchs Bande trägt häufig, was der Kaufmann seinen Trägern nicht anvertraut.

Auf dem Grzybowski-Platz konnte an diesem Tag selbst Mordarski bis Mittag nichts ausrichten.

Mit den Zähnen riß er einer Sprotte den Kopf ab, spuckte ihn aus, und das übrige stopfte er sich in den Mund. Und noch einmal faßte er in die Tasche nach einer Sprotte. Er rief den OD-Mann zu sich: „Loniek", und wischte sich die fettigen Finger an der Jacke des Gelben ab. „Ich hab nicht die Zeit, hier zu stehen. Wofür bezahl ich dich? Und dazu im voraus? Ich seh auf die Uhr und warte noch fünf Minuten. Und du, denk dran. Meine Leute müssen heute noch zweimal hin und zurück!"

So sprach Kaufmann Mordarski zu Loniek Papierny, der mehr bekannt war unter dem Spitznamen „Graf Grandi", und wischte seine Finger am Rockaufschlag des OD-Mannes ab.

„So viele Stunden im Dreck stehen und warten, bis Bluthändchen vier unschuldige Menschen umlegt", sagte Kalman Drabik. „Ein scheußlicher Tag mit Verlaub, schlimmer als gestern."

Und sie haben gesagt, daß sie hier durchlassen. Er rückte von ihnen weg und postierte sich am Rande des Gehwegs. In dieser Woche hatte Mordka Schaf zweimal den Grzybowski-Platz überquert. Mordka Schaf schloß die Augen mitten auf dem Hof und zählte auf: ein Säckchen Kartoffeln, Brot, brauner Zucker, ein Glas schwarze Melasse, und bei der alten Bartecka, in ihrem kleinen, dunklen Laden, hatte er ein Stück Speck gekauft – etwas weniger als ein halbes Kilo.

Das alles ging dem Kleinen durch den Kopf an diesem Tag. Brauner Zucker zergeht auf der Zunge, die Melasse fließt klebrig wie Harz in den Mund, Kartoffeln schmecken nach Nässe und riechen nach fauligen Mieten, dann wieder dampfen sie unter dem Deckel, mit dem weißen Fleisch gargekochter Knollen – die Fasern des Räucherspecks setzten sich in den Zähnen fest – hat er den Bauch gefüllt ... Er war ein Faß ohne Boden – dieser Bauch. Ein Abgrund, in den die Steine hinabstürzten, aus denen man die Kirche auf der gegenüberliegenden Seite des Grzybowski-Platzes aufbaute, das Pferd von Mordechaj Sukiennik samt Hufen, der ganze Vorrat der Gemeindeküche in Walicóv, all die Kessel dünner Suppe, der Stand der Händlerin Sura mit Kohlrüben und Wasserrüben. Im Fieber sah er die von Kugeln zersplitterten roten Ziegel als zerfetztes Fleisch. Die ganze Welt wartete auf seine hungrigen Zähne.

„Jetzt!" rief der Kaufmann zu seinen Trägern. „Ab geht's!" rief Mordarski, drehte sich um und ging ruhig Mittag essen. Der bestochene Gendarm drehte sich weg und betrachtete lange und geduldig die Kirchtürme in den Wolken, als sähe er sie zum ersten Mal in seinem Leben. Ein Blauer kontrollierte einen Passierschein, streifte den Handschuh herunter und blies auf das Stück Papier. Dem Kleinen waren längst die Beine zu Eis erstarrt, und als er den Trägern hinterherrannte, geriet er zu dicht an einen OD-Mann heran. Der verstellte ihm den Weg, zerrte ihn herum und zog ihm mit dem Gummiknüppel eins über den Kopf. Der Kleine verdeckte mit der Tasche das Gesicht und hielt die rutschende Mütze fest. In einiger Entfernung griff die unbehandschuhte Rechte des Blauen nach dem Pistolenhalfter, aber die Sicht war ihm verdeckt, daher überlegte er es sich anders und ließ die Pistole stecken.

„Weg!" Der Gendarm hört auf, die Kirchtürme zu betrachten, und alles kehrte auf seinen Platz zurück.

„Er hat die Gelegenheit verpaßt. Na, macht nichts. Ich verschwinde. Bis morgen", sagte der Vater.

„So eine Gelegenheit ... Bis morgen", erwiderte Kalman Drabik.
Der Kleine stand etwas weiter weg. Er schämte sich, näher zu kommen, und er hatte Angst, sie zu gefährden, und von weitem schrie der Gelbe hinter ihm her. Der Vater nickte mitleidig, und auf dem Nachhauseweg redete er ununterbrochen.

„Was für Annehmlichkeit hat ein Jude davon, daß er einen anderen schlägt? Er weiß doch, bevor er jemand richtig durchgeprügelt hat, kann der schon nicht mehr am Leben sein. Wozu also? Sie haben's ihm befohlen? Gut. Aber er könnte immerhin ein Auge zudrücken. Er könnte in solchem Durcheinander diesen oder jenen durchlassen ..."

Er brach ab und überlegte; dann redete er anders weiter:

„Nu, das hängt schon nicht mehr von ihm ab. Der Deutsche kann, wie er will. Er hat einen Karabiner in der Hand. Und das ist eigentlich das Wichtigste, Leute, wer in der Hand den Karabiner hält."

Er wischte an der Hose die schmutzige Mütze ab, zog sie sich aufs Ohr, und mit weitausholenden Schritten lief er fast neben dem Vater her, der sehr schnell ging. Er schnaufte ein bißchen, ehe er sich meldete:

„Du hast ja gar nichts gesehen. Da war noch viel was Schlimmeres. Er hat mich zur rechten Zeit verdeckt."

„Was? Ich hab nichts gesehen?"

Er ging neben dem Vater und wagte nicht, ihm in die Augen zu sehen. In solchen Zeiten durfte man kein Feigling sein. Verstohlen blickte er zu dem grauen, verhärmten Gesicht auf: stopplige Wangen, eingesunkene Schläfen, harte, trockene Brauen über den tiefgeränderten Augen. Zum ersten Mal in seinem Leben fühlte er, daß er etwas Lebendiges in der Brust hatte. Alle Menschen der Erde schrien mit lauter Stimme an einem Ort und zu einer Zeit, in diesem seinem kleinen Feiglingsherzen.

Zu Hause war es nicht auszuhalten. Ihre Blicke wichen ihm aus. Schon existierte er nicht mehr, schon gab es ihn nicht mehr unter ihnen.

„Setz die Rüben aufs Feuer", sagte die Mutter. Und Cousine Belcia nahm vier schwarze, trockene, verschrumpelte Wurzeln zur Hand. Alle zusammen sahen sie auf diese Rüben.

„Halt! Wohin rennst du denn?" rief Belcia, über das Treppengeländer gebeugt, hinter ihm her. „Warte doch, bis sie gar sind!"

In diesem Haus vergaß allein sie ihn nicht. Auf seinem Weg dachte er an Belcia, ihre blanken braunen Augen, ihre Kartoffelnase, die roten Pickelchen in dem breiten, fettglänzenden Gesicht eines fünfzehnjährigen Mädchens.

An dem Tag betrachtete er in der Żelazna lange die schwarzen

Simse der nassen Mietshäuser, die Tauben in den Mauerspalten, die
Passanten ohne Passierscheine, die furchtsam vor der Wache standen; die bis zu den Knien dreckbespritzten Kulis, die ihre Rikschas hierher lenkten; die Holzbrücke über der Chłodna-Straße und
den Schlamm, der von oben durch die Bohlenritzen auf die Fahrbahn heruntertropfte. Direkt dem stillen Kirchenvorplatz und der
Figur gegenüber, mit Blick auf die abgestorbenen Zweige hinter
den Staketen, stand ein Gendarm und rieb sich die Hände über
einem Eisenkorb, in dem Koks knisterte. Es dämmerte bereits, und
der Kleine, der sich von einer Welle abgrundtiefer Trauer um
alles, was lebte, davontragen ließ, näherte sich langsam mitten auf
der Straße dem Wachposten und nahm vor ihm die Mütze ab. Der
Deutsche nickte ermunternd, und der Kleine, der wußte, daß es
jetzt kein Zurück mehr gab, ging ruhigen Schritts hinüber auf die
andere Seite.

Morgen frei

Die Infanterie muß Brot haben, der Troß muß Heu haben, und der
Panzer muß Naphtha haben. Wie lange noch werden die Deutschen
straflos gen Osten fahren? Sie suchen saure Trauben. Weshalb?
Sie träumen von den Früchten der Ukraine, sie träumen von der
Kohle des Donbass, von der Schwarzerde der Wolgasteppen. Herren der Welt! Und wo sie hinkommen, fangen sie gleich die Gänse
weg. Seht sie euch an!
Die Füsiliere saßen gemütlich auf ihren Bänkchen und warteten
darauf, daß das Auto sie an den Ort brächte, wo sie sengen und
morden sollten. Die Dieselmotoren machten Geschichte. *„Sieg
Heil!"* Motorräder rollten blumengeschmückt. In den Panzern war
überhaupt keiner zu sehen. Sie fuhren von alleine und kneteten
in der Sonne den Asphalt wie Wachs. Vor einem SS-Bataillon marschierten Sturmabteilungen mit schwarzen Roßschweifen und riesigen Hakenkreuzfahnen. Die Trommel schlug, und spitz tönte die
Flöte. Wieder hatte der Stier Europa auf seinen Rücken genommen. Ein legendäres Tier, dem man einen Verbrennungsmotor eingesetzt hatte.
Alle Räder müssen rollen für den Sieg. Die Straßen waren voller
Musik, und die Zeitungen waren voller Waffengeklirr. Durch die
Stadt zogen Militärtransporte, und zu Hause standen Uri und der
Vater über die ausgebreitete Landkarte gebeugt. Europa war aus
seinem Schulatlas herausgerissen worden. Krieg! Früher wäre so
etwas undenkbar gewesen; sofern die Erwachsenen wie Kinder

spielten und ein Buch zerrissen, hieß das, daß alles verloren war. Die Karte des Kleinen lag auf dem Tischtuch, gespickt mit den roten Pfeilen der Sommeroffensive, der breiten Front von den Karpaten bis Ostpreußen. Den Balkan verdeckte die verschwitzte Glatze des Vaters.

Die Mutter rief: „Schon wieder! Vom frühen Morgen an Krieg spielen", und verächtlich blickte sie auf die ausgebreitete Karte, den Rotstift. „Du wirst schon noch dein Teil abbekommen!"

Sie reichten sich ohne Eile die Zeitung, prüften das letzte Kommuniqué und rückten die Stellungen weiter nach Osten vor. Die Meldungen kehrten dorthin zurück, woher sie gekommen waren. Der Vater hielt den Rotstift und krauste die Stirn, Uri stach behutsam eine Nadel ins Papier und fixierte den Punkt. Die Mutter rief: „Politiker!"

Sie aber, als wenn nichts gewesen wäre, erörterten die aktuelle Lage an der Front. Was das heißen soll? Einen Zivilisten kann man mit dem ersten besten schrecken. Mit dem Hakenkreuz an der Stange. Auch! Aber Krieg ist kein Defilee ... Aleje Jerozolimskie, Poniatowski-Brücke – feine Strecke. Aber dann, weiter? Ein Panzer fährt so durch die Steppe. Gut. Aber wie lange? Und was geschieht, wenn der Nachschub von Munition und Treibstoff nicht rechtzeitig eintrifft? Bricht der Plan zusammen. Inzwischen zerstören die Russen Brücken, versenken Bergwerke, sprengen Hüttenwerke in die Luft. Sogar das Getreide verbrennen sie hinter sich. Das ist erst der Anfang. Und wenn der Herbst kommt? Weicht die Steppe auf. Und wenn der Winter kommt? Na, eben. Der Fritz hat eine dünne Haut, und lange hält der es nicht aus in einer Erdhöhle. Die Behörden drohen schon mit der Beschlagnahme von Pelzen, Damenmuffs und Kragen.

Alle liehen sich „Krieg und Frieden" aus, trösteten sich mit dem Grafen Tolstoi beim grünlichen Schein der Karbidlampen und suchten nach Mängeln in der deutschen Ausrüstung. Sie zählten die Monate wie ein Schwindsüchtiger die Blutstürze: Juni, Juli, August, September ... Das Schmierblatt (d. h. der »Neue Warschauer Kurier«) brachte immer schlimmere Nachrichten, und aus den Kübeln an den Laternen ergossen sich donnernde Militärmärsche und brausende Jubelschreie. *„Sieg Heil!"*

Schmierblatt – Gemeint ist der »Nowy Kurier Warszawski«, eine hitlerfaschistische Tageszeitung, die vom Herbst 1939 an in polnischer Sprache erschien. Die Redaktionsmitglieder blieben weitgehend unbekannt; als verantwortlicher Redakteur figurierte ein Franciszek Sowiński. Das Blatt war als Sprachrohr der Okkupanten konzipiert.

„Die Deutschen greifen nach der Kohle des Donbass", sagte Uri. „Die Deutschen greifen nach dem Erdöl des Kaukasus", und er zeichnete auf der Landkarte die Truppenbewegungen nach. Das eben war der Kriegsschauplatz. Auf der Żelazna schoß Bluthändchen, ein Gendarm mit zielsicherem Blick, in Erwartung seiner Versetzung an die Front auf die Schmuggler wie auf Spatzen.

Der Sommer ging vorüber. Der Rotstift machte vernichtende Fortschritte auf der physikalischen Karte Europas. Er besah sich die Spuren der Nadeln, mit denen der Vater voller Passion Städte, Flüsse und Übergänge anstach. Der Rotstift schob sich an diesen Punkten entlang, von einem Meer zum anderen, vom Süden bis zum Norden des Kontinents, in einer dicken, deutlich sichtbaren Linie, ohne Rettung. Die Panzer rollten vorwärts, die Pioniere errichteten Brücken an den Übergängen, die Infanterie wechselte die Feuerstellungen, die Kommandostellen verlagerten sich nach Osten, und nach jedem Frontbericht versuchten der Vater und Uri die Front mit dem Rotstift aufzuhalten. Abgezehrt, Kinn und Wangen wild bewachsen, zitterten sie vor Kälte in der ungeheizten, baufälligen Mietskaserne.

Der Vater fragte, und Uri antwortete:

„Ist das möglich? So schnell? Pskow?"

„Genommen. Genau wie Kriwoi Rog, Odessa, Welikije Luki. Die Deutschen sind bis nach Dorpat gekommen!"

„Und die Krim?"

„Ist in diesen Tagen verlorengegangen."

„Ich kann das nicht glauben!"

So überschrien sie sich bei ihrem „Kriegsspiel" den ganzen Sommer lang bis in den Spätherbst hinein.

Die zweite Front existierte noch nicht. Die Staatsmänner hatten noch nicht geschafft, ihre Unterschrift dorthin zu setzen, wo es nottat, und der Füllfederhalter hatte die reinen Blätter des Traktats noch nicht berührt. Bevor das geschah, erklärten die Strategen auf den dunklen Hinterhöfen des Kleinen Gettos – und sie fehlten in keiner Familie – ohne Zögern, daß die zweite Front unbedingt eröffnet werden müsse. Und das sofort! Und was wird, wenn sie es nicht schaffen? Schöne Geschichte. Hier verdorren die Brüste der Mütter, sterben die Säuglinge, verteuert sich das Brennmaterial, und Kartoffeln kann man überhaupt nicht mehr bekommen! In jeder Wohnung war so eine Landkarte, billiger als Brot. Zeitungsberichte, Gerüchte, von den Bettlern herumgetragen, vertrauliche Mitteilungen von heimlich abgehörten Radiosendungen verdarben den Leib der Europa und zapften ihr Blut ab. Uri sah, wie der Vater seinen Blick in die Zeitung versenkte. Blindwütige Augen, die durch den Unrat der Meldungen hindurchsahen wie durch Glas, vom heißen Wunsch verzehrt, den Ereignissen zuvorzukommen und das Schicksal aufzuhalten. Er tat, was die anderen taten. In aller Augen verbargen sich der Fluch und die brennende Hoffnung, die nach Osten offenen Wege mögen sich in Überschwemmungsgebiete verwandeln, wo die gepanzerten Tiger ertranken, die flache Steppe sich mit Schnee bedecken, unter dem der Spaten der Pioniere keine Schanze, keinen Unterstand als Schutz vor Wind und Frost graben konnte, ein strenger Winter den Kontinent zu Eis gefrieren lassen, in dem der Angreifer keinen Unterschlupf fand, nur eine flache Höhle, ein vom Schnee zugewehtes Grab.

„Nein und nochmals nein! Ich kann und kann's nicht glauben!"

Sein Vater war ein äußerst starrköpfiger Mensch, wie aus den Worten ersichtlich.

Damals, und das war schon im November, holte Uri unter seinem Pullover ein dünnes, dichtbeschriebenes Blättchen hervor, schwenkte es wütend vor Vaters Nase und schrie außer sich vor Verzweiflung:

„Da hast du, lies! Die Rundfunkmeldung hat die Nachricht bestätigt!" Und seine großen, feuchten Zähne fletschend fügte er hinzu: „Aber das ist noch nichts. Das ist erst der Anfang ... Morgen Freiheit!"

Zu dieser Zeit war der gesamte dritte Stock von der Quarantäne erfaßt, menschenleer und mit Karbol überschwemmt. Wer vom Typhus nicht an Ort und Stelle dahingerafft worden war, lag im Spital. Andere waren zu Verwandten gezogen. Drei Monate lang ließ sich kein Mensch im dritten Stockwerk blicken. Im Winter erst fiel in einer Luft, die weiß war von Schnee, aus den Kübeln an den Laternen der Name einer kleinen Siedlung, die die Deutschen wiederaufgegeben hatten. Losowaja! Der Name sagte den Menschen nicht viel, aber die Herzen schlugen heftiger.

Das Führerhauptquartier gibt bekannt ... Die Meldung kaschierte mit allerlei Ausflüchten, was längst alle wußten: die Offensive war unterbrochen. Die eigenen Verluste mußten als strategische Lei-

---

Morgen Freiheit — Eine wichtige Rolle spielte im Getto die konspirative linke Presse. Sie gab den Gequälten Mut und Hoffnung und stärkte den Widerstandsgeist. Die bedeutsamste Zeitschrift war die von dem revolutionären Schriftsteller Jehuda Feldwurm redigierte »Morgen Fraj« (vgl. Titel der Erzählung); sie erschien in Jiddisch vom Februar 1941 bis Dezember desselben Jahres und wurde dann in die ebenfalls in jiddischer Sprache erscheinende Tageszeitung »Morgen Frajhajt« umgestaltet.

stung dargestellt werden. Dank dieser Strategie konnten die Deutschen ihre Streitkräfte umgruppieren, ihre Kommandostellen zurückziehen, die Transportwege abkürzen, voll und ganz die Reserven ausnutzen und von vornherein festgelegte Positionen einnehmen. Auf diese Weise wurde die Front begradigt. *„Sieg Heil!"*
Da war der Kriegsschauplatz. Und hier, in der Etappe, klopften Hunger und Typhus mit schwarzer Hand an alle Türen hinter der Mauer.

Bluthändchen

Hört, ihr Juden, von Haman. Und wer in der Hand eine Schnarre hat, übertäube den Namen des Feindes. Und? Nichts mehr zu hören? Schon vorbei mit ihm?
Am Ärmel hatte er die Tressen eines Zugführers und an den Stiefeln Blut. Er war ein für den Straßenkampf ausgebildeter Scharfschütze, aber er konnte auch so einen Menschen töten, mit dem Stiefelabsatz. Deshalb nannten ihn manche „Fußballer". Wen er zu Boden warf, den trat er gegen den Kopf. Die Schmuggler gaben ihm den Spitznamen „Bluthändchen". Und so blieb es bis zum Schluß. Wer erfand ein ganzes neues Gebet und ließ die Juden laut nachsprechen, daß sie selber, mit eigenen Händen, den Weltkrieg gemacht hätten? Bluthändchen. Er nannte es das »Judengebet«. Und wer schnitt mit stumpfem Bajonett den Greisen die Bärte ab, lange bevor die Mauer stand und man zu uns die Aussiedler trieb? Auch er. Wer gründete einen Freiluftzirkus? Die eingefangenen Juden verloren den Verstand bei seinem Anblick und wälzten sich auf Befehl im Dreck. Sie fielen vor ihm aufs Gesicht. Sie tanzten, weil er es so befahl. Sie gaben vor, an der Mauer zu beten, weil

---

Haman — Bei der Verlesung des Buches Esther anläßlich des Purimfestes (s. Anm. zu „Purim", S. 13) hielten die Kinder Schnarren in der Hand, die sie in Bewegung setzten, wenn der Name Haman fiel, um so den Namen des Feindes, der einen Anschlag zur Vernichtung der Juden geplant hatte, zu übertönen.

Judengebet — Alle in diesem Beitrag und in den beiden vorangegangenen Kapiteln sowie in einigen späteren Texten kursiv erscheinenden Wörter sind vom Autor im Original deutsch verzeichnet.

Aussiedler — Gleich nach dem Einmarsch der Hitlerfaschisten in Polen begann die Konzentration der jüdischen Bevölkerung auf bestimmte Zentren, wo sie in Gettos eingeschlossen wurde. Gleichzeitig bedeutete dies die „Judenfreimachung" der übrigen Gebiete, so auch des polnischen Ostens, wo besonders das orthodoxe Judentum angesiedelt war.

Bluthändchen es so wollte. Und wer gab die **meisten** Zielschüsse ab am Ausgang der Żelazna, neben der Holzbrücke? Auch er. Und wer schleppte als erster mit einer Patrouille Schwarzer – die Träger holte er sich vom Platz – die Möbel aus den jüdischen Wohnungen, wenn die Juden an der Wand standen, weil sie noch nicht nach Stawki abgegangen waren? Die Schreckensbotschaft seines Kommens eilte ihm durch die Straßen voran. Wenn er die Krochmalna entlangmarschierte, packten die Händlerinnen ihre Stände zusammen und verkrochen sich in den Hausfluren. Die Bettler verloren in wilder Flucht ihre Holzpantinen, wenn sie nur von weitem rufen hörten:

„Bluthändchen kommt!"

Ruhm eilte ihm voraus und hinterher. Sogar einer wie der Lange Icchok, der sich den ganzen Tag mit seiner leeren Blechbüchse vor der Gemeindeküche aufpflanzen konnte und sich durch nichts und niemand von dort vertreiben ließ, humpelte in die Ruinen, um sich vor Bluthändchen zu verstecken. Und Bluthändchen schritt inmitten der Straße einher, seine Bergman mit schwarzem Lauf schußbereit, in grüner Uniform mit braunen Kragenspiegeln, ohne die zu Tode erstarrten Passanten, die mit gezogener Mütze dastanden, auch nur wahrzunehmen. Und sobald er auf einen Hof kam, verbargen die Jüdinnen ihre Kinder im Schrank. Für alle Fälle. Allerdings warf Bluthändchen gern hin und wieder einen Blick in die Schränke.

Geld war eine andere Sache. Er tötete umsonst, und er tötete für ein Schmiergeld. Und wenn er schoß, dann schoß er einmal. Auch nicht auf alle. Ab und an muß Munition gespart werden. Er griff sich einen Menschen, trat ihn tot, und dann stellte er sich an den Rand des Bürgersteigs und hängte die Schuhsohle in den Rinnstein. Er wusch sich den Stiefel in der Pfütze und kehrte auf seinen Posten zurück.

„Mach dich unsichtbar, mein Sonnenscheinchen, versteck dich!" Fajga die Händlerin stieß ihren Lejbuś die Treppe hinauf. Dort herrschte Gedränge. Kopf an Kopf, und jeder zum Breittreten bestimmt. Und auf der Krochmalna wurden die Schemel mit den Waren und die Rikschas umgeworfen. Chaskiel, der Hausmeister von Nr. 45, dem zweiten Haus von der Ecke, legte den Finger an die Lippen und sprach ein kurzes Gebet. Er drohte den Kindern. Und wenn eins Gott behüte einen Laut von sich gibt? Was dann? Der kommt angerannt und bringt alle um, bis zum ersten Stockwerk rauf. Dieser Halunke! Der zuckt mit keiner Wimper. Angst ver-

Stawki – In Stawki befand sich die Verladerampe für den Abtransport in die Vernichtungslager (s. auch Anm. S. 10).

schloß Fenster und Türen. Und Bluthändchen schritt inmitten der Straße einher, lächelte und rief: „Komm, komm!" von weitem. Niemand war ihm gewachsen. Wer wegzulaufen versuchte, bekam eine Kugel in den Rücken, und wem es erst gar nicht gelang, wegzulaufen, der verneigte sich tief. Selbst die assimilierten, intelligenten Juden, die den Sabbat nicht heiligten und weder Bart noch Pejes trugen und keine Jarmulke auf dem Kopf, bloß einen Hut. So ein Hund war das. In den Erdboden versinken bedeutete gar nichts. In den Erdboden versinken vor Angst war noch keinem gelungen. Wer Bluthändchen auf der Straße begegnete, wünschte sich, in den Erdboden zu versinken.

„Dich krieg ich noch. Ich hol dich aus der Erde raus und stell dich vor einen deutschen Offizier!" Das sagt man nur so. Er selber war gar kein Offizier, nur Zugführer. Aber die Träger und Schmuggler wußten genau, daß er es gern hörte, wenn man zu ihm „Herr Offizier" sagte. So handelten sie mit ihm um ihr Leben. Sie gaben ihm einen Rang, den er nicht hatte. Und Bluthändchen hörte das, ohne eine Miene zu verziehen, weil er seine Macht kannte und wußte, daß es für ihn keinen Titel gab in der Sprache der Lebenden. Wo immer er vorüberkam, räumten die Hausmeister hinter ihm die Leichen weg.

Hört, ihr Juden, noch ein bißchen! Die Schnarren hoch... Eines Nachmittags, als die Oktobersonne blutrot von der Gendarmen-uniform herunterfloß und direkt auf das rote Mauerwerk der Mirowski-Hallen tropfte, verließ er nach einem langen Tag Dienst das Getto und blieb müde vor der Wache stehen. Er stand und starrte auf die roten Ziegel der Hallen, als könne er allein die ganze Stadt ermorden. Und was tut Bluthändchen nach einem Tag Dienst, wenn sogar die Sonne sich schon hinter der Mauer versteckt? Er nimmt die schwere Maschinenpistole von der Schulter und schießt das Magazin leer. Eine Serie nach der anderen schickt er aus seiner Bergman in die verödete Straße, blindlings durch die Wache hindurch. Er traf niemanden, und nicht darum geht es. Die Posten waren selber ein wenig beunruhigt. „Halt dich tapfer!" riefen sie ihm zu. Wer erinnert sich noch an das deutsche Jodeln? Und wer erinnert sich noch, wie er an der Ecke Żelazna-Chłodna gejodelt hat? Das war Bluthändchen, unberufen der beste Schütze unter den Warschauer Gendarmen.

Bluthändchen konnte den Zeigefinger der rechten Hand nicht stillhalten. Er zog sich krampfartig zusammen, wenn er am Abzug lag.

Pejes – Schläfenlocken, zur Barttracht der orthodoxen Juden gehörend

Dasselbe **Leiden** hatten außer ihm noch Höfle und Amon Goeth. Nur einmal hat ihm ein lebendiger Mensch mit der Faust gedroht. Aron Jajeczny, vom Wachposten getroffen, streckte die blutige Faust nach ihm aus. Und nur einmal in drei Jahren hat man gesehen, wie Bluthändchen erschrak. Chaim aus Baruch Ok's Bande, der schon schwarz war vor Hunger, lief vor die Wache, direkt in den Karabinerlauf. Verwundet, schritt er weiter, mit geöffneten Augen, Lappen um die Füße gewickelt anstelle von Schuhen, und Bluthändchen schoß schnell auf ihn und zog sich noch schneller vor ihm zurück. Alle sahen es, wie er sich vor dem schmutzigen Chaim zurückzog. Vielleicht hatte er nur Angst vor Typhus? Alle hatten sie schreckliche Angst vor Typhus.

Eines Tages eilte durch Walicow die Kunde:

„Bluthändchen teilt Brot aus!"

Hört weiter, Juden ... Die Bettler erhoben sich von ihren Plätzen, und einer sagte es dem anderen weiter. Sie banden ihre Blechbüchsen am Gürtel fest, klopften den Staub von den Kaftanen. Es erhob sich ein Stimmengewirr. Und der Lange Icchok, ein Aussiedler, der die Nachricht gebracht hatte, schrie:

„Juden, zögert nicht. Geht in die Chłodna vor die Wache! Das Brot liegt auf der Straße."

„Vor die Wache? Warum ausgerechnet vor die Wache?" Das erklärte er. Dort steht der Bäckerwagen. Er weiß, was er sagt. Es steht an der Ecke der Bäckerwagen. Und das Brot liegt auf der Straße. Das ist nicht der Ort. Wer hat das gesagt? Das ist nicht der Ort, wo man Brot finden kann. Das ist der Ort, wo man verrekken kann. Wer sagt, daß man gleich verreckt? Keine Panik. Zur Chłodna, alle zusammen! Alle zur Chłodna.

„Halt sie auf", sagte der Kaufmann Mordarski zum Fuhrmann Eliasz. „Das nimmt ein böses Ende. Das ist kein Ort für fromme Bettler", und er knöpfte sich den Pelz auf, den er Sommer wie Winter trug.

Er wußte, was er sagte. Das war kein Platz für die frommen und hungrigen Bettler.

Höfle – Hermann Höfle, SS-Sturmbannführer, Beauftragter für die Umsiedlung als Leiter der Hauptabteilung „Einsatz Reinhard" nach Warschau beordert, um die gesamte Aktion der Vernichtung der Juden in Polen („Aktion Reinhard") zu leiten (s. auch Anm. auf S. 83/84)

Amon Goeth – Kommandant des SS-Arbeitslagers Płaszów (ab Januar 1944 KZ), das Ende 1942 auf dem Gelände der zwei Krakauer Judenfriedhöfe entstanden war. Goeth wurde später in Krakau zum Tode verurteilt.

„Versuch du's, Mordarski. Wenn's nicht schon zu spät ist", sagte
Eliasz, den einen Fuß in einem Schuh, den anderen in einer mit
Lumpen ausgestopften Galosche.

Eliasz trottete hinter seinem Karren her, und die Plane, dürre,
nackte Leichen bloßlegend, flatterte über ihm wie eine schmutzige
Standarte. Die Bettler wälzten sich in dichtgedrängter Schar hinter
der Fuhre her; dann aber nahmen sie die Beine in die Hand und
strömten zur Ecke Żelazna-Chłodna.

Langsam bewegten sie sich durch die Straße. Mit ihren Löffeln
schlugen sie gegen Büchsen und Eßgeschirre, und ihre mageren
Fäustchen drohten dem Totengräber:

„Eli-Totengräber! Warte, du, noch fahr'n wir nicht auf einem
Wagen!"

Doch vernehmt jetzt, Juden, wie sich Bluthändchen mit den frommen Bettlern amüsierte.

Jeden Morgen, gleich wenn die Wache aufmachte, fuhr der gelbe
Bäckerwagen von der Chłodna zur Królewska dort entlang. Von
keinem angehalten, ließ er den Ausgang der Straßen Solna, Orla
und Walicóv hinter sich, dann die Kirche des Hl. Karol und
die Hallen, überquerte den menschenleeren Platz an der Żelazna
Brama, der jetzt wie ausgestorben war. Diesmal stoppte ein Gendarm den Lieferwagen, und der Bäckerjunge und der Kutscher
stiegen gehorsam vom Bock, ohne die leiseste Ahnung, was da vor
sich ging. Sie warteten auf der Wache eine Stunde, vielleicht länger, und der gelbe Kasten des Lieferwagens war weithin sichtbar.
Worauf sie warteten, wird sich noch zeigen. Der Verkehr setzte
ein, und die ersten Rikschas fuhren vor. Eine Kolonne von Arbeitern, die um diese Zeit zu den Werkstätten auf der anderen Seite
der Mauer gingen, marschierte vorbei. Um die Wache begannen
gewöhnliche Fußgänger mit Passierscheinen sowie Schmuggler her-
umzustreichen. Bluthändchen sah auf die Uhr und befahl anzu-
fangen. Der Wagen mit dem Brot öffnete sich, und heißer Dampf
quoll auf die Straße. Auf Befehl zog der Bäckerjunge mit dem
Fuhrmann den Korb heraus und schüttete seinen Inhalt aufs Pflaster. Das Brot lag im Straßenkot, und dabei stand Bluthändchen
und rief die jüdischen Bettler.

Was ist das, Grenze? Und was ist das, eine bewachte Grenze? Das
muß ich keinem erklären. Jeder Jude weiß das und tut sein ganzes
jüdisches Leben nichts weiter, als irgendeine Grenze zu verletzen.
Das kann die grüne Grenze sein zwischen einem und dem anderen
Staat. Einander gegenüber stehen die Soldaten von der einen und
die Soldaten von der anderen Seite, und der Jude läuft von den
einen zu den anderen, und er flieht von hier nach dort und von

dort nach hier, und bei dieser Gelegenheit übertritt er die Grenze. Das kann auch so eine Grenze sein, daß von einer Straße zur anderen der Jude mit dem Passierschein gehen muß. Und wenn er diesen Passierschein nicht hat? Dann soll er lieber zu Hause sitzen und sich nicht den Kopf heiß machen!

Was kann man noch zu diesem Thema sagen? Die Grenze ist für den Juden ein Artikel allererster Ordnung. Muß ich mehr sagen? Wenn nicht, kehr ich zur Ecke Żelazna-Chłodna zurück. Dorthin, wo das Brot ausgeschüttet worden war, durfte man nicht gehen. Ein paar Meter nur, aber unterwegs war die Grenze. Unsere frommen Bettler standen auf der einen Seite, das Brot lag auf der anderen, und Posten stand Bluthändchen und rief:

„Komm, komm, Jude! Komm…"

Wußten sie nicht, was sie erwartete? Das eben ist die Frage. Oder, kann Hunger stärker sein als die Angst? Das ist wieder eine völlig andere Frage. Spitzt die Ohren, Juden; denn das war ja gerade das Lustige.

Keiner weiß, wer als erster den Schritt wagte – nach ihm stürzten sich die anderen auf die besudelten Brote. Einige dachten sich, ruck-zuck, und schon bin ich weg; sie versuchten mit einem Brot auf ihre Seite zurückzurennen. Die brachte Bluthändchen mit einem Schuß in den Rücken um. Andere aber knieten im Schmutz und schlangen Brot hinunter, so viel sie nur schlingen konnten; sie schlossen die Augen, gleichgültig gegen alles, was geschah. Sie aßen, und der Posten zielte mit dem schwarzen Lauf seiner Bergman auf sie und schoß so lange, bis der letzte Bettler geflohen war. Was weiter war? Die Schüsse machten den Bäckergaul scheu, und er galoppierte mit dem Wagen davon, dessen Türchen weit offen standen. Und hinter dem wildgewordenen Fuhrwerk, das von dem durchgegangenen Pferd mitgezerrt wurde, rannten brüllend der Fuhrmann und der Bäckerjunge bis genau vor die Hallen. Ihre weißen Schürzen starrten vor Schmutz.

Wer fliehen konnte, der floh. Satte gab es keine. In die Krochmalna kehrte mit fliegenden Holzpantinen als erster der Lange Icchok zurück, gefolgt von ein paar frommen Bettlern.

Sie schnauften und wiederholten ein ums andere Mal:

„Alle Juden sind von heut ab gleich. Alle bis auf den letzten."

So war es. Neun Monate später begann die Große Aktion. Im Laufe einer Woche gingen siebzigtausend Juden auf die Bahn. Hungrige leisten keinen Widerstand, und Satte gab es nicht. Die Straßen des Kleinen Gettos verödeten; auf den Höfen lagen weggeworfene Gepäckstücke, Leichen und Abfall herum. Aber das kleine Menschlein hat seine kleinen Verstecke und versteckt sich, so lange es kann, im Keller – oder rückt den Schrank ab und sitzt dort. Erst in tiefer Nacht sahen die Flüchtigen, die sich nicht nach Stawki hatten schleppen lassen, aus ihren finsteren Verstecken. Und das nannte sich noch immer Leben. Aber es dauerte nicht lange ... Es war nicht zum Aushalten! Doch solange es schlecht steht, kann es noch schlechter werden. Was tun? Von selber meldeten sie sich zu den Transporten. Wie kommt man illegal auf den Umschlagplatz? Jeder fragt sich, und keiner weiß es genau. Der Wind heulte durch Walicow, durch die Prosta, Śliska und Ciepła. In den Ruinen erschlug man die letzten lebenden Zeugen. Und Bluthändchen lebte.

Im September wütete noch einmal die Aktion, diesmal im Großen Getto, und es gingen mehr als hunderttausend Menschen ins Gas. Die Transporte fuhren Tag und Nacht. In Familien, die sich aus Furcht vor der Trennung an den Händen hielten, gingen die Resignierten auf die Rampe, und Bluthändchen lebte weiter.

Hört, Juden, bis zum Ende. Hinter den Mauern begannen die letzten heiligen Stunden des Jom Kippur, und die Deutschen verluden mit Macht die Gelben und ihre Familien in die Waggons. Sie dankten dem Ordnungsdienst und ab ging die Post! So einen Jom Kippur veranstalteten sie den Gelben. Und die jungen, starken Stierlein schlugen endlich aus. Diesmal ging es nicht so leicht ab. Erst die OD-Männer, mit weißem Speck und weißem Brot gemästet, denen es an nichts gefehlt hatte und die schon alles gesehen hatten, was eines Menschen Auge sehen kann, Äxten gleich gehärtet im Feuer vieler Aktionen, leisteten Widerstand. Mit Messern warfen sie sich auf die Deutschen und fielen im Kugelhagel, im Beisein ihrer jungen Bräute, die gut gefüttert waren wie sie und die erst recht leben wollten.

Es kam der Monat Januar und mit ihm das Wintermassaker und die vorletzte Aktion. Die an Ort und Stelle in der Industrie beschäftigten Handwerker trieb man hinter die Drahtverhaue bewachter Quartiere. Berühmte Tischler, Uhrmacher und die besten Kürschner arbeiteten umsonst, und das war ihr Recht auf Leben. Den ganzen Frühling hindurch entflohen sie unter die Erde, in die Keller, bis eine verzweifelte Revolte losbrach und ein Aufstand begann, wie ihn die Welt noch nicht gesehen hatte. Die Deutschen steckten Haus um Haus in Brand, zerstörten die Straßen kilometerweise. Die letzten Familien erstickten, wurden unter den Ruinen begraben. Und Bluthändchen lebte immer noch.

Jom Kippur – Versöhnungstag, der heiligste Tag des jüdischen Jahres, an dem Gott über die Menschen zu Gericht sitzt (daher auch Gerichtstag genannt); ihm gehen zehn Bußtage voran.

An Pessach, als Maschinengewehre hinter jeder Ecke standen, sah man ihn auf dem Parysowski-Platz, an der Verladerampe in Stawki, in der Kurza und in der Wałowa. Bluthändchen war überall.

Hört, ihr Juden, noch ein bißchen. Die Jungs aus dem Bunker in der Wałowa sahen ihn im Sommer, wie er durch die Ruinen ging in seiner grünen Uniform mit den braunen Kragenspiegeln. Aber er hatte nicht mehr die Bergman mit dem schwarzen Lauf, sondern nur noch einen Karabiner mit Zielfernrohr. Er schlich sich auf die Treppenabsätze, auf die Böden und Balkone und spürte die Lebenden auf. Wenn ihm die Munition ausgegangen war, kehrte er auf seinen Posten zurück. Die aufständischen Juden in den Bunkern gingen ohne Patronen zugrunde, er aber schoß und lebte. Als Stroop, der Chef der Feuermänner, die letzten Quartiere des geschlossenen Stadtteils anzündete und seine Leute durch die Straßen gingen, um das Feuer mit Flammenwerfern anzufachen, geschah es einmal, daß sie den Scharfschützen in einer Falle einschlossen. Er stand auf dem Dach in seiner grünen Uniform mit den braunen Kragenspiegeln und schwenkte seinen Karabiner, und unten, auf der Świętojerska liefen nervös die SS, Polizei und eine Patrouille der Feldgendarmerie hin und her. Es halfen weder die Schreie noch die Feuerwehr. Die Feuerwehrzüge, die man aus der ganzen Stadt zusammengeholt hatte, bildeten eine Schlange von der Franziszkańska bis zur Świętojerska, durch die ganze Wałowa hindurch. Sie bimmelten und tuteten bis zum Mittag. Sie spritzten das Wasser, wohin es gerade traf. Und Bluthändchen, an den Schornstein geklammert, stand da wie der „Fiedler auf dem Dach" und brüllte beim Anblick der rotzüngelnden Flammen. Sie riefen ihm zu, daß er doch springen solle. Und sie hielten ihm ein Sprungtuch hin für alle Fälle. Aber es war schon zu spät.

Pessach — Feiertag (Passah) zur Erinnerung an den Auszug der Juden aus Ägypten; etwa um die Zeit der christlichen Ostern begangen

Stroop — Jürgen Stroop, SS-Brigadeführer, von 1943 an SS- und Polizeiführer im Distrikt Warschau. Leitete die letzte Vernichtungsaktion gegen das Warschauer Getto. Der heldenhafte Aufstand der verzweifelten Bevölkerung wurde von Stroop nach Wochen erbitterter Kämpfe in Blut und Feuer erstickt. Am 16. Mai 1943 beendete er die militärische Operation mit der Sprengung der Synagoge in der Tłomackie-Straße. Die Zahl der während der Aktion getöteten Juden gibt Stroop in seinem Rapport mit 56 065 an, und „mit Ausnahme von acht Gebäuden ... wurde das ehemalige Getto völlig zerstört. Was nicht in die Luft gesprengt wurde, blieb als ausgebrannte Mauern zurück", heißt es in dem Rapport an Stroops Vorgesetzten, SS-Obergruppenführer Krüger in Krakau.

Haman, Haman … Und was nützt es, Juden? Wenn sie in ein paar Monaten Hunderttausende lebender Wesen mit gewöhnlichen Güterwagen in dieses Treblinka abtransportieren konnten, in so einen Tod?

Einige Zeit später, als die Deutschen die Stätte verlassen hatten und sich die Rauchwolken über den Ruinen zu verflüchtigen begannen, kamen im frühen Morgengrauen die Jungs aus dem Bunker in der Wałowa an der Stelle vorbei; sie zählten die letzten Patronen für ihre Revolver. Sie haben es gesehen: Bluthändchen lag noch da, mitten auf dem Hof, vom Dach gefallen, verkohlt und schwarz wie ein Gummischuh.

JÓZEF WITTLIN

Der heilige Franziskus und die armen Juden

Deinen Namen rufen sie vergebens –
die Reichen, Stolzen, Tugendhaften, Satten.

Du aber, wenn Du lebtest,
kämest ganz gewiß zu uns,
                     die wir geschlagen sind.

Wir armen, zerlumpten Juden,
wir Aussätzigen an der Seele –
wir gehen im gelben Flicken.

Du würdest Dich vor uns nicht ekeln,
Du würdest, o heiliger gojischer Patriarch,
zu dem jämmerlichsten von uns sagen: Bruder,
Bruder Krätze!

(1932)

Unterwegs

Aus dem Haus zu gehen, eine völlig normale Tätigkeit, war unter Gettobedingungen, besonders während der Menschenjagden auf den Straßen, ein ganzes Zeremoniell. Zunächst einmal mußte man einige Nachbarn aufsuchen, sich ihre Sorgen und Beschwerden anhören und bei dieser Gelegenheit in Erfahrung bringen, wie es heute in der Stadt aussah. Gab es Razzien, hatte man von irgendwelchen Blockaden gehört, wie war heute die Wache an der Chłodna? Nachdem das vollbracht war, verließ man das Haus, doch auf der Straße hieß es die ganze Fragerei wiederholen, indem man Passanten anhielt, die aus der Richtung kamen, in die man zu gehen beabsichtigte, und dann mußte man sich an jeder Straßenecke weiterfragen. Und erst ein solcher „abgesicherter Marsch" gewährleistete die relative Sicherheit, daß man nicht ergriffen wurde.

Das Getto teilte sich in ein kleines und ein großes Getto. Das Kleine Getto von Wielka-, Sienna-, Żelazna- und Chłodna-Straße hatte nach einer erneuten Verkleinerung nur eine einzige Verbindung mit dem Großen Getto: Ecke Żelazna über die Chłodna. Das Große Getto umfaßte den ganzen Nordteil von Warschau mit einer Unzahl schmaler, übelriechender Straßen und Gassen, die vollgestopft waren mit dem Gewimmel jüdischer Armer, die im Elend, in Schmutz und Enge hausten. Eng war es auch im Kleinen Getto, doch hier überstieg die Enge nicht das vernünftige Maß. In einem Zimmer lebten drei, vier Personen, und durch die Straßen konnte man gehen, wenn man geschickt lavierte und manövrierte, ohne die Vorübergehenden zu streifen. Und selbst wenn, war das nicht allzu gefährlich; im Kleinen Getto lebten überwiegend Intelligenz und wohlhabende Bourgeoisie, verhältnismäßig wenig verlaust und das Ungeziefer vertilgend, das man sich im Großen Getto zuzog. Erst wenn man die Chłodna hinter sich gelassen hatte, begann der Alptraum, aber um sie hinter sich zu lassen, brauchte man Glück und das Gefühl für den richtigen Augenblick.

Die Chłodna-Straße gehörte ganz zum „arischen" Teil der Stadt. Es herrschte dort reger Verkehr von Autos, Straßenbahnen und Fußgängern. Die jüdische Bevölkerung entlang der Żelazna-Straße vom Kleinen ins Große Getto und umgekehrt zu lassen, machte ein Aufhalten des Verkehrs erforderlich. Das war für die Deutschen unbequem, und deshalb erlaubte man den Juden diesen Übergang so selten wie möglich.

Ging man die Żelazna entlang, sah man schon von weitem ein Menschenknäuel an der Ecke Chłodna. Nervös traten die Menschen, die eilige Geschäfte hatten, auf der Stelle, des gnädigen Dafürhaltens der Gendarmen harrend, deren Beurteilung es anheimgestellt war, ob die Chłodna schon leer genug und die Żelazna-Straße schon vollgestopft genug war, um die Juden durchzulassen. War dieser Moment gekommen, traten die Wachtposten auseinander, und eine ungeduldige, dichtgedrängte Menschenmenge prallte von beiden Seiten aufeinander, sich gegenseitig stoßend, zu Boden werfend und tretend, um so schnell wie möglich die gefährliche Nachbarschaft der Deutschen hinter sich zu bringen und im Inneren der beiden Gettos auseinanderzufließen. Danach schloß sich die Postenkette wieder, und wieder begann das Warten; die Menge wuchs wie die Aufgeregtheit, die Nervosität und die Unruhe.

Die deutschen Wachen langweilten sich nämlich auf ihren Posten und versuchten sich so gut zu zerstreuen, wie es eben ging. Eine ihrer Lieblingsunterhaltungen war das Tanzen. Aus den nahen Querstraßen wurden Musikanten herbeigeschafft – die Zahl der Straßenkapellen vermehrte sich mit dem wachsenden Elend –, dann wählte man aus der Menge der Wartenden einige aus, die am komischsten schienen, und befahl ihnen, Walzer zu tanzen. Die Musikanten nahmen an einer Häuserwand Aufstellung, auf der Fahrbahn wurde Platz gemacht, einer der Gendarmen übernahm die Rolle des Dirigenten, indem er auf das Orchester einschlug, wenn es zu langsam spielte, und andere überwachten die gewissenhafte Ausführung der Tänze. Vor den Augen der erschreckten Menge drehten sich Paare von Krüppeln, Greisen, Dickwänsten oder klapperdürren Gestalten im Kreis; Kleinwüchsige waren mit auffallend Großen gepaart, ebenso Kinder. Rings um diese „Tanzfläche" standen die Deutschen, brüllten vor Lachen und schrien:

„Schneller! Los! Alle tanzen!"

War die Auswahl der Tanzpaare besonders gelungen und besonders erheiternd, dauerte das Tanzen länger. Der Durchgang öffnete und schloß sich und öffnete sich wieder, und die Unglücklichen mußten weiterhin im Walzertakt hüpfen – schnaufend, weinend vor Erschöpfung, nach Kräften ringend, in vergeblicher Hoffnung auf Erbarmen.

Erst wenn ich glücklich die Chłodna passiert hatte, bot sich mir das Bild des Gettos, wie es wirklich war. Hier besaßen die Leute keine

Kapitalien, keine heimlichen Kostbarkeiten. Sie unterhielten sich mit Handel. Je tiefer man in das Labyrinth enger Gassen eindrang, um so lebhafter und zudringlicher wurde dieser Handel. Frauen, an deren Röcke sich Kinder klammerten, vertraten den Passanten den Weg und boten auf einem Stück Pappe einige Kuchen feil, die ihr ganzes Vermögen darstellten und von deren Verkauf abhing, ob ihre Kinder abends ein Viertelchen Schwarzbrot hatten. Daneben versuchten bis zur Unkenntlichkeit abgezehrte alte Juden mit heiserem Geschrei die menschliche Aufmerksamkeit auf irgendwelche Lumpen zu lenken, die sie zu Geld zu machen hofften. Junge Männer handelten mit Gold und Devisen, fochten verbissen und geifernd Kämpfe um verbogene Uhrdeckel, Kettenenden oder schmierige, abgegriffene Dollarscheine aus, die sie gegen das Licht hielten, um festzustellen, daß sie fehlerhaft und fast gar nichts wert waren, obgleich der Verkäufer leidenschaftlich darauf bestand, daß sie „beinah wie neu" seien.

Durch die vollgestopften Straßen zogen klappernd und klingelnd die Pferdebahnen, die sogenannten *konhellerki*, mit Deichseln und Pferdekörpern die Menschenmenge zerteilend, wie ein Boot das Wasser zerteilt. Ihr Spitzname rührte von den Eigentümern Kon und Heller her, zwei jüdischen Potentaten, die in Diensten der Gestapo standen und durch sie blendende Geschäfte machten. Wegen des ziemlich hohen Fahrpreises füllten nur Wohlhabende die Bahnen, die ausschließlich wegen ihrer Geschäftsinteressen ins Gettoinnere fuhren. Wenn sie an den Haltestellen die Wagen verließen, versuchten sie so schnell, wie es ging, durch die Straßen und in den Laden oder das Büro zu kommen, wo sie etwas zu erledigen hatten, um danach sofort wieder auf eine Straßenbahn zu springen, die sie aus diesem grauenhaften Viertel schnell herausbrachte.

Von der Haltestelle auch nur bis zum nächsten Laden zu gelangen, war nicht leicht. Auf diesen kurzen Augenblick des Zusammentreffens mit einem wohlhabenden Bürger lauerten Dutzende von Bettlern, die ihn bedrängten, indem sie an seinen Kleidern zerrten, ihm den Weg verstellten, baten, weinten, schrien, drohten. Doch unvernünftig handelte, wer sich vom Mitleid fortreißen ließ und einem Bettler ein Almosen gab. Dann schwoll das Schreien zu Geheul an; von allen Seiten strömten auf dieses Zeichen hin neue Elendsgestalten herbei, und der Samariter sah sich umlagert, dicht umringt von zerlumpten Erscheinungen, die ihren tuberkulösen Geifer verspritzten, von Kindern, die man vor ihn hinschob, mit eitrigen Geschwüren bedeckt, von gestikulierenden Armstümpfen,

---

Kon und Heller – s. Anm. auf S. 224

erblindeten Augen und zahnlosen, stinkenden Mundhöhlen, die alle um Erbarmen flehten im letzten Augenblick vor dem Verenden, das nur durch eine sofortige Unterstützung hinausgezögert werden konnte.

Wollte man ins Innere des Gettos, mußte man durch die Karmelicka, die einzige Straße, die dorthin führte. Hier nicht die Straßenpassanten zu streifen, wäre ein Ding der Unmöglichkeit gewesen. Die dichte Menschenmasse ging nicht, sondern stieß und drängelte sich vorwärts, Strudel bildend vor den Krämerbuden und Buchten vor den Haustoren, die kalten, fauligen Dunst ungelüfteten Bettzeugs, alter Fette und verwesenden Abfalls auf die Straße hauchten. Aus jedem x-beliebigen Anlaß stürzte die Menge in Panik und strömte dann bald nach der einen, bald nach der anderen Seite, erstickte, erdrückte, schrie und fluchte. Die Karmelicka-Straße war besonders gefährlich. Täglich ein paarmal kamen hier die Gefängnisautos durch, deren mit grauen Blechwänden und kleinen Milchglasscheiben getarntes Inneres Häftlinge aus dem Pawiak in die Gestapozentrale in der Szuch-Allee transportierte und auf dem Rückweg das, was nach den Verhören von den Häftlingen übriggeblieben war: blutige Fetzen mit gebrochenen Knochen, losgeschlagenen Nieren und herausgerissenen Fingernägeln. Die Begleitmannschaft dieser Wagen ließ niemanden, obwohl die Autos gepanzert waren, in ihre Nähe. Wenn die Autos in die Karmelicka einbogen, die so vollgestopft war, daß die Leute beim besten Willen nicht in die Hauseingänge flüchten konnten, beugten sich die Gestapomänner heraus und schlugen mit Knüppeln wahllos auf die Menge ein. Das wäre an sich nicht weiter bedrohlich gewesen, wenn es sich um normale Gummiknüppel gehandelt hätte, aber an den von den Gestapomännern benutzten waren Nägel und Rasierklingen befestigt.

Von Jehuda Zyskind aus der Miła-Straße ging ich stets gestärkt und getröstet weg. Jehuda gehörte zu den entschiedenen Optimisten. Wenn ich heute an ihn denke, über die Jahre des Grauens hinweg, die mich von den Tagen trennen, da er noch lebte und seine gute Botschaft unter die Leute brachte, bewundere ich seine Unbeugsamkeit. Es gab kein noch so schlechtes Radiokommuniqué, das er nicht zum Guten gedeutet hätte. Als ich einmal, nachdem ich die letzten Nachrichten gelesen hatte, voller Verzweiflung mit der

---

Szuch-Allee – von den Deutschen in „Straße der Polizei" umbenannt; hier hatten die Gebäude des ehemaligen Kultus- und Volkserziehungsministeriums, Nr. 25, Sipo und SD ihren Sitz

Hand auf das Käseblatt schlug und seufzte: „Na, heute werden Sie ja wohl endlich zugeben müssen, daß alles verloren ist", lächelte Zyskind, griff nach einer Zigarette, machte es sich auf seinem Stuhl bequem und erwiderte: „Sie verstehen aber auch gar nichts, Herr Szpilman!" – worauf er einen seiner „Politvorträge" begann.

Von dem, was er sagte, verstand ich manches noch viel weniger, aber er hatte eine Art zu reden und so viel suggestiven Glauben in sich, daß in der Welt eigentlich alles bestens stehe und es besser gar nicht sein könne, daß ich – ich weiß selber nicht, wie und wann – zu genau derselben Überzeugung gelangte. Erst zu Hause, wenn ich auf dem Bett liegend noch einmal in Gedanken die politischen Neuigkeiten analysierte, kam ich zu dem Schluß, daß Zyskinds Beweisführungen Nonsens waren. Aber am anderen Morgen ging ich wieder zu ihm, und wieder vermochte er mir einzureden, daß ich mich irrte, und wieder verließ ich ihn nach einer Spritze Optimismus, die bis zum Abend vorhielt und mir zu leben ermöglichte.

Wie schwer war es für mich, die Hoffnung aufrechtzuerhalten, als Zyskind ermordet wurde und ich keinen mehr hatte, der mir alles richtig erklären konnte! Erst heute weiß ich nämlich, daß weder die Kommuniqués noch ich recht hatten, sondern Zyskind. Alles ist gekommen, wie er vorausgesagt hat, auch wenn das damals unwahrscheinlich schien …

LEJB GORDIN

Über den Autor der „24-Stunden-Chronik" ist nur so viel bekannt, daß er im Getto mit der illegalen Sozialistischen Partei zusammenarbeitete. Sein Tod erfolgte unter unbekannten Umständen.

Lejb Gordins Aufzeichnungen finden sich im Teil I des Getto-Archivs (ARG – so im weiteren Textverlauf angeführt), über das an dieser Stelle einige Sätze als über ein Phänomen ohne Beispiel, als Symbol für das Martyrium der polnischen Juden, gesagt werden müssen.

1940 entstand auf Anregung des Historikers Dr. Emanuel Ringelblum (1900–1944) im Warschauer Getto ein Archiv und Dokumentationszentrum unter dem Kryptonym „Oneg Szabat" (hebräisch „Sabbatfreude", hier eher als „Sabbatbegegnungen" zu übersetzen). Zu den engsten Mitarbeitern gehörten: Menachem Linder, ein junger Wissenschaftler; Eliahu Gutkowski, Pädagoge und Publizist; Hersz Wasser, Wirtschaftswissenschaftler; Menachem Kon, Sozialfürsorger; Rabbi Szymon Huberband, Historiker; Izrael Lichtensztajn, Lehrer; Eliezer Lipe Bloch und Icchak Giterman, Sozialfürsorger und Führer des Untergrundes; sowie die Schriftsteller Rachela Auerbach, Abram Lewin, Perec Opoczyński, Cecylia Słapakowa, Henryka Lazertówna, Gustawa Jarecka u. a. Mit dieser Gruppe arbeiteten Dutzende von Menschen zusammen, vornehmlich aus den Untergrundorganisationen, aus denen später die Jüdische Kampforganisation (ŻOB = Żydowska Organizacja Bojowa) hervorgehen sollte.

In der Arbeit des Getto-Archivs lassen sich zwei Etappen parallel zu den zwei Etappen hitlerfaschistischer Vernichtungspolitik feststellen: die erste Etappe ist die der mittelbaren Vernichtung (zunehmende Isolierung und zerstörerische Ausbeutungsmethoden), die zweite Etappe ist die der unmittelbaren Vernichtung (Massenvernichtungslager). Im Warschauer Getto wird die Grenze zwischen den beiden Etappen durch die erste Liquidierungsaktion vom 22. Juli bis 21. September 1942 markiert, bei der mehr als dreihunderttausend Menschen ums Leben kamen. Die darauffolgende Etappe – das Restgetto (vom 21. September 1942 bis 19. April 1943) – endete mit dem bewaffneten Aufstand.

Im Zeitraum der mittelbaren Vernichtung stand der Kampf mit dem Hunger und seinen Folgeerscheinungen im Vordergrund. Der Kampf wurde mit direkten Mitteln (Essenverteilung, öffentliche Küchen, Kinderbetreuung, soziale Selbsthilfe) wie mit indirekten Mitteln gegen die psychische Deformierung der Hungernden geführt – ein dramatischer Kampf auch jedes einzelnen um die Bewahrung seiner Persönlichkeit.

Hierzu gehörten (alles in der Illegalität) der Schulunterricht, Bibliotheken, künstlerische Veranstaltungen, die religiöse Betätigung und nicht zuletzt Einrichtungen wie das ARG.

Im Zeitraum der mittelbaren Vernichtung rückte die informierende und alarmierende Funktion des „Oneg Szabat" an erste Stelle, Zentralthema: die Vernichtung der Juden in Polen und die Vorbereitung zum bewaffneten Widerstand. Als ein besonders wichtiges Beispiel mag der von Ringelblum und seinen engsten Mitarbeitern erstellte Rapport der vereinigten Untergrundorganisationen des Gettos vom 15. November 1942 an die polnische Emigrationsregierung in London und die Regierungen der Verbündeten über die Vernichtung des Warschauer Gettos gelten, der von einem Kurier der Heimatarmee (AK = Armia Krajowa) nach London geschleust wurde. Der Rapport diente als Grundlage für eine große diplomatische Aktion der polnischen Regierung zum Schutze der von der völligen Ausrottung bedrohten jüdischen Bevölkerung. (Das Scheitern dieser Aktion führte zum Selbstmord Szmul Zygielbojms, s. S. 277–279.)

Ringelblum und seine Mitarbeiter wollten in ihrer Arbeit die eigene Gegenwart widerspiegeln. Einmalig ist hier die Übereinstimmung zwischen der Zeit des Forschungsprozesses und der des Geschichtsprozesses; eine Wirklichkeit wird analysiert, die noch nicht vergangene, sondern vielmehr lebendige, aktuelle Wirklichkeit ist, die in ihren Strudel den Forscher, seine Familie, seinen Lebenskreis, die gesamte Gesellschaft mit hineinzieht.

Doch das ARG spiegelt nicht nur gesellschaftliche Prozesse, sondern beschreibt die Geschichte des Gettos auch durch die Dokumentierungen von Einzelschicksalen, aus denen sich das Drama der jüdischen Gemeinschaft während der Hitlerokkupation zusammensetzte. Darin liegt das Besondere des Ringelblum-Archivs, daß seine Dokumente aus der form- und gesichtslosen Masse leidender, sterbender Menschen unverwechselbare, innerlich reiche Individualitäten ans Licht fördern.

Es wird von Liebe erzählt, von Trauer, von der Suche nach Wahrheit, dem Ringen mit Gott. Persönliche Schicksale verflechten sich mit der allgemeinen Tragödie, und sie waren mit Sicherheit der stärkste Antrieb, den ungleichen, im militärischen Sinne aussichtslosen Kampf mit dem Feind aufzunehmen.

Ziel der Menschen, die jenes Archiv schufen, war es gewesen, die Hitlerverbrechen für die Zeit, die Generationen nach dem Krieg zu dokumentieren. Dennoch werden Deutsche hier nicht mit Hitlerfaschisten gleichgesetzt. In den Texten des ARG taucht der Deutsche fast immer als SS-Offizier, Gestapomann, Polizist auf. Wenige Texte ausgenommen, finden sich hier keine Haßausbrüche gegenüber dem deutschen Volk, sondern es lodert ein verzweifelter, aus tiefster Seele kommender Haß gegen die Okkupanten und den Hitlerfaschismus.

Und noch eine weitere Besonderheit gilt es hervorzuheben: Ringelblum und seine Mitarbeiter heroisieren die Bewohner des Gettos nicht. Mit großer Offenheit enthüllen sie die bitteren Seiten im Zusammenleben der Opfer, Konfliktsituationen, Erscheinungsformen von Egoismus angesichts des gemeinsamen Unglücks, berichten auch von Habgier, Grausamkeit und Übereifer des kleinen Häufleins, das zum Werkzeug in den Händen der Mörder geworden war (Jüdischer Ordnungsdienst).

Was schließlich das Verhältnis zwischen Juden und Polen angeht, so exponiert das ARG Fakten, die das Gefühl des gemeinsamen Schicksals, der gemeinsamen Bedrohung von Juden und Polen bestätigen sowie die polnische Hilfe für Juden unterstreichen, die, in welcher Gestalt auch immer, mit der Todesstrafe geahndet wurde. Andererseits werden negative Erscheinungen (Erpressung, Denunziation), wie sie besonders in einer verbrechensfördernden Zeit als Randerscheinungen zu registrieren waren, nicht verhehlt.

Am 18. Juli 1942, vier Tage vor der Großen Aktion, fand in einer Atmosphäre ungeheurer Erregung unter der Bevölkerung des Gettos, hervorgerufen durch Nachrichten aus polnischen illegalen Kreisen über die bevorstehende „Umsiedlung" von dreihunderttausend Juden aus dem Warschauer Getto, eine Leitungssitzung des „Oneg Szabat" statt. Ein Plan zur Sicherung der Archivsammlungen wurde erarbeitet, den zu realisieren erst am 3. August, dem dreizehnten Tag der Liquidierungsaktion, unter dem Druck ständiger Todesdrohung gelang. Die Dokumente wurden, vor Feuchtigkeit geschützt, in zehn Blechschachteln verpackt und in einem Spezialversteck im Keller des Hauses Nowolipki-Str. 68 deponiert. Die Sicherungsarbeiten übernahm der bereits erwähnte Lehrer der dort befindlichen Schule, Izrael Lichtensztajn, mit Hilfe zweier ehemaliger Schüler: des neunzehnjährigen Arbeiters und Pfadfinderinstrukteurs Dawid Graber und des achtzehnjährigen Nachum Grzywacz. Die letzte Nacht vor der Versenkung der Schachteln in den Verstecken schrieben die beiden jungen Männer ihren Lebenslauf und ihr Testament.

Nachum Grzywacz: „...Ich sitze und warte. Mit den Genossen haben wir keinen Kontakt mehr. Jeder von uns unternimmt was auf eigene Faust; denn im jüdischen Viertel herrscht ein unbeschreibliches Chaos. Wir sind wie gefällte Bäume, im wichtigsten Augenblick unseres Lebens hat man uns umgehauen. Daher haben die Genossen Lichtensztajn und Graber beschlossen, daß wir diesen Augenblick schildern sollen. Und das tun wir jetzt. Gestern saßen wir bis spät in die Nacht hinein; wir wußten nicht, ob wir noch den Morgen erleben werden. Am 3. August 1942 zwanzig vor zwei schließe ich mein Schreiben. Ich möchte leben. Nicht nur, daß ich mein eigenes Leben retten möchte, nein, man muß unbedingt die Welt und die Menschen warnen!" Und im Testament Dawid Grabers, an demselben Tag um vier Uhr nachmittags beendet, lesen wir: „Ich möchte den Tag erleben, da die von uns verborgenen Schätze ausgegraben werden und die Welt die ganze Wahrheit erfährt. Glücklich die Menschen, denen das Schicksal solche Leiden erspart hat! Und wir, wir werden uns fühlen wie Veteranen, mit Orden auf der Brust, wie Weise..."

Weder Lichtensztajn noch Grzywacz und Graber haben den Tag der Befreiung erlebt.

Teil II des Archivmaterials wurde in zwei großen Milchkannen Ende Februar 1943 an demselben Ort eingemauert. Teil III plazierte in der Nacht vor dem Aufstand Marek Edelman, Mitglied des Stabes der ŻOB (s. S. 266—273), in einem Spezialversteck im Hause Świętojerska-Str. 34, unter dem sich der Bunker der ŻOB befand.

Nach zwei Vernichtungsaktionen und der bewaffneten Selbstverteidigung, 18. bis 22. Januar 1943, zählte das Getto nur noch rund sechzigtausend (von anfangs mehr als fünfhunderttausend) Einwohner mit Sklavenstatus, denen man als Arbeitstieren noch eine bestimmte Lebensdauer zugebilligt hatte. Am 18. Januar wurde auf der Schwelle seines Hauses Ringelblums engster Mitarbeiter Icchak Giterman, einer der Führer des Untergrundes, erschossen. An diesem Tag notiert Ringelblum:

„Giterman hat mit mir immer die Verlustliste durchgesehen und oftmals eigenhändig die Namen der nächsten Opfer hinzugefügt. Die Hand zittert... Wer weiß, ob nicht ein späterer Historiker bei der Durchsicht dieser Liste meinen Namen auf das Blatt setzt?"

Im Februar 1943 verließ Ringelblum den geschlossenen Wohnbezirk und fand Unterschlupf in Kreisen polnischer Widerständler.

Obwohl seit Ende 1941 jede Hilfeleistung für Juden mit der Todesstrafe bedroht wurde, tauchten mit Beginn der unmittelbaren Extermination vermehrt Flüchtlinge aus dem Getto und von den Todestransporten auf. Im November 1942 entstand eine zentrale, weitverzweigte Organisation, der Hilfsrat für Juden (RPŻ = Rada Pomocy Żydom). Unter seiner Obhut befanden sich in den Jahren 1942 bis 1944 allein in Warschau mehr als viertausend Personen. Dr. Ringelblum wurde mit seiner Frau Judyta und dem dreizehnjährigen Sohn Uri in einem Versteck Grójecka-Str. 34 zusammen mit vierunddreißig anderen Gettoflüchtlingen untergebracht.

Einen Tag vor Ausbruch des Gettoaufstandes verließ Ringelblum das Versteck und kehrte in den geschlossenen Wohnbezirk zurück. Hier traf er zum letzten Mal mit Izrael Lichtensztajn zusammen, der kurze Zeit darauf unter unbekannten Umständen den Tod fand.

Vier Monate lang fehlte von Ringelblum jede Nachricht. Im Juli 1943 traf dann beim Hilfsrat für Juden unter einem Decknamen eine Postkarte aus dem SS-Arbeitslager in Trawniki ein. Erst nach mehreren Versuchen seitens der Hilfsorganisation und des jüdischen Untergrundes gelang es, Dr. Ringelblum zu befreien. Nach einem Zwischenaufenthalt kehrte er zu Frau und Sohn in die Grójecka-Straße zurück.

Am 7. März 1944 spürte die Gestapo das Versteck auf, und die jüdischen Insassen sowie die Familie Marczak zusammen mit Mieczysław Wolski, der ihnen behilflich gewesen war, und sogar die Hebamme, die einer der Versteckten Geburtshilfe geleistet hatte, wurden verhaftet. Sie alle wurden in den Ruinen des Gettos erschossen.

Von den vielen Mitarbeitern des „Oneg Szabat" überlebten nur zwei:

Rachela Auerbach (gestorben 1976 in Israel) und Hersz Wasser. Nach seinen Hinweisen begab man sich gleich nach der Befreiung in den Ruinen des Gettos auf die Suche nach dem Archivmaterial. Am 18. September 1946 fand man unter den Trümmern des Hauses Nowolipki-Str. 68 Teil I des ARG; Teil II wurde erst vier Jahre später, am 1. Dezember 1950, gefunden. Trotz intensiver Suchaktionen scheint Teil III während des Gettoaufstandes unwiederbringlich verlorengegangen zu sein. Teil I und II befinden sich im Jüdischen Institut für Geschichte in Warschau.
(Vgl. Ruta Sakowska, Einleitung zu „Archiwum Ringelbluma. Getto Warszawskie lipiec 1942 – styczeń 1943", Warszawa 1980.)

Die jüdische Tradition kennt den Brauch, stark abgenutzte oder beschädigte Thorarollen auf dem Friedhof nach dem jüdischen Begräbnisritual beizusetzen. Das Materielle eines heiligen Buches, sein Leib, unterliegt der Zerstörung, stirbt wie der Leib des Menschen und wird wieder zu Staub, die Seele aber kehrt zu Gott dem Schöpfer zurück. Die trauernde Gemeinde stimmt Klagegesänge an und verkündet eine allgemeine Trauer wie beim Ableben eines frommen und gerechten Mannes. Was irdisch ist, ist zur Erde zurückgekehrt, was göttlich war, zu Gott.
Während der Hitlerterror über Polen hinwegfegte, starben in den jüdischen Städten, die es heute nicht mehr gibt, fromme Juden in der Verteidigung ihrer heiligen Schriften vor den unheiligen Händen der Mörder den Tod ihrer Bücher, und die Bücher starben den Tod ihrer Beschützer ...

Hunger (I)

Eine 24-Stunden-Chronik

Es geht auf fünf. In der Zimmertür steht, bereit zu deinen Diensten, ein neuer Tag. Ein leiser Luftzug. Als ob ein Hündchen mit dir spielen wollte; es springt dir an den Hals, schmiegt sich an deinen Körper, zupft an den Ohren, schwänzelt um dich herum, neckt dich, um dich zum Spiel herauszufordern. Das unharmonische Orchester atmender Schläfer. Kaum fängt der eine an, platzt schon ein anderer mitten hinein in den Ton, diesmal ist es ein kindlicher Atem; ihm folgt ein dritter und vierter. Während des Schlafs gibt's keine Gespräche mehr, die Streitigkeiten ruhen. Ein ums andere Mal verirrt sich ein Seufzer in den Schlaf. Und mir platzt der Kopf, so dröhnt er; Ermattung überfällt das Herz, der Gaumen ist trokken. Ich bin hungrig. Essen, essen, essen!

Die letzte Suppe – gestern, zwanzig vor eins. Die nächste – heute um dieselbe Zeit. Den größten Teil hab ich hinter mir. Wieviel bleibt noch? Acht Stunden. Obwohl man im Grunde die letzte Stunde von zwölf bis eins eigentlich schon nicht mehr mitzuzählen braucht. Da bist du bereits in der Küche, die Essengerüche aus dem Kessel umwehen dich, du bereitest dich vor. Du *siehst* schon die Suppe. Es bleiben also genaugenommen knappe sieben Stunden.

„Knappe" sieben Stunden. Ein Klacks! Sieben Stunden, und das nennst du Dummkopf „knapp"? Na, eben! Wie willst du die sieben Stunden durchhalten, äh, die nächsten zwei? Lesen? Nichts will dir in den Kopf. Trotzdem ziehst du ein Buch unterm Kopfkissen hervor. Ein deutsches. Arthur Schnitzler. Verlag der und der, Erscheinungsjahr, Druckerei. „Eva schaute in den Spiegel." Du blätterst die erste Seite um und ertappst dich dabei, daß du nichts mitbekommen hast, außer dem ersten Satz: „Eva schaute in den Spiegel."

Du bist schon unten auf der zweiten Seite, aber du verstehst noch immer nichts. Gestern war die Suppe dünn und noch dazu bloß lauwarm. Du hast Salz hinzugegeben, das sich nicht vermischen ließ. Und gestern ist auch Frydman gestorben. An Hunger. Natürlich an Hunger. Man sah schon, daß er nicht mehr lange macht. Und mir schneidet es im Magen. Oj, wenn du jetzt so ein Viertelchen Brot hättest! So ein viereckiges, eins von denen, wie sie in jeder Ladenauslage zu sehen sind, auf allen Ständen der Straßenverkäufer. Ach, mein Bruder! Bei diesem betörenden Gedanken hast du dich direkt aus dem Bettzeug gehoben. Irgendwo auf der vierten Seite der Novelle taucht der Name Dionysia auf. Wie sie da hinkommt, was sie will – du hast keine Ahnung. Aber ein Viertel Brot, aber ein Teller Suppe... Die Suppe würdest du dir anders anrichten, sie kochend heiß werden lassen, daß ein Löffelchen davon zu essen, mindestens fünf Minuten dauern würde; daß du schwitzt beim Essen und in den Teller bläst und die Suppe nicht gleich hinunterschlingen kannst – das ist es, was du machen würdest!

Es ist bestimmt nicht schön, immer nur an sich zu denken – an sich und noch mal an sich. Erinnerst du dich – früher? Da hast du tausendmal gepredigt: das Jahrhundert der Massen, der Allgemeinheit. Das Individuum – ein Nichts. Phrasen! Das bin nicht ich, der so denkt, das ist mein Magen. Nein, er denkt nicht, er schreit, bereit, mich zu ermorden! Er fordert frech und hänselt mich. „Intelligenzler!" Was ist aus deinen Theorien geworden, deinen geistigen

Interessen, deinen Träumen, Zielen? Klugscheißer! Antworte! Weißt du noch? Es hat Zeiten gegeben, da hat dich jeder kaum merkliche Wandel geistigen Lebens, die kleinste Diskrepanz, völlig in Anspruch genommen, dich restlos von der Welt entrückt. Und jetzt? Warum plärrst du? Weil mir danach ist! Weil ich, dein Magen, hungrig bin – kapiert?

Wer hat je mit dir so gesprochen? Zwei Sorten von Menschen stecken in dir, mein lieber Arek! Das ist Lüge. Ohne Geziere. Pluster dich nicht so auf. Eine solche Erkenntnis ist gut, wenn man satt ist. Dann kannst du sagen: Zwei Seelen wohnen, ach, in meiner Brust – und dazu kannst du noch die dramatische Miene eines Märtyrers aufsetzen. Sicher, in der Literatur findet man häufig solche Sachen. Aber heute? Hör auf, dummes Zeug zu reden – das bist du, und das ist dein Magen. Dein Magen und du. Zu neunzig Prozent dein Magen und zu einem kleinen Teilchen – du selber. Ein winziges Restchen, unscheinbares Überbleibsel von dem alten Arek. Dem, der einmal gegrübelt, Literatur verschlungen, gekämpft, geträumt hat. Der, der von der Anklagebank aus ironische Blicke zum Staatsanwalt hinübergeschickt, ihm demonstrativ ins Gesicht gelacht hat. Höre mich, mein Magen: Ein solcher Arek hat einmal existiert! Früher einmal hat er Rolland gelesen, mit Johann Christof empfunden, Anette bewundert, mit Colas Breugnon gelacht und sich sogar eine gewisse Zeit mit der von Thomas Mann geschaffenen Gestalt des Hans Castorp identifiziert.

„Ich begreife nicht, mein Klugscheißerchen, warum du nicht gegessen hast!"

„Und wie, Magen, und wie ich gegessen habe! Selbstverständlich hab ich gegessen, aber ich hab's nicht gemerkt. Ich hab dem Essen keine Beachtung geschenkt. Weißt du noch, Schätzchen, der erste Tag im Gefängnis? Du hast in der Einzelzelle so betäubt und niedergeschlagen gesessen; sie hatten dich gerade erst hier reingeworfen wie einen alten Lappen in die Rumpelkammer. Zwei Tage nichts im Mund und nicht die kleinste Spur von Hunger. Und plötzlich öffnet sich das Guckloch in der Tür: Guten Abend, Arek! Halt die Ohren steif! Kein Grund, den Kopf hängen zu lassen. Und gut futtern! Hör zu, Arek, in der Ecke unter der Zentralheizung liegt Brot und Speck. Hauptsache, du ißt, Bruder! Fortsetzung morgen beim Spaziergang. – Erinnerst du dich?"

Und gestern ist Frydman gestorben. An Hunger. An Hunger? Als du ihn nackt gesehen hast, wie sie ihn ins riesige Massengrab geworfen haben (alle hielten sich mit Taschentüchern die Nase zu, mit Ausnahme von mir und seiner Mutter), hatte er einen Schnitt am Hals. Vielleicht hat er Selbstmord begangen? Aber nein. Heute ist es nicht üblich, sich das Leben zu nehmen. Auch der Selbstmord gehört zu den Requisiten der guten, alten Zeit. Einstmals hat man sich, wenn die Liebe zu einem Mädchen unerwidert blieb, eine Kugel in den Kopf gejagt oder eine mit Blümchen verzierte Tasse voll Essigessenz ausgetrunken. Einstmals ist man, wenn man einer schweren Krankheit anheimfiel, in einer abgelegenen Straße aus dem vierten Stock gesprungen, unter Zurücklassung eines stilvollen Brieflein, „daß keiner die Schuld trage" – zum Erstaunen der ganzen Welt. Warum nehmen sich heute die Leute nicht das Leben? Hungerqualen sind schließlich furchtbarer, mörderischer, würgender als alle jene Krankheiten. Nun, siehst du, weil alle solche Krankheiten menschlich sind, ein Teil von ihnen den Kranken sogar menschlicher macht, ihn veredelt. Hunger dagegen ist etwas Tierisches, Wildes, Primitives – ja, er ist durchaus etwas Animalisches. Der Hungrige hört auf, ein Mensch zu sein; er wird zum Tier. Und Tiere wissen nicht, was das ist – Selbstmord.

„Ho, ho, mein Herzchen, was für eine Theorie! Also, wieviel Stunden bleiben uns noch bis zwölf, mein Klugscheißer?"

„Beruhige dich, ein paar Minuten, dann sind es nur noch sechs. Nur noch sechs Stunden, und du bekommst deine Suppe. Hast du gesehen, wie sie gestern begraben haben? Wie Dreck kippen sie die Leichen in die Grube. Die Kiste mit dem Boden nach oben gekehrt, und die Sache ist erledigt. Die Gesichter der Assistierenden drücken dabei einen so erschreckenden Ekel aus, als nehme der Tod Rache dafür, daß man ihn seines Nimbus beraubt hat. Rache für die vielen nebensächlichen, überflüssigen Accessoires, die man ihm bislang zugedacht hatte: trotzig entblößt er sich jetzt, schleudert die Bahrtücher von sich – da hast du, schau mich nur richtig an! Seine nackte Kehrseite dreht er allen zu. Wie ein verzärteltes Kind, das die Verzärtelung herzlich satt hat. Soll ich dir sagen, Bruder Magen, wie ich mir als Kind den Tod vorgestellt hab? Ich erinnere mich noch genau, im Alter von vier bis fünf Jahren ging ich in den Kindergarten. Es wurde Klavier gespielt, wir hielten uns dicht beieinander und redeten hebräisch. Und da, ich weiß es noch, formierte sich auf demselben Hof ein Leichenzug. Ich sah den Leichenwagen auf den Hof fahren, und gleich darauf ertönten Wehklagen und Schluchzen. Ich stellte mir vor, daß jener Jude im schwarzen Kaftan und steifen Zylinder die Frau in den Leichenwagen ziehen will, die sich wehrt und Lärm macht und sich auf die Erde wirft, und er umfaßt ihre beiden Hände, wonach sie erneut dasitzt, umsinkt, in einem fort schreiend und schreiend. Wie gefällt dir das, mein Freund? Du antwortest nicht, du schläfst? Also schlaf, schlaf, solange wie es geht, möglichst bis zwölf."

Essen, essen. Jetzt zieht's nicht vom Magen her, sondern vom Gaumen, von den Schläfen. Ein halbes Viertel Brot, ein Stück Rinde, meinetwegen schwarz, verkohlt. Ich schleppe mich aus dem Bett – ein Schluck Wasser schafft Linderung, betäubt für einen Moment. Beim Versuch, dich wieder ins Bett zu legen, fällst du hin – die Beine versagen dir den Dienst, sie sind geschwollen. Es tut weh. Aber du stöhnst nicht. Wie viele Monate ist es her, daß du zu stöhnen verlernt hat, selbst wenn es weh tut. Zu Anfang des Krieges, wenn du nachts auf deinem Bett lagst und die Situation überdachtest, oder auch morgens, wenn es aufstehen hieß, entrang sich dir ziemlich häufig ein Seufzer. Damit ist jetzt Schluß. Alles geht zur Zeit so, als ob du ein Automat seist. Oder vielleicht – wieder einmal – ein Tier? Nein, ausgeschlossen.

Sterben? Einverstanden. Alles besser als Hungern. Besser, als sich zu quälen. Ja, wenn es möglich wäre, mathematisch genau zu berechnen, *wann* der Moment da ist, um alle viere von sich zu strekken! Zum Beispiel die Frau aus dem Hof, Nr. 37, die gestorben ist – sie hat sechs Wochen gehungert. Sicher, aber sie hat *nichts* gegessen, nicht einmal die tägliche Portion Suppe. Ich ess' ja immerhin die Suppe, und so kann man sich Jahre quälen – oder schon morgen „den Bon abgeben", wer weiß das schon.

Ich bemerke, daß ich immer noch das Buch in der Hand halte. Seite 7, legen wir es beiseite. Auf irgendeiner Seite erfaßt mein Auge das Wort „Wonne". Eine drastisch ausgemalte Liebesszene. Ein paar Seiten vorher aßen sie im Restaurant. Schnitzler gibt das Menü an. Nein, nein, nein, nicht lesen! Du spürst eine merkwürdige Bitterkeit im Mund, im Kopf geht alles durcheinander. Fieber fällt dich an. Nicht die Schilderung des Essens lesen! Genauso wie ältere Leute die Schilderung erotisch-drastischer Szenen auslassen. Wie spät ist es? Halb sieben. Ach, wie früh das noch ist!

Es ist also durchaus möglich, daß ich morgen oder auch schon heute „den Bon abgebe". Das Herz ist wie ein Dieb, und etwas Genaues weiß man nicht. Es kann sich herausstellen, daß ich das letzte Mal hier liege und das letzte Mal mich so schwer und unbeholfen fühle. Ganz, ganz langsam werd' ich mich anziehen. Und zum letzten Mal geb ich meinen Schein für die Suppe ab und nehme einen neuen für den nächsten Tag entgegen. Und der Kassierer und die Kellnerin und der Amtsdiener – sie alle sehen mich gleichgültig an, wie gewöhnlich, ohne zu ahnen, daß ich morgen nicht mehr komme,

---

„den Bon abgeben" – ein für das Warschauer Getto typischer Ausdruck, der darauf basierte, daß mit dem Tod der Bezugsschein („Bon") für die Lebensmittelzuteilung entfiel

auch nicht übermorgen, niemals mehr. Nur ich werde es wissen und mit diesem meinem Geheimnis mich stolz vor ihnen brüsten. Und vielleicht erst nach ein paar Monaten, vielleicht sogar erst nach dem Krieg, wenn sie eine Aufstellung der verstorbenen Konsumenten machen, findet man mich dort aufgeführt, und eine Kellnerin bemerkt zur anderen:

„Weißt du, wer gestorben ist, Zosia? Der Dunkelhaarige, du weißt schon, der, der unbedingt immer jiddisch sprechen wollte. Einmal hab ich mich mit ihm fast eine Stunde in der Wolle gehabt und ihn damit geärgert, daß ich ihm zur Strafe keine Suppe gebe. Wie ich gehört hab, ist der nun auch in der Kiste gelandet."

Und Zosia wird sich selbstverständlich nicht erinnern. Wie sollte sie auch!

Mir fällt ein Gedanke Thomas Manns aus dem „Zauberberg" ein. Nie hat sich für mich seine geniale Wahrheit so bestätigt wie jetzt. Zeit – und Zeit. Sie dehnt sich wie ein Gummiband oder anders: zieht sich hin wie ein Traum, wie Rauch. Und jetzt dehnt sie sich verständlicherweise furchtbar, endlos, tödlich. Der Krieg dauert nun schon fast zwei Jahre. Von Suppe allein lebst du erst ungefähr vier Monate. Und die paar Monate kommen dir tausendmal länger vor als die vorherigen zwanzig Monate, äh, als dein ganzes bisheriges Leben. Die Suppe von gestern trennt von der heutigen eine ganze Ewigkeit, und ich kann mir nicht vorstellen, daß ich noch einmal ähnliche vierundzwanzig Stunden aushalte und dabei einen solchen Hunger bei der Gurgel packe. Trotzdem, diese vier Monate sind auch nur eine einzige, düstere grausige Alptraumkette. Alle Versuche, ein Glied auszusondern, ein erinnerungswürdiges Detail im Gedächtnis zu behalten, schlagen fehl. Eine einzige, schwarze, undurchdringliche Masse ...

Ich besinn' mich noch gut, im Gefängnis, in der Einzelzelle. Tage wie Pech. Jeder Tag als ein neues Joch auf dem Nacken. Die Abende, wenn ich in der Dunkelheit lag und Bilanz zog aus dem vergangenen Tag. Kaum zu glauben, daß ich erst heute im Bad gewesen bin – mir war es wie vier oder fünf Tage vorgekommen. Furchtbar langsam zogen sich die Tage hin. Und trotzdem, kaum war ich durch das Tor auf diese Seite der Straße gelangt, schon liefen alle Tage zusammen wie eine Hundemeute bei der Jagd. Schwarze Tage. Ein schwarzer Traum gleich einer einzigen schwarzen Stunde.

Am Gefängnistor hatten damals die Genossen gewartet. Ich erinnere mich nicht mehr an alle. An Janek erinnere ich mich jedoch. Ja, ganz sicher war Janek dagewesen. Wie hatte ich ihn so völlig vergessen können! Vor nicht langer Zeit, einem Jahr etwa, traf ich ihn wieder. Bis zum Gürtel entblößt, in zerfetzter Hose, reparierte er etwas an einem Gasrohr in einem zerstörten Haus auf dem mittleren Abschnitt der Marszałkowska-Straße. Er rief mich an. Und leichthin, als wenn nichts geschehen wär seit unserer letzten Begegnung vor zwölf Jahren, fragte er mich: „Weißt du was?" – „Nein, und du?" – „Auch nicht. Aber es steht gut." Da näherte sich der „Chef" – und ich verzog mich. Vielleicht? Vielleicht sollte ich an Janek schreiben? Sollte ihm schreiben: Hör mal, Bruder, mies geht's mir. Schick mir irgendwas. Folglich – schreiben? Ja, und sogar noch deutlicher: Kannst Du mir nicht ein Viertel Brot täglich zukommen lassen? Oj, ein Viertel Brot ... Ja, sobald ich mich angezogen habe, schreib ich an ihn. Es wird zwar Schwierigkeiten machen, das Briefchen zu befördern, aber mag es wenigstens geschrieben sein. – Ein Viertel Brot, und wenn Du nicht kannst, reicht auch ein halbes Viertel ...

Irgendwo auf der Welt essen sich Menschen satt. In Amerika sitzt Herszel jetzt beim Abendbrot. Auf dem Tisch liegen Brot und Butter und Zucker und eine Konservendose. Iß, Herszel, iß! Iß, Herszel, iß viel, ich rat' dir gut! Laß keine Brotrinde umkommen, schade drum. Und iß auch die Krümel vom Tisch! Alles schmeckt. Du hast dich richtig satt gegessen, stimmt's, mein lieber Herszel? – Und irgendwo auf der Welt existiert noch etwas, was sich Liebe nennt. Man küßt ein Mädchen, und es erwidert die Küsse. Und stundenlang spaziert man durch Gärten und Parks, sitzt am Fluß, der Kühle spendet, im Schatten eines weitverzweigten Baums, und zärtliche Worte ertönen, ein perlendes Lachen, und man schaut sich in die Augen mit Wohlgefallen, voller Zärtlichkeit und Entzücken. Kein einziger Gedanke ans Essen. Vielleicht ist man sogar hungrig, aber man hat es vergessen. Und man ist eifersüchtig, und einer zürnt dem anderen, aber auch dabei sorgt sich keiner ums Essen. Das ist die reinste Wahrheit, dergleichen geschieht auf der Welt – nur daß es weit weg von hier geschieht, aber dennoch geschieht es, und unter genausolchen Menschen, wie ich einer bin ...

„Du hast eine krankhafte Phantasie", mischt sich dieser nichtswürdige Magen ein. Der Zyniker ist erwacht. „Mein kleiner Phantast! Anstatt real zu denken, liegt er da wie in einem Wolkenkuckucksheim. Es gibt keine guten und bösen Mägen, keine intelligenten und unintelligenten, verliebten und gleichgültigen. Auf der ganzen Welt ist es so, daß man essen muß, wenn man Hunger hat. Unter uns gesagt, diese ganze Geschichte ist fauler Zauber. Es gibt nur gute Ernährer ihrer Mägen oder Tölpel wie du. Ächzen kannst du, Idiot, aber du bist eine Null, wenn es darum geht, mich zu füllen. Wie spät ist es?"

Zehn nach acht. Noch vier Stunden. Nicht einmal voll, aber nehmen wir einmal volle Stunden an. Und wenn's ein bißchen weniger ist, um so besser. Langsam ziehe ich die Hosen hoch. Ich reiche nicht mehr an die Füße heran. Bis vor kurzem ging es noch. Ich maß mit den Fingerspitzen, wie weit ich hinunterlangte. Jetzt tu ich's nicht mehr. Wozu?

Und Frydman ist gestorben. Vor dem Friedhof – Todesanzeigen von Reichen, Doktoren – „Bürger" ... Eine Menge Rikschas stehen da und sammeln die Menschenschar ein, der man sofort ansieht, daß das keine Armen sind. Das heißt, daß auch solche sterben, die zu essen haben. Man stirbt also nicht nur an Hunger. Die Rechnung wird beglichen. Sollen auch sie wissen.

„Hör zu, Kollege, mir reichen jetzt deine Geschichtchen. Zeit, sich auf den Weg zu machen. Die Suppe kann heute früher dasein. Auf, auf, mein Lieber!"

In die Spätsommerluft und die Hitze der Straße mischte sich der Geruch von Schweiß sowie Leichengestank, der unmittelbar aus der Leichenhalle eines Friedhofs zu kommen schien. Bei jedem Schritt Brot, Brot, Brot. Es hält den gestrigen Preis. Ich bin versucht, an einen der Stände heranzutreten, die frischen Vollkornbrote zu betasten, zu drücken, die Fingerkuppen mit dem weichen, braun gebackenen Teig zu sättigen. Nein, lieber nicht! Das regt nur noch mehr den Appetit an, und nichts weiter. Nein, nein – genauso wie du nicht lesen wolltest, was die Verliebten gegessen haben im Restaurant einer stillen Wiener Straße. Und Rogen ist jetzt billiger. Der Käse hält seinen Preis. Es gibt Sahne – aber teuer. Die Gurken sind billiger geworden, aber die Zwiebeln kosten immer noch viel. Dafür sind sie heute größer als gestern.

Heitere, fröhlich lockende Tomaten lächeln dich an und senden dir Grüße: Ausflüge in die Berge, Rucksäcke, kurze Hosen, flatternde Hemden, wild, vergnügt; lustiger Gesang, hinausgeschickt in die freie Natur. Wo, wann? Vor zwei Jahren, erst vor zwei Jahren. Sonnengebräunte Gesichter, schwarze Hände und schwarze Füße. Und Lachen im Chor und überraschende Quellwasserbächlein; belegte Brote und gesüßter Tee, und die Ärmel frei, ohne Armbinde, ohne *Jude*.

Brot, Brot, Brot. Vollkorn- und Roggenbrot, weißes Roggenbrot, helles Roggenbrot, Kaviarbrot, Feingebäck, Kastenbrot. Der Überfluß blendet dir die Augen. In den Schaufenstern, auf den Straßenständen, auf Armen, in Körben. Ich ringe mit mir, so zieht es mich, mir jetzt einen ordentlichen Kanten ins Maul zu stopfen. Wegreißen? „Dich verdächtigt keiner", flüstert mir mein Mörder zu. „Dich lassen sie dicht ran, geben dir das Brot sogar in die Hand. Sie vertrauen dir. Man sieht gleich, daß du keiner von den Greifern bist."

„Gib Ruhe, mein Teurer, du hast vergessen, daß ich nicht rennen kann. He, he, jetzt bist du noch mal so schlau, was?"

„Du taugst zu gar nichts, mein Ernährer", antwortet mir jener. „Da hast du's. Guck mal, wie die zwei da aussehen, die sich gerade vor der Wache ausweisen. Siehst du die Farbe ihrer Gesichter? Die haben heute schon gegessen, da kannst du sicher sein, und natürlich setzen sie sich bald wieder an den gedeckten Tisch... Oder wirf nur mal einen Blick in die Richtung: sie warten auf ein Auto. Wenn du tüchtig gewesen wärst, hättest du früher an mich gedacht und äßest jetzt wie ein Mensch, hättest keine geschwollenen Beine und könntest dich jetzt in die Gruppe einschmuggeln, um mit ihnen zu fahren. Sie geben einen halben Liter Suppe sowie einen Laib Brot die Woche. Aber du bist ja leider ein kompletter Trottel!"

„Und wieder hast du nicht recht", polemisiere ich mit ihm, diesem meinem Magen. „Vor allem gibt es nicht alle Tage Suppe. Oft kehren sie mit trockenem Maul zurück. Na, und außerdem faßt man da die Leute nicht gerade mit Samthandschuhen an. Kommt vor, daß man eine Kleinigkeit abkriegt. So wie's vorher war. Jetzt dagegen kannst du unbesorgt sein um deine Suppe aus der Küche, schließlich hast du ein Scheinchen. Und das, ohne den kleinen Finger zu rühren, ganz ohne Arbeit. Nu also – wo ist es sicherer?"

Die Trödler vor den Haustoren betrachten dich, betrachten alle, taxieren dich nach dem Wert des abgetragenen Mantels, den du dein eigen nennst, schätzen mit Kennerschaft deine Hose, die sie dir, lebendig oder tot, morgen herunterziehen. Ein Windstoß weht dir einen von der Mauer gerissenen Papierfetzen entgegen: „400 g schwarzes Salz. *Obmann des Judenrates.*" Oder vielleicht er? Aus dem Gedächtnis taucht eine Besprechung auf. Ein kleiner Saal, Glöckchen, Wasserkaraffe. Du machst seine Bekanntschaft: eine hochgewachsene, korpulente Gestalt, eine jüdische Nase, Glatze. Leicht vorgebeugt. *Er* ist heute Obmann. Vielleicht sich wirklich an ihn wenden? Schreiben: Sehr geehrter Herr, ich verlange nicht viel, ich bin hungrig – Sie verstehen? –, hungrig. Und daher er-

---

Greifer – Menschen im Getto, oft waren es Kinder, die keinerlei Unterstützung erhielten und ihren Lebensunterhalt zu bestreiten suchten, indem sie Passanten Päckchen oder Gefäße, in denen Eßbares zu vermuten war, entrissen (s. auch Beitrag von Władysław Szpilman, „Greifer", S. 140/141)

suche ich Sie (hier an die Bekanntschaft erinnern – es muß 1935 gewesen sein –, ob er sich noch besinnt), ersuche ich Sie, Herr Vorsitzender, dafür Sorge zu tragen, daß ich täglich ein Stück Brot erhalte. Ich weiß, sehr geehrter Herr Vorsitzender, daß Sie tausend andere Sorgen im Kopf haben und daß es für Sie nicht von Bedeutung ist, ob so ein beschissener Typ wie ich alle viere von sich streckt. Und trotzdem, Herr *Obmann des Judenrates* ...

Du stolperst über etwas. Beinah wärst du hingefallen. Aber deine beiden Tischbeine haben dennoch das Gleichgewicht gehalten. Über die ganze Breite des Bürgersteigs hingestreckt liegt ein Haufen Lumpen mit ... mit einem grünen, haarüberwucherten, dreckstarrenden Etwas, das einmal ein bärtiges Gesicht gewesen ist. Jetzt orientierst du dich, daß das „Hallo! Hallo!" dir gegolten hat. Zuvor hattest du dich nicht umgesehen, weil ja Juden keinen Namen mehr haben – alle Juden heißen heute ... In dem Augenblick steht schon so ein Trödler vor dir: ob ich nicht gesehen habe, daß ich beinah auf einen Toten getreten hätte? Philosoph! Wenn das Jackett zuwenig zerknittert und eingestaubt ist, dann muß ich das noch korrigieren! Die Schuhe hat bereits einer auszuziehen geschafft und daran verdient, sollen wenigstens noch die Hosen bleiben! Und wie soll ich ihm erklären, daß ich eben an den *Obmann des Judenrates* gedacht habe! Aus dem Tor kommt langsam und zögernd der Hausmeister, mit Ziegelsteinen und einem Bogen alter, beschmierter Zeitung, bedeckt den Leichnam und zieht sich ebenso langsam wieder zurück – erledigt.

Auf einem Teil der Uhren, den alten, kaputten, ist es schon elf. Du hast sie ins Herz geschlossen, ja ihr Uhren, die ihr die späte Stunde anzeigt! Jene dagegen – die großen – machen sich wichtig und eilen sich nicht, also mißachtest du sie. Noch eine Stunde; folglich halt an und warte ... Warten ist auch eine Form, die Zeit zu verbringen. Noch eine Stunde. Ein paar Dutzend Minuten – was ist das schon für mich! Natürlich hat das nichts auf sich, aber inzwischen würdest du eine große Schnitte Brot aufessen, ha? Was würdest du machen, wenn du – einmal angenommen – in diesem Augenblick eine solche Schnitte bekämst? Würdest du sie gleich aufessen oder zur Suppe lassen, damit sie nahrhafter ist? Ich denke, ich würde sie mir aufheben. So ein Schlauer, und wenn die Suppe später kommt, sagen wir mal, ein kleines bißchen später ausgegeben wird, würdest du so lange warten? Äh, red kein dummes Zeug, führ dich nicht wie ein Idiot auf, verschlingen würdest du sie, fressen wie ein Wolf, oj, und die Finger würdest du dir lecken!

„A stickele broit" – Refrain allen Gewimmers auf den Gehwegen, auf dem Pflaster – a stickele broit! Ah, ihr Witzbolde! Wißt ihr,

daß ich auch nichts weiter will als „a stickele broit"? Der Vater ist
gestorben, die Mutter im Spital, der ältere Bruder ist umgekommen: „a stickele broit". Du hast heut gegessen, Grünschnabel,
stimmt's? – Zu Hause sind kleine Kinder: „a stickele broit" ... Wie
gern würde ich meine Stimme diesen Stimmen beigesellen: ich
habe Hunger, Hunger, Hunger, noch eine Stunde Warten auf meine
Suppe – versteht ihr? „A stickele broit!"

Die Suppe hatte sich heute nicht verspätet. Der Dampf hing schon
in der Luft. Schon klappern die Teller. Schon schreit der Küchen-
leiter die Kellnerinnen an, und sein Stellvertreter durchmißt mit
seinen kurzen Beinchen den Saal der Länge nach und nickt mit
seinem großen Kopf nach rechts und links wie im Kasperletheater.
Der Gehilfe des Stellvertreters des Küchenleiters fährt bereits ein
paar von den Konsumenten an. Die Stunde der Suppenausgabe ist
längst in vollem Gange. Heute sind mehr Leute gekommen als
gestern, so wie gestern mehr als vorgestern da waren. Pechvogel!
Ausgerechnet beim anderen Tisch beginnen sie mit der Austeilung.
Du mußt warten und warten, bis die Reihe an dir ist. Da haben wir
die Bescherung! Wie soll einem da nicht das Herz zerspringen!
Zeit – und Zeit. Dir fällt ein, wie das an den Tagen war, wo die
Küche mit einer solchen Gleichgültigkeit, ja geradezu rachsüchtig,
wie dir scheinen wollte, gemeldet hatte: Heute kein Mittag! Wie
erstarrten zu Eis die Worte an der Tür: „Heutige Scheine für morgen gültig!" Grauenhaft dehnten sich Tage und Nächte. Und trotzdem kommt es dir so vor, als sei die Qual von damals nichts gewesen im Vergleich zu der halben Stunde, die du heute zu warten
hast.
Am Tisch gegenüber herrscht bereits Schweigen. Eine gesegnete
Stille – man ißt. Du weißt nicht, warum, aber du hast den Eindruck
als fühlten sich diese Leute als etwas Besseres, Wertvolleres. Einige
von ihnen ziehen aus dem Busen ein Stückchen Zeitungspapier
hervor, schlagen es auseinander – und da halten sie auch schon ein
dünnes, rundes Stückchen Brot in der Hand. Sie stürzen sich auch
nicht so gierig auf die Suppe, wie du das machst. Erst rühren sie
um, verziehen, als handele es sich um etwas Alltägliches, verächtlich das Gesicht, was heißen soll, daß die Suppe dünn ist; sie beginnen am Rand, mit dem Dünnen, kauen langsam und gründlich –
man gibt vor, sich für die Umgebung zu interessieren, nicht für
die unwichtige Suppe, die etwas ganz Nebensächliches ist im Gegensatz zur Decke zum Beispiel. Nach den ersten Löffelchen salzt
man. Und nach der Suppe überzieht das Gesicht ein friedliches,
geradezu unirdisches Lächeln.

Und dein Tisch ist immer noch nicht an der Reihe. Um dich herum ein und dieselben langen Gesichter, die von leerem Magen zeugen, mit verschwollenen Augen von spezifischem Gettoreiz, die den Gesichtern einen mongoloiden Ausdruck verleihen. Übertreibst du vielleicht? Auf jeden Fall drängt sich der Gedanke an die Meister der Weltliteratur auf: Tolstoi, Balzac oder Wassermann – wie waren sie voller Mitleid mit dem Menschen, wie analysierten sie jede seiner Gesten, jeden Charakterzug. „Ihre Wangen sind heute so bleich", schrieb ein solcher Genius, und eine ganze Welt versank in Entzücken. „Ihre Wangen sind heute so bleich", und die Damen drückten ihre Tüchelchen ans Auge, die Kritiker sparten nicht mit ihrem Kommentar, und die Herren des Geschäftslebens, Eigentümer von Tüllfabriken oder Teilhaber großer Textillager mit weißen Marmorschildern, spürten ein leichtes Beben bei der Erinnerung an den ersten Kuß vor fünfzig Jahren. „Ihre Wangen sind heute so bleich" ... Ha, ha! Heute sollte das jemand schreiben oder lesen, wo die ganze Welt totenbleich ist, wo alle ausnahmslos eine kreidebleiche Gesichtsfarbe haben! Sie hatten es selbstverständlich leichter, so etwas zu schreiben. Sie aßen und wußten, die Leser essen und die Kritiker essen. Heute sollten die Meister das Kunststück vollbringen und schreiben!

„Warum essen Sie nicht? Was ist los?" Um dich herum essen alle schon, und vor dir steht auch ein Teller dampfende Suppe, in der sich die Sonne glitzernd widerspiegelt. Du hast dich in die Leute vergafft und nichts bemerkt. Und das Scheinchen hat sie genommen? Nein, du hältst es noch immer zwischen den Fingern. Was tun? Rufen? Bescheid sagen? Abgeben? Du bist schon fast fertig mit dem Teller, obwohl du später begonnen hast, während sie in der Runde noch schmatzend, prustend, schlabbernd die Suppe verzehren wie ein Kater seine Milch, begleitet von noch ganz anderen Geräuschen. Nimm nur mal den da – was für eine Kreatur! –, der hat eine so dicke, fette Portion bekommen und zieht noch die Nase kraus, neidisch könnte man werden. Und im übrigen sind das alles hungrige Menschen, von denen ein jeder das Recht hat, zu essen, wie er will. Bestimmt bin ich auch komisch bei *meiner Suppe*. Ein anderer wieder bietet ein interessantes Schauspiel, wenn er fast zu Ende gegessen hat und den Teller kippt, krampfhaft die letzten Restchen auffischt, dazu den ganzen Kopf in den Teller steckt, der dadurch aussieht wie ein Globus. Ist das möglich, daß sie mir die Suppe ohne Karte gegeben hat? Du schielst heimlich drauf – das Datum stimmt. Sie hat's ganz einfach vergessen oder wegen des Durcheinanders den Überblick verloren. Nein, abgeben auf keinen Fall. Revanche. Und wenn man's merkt? Nu, vielleicht merkt man's, vielleicht aber auch nicht. Unmöglich. Aber vielleicht? Vielleicht sollte man noch eine Suppe essen? Und nicht Bescheid geben? Und wenn sie das absichtlich gemacht hat? Weißt du was, mein lieber Arek? Wenn sich jetzt ein Mann an deinen Tisch setzt, ißt du noch eine Suppe, riskierst du's einfach – wenn's eine Frau ist, dann ist es ein schlechtes Zeichen, und du benutzt die Karte nicht. Du strengst den Blick an. Auf der einen Seite sitzt jetzt eine Mutter mit Kind. Die Kellnerin eilt vorbei, die Mutter spricht laut zu ihrem Kind, wobei sie ihr Gesicht mit einem honigsüßen Lächeln schmückt: warte, warte, die Dame bringt dir gleich eine schöne dicke Suppe. Die Bank knarrt, jemand hat Platz genommen. Sie verdecken dich, du siehst den Saum von einem weißen Mantel. In einer Sekunde: Mann, Frau, Mann, Frau. Frau! Ein Gesicht, ein paar Augen – eine Mumie, die Augen ohne Ausdruck. Eine Frau, eine Frau – zum Teufel! Das heißt: nicht die Karte abgeben, keine zweite Suppe holen? Aus und vorbei, du hast es selber so gewollt. Aber jetzt wird die Suppe immer besser; sie ist sämig und kochend heiß. Woher weißt du das? Immer ist es so. Je später, desto besser. Aber auch das ist ungewiß. Doch diesmal bestätigt es sich. Also, noch einmal von vorn. Mann oder Frau, Mann oder Frau.

Ringsum herrscht unablässiger Betrieb. Leute kommen und gehen, setzen sich hin, unterhalten sich. Auf polnisch, jiddisch, hebräisch, deutsch. Bald hier, bald da schießt wie eine Rakete der Ruf empor: Wer, er? Gestern noch hab ich ihn gesehen! Wer, sie? Noch vorgestern hat sie hier gesessen. Man unterhält sich über die an Typhus, Hunger oder der „gegenwärtigen" Krankheit Verstorbenen. Dabei fügt man eine diskrete Information, ins Ohr geflüstert, hinzu: ohne Aufsehen – das bedeutet, er ist zu Hause gestorben, er war nicht gemeldet. Über allen Themen ein Motiv: das ist nicht auszuhalten. Und da steht noch der Winter vor der Tür. Wenn sich das noch bis zum Winter hinziehen sollte ... Im vergangenen Jahr ging's noch so einigermaßen. Man bekam Päckchen und war nicht ganz so dicht eingeschlossen wie jetzt. Was ist das für ein Argumentenwechsel? Man hält es aus, man hält es nicht aus ... Aber was sollen zum Tode Verurteilte, die das Datum ihrer Exekution genau kennen, anderes tun? Nun, die französischen Aristokraten der Großen Revolution klopften im Gefängnis Karten und führten Theaterstücke auf bis zu dem Moment, da der Wächter in der Trikolore erschien und namentlich aufrief: die Guillotine wartet. Also, siehst du! „Nur daß sie nicht hungrig waren und ihnen nicht der Hungertod drohte. Ja, das ist die Wahrheit, und das eben ist das Wesentliche an der Sache. Na, und während der Oktoberrevolution?" – Ach, lassen wir die große Politik: Mann, Frau, Mann, Frau ...

Da war die Kellnerin schon heran und begann automatisch die Karten einzusammeln. Alle reichen sie hin, du auch. Es ist geschehen. Und schon tauchst du deinen Löffel in den Teller, in die zweite Suppe – kapiert? Sie ist wirklich viel dicker als die erste. Jetzt erlaubst du dir ein Spielchen: du ißt würdevoll wie alle, schlingst nicht. Du schöpfst nicht volle Löffel. Von Zeit zu Zeit spuckst du eine Spelze aus, wie sich das für eine ernstzunehmende Person gehört.

Die Straße umgibt dich sogleich mit ihrem Leichengeruch. Wie ein gerade erst in Bewegung gesetzter Auto- und Flugzeugantrieb, der sich im Leerlauf bewegt, wenn man auf der Stelle steht, sind deine Beine. Man hat den Eindruck, sie gehen rückwärts. Holzkloben.
Ob sie nicht zufällig doch nachgeprüft haben? Ohne es zu wollen, fährst du mit der Hand übers Gesicht. Und was wird, wenn es herauskommt? Zur Strafe können sie dir die Suppe entziehen. Irgendwie hast du den Eindruck, daß es bereits herausgekommen ist. Zumindest der Fußgänger, der dich eben streift und dir dabei frech ins Gesicht sieht ... er weiß Bescheid. Er grinst, und nach ihm ein zweiter, ein dritter. Hi, hi – sie unterdrücken ihr höhnisches Gelächter, und du machst dich ganz klein, schrumpfst in dich zusammen. So fällt man rein, du Einfaltspinsel. Dieb? Bloß ein Tolpatsch. So ist es, mit dieser einen Suppe kannst du mit allen Suppen zahlen.
Es sticht in der linken Seite. Arm, Bein, Herz; nicht das erste Mal, aber diesmal sind die Symptome stärker. Du mußt dich zusammennehmen. Du fühlst einen Blick auf dich gerichtet. Zu spät, um ihn zu erwidern. Mitten auf der Straße fährt auf einer Rikscha der Direktor von der Volkswohlfahrt. Er war einmal ein Bekannter. Ja, er war es, der dich angesehen hat. Du besitzt die Fähigkeit, einen fremden Blick auf dir zu spüren. Immer, wenn er sonst an dir vorüberfuhr, hast du versucht, seinen Blick zu erhaschen, ohne Erfolg. Heute ist es umgekehrt gewesen, er hat *dich* bemerkt. Vielleicht ... vielleicht weiß auch er es schon?
Der Direktor ist schon weit, Dutzende andere Rikschas versperren die Sicht. Aber das Stechen bleibt – verflixt noch mal, ausgerechnet jetzt muß ich diese Straße entlanggehen. Andere gehen an dir vorüber, berühren dich beinah – und erkennen dich nicht oder geben vor, dich nicht zu kennen. Aber er – von der Rikscha aus hat er dich gesehen und dich durchschaut. Was wird jetzt?
Neben einem Tor in einer kleinen Mulde eine grüne Gurke. Rundherum unversehrt und unangetastet. Offenbar hat sie sich aus dem Flechtkorb einer Hausfrau hierher verirrt. Gedankenlos, mecha-

nisch bückst du dich nach ihr – keine Scham, keine Freude. Sie gehört dir. Wie einem Hund der Knochen. Eine bittere Gurke, aber schon durch die Schale schmeckst du die Süße der Kernchen. Ungesund. Typhus? Durchfall? Blödsinn! Im Laufe von dreitausend Jahren haben ganze Generationen von Wissenschaftlern ihre genialen Begabungen, ihre jungen Jahre, ihr ganzes Leben darangegeben, um der Natur die Geheimnisse von Vitaminen und Kalorien zu entlocken – alles dazu, daß du, Arek, an einem Haustor in der Leszno-Straße eine gefundene Gurke benagst, die jemand dort verloren oder vielleicht für dich hingeworfen hat.

„Was soll das heißen, unmöglich? Nur probiert hast du? Probiert... probiert ... Der erstbesten Hausfrau ... Macht eine betrübte Miene ... Bessere als du strecken die Hand aus. Soll ich dir Namen nennen? Lieber nicht? Na, dann nicht."

Du fühlst, daß du heute eine Stufe tiefer gesunken bist. So ist das, so fängt es immer an, so muß es anfangen. Alle um dich herum, wie sich herausstellt, haben so angefangen. Du kommst herunter... Eine zweite Suppe – wie wird das morgen werden?

Die Dämmerung bricht herein. Es nieselt. Die Dunkelheit wird so dicht, daß man sie mit dem Messer schneiden kann. Jetzt wäre es gut, Brot zu kaufen – jetzt ist es billiger. Wäre!

Ein Grüppchen von Leuten steht auf dem Gehweg und schaut auf die andere Straßenseite hinüber, wohin ein langes Lichtbündel fällt... Das Kinderkrankenhaus. Im ersten Stockwerk breite, hohe Fenster, eine große Lampe hängt über dem Tisch. Eine kleine Frau mit weißem Mundschutz bewegt flink die Finger. Um sie herum andere Frauen, auch mit Mundschutz. Ruhige Eile. Und alle mit dem Gesicht zum Tisch gewandt, zu dem, was auf dem Tisch liegt. Eine Operation.

Du hast das noch nie gesehen. Im Kino, im Roman, im Theater schon, aber in Wirklichkeit noch nie. Ist das nicht sonderbar? Du bist ein paar dreißig Jahre alt geworden, hast so viele Dinge zu sehen gekriegt, aber eine gewöhnliche Operation siehst du erst hier, ausgerechnet im Getto! Wozu, zu welchem Zweck eine Operation? Um zu retten? Soll es wen freuen, daß einem Kind das Leben wiedergeschenkt wird?

Und plötzlich erinnerst du dich an den toten Juden, über dessen Leiche du heute beinah gestürzt wärst. Und was das merkwürdigste ist: Erst jetzt siehst du ihn richtig – deutlicher als in jenem Moment, da du ihn geradezu neugierig betrachtet hast. Einstmals, vor vielen Jahren, hat eine abgerackerte Mutter, während sie ihrem Kind den Kopf wusch, geglaubt, daß ihr Sohn der klügste, begabteste, schönste Sohn der Welt ist. Seine Weisheiten erzählte sie der Tante und den Nachbarn weiter. Sie fand jeden Zug heraus, der ihn dem Taten gleichmachte, dem Taten ... und hob ihn in den Himmel. Und „Beriszl" war für sie nicht nur ein Name, sondern ein Begriff, der Inhalt ihres Lebens, ein Weltbild. Und jetzt liegt dieses begabteste und schönste Kind der Welt auf einer fremden Straße, und man weiß nicht einmal seinen Namen; es liegt und verwest, und statt der Mutter küßt ein Ziegelstein seine Stirn, ein schwacher Nieselregen aber weicht das dreckige Zeitungspapier über seinem Gesicht auf. Und hier operieren sie ein Kind, als ob nichts auf der Welt geschehen sei, retten es, während unten vor dem Tor die Mutter steht, die weiß, daß ihr Beriszl der Klügste, Begabteste, Schönste ist. Wozu? Für wen? Für wen?

Und plötzlich – o großer, erwachsener Mann! – spürst du, wie es in deinem Gesicht, deinen Händen, am ganzen Körper zuckt. Und deine Augen werden eigentümlich starr und glasig. Genauso muß es sein! Das ist das Symbol – verstehst du? –, das ist die gerade Linie, die das ewige Gesetz des Lebens begradigt. Offenbar ist es dir bestimmt, daß du ausgerechnet jetzt, in den vermutlich letzten Tagen deines Lebens, den Sinn dieser Sinnwidrigkeit begreifst, die sich Leben nennt, den *Sinn deiner grausam sinnlosen* hungrigen Tage. Ein ewiges Gesetz, eine ewige Maschinerie. Tod, Geburt, Leben. Leben. Leben. Leben. Ein ewiges, unwandelbares Gesetz. Die ewige, unwandelbare Abfolge der Dinge. Und eine Klarheit umfängt dich, füllt dir die Kehle, das Herz. Und deine beiden Propeller drehen sich schon am Ort – jetzt geht es vorwärts, vorwärts! Deine Beine tragen dich wie einst. Ganz so wie einst!

In der Ferne schlägt dumpf eine Uhr: eins, zwei. Einhalb. Halb fünf, halb vier oder halb sechs? Ich weiß nicht. Der Tag kommt hier schließlich nicht mit der Sonne. Hier bricht er unvermittelt herein und steht wie ein Bettler in der Tür. Schon sind die Tage kürzer. Obwohl ich ... ich mag den Herbst, die herbstlich nebligen Vorabendstunden. Alles hüllt sich in die Aura schläfriger Versonnenheit, die Aura von Sehnsucht und Ernst, in die Bläue des Schauens und des in sich selber Versunkenseins. Als ob alles, die Menschen, die Welt, die Wolken, alles, alles in die Ferne zöge, sich vorbereitend auf eine Gewissensprüfung, etwas Erhabenes. Auf etwas, das alle verbindet. Ein grauer Fleck, der sich in der Zimmerecke breitmacht – das ist der *neue Tag*.

Gestern habe ich begonnen, meine Erlebnisse niederzuschreiben. Vom Hof aus wird lauthals das Löschen des Lichts verlangt ...

Tate – (jidd.) Vater

Der aufreizende Duft von Tschulent, wie ist das möglich? Heute ist doch Donnerstag, nicht Sonnabend.

Wald, Fluß, die Lichter eines vorüberfahrenden Zuges, goldene Felder ohne Ende. Kazimierz an der Weichsel, die Tatra, die litauische Grenze. Diese Sehnsucht, eine Wunde, die nicht zuheilt, wird bis ans Ende der Tage bleiben, auch wenn schon heute das alte Leben zurückkehren sollte. Mitten in der Stadt sein und gehen, gehen, gehen, einfach der Nase nach, endlos, ohne anzuhalten, um das Ufer der Weichsel zu sehen, sich an dieser Stadt satt zu sehen. Die Stadt, die du kennst. Das Glück einer flotten Kehrtwende an der Straßenecke, dann zum hundertsten Mal... Mit flatterndem Jackett, mit schnellen, fröhlichen Schritten. *Deine* Stadt, deine zweite Mutter, deine große Liebe fürs Leben. Wehmut peinigt das Herz. Das wird bleiben... O ja, wir essen Gras. O ja, wir verenden auf den Straßen ohne ein Wort des Protestes, nur unsere Hände flattern dabei so – wie zu einem Lebewohl... Die Profile unserer Kinder und Frauen nehmen mit jedem Tag mehr das trauervolle Aussehen eines Fuchses, Dingos und Känguruhs an. Unser Wehklagen gleicht dem Heulen der Schakale. Unser Hymnus „Zigaretten, Zigaretten" ist wie aus einem Reservat oder einem zoologischen Garten entnommen. Aber wir sind keine Tiere. Wir operieren unsere Kleinen. Vielleicht ist es sinnlos. Vielleicht ist es geradezu ein Verbrechen. Dennoch: Tiere operieren ihre Jungen nicht!

Und ich, ich habe Hunger, Hunger, Hunger. Ich habe Hunger...

Lejb Gordins „Chronik" trägt als Orts- und Datumsangabe: Warschau-Getto, August 1941.

Ungefähr ein Jahr später, am 29. Juli 1942, erschien im Getto der folgende Aufruf:

„Ich gebe hiermit bekannt, daß alle Personen, die, gemäß der Anordnung der Behörden zur Aussiedlung kommen, sich am 29., 30. und 31. Juli freiwillig zur Abreise melden werden, erhalten pro Person 3 Kg. Brot und 1 Kg. Marmelade. Sammelpunkt und Produktenverteilung – Stawkiplatz Ecke Wildstraße.

Der Leiter des Jüdischen Ordnungsdienstes"

Tschulent – traditionelles Sabbatgericht; ein fetter Eintopf, der vorgekocht und zum Sabbat warmgehalten wird, da das Kochen am Sabbat, wie alle andere Arbeit, nicht erlaubt ist

WŁADYSŁAW SZPILMAN

Greifer

Unsere Mittagessen waren sehr bescheiden. Fleisch bekamen wir fast nie zu Gesicht, und die übrigen Gerichte bereitete Mutter äußerst sparsam zu. Doch trotz alledem waren sie im Vergleich zu dem, was die Mehrzahl im Getto auf den Teller bekam, geradezu fürstlich.

Es war im Winter, ein feuchter Dezembertag; unter den Füßen platschte der Schneematsch, und in den Straßen blies ein scharfer Wind, als ich zufällig Zeuge beim „Mittagsmahl" eines alten Greifers wurde.

Greifer nannte man im Getto die Menschen, die in solches Elend gesunken waren, daß sie stehlen mußten, um sich am Leben zu erhalten: sie stürzten sich auf einen Passanten, der ein Päckchen trug, entrissen es ihm und rannten davon, in der Hoffnung, im Päckchen etwas Eßbares zu finden.

Ich ging über den Bank-Platz; ein paar Schritte vor mir bewegte sich eine arme Frau, die in der linken Hand eine mit Zeitungen umwickelte Kanne trug, und zwischen mir und der Frau schleppte sich ein zerlumpter Alter seines Wegs, die Schultern gebeugt; zitternd vor Kälte, mit den durchlöcherten Schuhen, aus denen grau-violette Füße hervorsahen, durch den Matsch schlurfend. Urplötzlich warf sich der Greis nach vorn, packte die Kanne und versuchte sie der Frau zu entreißen. Hatte er nicht genügend Kraft oder hielt die Frau die Kanne zu fest, jedenfalls, das Gefäß gelangte nicht in seinen Besitz, sondern fiel auf den Gehweg, und dicke, dampfende Suppe ergoß sich in den Straßendreck.

Alle drei standen wir wie angewurzelt. Die Frau war sprachlos vor Schreck, der Greifer starrte auf die Kanne, dann auf die Frau, und seiner Brust entrang sich ein Stöhnen, das wie ein Winseln klang. Und plötzlich warf er sich lang hin in den Schneematsch und schlürfte direkt vom Gehweg die Suppe auf, die er zu beiden Seiten mit den Händen abschirmte, um sich auch gar nichts entgehen zu lassen, völlig gefühllos gegen die Reaktion der Frau, die heulend gegen seinen Kopf trat und sich vor Verzweiflung die Haare ausriß.

Es bleibt anzumerken, daß der Aufruf vom 29. Juli 1942 die Große Aktion erheblich beschleunigt hat: Über zwanzigtausend Personen meldeten sich freiwillig.

Die ersten Nachrichten über Treblinka als ein Vernichtungslager sind in das Warschauer Getto zwischen dem 8. und 10. August 1942 gelangt.

JERZY FICOWSKI

Ein Brief an Marc Chagall

I

Wie schade, daß Sie Rosa Gold nicht kennen,
die allertraurigste Rose.
Sie war erst sieben, als dieser Krieg zu Ende ging.
Ich sah sie nie,
doch sie läßt ihre Augen nicht von mir.
Zweimal taute auf ihnen der Schnee,
zweitausend Male starben
die sechsjährigen Augen der Rosa Gold.

Der Bruder ging nachts hinaus, trank Wasser aus einer Pfütze und
starb. Wir begruben ihn nachts im Wald. Eines Tages verließ der
Onkel den Bunker und kehrte nicht wieder. So saßen wir versteckt
achtzehn Monate lang, bis die Russen kamen. Wir konnten über-
haupt nicht laufen, und noch jetzt sind wir schwach auf den Beinen.
Und Rosa ist immer traurig, weint oft und will nicht mit den Kin-
dern spielen.

Wie gut, daß Sie Rosa Gold nicht kennen!
In Rauch aufgehen würde der Fliederbusch, in dem die Verliebten
liegen.
Die Geige des grünen Musikanten schnitte ihm die Kehle durch.
Das Tor des Judenfriedhofs zerfiele zu Staub oder wüchse mit Zie-
geln zu.
Die Farbe verkohlte die Leinwand.
Denn der letzte, grausigste Schrei
ist immer nur Schweigen.

Wie schade, daß Sie nicht Frycek kennen!
Seine Mutter konnte ihn gerade noch vor dem Krieg gebären.
Er aber wollte ein Hering sein, der sein Salz hat,
oder eine Fliege, die brummen darf;
denn er durfte nur ein bißchen sein.
Ihm träumte hinter dem Schrank eine Zwiebel –
wie sollte er nicht weinen von solchen Träumen?

*Ich saß hinterm Schrank, ohne Abendbrot. Wenn einer kam, saß
ich mucksmäuschenstill. Kein einziges Mal bin ich auch nur an der
Sonne gewesen. Meine Zudecke war voller Läuse. Ich habe gedacht,
daß es immer so sein wird. Sie sagten, daß sie nach Częstochowa
fahren und mich dalassen. Erst wollte ich weinen, aber dann dachte
ich mir: wenn sie wegfahren, komme ich hinter dem Schrank vor.*

Wie gut, daß Sie nicht Frycek kennen,
der vorgab, hinter dem Schrank ein Spinnweben zu sein!
Es sitzt das Töchterchen im grünen Fenster.
Jahre um Jahre summt der Samowar aus Witebsk.
Schläfrige Petroleumlampen blaken.
Ein geflügelter Hering segnet vom Himmel herab die Jahrmärkte.
Übrigens, wozu auch an Frycek glauben?
Schließlich ist Frycek nicht der liebe Gott!

II

*Und eines Tages kam meine Mami und brachte mich in eine andere
Wohnung, wo ich zu Mami „Sie" sagen mußte. Manchmal vergaß
ich es, und dann war Mami immer sehr nervös. Aber mir fiel es
so schwer, mich daran zu gewöhnen, so schwer, daß ich ihr von Zeit
zu Zeit ein paarmal hintereinander „Mami, Mami, Mami!" ins Ohr
flüstern mußte. Und ich habe sie gefragt: „Mami, wenn der Krieg
zu Ende ist, darf ich dann wieder ganz laut ‚Mami' zu dir sagen?"*

Dies sind Strophen aus dem Neuesten Testament.
Darinnen sechs Millionen verkohlter Seiten,
und in den geretteten spiegelt sich seit Jahren
der rote Leuchter des Feuers.
Denn da ist auch das Zeugnis der Dinge.
Im Spiegel des Friseurs
löste das bärtige Grauen
weitere und weitere Kreise aus
wie in trübem grünem Wasser,
und sie zersprengten jene Welt.
Nicht einmal ihr Abbild ist geblieben.
Gern schickte ich Ihnen, Monsieur Chagall,
zumindest eine Spiegelscherbe,
doch alle sind sie längst tief unten
in den Flözen einer toten Ära,
von Knochen eingeschlossen,

denen viel daran liegt,
daß man ein wenig über sie schweigt,
die da an allen unbekannten Orten liegen,
und für sie betet,
laut,
mit dem jüdischen Kinderwort »Mamele«.

*Das Kind hatte große Angst vor dem Sterben. Es schmiegte sich
an die Mutter und fragte: „Mamele, tut Sterben sehr weh?" Die
Mutter fing an zu weinen und sagte: „Nur ein kleines Weilchen",
und so erschoß man sie.*

Und es entstanden neue Wüsten:
der Sand von Majdanek, Sobibor,
die Dünen von Treblinka und Bełżec,
wo der Wind nicht Flint, Glimmer, Sandstein –
zermahlen zwischen den Mahlsteinen alter Meere –
zur ewigen Ruhe bettet,
sondern Kalk und Kohle
menschlichen, der Erde gleichgemachten Geschlechts.
Ich – ein Mensch, ich – ein Sohn dieser Erde,
ich – ihr nicht verbrannter Bruder
sehe noch, wie Ihr blinder Hahn
die letzten Krümchen Menschliches verteidigt
und sich am Endtag der Vernichtung
über der Asche erhebt.

III

*Auf dem Gelände der ehemaligen Vernichtungslager grassierten
Banden, die in der Asche der Verbrannten nach Gold suchten.*

In der Finsternis rieselt
Asche durch Filtersanduhren.
Und die Luft ist,
als hauche sie ihren letzten Atem aus.
Bisweilen erhellt die Nacht
ein aus dem Erdreich auferstandener Stern:
ein Goldzahn, aus der Asche gierig aufgerafft.
Und dann sieht man in diesem Schein
rot tröpfelnd
die Hände menschenförmiger Wesen.

Heute kenne ich diese Hände,
obschon sie bei Tag so rein wie eine Oblate sind:
beifallklatschend verabschiedeten sie die Züge,
in denen uns für immer verließen
Rosa Gold und Frycek aus dem Schrankversteck,
ihre Toten zurücklassend.
Ich denke, daß sie eine Zuflucht finden
und daß ich ihnen noch einmal begegne
in den sicheren Schlupfwinkeln
prophetischer Farben,
bei Ihnen, Monsieur Chagall.

Postscriptum

Genesis

Begonnen hat die Aufteilung des Raumes die Festlegung der Orte
da – der Flug den Kriechenden gegeben
Felder unter Sternschnuppensaat
Ihnen aber sagt man: nicht anwesend
ihr seid zu viele die Lebenden nicht eingerechnet
Aschenverwandtschaft seid ihr
Nachgeborene des Rauchs

Euer Vaterland ohne Grenzen
ballt sich unter dem Kap des Windes
ohne Feuer wäre es nicht
ihr waret sein Reisig
Dort ist euer Platz über der Erde

Euer Vermächtnis raschelt
nicht mit Tränen begossen
Asche an fremden Wurzeln
Wachstum für Gras für Vergessen
Dort ist euer Platz unter der Erde

Alsdann wuchsen ihnen Flügel
nicht mit Massenangst gefiedert
alsdann entflogen der Menorah die Kerzen
und töteten die Finsternis mit Flammenspeeren

Und es war Morgen: der erste Tag
da erfüllten sich Ihre Farben
und selbst ich im Norden
wärmte mir daran die Hände

Menorah – siebenarmiger Leuchter, altertümliches Symbol für den Jerusalemer Tempel

WŁADYSŁAW SZPILMAN

Inmitten seiner Bilder...

Im Frühling [1942], nachdem meine Freundschaft mit Roman Kramsztyk enger geworden war, ging ich häufig statt nach Hause gleich vom Café aus zur Wohnung eines seiner Freunde in die Elektoralna-Straße, wo wir zusammenkamen, um bis spät in die Nacht hinein zu reden. Der Hausherr gehörte zu den ganz Glücklichen: er hatte im letzten Stockwerk eines Mietshauses ein Zimmerchen von winzigem Format und mit schräger Decke, sein eigenes kleines Reich. Darin hatte er alle seine Schätze versammelt, die deutschen Plünderungen entgangen waren: eine breite Couch, mit einem Kelim bedeckt, zwei kostbare, alte Sessel, eine entzückende kleine Renaissance-Kommode, einen Perserteppich, irgendwelche alten Waffen, ein paar Gemälde und allerlei über Jahre hin in den verschiedensten Teilen Europas gesammelte Kleinigkeiten, von denen jede für sich ein kleines Kunstwerk und eine Augen-

---

Roman Kramsztyk – Kramsztyk (1885–1942), vielseitig begabter Maler, entstammte einer stark polonisierten Intellektuellenfamilie; sein Vater war ein bekannter Warschauer Kinderarzt. Vor dem ersten Weltkrieg studierte Roman Kramsztyk in Berlin bei Professor Herstein, und nach seiner Debütausstellung 1909 in Warschau folgte eine Pariser Ausstellung, 1911 und 1912 eine Ausstellung auch in Berlin („Sezession"). Seine größten Ausstellungen hatte der Künstler in den zwanziger Jahren in Warschau und Krakau, Ausstellungen, die den humanistischen Gedanken des reifenden Künstlers – der in seinen Anfängen den Dekadenten zuzurechnen ist – in den Vordergrund rückten. Das künstlerische Werk von Kramsztyk fand auch auf Ausstellungen in Rom, London, München, Venedig und New York lebhaften Widerhall. 1937 veranstaltete der Künstlerverband IPS eine Kramsztyk-Ausstellung anläßlich seines fünfundzwanzigjährigen Künstlerjubiläums. Diese Ausstellung sollte seine letzte sein. Roman Kramsztyk befand sich gleich von Anfang an im Warschauer Getto. Hier schuf er Bilder und Zeichnungen von erschütternd realistischer Aussagekraft. Die Rötelzeichnung „Jüdische Familie" auf dem Schutzumschlag unseres Buches ist dafür ein beredtes Beispiel.

Café – Gemeint ist das Vergnügungslokal „Sztuka"; s. auch Kommentar zu Władysław Szlengel, „Was ich den Toten las", S. 219–221

weide darstellte. Gut saß es sich in diesem Zimmerchen, im gelben, gedämpften Schein einer Lampe, zu der Herr Roman, schwarzen Kaffee trinkend und heiter plaudernd, den Schirm gefertigt hatte.

Bevor die Dunkelheit hereinbrach, traten wir noch auf den Balkon hinaus, um Luft zu schöpfen, die hier oben reiner war als in den staubigen, stickigen Straßenfluchten. Die Polizeistunde näherte sich; die Menschen hatten sich in ihren Häusern eingeschlossen, die tief am Himmel stehende Frühlingssonne überzog mit rosa Schimmer die Zinkdächer, Schwärme weißer Tauben zogen am blauen Himmel ihre Bahn, und aus dem nahen Sächsischen Garten strömte über die Mauern hinweg bis hier zu uns ins Viertel der Verdammten der Duft von Flieder. Die Stunde der Kinder und der Verrückten. Herr Roman und ich hielten schon, weit in die Elektoralna-Straße hineinblickend, Ausschau nach der „Dame mit dem Federbusch", wie wir unsere Geistverwirrte nannten. Ungewöhnlich sah sie aus. Die Wangen grell mit Rouge bemalt und die zentimeterdicken Brauen mit einem Kohlestrich von Schläfe zu Schläfe gezogen. Über das schwarze, zerrissene Kleid hatte sie einen alten grünsamtenen, befransten Vorhang geworfen, und aus ihrem Strohhut ragte kerzengerade eine riesige lila Straußenfeder auf, die zierlich wippte im Takt ihrer eiligen, unsicheren Schritte. Auf ihrem Weg hielt sie immer wieder die Vorübergehenden an und fragte höflich lächelnd nach ihrem Mann, den die Deutschen vor ihren Augen ermordet hatten.

„Verzeihen Sie ... Sind Sie nicht zufällig Izaak Szerman begegnet? Ein großer stattlicher Mann mit grauem Bärtchen ..." Und sie schaute angestrengt ihrem Gegenüber ins Gesicht, und wenn sie die verneinende Antwort erhalten hatte, schrie sie enttäuscht auf: „Ach, nicht?" Ihr Gesicht krampfte sich für einen Moment schmerzhaft zusammen, doch sogleich besänftigte es ein höfliches, gekünsteltes Lächeln. „Verzeihen Sie vielmals, mein Herr", und sie ging schnell davon, den Kopf schüttelnd, halb geniert, daß sie jemandem die Zeit stahl, halb erstaunt, daß dieser Jemand ihren Mann Izaak nicht kennen sollte, so einen stattlichen, liebenswürdigen Herrn.

Um diese Tageszeit sauste für gewöhnlich auch Rubinstein durch die Elektoralna-Straße, zerfetzt und ausgefranst, mit in alle Himmelsrichtungen flatternden Lumpen. Er fuchtelte mit einem Stock herum, hüpfte und sprang, summte und murmelte vor sich hin. Er war ungeheuer populär im Getto. Er hatte seine Parole, an der man ihn schon von weitem erkannte: „Junge, halt die Ohren steif!", und er hatte ein Ziel: durch Humor den Leuten Mut zu machen. Seine Witze und Späße liefen im Getto um und verbreiteten Fröhlichkeit. Eine seiner Spezialitäten war es, sich den deutschen Wachposten zu nähern und sie unter Gehopse und Fratzenschneiden mit Schimpfworten zu belegen, ihnen „Strolche, Banditen, Diebesgesindel" und allerlei Unflätigkeiten zuzurufen. Die Deutschen amüsierten sich königlich, und oft warfen sie Rubinstein als Lohn für seine Schmähungen Zigaretten und Kleingeld hin; denn so einen Verrückten konnte man ja nicht ernst nehmen.

Ich war mir da nicht so sicher wie die Deutschen, und bis heute weiß ich nicht, ob Rubinstein wirklich zu den vielen gehört hat, die infolge von erlittenen Torturen den Verstand verloren, oder ob er nicht nur den Narren spielte, um unter der Narrenkappe dem Tod zu entwischen, was ihm übrigens nicht gelang.

Die Verrückten kümmerten sich nicht um die Polizeistunde. Für sie hatte sie keine Geltung. Nicht für sie und nicht für die Kinder. Aus Souterrains, Gäßchen, Türnischen, wo sie schliefen, tauchten diese Kindergespenster auf, von der Hoffnung getragen, vielleicht doch noch, in der letzten Stunde des Tages, Mitleid in den Menschenherzen wecken zu können. Sie stellten sich an Laternen, Häuserwände und auf die Fahrbahn, hoben ihre Köpfe in die Höhe und winselten monoton, daß sie hungrig seien. Die Musikalischeren von ihnen sangen. Mit dünnen, schwachen Stimmchen sangen sie die Geschichte vom jungen Soldaten, der in der Schlacht verwundet wird und, von allen auf dem Schlachtfeld verlassen, sterbend „Mutter!" ruft. Aber seine Mutter ist nicht bei ihm. Sie ist weit fort und weiß nicht, daß ihr Sohn im Sterben liegt, und nur die Erde wiegt mit dem Rauschen der Bäume und Gräser den Armen in den ewigen Schlaf: „Schlafe, mein Söhnchen, schlafe, mein Lieber!" Und eine Blüte, die von einem Baum auf seine tote Brust gefallen ist, ist sein einziges Ehrenkreuz.

Andere Kinder versuchten den Leuten ins Gewissen zu reden und sie zu überzeugen: „Wir sind wirklich sehr, sehr hungrig. Wir haben schon lange nichts mehr gegessen. Gebt uns ein Stückchen Brot, und wenn's kein Brot ist, dann wenigstens eine Kartoffel oder eine Zwiebel, damit wir bis morgen durchhalten."

Aber kaum jemand hatte diese eine Zwiebel, und wenn er sie hatte, dann hatte er kein Herz. Der Krieg hatte es zu Stein werden lassen.

Ungefähr in der Woche vor Beginn der Aktion (22. Juli 1942) traf ich Roman Kramsztyk zum letzten Mal. Er war abgemagert und nervös, obwohl er es zu kaschieren versuchte. Er freute sich, mich zu sehen.

„Sie sind noch nicht auf Tournee?" versuchte er zu scherzen.

„Nein", erwiderte ich kurz. Ich war nicht zum Scherzen aufgelegt.

Dann stellte ich auch ihm die Frage, die man sich damals gegenseitig zu stellen pflegte: „Was denken Sie? Siedeln sie uns alle aus?"

Er antwortete nicht, sondern bemerkte ausweichend:

„Schlecht sehen Sie aus!" Er sah mich voller Mitgefühl an. „Sie nehmen sich das alles zu sehr zu Herzen."

„Wie auch nicht?" Ich zuckte die Achseln.

Er lächelte, zündete sich eine Zigarette an, schwieg eine Weile, dann sagte er:

„Sie werden sehen, eines schönen Tages ist das alles zu Ende, denn ...", er ruderte mit den Händen, „denn das hat doch schließlich keinen Sinn ..."

Er sagte das mit komischer, ein wenig ratloser Überzeugung, als könnte die Sinnlosigkeit von Geschehnissen zur Not ein ausreichendes Argument dafür sein, daß sie aufhörten.

Sie hörten leider nicht auf. Alles wurde sogar noch schlimmer, als in den darauffolgenden Tagen Litauer und Ukrainer in die Aktion mit einbezogen wurden. Sie waren genauso bestechlich wie die jüdische Polizei, wenn auch auf eine andere Art. Sie nahmen Schmiergelder, aber gleich, nachdem sie sie erhalten hatten, mordeten sie die Menschen, von denen sie das Geld genommen hatten. Sie mordeten überhaupt gern: aus Sport, um sich die Arbeit zu erleichtern, als Schießtraining oder auch nur einfach zum Spaß. Sie töteten Kinder vor den Augen ihrer Mütter und amüsierten sich über deren Verzweiflung. Sie schossen Menschen in den Bauch, um zu sehen, wie sie sich quälten, oder ein paar von ihnen schleuderten aus einiger Entfernung Handgranaten nach ihren in einer Reihe aufgestellten Opfern, um sich zu messen, wer besser traf. Jeder Krieg schwemmt Bruchteile von Nationalitäten an die Oberfläche, die zu feige sind, offen kämpfen zu wollen, zu armselig, irgendeine selbständige politische Rolle spielen zu können, schändlich genug, die Funktion von bezahlten Henkern für eine der kämpfenden Mächte zu übernehmen. In diesem Krieg waren das die ukrainischen und litauischen Faschisten.

Als einer der ersten nach ihrem Eingreifen in die Aussiedlungsaktion kam Roman Kramsztyk ums Leben. Nachdem das Haus, in dem er wohnte, umstellt war, ging er auf den Pfiff hin nicht in den Hof hinunter. Er zog es vor, bei sich, inmitten seiner Bilder, erschossen zu werden.

Etwa zur gleichen Zeit fanden die Gestapoagenten Kon und Heller ihr Ende. Sie hatten sich nicht schlau genug etabliert, oder vielleicht zu sparsam. Sie bezahlten nur eine der Warschauer SS-Zentralen, und ihr Pech war es, daß sie ausgerechnet Männern der anderen in die Hände fielen. Die vorgelegten Legitimationen, die von der konkurrierenden SS-Abteilung ausgestellt waren, versetzten die Rivalen in noch größere Wut. Sie beschränkten sich nicht darauf, Kon und Heller zu erschießen, sondern ließen Abfallwagen herbeischaffen. Und auf diesen, zwischen Müll und Unrat, absolvierten die beiden Potentaten ihre letzte Fahrt durchs Getto – in ein Massengrab.

IZABELA GELBARD

Władysław Broniewski.

„Leutnant Czajka (Izabela Gelbard), für mich ganz einfach Bela, war eine der populärsten Persönlichkeiten Warschaus. Ihre blitzende Intelligenz, ihr Bewandertsein in Literatur, Malerei, Theater, überhaupt ihre Kenntnisse auf dem Gebiet der Bildenden Künste und auch ihre Allgegenwart, ihre Vertrautheit mit allem Großen und Kleinen trugen nicht wenig zu dieser ungeheuren Popularität bei, deren sie sich schon erfreute, als ich sie kennenlernte, im Jahr 1925 ... Nie hätte ich jedoch vermutet, daß Bela einmal anfangen würde, Gedichte zu schreiben ... daß sie zum Sprachrohr jüdischen Leidens werden würde nach den im Warschauer Getto verbrachten Jahren, nach diesem Tanz auf dem Seil eines fast sicheren Todes – in den Klauen der Gestapo, bei den Partisanen, im Untergrund.

Julian Tuwim erklärt in seinem berühmten Artikel ‚Wir – die polnischen Juden' [s. S. 287–291], es sei ihm angesichts des in der Geschichte einmaligen Martyriums der Juden bewußt geworden, daß er Jude sei. Der Schöpfer der ‚Polnischen Blumen' – ein ganzes Leben hindurch weit entfernt von allen Gettos und seelisch tief verwurzelt im Polentum – empfand plötzlich Gemeinsamkeit mit dem gemordeten, wehrlosen Volk ...

Belas Gedichte sind Chronik und Hymnus, Anklageschrift und Jeremiasklage. Keine Lektüre für die modernen Formalisten, dennoch ein *poetisches* Dokument der Zeiten, die wir glücklich hinter uns haben. Ich kenne zur Genüge den Unwillen meiner Altersgenossen: ‚Ach, Schluß, endlich mit diesen makabren Sachen. Diese Lager, Erschießungen, Krematorien ...' Nein, nicht Schluß damit!

Wie fand im gespenstischen Warschauer Getto diese ins letzte Elend hinabgestoßene intelligente und subtile Frau die Kraft zum Durchhalten und den Willen zum Leben? Ich glaube, daß ihr die Poesie geholfen hat, die Trösterin der Betrübten, die es nicht zuläßt, daß man den menschlichen Stolz, heiß und stark, verkörpert von Gestalten wie Korczak, Kramsztyk, Czerniaków (den ‚Helden' dieses tragischen Gedichtbandes), wie Szaja Judkiewicz, aufgibt, vergißt ...“

(Frei nach Władysław Broniewskis Vorwort zu den „Pieśni żałobne Getta“, „Trauergesänge des Gettos“, von Izabela Gelbard, Łódź, am 23. März 1946.)

Isabela Gelbard:

„Dieser Band ‚Gesänge' ist keine dichterische Errungenschaft, dessen bin ich mir wohl bewußt. Es handelt sich hier nicht um Dichtung im Vollsinn des Wortes. Ich schrieb diese Gesänge in den Jahren des Hungers und der ständigen Flucht. Von einem Ort zum anderen nahm ich, unter der Kleidung versteckt, die Blätter mit mir, ob ich nun mit dem Zug fuhr, mit einem Fuhrwerk auf der Chaussee, mich in Wäldern oder auf Dachböden versteckte. Ich war mir klar darüber, daß mein Tod um vieles grausamer sein würde, wenn man sie bei mir fand, trotzdem trennte ich mich keinen Augenblick von ihnen. Wir haben überlebt – ich und meine Lieder.

Alle Menschen, über die ich schreibe, waren meine Freunde; nicht eine einzige Gestalt ist ausgedacht.

Ich habe mich bemüht, ihr Leben wahrhaftig zu schildern, und bei ihrem Tod bin ich Augenzeuge gewesen. Das ist alles."

Klage um Szaja Judkiewicz

Bedeckt die Häupter und entzündet Kerzen,
wendet die Spiegel um und weinet laut;
denn wo man hinschaut, ob nach Norden, Süden,
Tod, Blut und Marter sind dem Jud' vertraut.

Ich seh die Gesichter – mehr als hunderttausend,
bin wieder im Getto, spür des Hungers Wut
und trage den Flicken – o heiße Tränen! –
das Warten auf Wunder, der Hoffnung Glut.

Von Millionen Leben meiner Schwestern und Brüder
blieb nur ein einziges namenloses Grab.
Der verlor die Kinder – er seine Eltern,
sie verlor den einen, der den Ring ihr gab.

Mütter und Greise und wehrlose Kleine,
unserer Väter heiliger Hände Trutz,
die während des Schlachtens, in Blut und in Flüchen,
ihren Gott anriefen: „HERR, DU bist unser Schutz …"

Aber er schützte nicht – er war nicht im Getto,
wahrscheinlich würgt ihn dafür jetzt die Scham.
Auch Szaja Judkiewicz kam um. Wer das war,
der Judkiewicz? Ein alter, frommer jüdischer Mann ...

Szaja Judkiewicz – vierundneunzig lange
Jahre sah sein halberloschener Blick.
Wahrhaft glaubte er an Gott und er war ehrlich,
wenn er die Enkel lehrte: „ER lenkt unsern Schritt!"

Szaja Judkiewicz! O Straßen des Gettos ...
Kaftan, Mütze, Bart, Pejes und müde Haut ...
Verhängt die Fenster und entzündet Kerzen,
wendet die Spiegel um und weinet laut!

Szaja Judkiewicz (die Kinder ließen ihn leben,
den Eltern gaben sie Gift, um zu enden die Qual) –
es betete Szaja im Totengewande,
an Stirn und Arm die Tfiln – des Höchsten Mal.

Es betete Szaja um eines mit Tränen,
das zitternde Haupt gewendet nach Ost:
„Laß mich sterben eingehüllt in den Tallis,
vor DICH würdig zu treten sei mein größter Trost."

Und er packte das Totengewand zusammen
und das Buch Sider und des Tallis Streif:
„Atu Adonaj, sieh des Greises Tränen!
Ich bin schon so matt und zum Tode reif ...

Tfiln – jidd. für Tefillin (hebr. Tefila = Gebet), Gebetsriemen. Schwarze
Riemen mit einem dazugehörigen Kästchen, das vier auf Pergament
geschriebene Ausschnitte aus dem Pentateuch (griech. „Fünfrollenbuch",
Bezeichnung der Fünf Bücher Moses) enthält. Tefillin werden von den
Männern an gewöhnlichen Wochentagen – also nicht am Sabbat –
beim Morgengebet am linken Arm und an der Stirn getragen.
Tallis – (hebr. Talit = Gebetsmantel), viereckiges Tuch mit vier Qua-
sten an den Spitzen; als Überwurf tragen ihn fromme Juden beim
Morgengebet.
Sider – jidd. von Sidur = Gebetbuch

Gib nicht dem Hohne preis des Sohnes Leichnam,
alles Trejfene ich mein Lebtag mied.
O ewiger, göttlicher Urgrund der Welten,
laß mich nur sterben als *a fromme Jid*!"

Am weißen Barte zerrten sie ihn aus der Reihe ...
Das Gesicht zerstach ihm Eisen – eines Deutschen Mut.
Die Brust durchbohrt' ein Bajonettstich, den Lauf zu beschleun'gen,
bis aus den betenden Lippen tropfte das Blut.

Öffnet die Fenster, werft hinaus die Kerzen,
zerschlagt alle Spiegel, leer sei jede Wand!
Auch keine Klage mehr und keine Trauer,
ballt doch zu Fäusten endlich eure Hand!

Tallis und Sider rissen sie ihm aus den Händen –
ein zitterndes, blutendes, hilfloses Kind –
in qualvollem Sterben seinen Gott beschützt' es,
seines Gottes Vergebung erbat es und vertraute blind:

„O Adonaj! Ohne Totenkleid, ohne Tfiln,
verzeih mir, vergib mir, DU bist groß, HERR DER GNAD!
DEIN Erbarmen umfängt mich, DEIN Erbarmen umhüllt mich,
obschon ohne Tallis, den der Feind zertrat."

Reb Szaja Judkiewicz – die Erzengel fliegen,
vom Gettofriedhof blieb nur ein altes Lied.
Öffnet die Türen und Fenster, löscht aus alle Kerzen!
Reb Szaja trat vor Gott als *a fromme Jid*.

Dobrzyniec, November 1942

Trefenes — (hebr.) T'rfa (jidd. trejfe): das Gerissene, Zerrissene, das
nach mosaischem Gesetz nicht gegessen werden darf; sekundär alles
nach den rituellen Speisevorschriften Unerlaubte und alles als unrein
Betrachtetes

ANNA KAMIEŃSKA

Traum von Janusz Korczak

Ich auch. Und nicht einmal damals am meisten, als ich jung war.
Ein Junge braucht nicht viel. Er glaubt die Welt in der Hand zu halten, wenn er eine Frau berührt hat. So einfach ist das. Die Natur
handelt in uns. Aber später, als ich gewahr wurde, daß ich zu altern
begann, da hab ich mich gewundert. Als ich mich zum ersten Mal
richtig im Spiegel sah. Also, so ist das? Also auch ich? Weshalb
nicht? Und Bedauern. Daß man vielleicht etwas Wichtiges im Leben
verpaßt hat. Eine Freundschaft. Einen Menschen. Und daß das nun
für immer so bleiben wird. Diese Einsamkeit. Wie Nacht in den
Augen. In solchen Augenblicken vergißt der Mensch, daß er einen
anderen Menschen sowieso nicht als Eigentum haben kann. Bei sich
behalten. Für sich. Für immer, wie die Kinder sagen. Da hast du
das Stückchen Glas, die Muschel, den Korken. Ich geb sie dir für
immer. Fast alles menschliche Unglück rührt daher, daß ein Mensch
einen anderen Menschen als Eigentum und für immer haben will.
Man vergißt, daß man selber auch zu keinem gehören kann. Wem
gehörst du? fragen sie den Kleinen. Mir. Jeder ist der Seinige, und
wenn er der Seinige ist, dann ist er Gottes — wie die Luft und das
Wasser. Also weder Luft noch Wasser. Weder Frau noch Kind.
Aber vielleicht, wenn man Kinder hätte, eigene Kinder, Söhne,
Töchter. Nur daß Eltern nie die eigenen Kinder erziehen können.
Nicht einmal reden können sie mit ihnen. Da ist so eine Wand. Mit
fremden ist es leichter. Man hat seine Methoden. Und man sieht
einen Menschen vor sich. Nicht den Sohn. Nicht die Tochter. Sondern einen Menschen, der Probleme hat, der wie jeder etwas will,
etwas tun, etwas gelten will. Und nicht weiß, wie. Nicht kann. Sich
schämt. Verstockt. Nicht begreift. Und der Vater knallt gleich die
Türen. Und die Mutter weint. Denn sie wollen, daß die Kinder alles, was ihnen selber nicht gelungen, was ihnen unter der Nase
entwischt ist … Und dabei ist da ein Mensch. Ein einzelner Mensch.
Und er muß ganz von vorn anfangen, allein. Vielleicht ist es daher
besser, daß ich keine eigenen Kinder gehabt habe. Aber die fremden standen mir noch näher. Und sie hatten keine Angst. Daß ich
haue, daß ich schreie. Du hast was angestellt. Wart's ab. Du wirst
leiden und wieder aufhören zu leiden. Man muß nicht verlangen,

daß eines groß oder berühmt oder reich wird. Mag es werden, wie es will.

Und ich selber? Wie steht's da mit dem Leiden? Mit der Einsamkeit? Mit den leeren Abenden? Mit den manchmal zu langen Nächten? Mir hab ich dasselbe gesagt: du wirst leiden und wieder aufhören zu leiden. Das vergeht. Bis zur Hochzeit ist alles wieder heil. Alles geht vorüber. Und gut. Wir Ärzte wissen, daß ein Sinn, der nicht gefordert wird, verdorrt, abstirbt. Und schon tut es nicht mehr so weh. Und dann, aus der Entfernung, aus der Perspektive, einer wie der andere. Jeder erleidet sein Teil. So oder anders.

Und die Liebe? Man muß nicht große Worte machen. Das zweite göttliche Gebot: „Du sollst den Namen deines Gottes nicht unnütz führen…" Liebe, das ist der Name Gottes. Man muß ihn nicht unnütz führen. Wenn Icek nachts ins Bett macht und die Pflegerin herbeieilt und alles säubert und trocknet und ihn beruhigt, weil er sich schon schämt und weint. Und sie wechselt das Laken. Und wäscht es aus. Und es ist Nacht, und alle schlafen längst. Ist das Liebe oder nicht? Oder wenn jemand, der niemandes Vater ist, von Tür zu Tür geht, um Brot zu erbitten für seine Kinder? Manchmal geben sie ihm welches, manchmal schlagen sie ihm die Tür vor der Nase zu, und manchmal kränken sie ihn und lachen ihn aus. Das ist Liebe, oder nicht? Ich weiß es nicht. Wissen Sie, ich kenne mich damit nicht aus. Vielleicht bin ich alt. Oder vielleicht sehen Ärzte die Dinge ganz anders. Irgendwie normal. Alltäglich. Aber vielleicht auch, weil ich Jude bin. Auch Juden sehen solche Dinge mehr natürlich. Sie haben ihren Herrgott. Haben die Gebote. So und so gut. Und so – schlecht. Das ist ein altes Volk. Heimgesucht. Es hat mit Gott geredet. Ob ich an Gott glaube? Ich bin Jude. Kann ein Jude nicht an Gott glauben? Das ist keine Jude mehr. Als würde sich einer von seinem eigenen Vater lossagen. Er schämt sich, weil er alt und langsam ist. Und bestimmt unmodern. Und weil er nach Zwiebel riecht. Und der Sohn ist ein großer Herr geworden. Reich. Aber reich bedeutet noch lange nicht: mit Gott. Arm schon, arm bedeutet ja: bei Gott.

Und ob ich bete? Immer. Immer, wenn ich schreibe. So ist das Gebet eines Schriftstellers. Vielleicht jede achtsame Arbeit. Und wenn ich nicht schlafen kann. Übermüdet. Und die Gedanken gehen von Wand zu Wand, klopfen, und plötzlich: das Haus, Vater, Mutter, Großmutter. Alles, was war und nicht wiederkehrt. Aber war. Nicht

---

Arm schon, arm bedeutet ja bei Gott. – Ein im Deutschen nicht wiederzugebendes Wortspiel: Bóg = Gott; ubogi = arm; aber: u Boga = bei Gott. Auch das Wort bogaty (reich) weist Anklänge an Bóg (Gott) auf.

jedem Reichen ist es vergönnt, Erinnernswertes zu besitzen. Und als Reicher denkt er: allein hab ich's errungen. Allein. Ich bin wichtig. Doch ich bin unwichtig, völlig unwichtig, aber ich war ein Kind. Und ein Reicher würde sagen: man hat in mich investiert. So viel hineingesteckt, daß es fürs Leben reicht. Und ich danke Gott. Ich sage nicht: Ich danke Dir, Herr, unser Gott, König des Alls. Manchmal sag ich's auch. Doch manchmal ist einfach Dankbarkeit in mir vom Kopf bis zu den Zehenspitzen. Weil es so viele gute Menschen gibt und gute Kinder, aus denen einmal Menschen werden.

Schlechte gibt's auch, aber sie sind nicht schuld. Sie tun Böses wie Blinde. Mit blinden Händen. Retten kann sie nur unsere Vergebung. Sie sind böse, weil man ihnen Unrecht getan oder sie betrogen hat. Und die, die sie betrogen haben? Der Mensch, wenn er Schlechtigkeit, Leid und Unrecht säen muß, denkt sich Anschauungen aus, damit diese für ihn handeln. Aber der Mensch an sich ist gut. So viele gute Menschen gibt es, nur daß man sie leichter vergißt. Also Dankbarkeit. Auch daß ich in dem allen mit drinstecke. Daß ich mit ihnen sein kann. Und sogar ein bißchen gelten. Obwohl ich nichts Besonderes bin, weder schön noch groß. Größe war immer weit von mir entfernt. Und auch dafür danke ich Gott. Daß ich so grau und unscheinbar bin, daß sie mich oft gar nicht bemerken. Ich stehe da, sie merken es nicht, grüßen nicht. Sie sehen mich nicht. Es gibt solche, die man nicht sieht. Als ob sie eine Tarnkappe trügen.

Märchen sind weise. Darum erzähle auch ich hin und wieder Märchen. Den Kindern. Oder wenn ich schreibe. Das sind alles Märchen. Und die Leute sagen: Das sind Märchen. Das soll heißen, es ist nicht wahr. Doch ich erzähl ein solches Märchen, damit Wahrheit darin ist, wenn auch nicht an der Oberfläche, keine solche glotzäugige Wahrheit, die einen mit großen Augen anstarrt. Eine verborgene. Wie eine gute Nuß in einer harten Schale. Daß man sie auf einen Stein legen und mit einem anderen Stein ordentlich draufklopfen muß, damit sie herausspringt.

Also jetzt haben wir wohl über alles gesprochen. Über die Einsamkeit und auch über die Liebe, ja, und sogar über Gott, und über Märchenwahrheit. Das ist doch wohl alles. Nein? Noch nicht? Ach, ja, stimmt… Da ist noch was. Der Tod. Warum wollen Sie unbedingt, daß ich über den Tod rede? Schließlich wissen Sie genau, daß ich bereits tot bin. Also was gibt's da noch zu reden? Daß ich anders gestorben bin, als ich gedacht habe, nicht im Bett, nicht mit Pflastern und Arzneien versorgt, nicht mit Decken zugedeckt und einem Schieber unterm Bett? Der stinkt auch. Niemand sucht sich seinen Tod aus. Dieser Tod ist Million. Und Million, das zählt schon nicht mehr. Das ist nichts. Ein Tod schmerzt. Aber eine Million ist nichts als eine kalte Zahl. Das redet man so dahin, Sie wissen, daß das nicht wahr ist. Einer oder eine Million. Eine Million, das sind eine Million Einzelwesen, und jedes hatte eine Mutter, einen Vater, einen Namen. Und hat Herz, Nieren, Gehirn, Leber und alles andere. Wenn es sich den Finger verletzt, weint es. Und hier gleich der Tod. Nein, das wird keiner verstehen. Und daß es nicht nur Alte waren, sondern auch Kinder. Ein Arzt weiß, wie Kinder sterben. Sie sind klug, sicher klüger als die Alten, die schon wirr im Kopf sind. Kinder, wenn sie sterben, werden sogleich alt. Sie wissen mehr als wir. Und wissen Sie was? Sie sind arm. Sie sind bei Gott und wissen, daß kommt, was kommen soll, und daß der Vater sie nicht verläßt. Und selbst wenn er sie verlassen müßte, würde er noch etwas erfinden, so etwas, daß es sich sowohl zu leben als auch zu sterben lohnte.

Denn wenn's nicht zu sterben lohnt, dann lohnt sich's auch nicht zu leben. Auf dieser Seite sieht man das endlich ganz deutlich. Ob das klug ist? Ich weiß es nicht. Was könnte Ihnen ein Schatten, der kommt und geht, Kluges sagen? Ganz wie ein Mensch auf Erden...

Zaborów, 13. August 1977

JANUSZ KORCZAK

Letzte Seiten

21. Juli [19]42

Morgen werde ich dreiundsechzig oder vierundsechzig Jahre alt. Vater hat für meine Geburtsurkunde einige Jahre gebraucht. Ich erlebte aus diesem Grunde ein paar schwere Augenblicke. Mama nannte es eine sträfliche Nachlässigkeit: als Anwalt hätte Vater die Sache mit der Geburtsurkunde nicht verschleppen sollen.

Ich heiße nach meinem Großvater, und Großvaters Name war Hersz (Hirsz). Vater hatte das Recht, mich Henryk zu nennen; denn er selber war Józef genannt worden. Auch die anderen Kinder hatte Großvater mit christlichen Namen bedacht: Maria, Magdalena, Ludwik, Jakub, Karol. Und dennoch schwankte und zögerte er.

Ich sollte viel Platz dem Vater widmen: Ich realisiere im Leben, wonach er gestrebt und was Großvater so viele Jahre lang quälend gesucht hat.

Und die Mutter. Später einmal. Ich bin sowohl Mutter als auch Vater. Dadurch verstehe ich auch viel.

Urgroßvater war Glaser. Ich bin froh darüber: Glas schenkt Licht und Wärme.

Keine leichte Sache, geboren werden und zu leben lernen. Mir bleibt eine viel leichtere Aufgabe: zu sterben. Nach dem Tod kann es wieder schwer sein, aber ich denke nicht daran. Das letzte Jahr oder der letzte Monat oder die letzte Stunde. Ich möchte wissend und mit Bewußtsein sterben. Ich weiß nicht, was ich den Kindern zum Abschied sagen würde. Ich würde viel sagen wollen und so, daß sie völlige Freiheit in der Wahl ihres Weges haben.

Zehn Uhr. Schüsse: einer, zwei, ein paar, zwei, einer, ein paar. Vielleicht ist ausgerechnet mein Fenster schlecht verdunkelt? Aber ich unterbreche das Schreiben nicht.

Im Gegenteil: schwunghafter (ein vereinzelter Schuß) wird mein Gedanke.

Morgen werde ich dreiundsechzig ... – Korczaks Geburtstag fällt mit dem ersten Tag der Vernichtungsaktion zusammen. In den folgenden Tagen wird Korczak dreimal festgenommen und in den „Todeswagen" verladen, und jedesmal wird er ohne eigenes Zutun wieder befreit und nach Hause gelassen.

Alles hat seine Grenzen, nur die freche Schamlosigkeit ist grenzenlos.

Die Behörden haben befohlen, das Spital in Stawki zu räumen. Und die Frau Oberin soll in der Żelazna die Schwerkranken aus Stawki aufnehmen.

Was tun? Eine schnelle Entscheidung, tatkräftiges Handeln. H. und K. haben hundertfünfundsiebzig Kinder im Rekonvaleszenzstadium. Ein Drittel, so haben sie beschlossen, wollen sie bei mir unterbringen. Internate gibt es zwar über fünfzehn, aber unsers ist nah.

Und daß es in einem Zeitraum von einem halben Jahr keine Niedertracht gegeben hat, die man gegenüber den Kranken aus Bequemlichkeit, Halsstarrigkeit oder Dummheit nicht begangen hätte, daß man mit teuflischer Schlauheit mein menschliches, doch so leicht durchführbares Projekt sabotiert, ist gar nichts...

Während meiner Abwesenheit von zu Hause gibt Frau E. ihr Einverständnis, und Frau W. macht sich skrupellos daran, den für ihre und unsere Kinder in höchstem Maße schädlichen und nachteiligen Auftrag auszuführen.

Ausspucken und seiner Wege gehen. Ich erwäge diesen Gedanken seit langem. Mehr – eine Schlinge und Blei an die Füße.

Wieder hat es ein Mißverständnis gegeben. Aber ich bin zu müde, um näher darauf einzugehen.

Heute früh ist Azrylewicz gestorben. Ach, wie schwer ist das Leben, wie leicht ist der Tod!

Spital in Stawki – Am ersten Tag der Vernichtungsaktion im Warschauer Getto bestimmten die Hitlerfaschisten zum Sammelpunkt für die Transporte nach Treblinka den Platz an der Kreuzung Stawki- und Niska-Straße, der zuvor als Umschlagplatz für die Versorgungsanstalt des Judenrates gedient hatte. Der Platz war mit Stacheldraht eingezäunt und durch ein Anschlußgleis mit dem Dworzec Gdański (Danziger Bahnhof) verbunden. Zu diesem Komplex hatte man das benachbarte Krankenhausgebäude Stawki-Str. 6 hinzugenommen, aus dem die Kranken u. a. nach der Leszno-Str. 80, einer Zweigstelle des Kinderkrankenhauses Śliska-Str. 53, verbracht wurden, während ein Teil der Rekonvaleszenten aus dem Kinderkrankenhaus ins Waisenhaus verlegt wurden, wogegen Korczak im Blick auf den ohnehin schon herrschenden Platzmangel Einspruch erhob.

Der gestrige Regenbogen. 27. Juli (19)42
Ein wundervoller großer Mond über dem Lager der Heimatlosen.
Warum kann ich nicht den unglücklichen, verstörten Stadtteil be-
ruhigen?
Nur eine kurze Meldung.
Die Behörden könnten's erlauben.
Im schlimmsten Falle verbieten.
So ein durchsichtiger Plan:
Erklärt Euch, wählt. Wir stellen keine bequemen Wege zur Aus-
wahl. Aufs Bridge heißt es vorläufig verzichten, auch aufs Sonnen-
baden und die schmackhaften, mit dem Blut der Schmuggler bezahlten Mittagessen.
Wählt: Entweder auf die Reise oder Arbeit an Ort und Stelle. Wenn
ihr bleibt, müßt ihr anfertigen, was die Umsiedler brauchen.
Der Herbst ist nicht mehr fern, da brauchen sie Kleidung, Schuh-
werk, Wäsche, Werkzeuge.
Wer sich herausschwindeln will, den erwischen wir, wer sich aus-
kaufen will, gern nehmen wir seinen Schmuck, seine Devisen,
alles, was Wert besitzt. Und wenn er das letzte hergibt – Hauptsache schnell –, fragen wir ihn von neuem: „Hier oder da? Und
was eigentlich, was?"
Nur kein Strand, kein Bridge, kein angenehmes Nickerchen nach
dem Zeitunglesen.
Ein für das Allgemeinwohl tätiger Mensch bist du? Bitte sehr.
Einstweilen kannst du so tun als ob, und wir werden so tun, als
glaubten wir es. Überhaupt glauben wir, solange es uns paßt und
was uns paßt. Verzeihung: nicht was uns paßt, sondern was im
Plan steht.
Wir leiten eine gigantische Industrie. Ihr Name: Krieg. Wir arbeiten planmäßig, streng und diszipliniert. Eure kleinen Interessen,
Ambitionen, Sentiments, Kapricen, Vorbehalte, Wehwehchen, Eß-
gelüste gehn uns nichts an.
Sicher, Mutter, Mann, Kind, Greisin – ein antikes Möbelstück,
eine Lieblingsspeise –, das alles ist lieb und brav und herzergrei-
fend. Doch vorläufig gibt's wichtigere Dinge. In einer freien Minute kehren wir auch zu diesen Angelegenheiten zurück.
Inzwischen muß man eventuell, um das Ganze nicht unnötig hin-
zuziehen, etwas rauh, schmerzhaft und ohne besondere Präzision
vorgehen; ohne Feinheit, will ich mal sagen, und sogar ohne
Exaktheit. Grob behauen für den laufenden, termingerechten Gebrauch.
Ihr stöhnt schließlich selber, daß es bald ein Ende haben möge.
Wir auch. Also hindert uns nicht!

Juden nach Osten. Da hilft kein Handeln. Nicht um die jüdische Großmutter geht's, sondern darum, wo du nützlicher bist: deine Hände, dein Verstand, deine Zeit, dein Leben. Großmutter hin, Großmutter her. Man braucht einen Angriffspunkt, einen Schlüssel, eine Parole.

Du kannst nicht nach Osten – du stirbst dort. Also wähl anders. Du mußt es allein – und du mußt riskieren. Denn wir müssen ja zum Schein stören, drohen, verfolgen und – ungern – strafen. Du kommst aufdringlich mit einem neuen Bündel Geld angekrochen? Wir haben dafür weder Zeit noch Lust. Wir spielen nicht bloß Krieg, sondern man hat uns befohlen, ihn möglichst schnell und gründlich und möglichst anständig zu führen. Die Arbeit ist weder sauber noch angenehm noch verlockend. Folglich müssen wir nachsichtig sein gegenüber unseren uns im Moment notwendigen Arbeitern.

Der eine liebt den Schnaps, der andere die Mädchen, ein dritter tut sich gerne groß, wieder ein anderer das Gegenteil: er fürchtet sich und traut sich nichts zu.

Wir wissen: Fehler, Schwächen. Aber sie haben sich termingerecht gemeldet, während du philosophierst und es immer wieder aufgeschoben hast. Entschuldigung, aber ein Zug muß befehlsgemäß kursieren, nach einem im voraus festgesetzten Plan.

Hier die Eisenbahnlinie.

In dieser Richtung Italiener, Franzosen, Rumänen, Tschechen, Ungarn. Dort Japaner, Chinesen, sogar die Salomonen, sogar Menschenfresser. Bauern, Bergbewohner, Bürger, Intelligenz.

Wir Deutschen – nicht ums Firmenschild geht es, sondern um die Taxe, um die Bestimmung der Erzeugnisse.

Wir sind die Eisenwalze oder der Pflug oder die Sichel. Hauptsache, daß es aus diesem Mehl Brot gibt. Und das gibt es, wenn ihr nicht stört. Wenn ihr nicht im Wege steht. Nicht winselt, euch nicht aufregt, nicht die Luft verpestet. Und selbst wenn ihr uns manchmal leid tut, müssen wir doch mit Peitsche, Stock oder Bleistift ... Denn Ordnung muß sein.

Ein Plakat.

„Wer dies oder das tut – Erschießen."

„Wer dies oder das nicht tut – wird erschossen."

Einer drängt sich selber auf. Ein Selbstmörder? Was soll man machen?

Einer fürchtet sich nicht. Heil! Ein Held.

Sein Name wird leuchten, aber – aus dem Weg, wenn's nicht anders geht.

Ein dritter fürchtet sich, wird grün und blau vor Angst, läuft alle

Augenblicke auf die Toilette, narkotisiert sich mit Tabak, Alkohol, Frauen – und will unbedingt nach seiner Nase. Was soll man mit so einem anfangen?

Die Juden haben Verdienste. Und Fähigkeiten, und Mose und Christus und Geschäftigkeit und Heine und eine alte Rasse und der Fortschritt und Spinoza und die Hefe und die ersten und opferbereit. Stimmt alles. Aber außer den Juden gibt es auch sonst noch wen und was.

Die Juden sind wichtig, aber später – versteht ihr –, morgen. Freilich wissen wir und erinnern wir uns. Eine wichtige Position, aber nicht die einzige.

Wir beschuldigen nicht. Dasselbe war mit den Polen, und dasselbe ist es sogar jetzt mit Polen und mit Palästina und mit Malta und mit Martinique und mit dem ehrwürdigen Proletarier, dem Weißhaupt und der Waise, dem Militarismus und dem Kapitalismus. Aber nicht alles auf einmal. Eine Reihenfolge und gewisse Tagesordnungspunkte müssen sein.

Ihr habt's schwer und wir nicht leicht. Um so mehr, da ohne Büfett, wo man sich jederzeit vor einer beschwerlichen Debatte hatte hinflüchten können.

Du mußt, Bruder, der programmatischen Rede der Geschichte über ihr neues Blatt lauschen.

Warum ich das Geschirr abräume

Ich weiß, es gibt viele, denen mißfällt, daß ich nach den Mahlzeiten das Geschirr abräume. Selbst die Diensttuenden mögen es offenbar nicht. Schließlich schaffen sie es. Sie sind genug. Wenn sie zu wenig wären, könnte man einen oder zwei noch hinzunehmen. Also was soll diese Schrulle, diese Dickköpfigkeit oder vielleicht sogar häßliche Angabe, daß ich so arbeitsam und so demokratisch bin?

Was noch schlimmer ist: wenn einer mit einem wichtigen Anliegen kommt, lasse ich ihn warten und sage: „Jetzt bin ich beschäftigt."

Auch eine Beschäftigung: Terrinen, Löffel, Teller einsammeln.

Aber das allerschlimmste ist, daß ich es ungeschickt mache, beim Austeilen des Nachschlags hinderlich bin, die eng um die Tische Sitzenden anstoße. Ich störe sie dabei, die Terrinen und Schüssel-

---

Warum ich das Geschirr abräume – Korczaks letzter Artikel in der Waisenhauszeitung

164

chen auszulecken. Man kann sogar den Nachschlag einbüßen. Ein paarmal fiel mir etwas aus den tolpatschig getragenen Gefäßen. Wenn das einem anderen passiert wäre, hätte es einen Anschnauzer gegeben. Durch diese Wunderlichkeit fühlen sich die einen irgendwie schuldig, weil sie mir die Marotte nachsehen, und die anderen, weil sie das Gefühl haben, mich auszunützen.

Wie denn, sehe und begreife ich nicht selber, wie es steht? Wie aber soll man verstehen, warum ich das mache, wenn ich hier jetzt schreibe, daß ich weiß, sehe und verstehe, daß ich statt einer Hilfe ein Hindernis bin?

Eine merkwürdige Sache: ich spüre, daß jeder denkt, ich sollte besser kein Geschirr abräumen, aber keiner fragt mich, warum ich es eigentlich tue. Keiner fragt mich: „Warum tun Sie das? Weshalb stören Sie?"

Trotzdem hier meine Erklärung:

Wenn ich selber abräume, sehe ich die gesprungenen Teller, sehe verbogene Löffel, zerkratzte Schüsselchen. Schneller mache ich für die Diensttuenden die Tische zum Säubern frei, sehe, wie nachlässige Tische halb aristokratisch, halb flegelhaft Löffel, Messer, Salzfäßchen und Becher durcheinanderwerfen, anstatt sie dort hinzulegen, wo sie hingehören. Manchmal beobachte ich heimlich, wie die Zulagen ausgeteilt werden, oder schau nach, wer bei wem sitzt, und dabei denke ich über dieses und jenes nach. Denn wenn man etwas tut, dann nie gedankenlos. Die Arbeit eines Kellners ist für mich nützlich, angenehm und interessant.

Aber nicht das ist maßgebend. Maßgebend ist etwas ganz anderes. Etwas, worüber ich unzählige Male gesprochen und geschrieben und worum ich seit dreißig Jahren, seit der Entstehung des Waisenhauses, ohne alle Hoffnung auf einen Sieg, ohne sichtbare Wirkung gekämpft habe. Und obgleich erfolglos, will und kann ich diesen Kampf nicht aufgeben.

Ich kämpfe darum, daß im Waisenhaus die Unterscheidung zwischen feiner und gewöhnlicher, kluger und dummer, sauberer und schmutziger Arbeit, zwischen Arbeit für höhere Töchter und Arbeit für den gemeinen Pöbel wegfällt. Im Waisenhaus sollte es keine ausschließlichen Handarbeiter und keine ausschließlichen Kopfarbeiter geben.

Im Magistratsinternat in der Dzielna erregt es Anstoß und Mißfallen, daß ich der Reinemachefrau die Hand gebe und das sogar dann, wenn sie gerade die Treppe scheuert und feuchte Hände hat. Dagegen vergesse ich häufig, Doktor Hirszbraun zu begrüßen, und habe sogar schon den Gruß von Doktor Mayzner und Doktor Balaban unerwidert gelassen.

Ich schätze ehrliche Arbeiter. Ihre Hand ist für mich rein und ihre Meinung goldwert.

Die Wäscherin und der Wächter werden in der Krochmalna-Straße nicht darum zur Sitzung eingeladen, damit es ihnen Freude macht, sondern damit sie als Fachleute dort raten und helfen, wo eine schwierige Sache ohne ihren Beistand den Paragraphen 3 bekäme.

In der Wochenzeitung, vor mehr als zwanzig Jahren, war ein Witz. Nein, nicht Witz, sondern witzige Bemerkung. Irgendein Josek, ich erinnere mich nicht mehr, welcher, denn es hat viele gegeben, konnte eine Rechenaufgabe nicht lösen, und er quälte sich lange, bis er endlich ausrief: „Ich weiß nicht, wie man das macht, ich geb ihr Paragraph 3."

Keiner ist besser oder klüger, weil er im Magazin und nicht mit der Karre arbeitet. Auch ist nicht besser oder klüger, wer Anordnungen treffen darf. Ich bin weder besser noch klüger, weil ich Legitimationen unterschreibe oder die Opfergaben quittiere. Diese dumme Tätigkeit könnte viel sorgfältiger und besser irgendein dritter, selbst aus einer anderen Abteilung, ausführen.

Eine ordinäre Kassiererin ist für mich nichts weiter als eine ordinäre Person, eine Rotzgöre. Herr Lejzor ist für mich ein edler Mensch, auch wenn er im Unrat der Rohre und Kanäle herumstochert. Wenn Fräulein Nacia Kartoffeln schälte, wäre sie für mich ebenso achtenswert wie jetzt, da sie Maschine schreibt. Und es ist nicht meine Schuld, daß sich die Krankenpflegerin Fräulein Irka die unangenehmeren Arbeiten von Mira machen läßt, und Frau Róża Sztokman, die ich gleichfalls schätze, sich ab und an eine Verschnaufpause gönnt und das Klosett oder den Fußboden in der Küche nicht scheuert.

In der Landwirtschaft nennt man das Fruchtwechsel, in der Hygiene und im Gesundheitswesen nennt man das Klimawechsel, und in der Kirche nennt man das einen Akt der Demut. Den Papst nennen sie den Heiligen Vater, die Würdenträger knien vor dem Papst und küssen seinen Pantoffel. Der Papst aber wäscht alljährlich in der Kirche zwölf Bettlern die Füße.

Paragraph 3 – § 3 der Satzung des Waisenhaus-Schlichtungsausschusses lautete: „Der Ausschuß weiß nicht, wie es sich in Wirklichkeit verhalten hat, und verzichtet folglich darauf, ein Urteil zu fällen."

Róża Sztokman – Róża Sztokman-Azrylewicz, ehemaliger Zögling und langjährige Wirtschaftsleiterin des Waisenhauses, ging gemeinsam mit ihrem fünfjährigen Töchterchen Romcia und ihrem Bruder Henryk Azrylewicz in den Tod.

Hochfahrend sind die Juden, und darum verachtet man sie so. Ich glaube, daß sich das ändern wird, vielleicht sogar bald. Und indessen ärgert Euch nicht, bitte, wenn ich das Geschirr abräume oder die vollen Kübel im Abort ausgieße. Wer sagt: „Eine schmutzige, weil körperliche Arbeit", der lügt. Schlimmer noch, wenn ein Heuchler sagt: „Arbeit schändet nicht" und sich selber nur Beschäftigungen sucht, wo er sich um keinen Preis die Hände schmutzig machen muß.

1. August [1942]

Wenn das Kartoffelkraut zu üppig sprießt, fährt eine schwere Walze über die Pflanzen hinweg und walzt sie platt, damit die Frucht in der Erde mehr Zeit zum Reifen hat.

Ob Mark Aurel die Sprüche Salomos gekannt hat? Wie besänftigend wirkten seine „Selbstbetrachtungen".

Ich hasse – oder vielleicht versuche ich auch nur gegen sie anzugehen – einzelne Individuen. Solche H's, solche G's.
Ich klage die Deutschen nicht an: sie arbeiten – oder besser, planen logisch und wirkungsvoll, sie müssen sich ärgern, wenn man sie stört. Dumm stört.
Ich störe auch. Sie sind sogar schonungsvoll. Sie „schnappen" nur und befehlen, an Ort und Stelle zu bleiben – sich nicht in den Straßen herumzutreiben, nicht im Wege zu stehen. Ein Gutes tun sie mir; denn beim Bummelngehen könnte mich eine verirrte Kugel erwischen. Und so stehe ich sicher an der Mauer, kann mich aufmerksam und in aller Ruhe umschauen und denken – meinen Gedanken nachhängen.
Ich hänge meinen Gedanken nach.

In Myszyniec blieb ein alter, blinder Jude zurück. Er ging auf seinen Stock gestützt zwischen den Wagen, Pferden, Kosaken, Geschützen umher. Was für eine Grausamkeit, einen blinden Greis zurückzulassen!
„Sie wollten ihn mitnehmen", sagte Naścia. „Aber er hat sich geweigert, fortzugehen, weil doch einer das Bethaus bewachen muß."
Mit Nastka habe ich Bekanntschaft geschlossen, als ich ihr half, ein Eimerchen wiederzufinden, das sie einem Soldaten gegeben und das er nicht wiedergebracht hatte.
Ich bin Nastka und der blinde Jude.

So weich und warm ist es im Bett. Es wird mir sauer, aufzustehen. Aber heute ist Sonnabend – sonnabends wiege ich gleich früh vor dem Frühstück die Kinder. Zum ersten Mal bin ich nicht neugierig, wie das Wochenergebnis ausfällt. Sie müßten zugenommen haben. Ich weiß nicht, warum es gestern zum Abendbrot rohe Mohrrüben gegeben hat.

Anstelle des alten Azrylewicz habe ich jetzt den jungen Julek. Wasser in der Seite. Aus einem andern Grund, aber es macht Beschwerden beim Atmen.
Dasselbe Gestöhne, dieselben Bewegungen und Gesten, derselbe Groll gegen mich, derselbe eigensüchtige und komödiantische Wunsch, die Aufmerksamkeit auf sich zu lenken, vielleicht sogar dafür, daß ich nicht an ihn denke.

Heute hatte Julek die erste ruhige Nacht seit einer Woche.
Ich auch.

Ich auch. Seit jeder Tag so viele feindliche, düstere Eindrücke und Empfindungen parat hält, habe ich einen ruhigen Schlaf.
Das Gesetz vom Gleichgewicht.
Quält der Tag, lindert die Nacht.
Über das Federbett könnte ich eine Monographie schreiben.
Der Bauer und das Federbett.
Der Proletarier und das Federbett.

Lange schon habe ich nicht mehr die Welt gepriesen. Diese Nacht hab ich's versucht – es ging nicht.
Ich weiß nicht einmal, was ich falsch gemacht habe. Die reinigenden Atemzüge fielen so einigermaßen aus, aber die Finger blieben schwach, Energie durchfloß sie nicht.
Ob ich an eine Wirkung glaube? Ja, aber nicht an meine. Indien! Heiliges Indien!

Von einem Tag zum anderen verwandelt sich das Gesicht des Stadtteils.
1. Gefängnis.
2. Pestkranke.
3. Dreschboden.
4. Irrenhaus.
5. Spielkasino. Monaco. Einsatz – ein Kopf.

Das wichtigste ist, daß das alles war.
Arme Schlucker, eingehängt zwischen Zuchthaus und Spital. Skla-

venarbeit: nicht nur Anstrengung der Muskeln, sondern Würde, Mädchenehre.

Vernachlässigter Glaube, Familie, Mutterschaft.

Handel mit allen geistigen Gütern. Börse, wo man notiert, wieviel das Gewissen wiegt. Wechselkurs — wie heute Zwiebel und Leben.

Die Kinder leben in ständiger Ungewißheit, in Angst. „Ein Jude nimmt dich." — „Ich geb dich zum Großvater." — „Am besten im Sack."

Waisenstand.

Alter. Seine Erniedrigung, sein moralischer Kräfteverfall. Einstmals hatte man sich des Alters würdig zu erweisen, hart daraufhinzuarbeiten. Genauso war es mit der Gesundheit. Heute kauft man sich Kräfte und Lebensjahre.

Der Lump hat Aussichten auf graues Haar.

Fräulein Esterka.

Fräulein Esterka will weder fröhlich noch leicht leben. Esterka will schön leben, will ein schönes Leben haben.

Sie schenkte uns die „Post" zum einstweiligen Abschied.

Wenn Esterka nicht hier und jetzt zurückkehrt, dann treffen wir uns später anderswo. Ich bin sicher, daß sie während dieser Zeit anderen so dienen wird, wie sie stets zum Besten wirkte und Nutzen brachte.

Fräulein Esterka – Die Rede ist von Estera Winogronówna, Erzieherin und Studentin an der Naturwissenschaftlichen Fakultät der Universität Warschau. Tänzerisch hochbegabt, wollte sie zunächst zum Ballett, verzichtete dann aber auf die Realisierung ihres Wunsches, weil sie auf Grund ihrer kleinen, zierlichen Figur für sich keine Chancen in diesem Beruf sah. Von den Kindern im Waisenhaus heiß geliebt, beschäftigte sie sich außerhalb ihrer normalen Heimtätigkeit mit einem Tanzensemble. Sie half Korczak auch bei der täglichen ärztlichen Betreuung. In den ersten Tagen der Vernichtungsaktion wurde Estera Winogronówna auf der Straße gefaßt. Erfolglos intervenierte Korczak, um sie vom Transport freizubekommen.

Sie schenkte uns die „Post" – Das Schauspiel „Die Post" des indischen Dichters und Philosophen Rabindranath Tagore (1861–1941) war die letzte Aufführung im Waisenhaus (18. Juli 1942). Regie: Estera Winogronówna. Das erschütternde Drama eines sterbenden indischen Jungen war in der Atmosphäre des untergehenden Gettos besonders tragisch. Gefragt, warum er ausgerechnet dieses Stück ausgewählt habe, soll Korczak zur Antwort gegeben haben, daß man endlich lernen müsse, den Engel des Todes heiter zu empfangen.

1

Ich habe Blumen gegossen, arme Waisenhauspflanzen, Pflanzen eines jüdischen Waisenhauses. Die versengte Erde atmet auf.

Meiner Arbeit schaute ein Wachtposten zu. Ärgert oder rührt ihn diese meine friedvolle Tätigkeit um sechs Uhr morgens?

Er steht und schaut. Die Beine weit gespreizt.

2

Umsonst alle Bemühungen, daß Esterka zurückkehrt. Ich war mir nicht sicher, ob ich ihr im Falle eines Erfolgs diene oder ihr schade und Unrecht tue.

„Wo ist sie reingefallen?" erkundigt sich jemand.

Vielleicht ist nicht sie hereingefallen, sondern wir sind es, weil wir bleiben?

3

Ich habe ans Kommissariat geschrieben, daß sie Adzio wegschicken: unterentwickelt und boshaft undiszipliniert. Wir können nicht wegen seines Unfugs das Haus in Gefahr bringen. Kollektive Verantwortung.

4

In der Dzielna vorerst einmal eine Tonne Kohlen – für Róża Abramowicz. Einer erkundigt sich, ob dort die Kohle sicher ist.

Antwort – ein Lächeln.

5

Ein trüber Morgen. Es ist halb sechs.

Ein beinah normaler Tagesanfang. Ich sage zu Hanna:

„Guten Morgen!"

Sie antwortet mit einem erstaunten Blick.

Ich bitte:

„Lach ein bißchen."

Es ist wie bei den andern: ein krankes, bläßliches, tuberkulöses Lächeln.

6

Ihr habt getrunken, meine Herren Offiziere, habt reichlich und gut getrunken, das ist für das Blut; tanzend habt ihr mit den Orden geklimpert, ein Vivat der Schande, die ihr Blinden nicht gesehen oder nicht zu sehen vorgegeben habt.

7

Mein Teil im Japanischen Krieg: Niederlage – Katastrophe.

Im europäischen Krieg: Niederlage – Katastrophe.

Im Weltkrieg ...

Ich weiß nicht, wie und als was sich der Soldat einer siegreichen Armee fühlt.

Die Zeitungen, bei denen ich mitgearbeitet habe, hat man einge-
stellt, sie waren bankrott.

Mein Verleger nahm sich das Leben, er war ruiniert.

Und das alles nicht, weil ich Jude bin, sondern weil ich im Osten
geboren wurde.

Es könnte ein trauriger Trost sein, daß es auch dem stolzen Westen
nicht gut geht.

Könnte, aber ist es nicht. Ich wünsche keinem etwas Böses. Ich kann
es nicht. Ich weiß nicht, wie man das macht.

Vater unser, der du bist im Himmel.

Dieses Gebet haben Hunger und Knechtschaft ausgemeißelt.

Unser Brot.

Brot.

Schließlich das, was ich erlebe, war. War.

Sie verkauften Hausgerät, Kleidung für einen Liter Benzin, ein Kilo
Grütze – ein Gläschen Schnaps.

Als sich ein Junak, ein Pole, auf dem Polizeikommando wohlwol-
lend erkundigte, wie ich denn der Blockade entkommen sei, habe
ich gefragt, ob er „was" in Esterkas Sache tun kann.

„Natürlich nicht."

Ich sagte hastig:

„Danke für das gute Wort."

Dieser Dank ist das anämische Kind des Elends und der Erniedrigung.

Die Zeitungen ... waren bankrott. – Als Folge zaristischer Repressa-
lien stellte man das Erscheinen von »Głos« und später ihrer Varianten
»Przegląd Społeczny« und »Społeczeństwo« ein. Ein gleiches Los traf
die sozialistischen Zeitschriften »Wiedza«, »Światło« u. a. Die Zeitschrift
»Promyk« mußte nach kurzer Zeit aus finanziellen Gründen aufgegeben werden.

Mein Verleger – gemeint ist Jakub Mortkowicz (1873–1931), Buch-
händler und Herausgeber der meisten Werke Korczaks, alleiniger Verleger der Werke Stefan Żeromskis

Junak – Angehöriger eines den Okkupationsbehörden unterstellten
Ordnungstrupps, der sich hauptsächlich aus „Volksdeutschen" rekrutierte, einer nationalen Minderheit, die nach 1938 de jure und nach dem
1. September 1939 de facto dem deutschen Reichsverband angegliedert
wurde

Ich gieße Blumen. Meine Glatze am Fenster – so ein gutes Ziel. Er hat einen Karabiner. Warum steht er da und sieht ruhig zu?

Er hat keinen Befehl.

Vielleicht war er im Zivilberuf Dorfschullehrer oder Notar, vielleicht auch Straßenfeger in Leipzig, Kellner in Köln? Was würde er tun, wenn ich ihm zunickte? Freundschaftlich zurückgrüßen?

Kann sein, er weiß gar nicht, daß es ist, wie es ist. Wenn er erst gestern angekommen ist, von weither ...

Am 4. August bricht das Tagebuch plötzlich ab. Am 6. August wurden aus dem Kleinen Getto zirka fünfzehntausend Menschen in den Tod getrieben, darunter die Kinder aus dem Waisenhaus von Dr. Janusz Korczak (Henryk Goldszmit). Zweihundert Kinder. Zusammen mit dem gesamten Personal des Waisenhauses gingen sie durch die Straßen des Gettos zum Umschlagplatz.

„Das war kein Marsch in die Waggons, sondern ein organisierter stummer Protest gegen das Banditenwesen ... Ein Marsch begann, wie er nie dagewesen war. Alle Kinder in Viererreihen, an der Spitze des Zuges, den Kopf hoch erhoben, zwei kleine Kinder an der Hand, Dr. Korczak. Die nächste Abteilung führte Stefania Wilczyńska an, Korczaks engste Mitarbeiterin, die dritte Broniatowska (ihre Kinder trugen hellblaue Rucksäcke), die vierte Sternfeld aus dem Internat Twarda-Straße. Sie waren die ersten jüdischen Kämpfer, die mit Würde, den Blick voller Verachtung für die Barbaren, in den Tod gingen", schreibt Nachum Remba, ein Augenzeuge des letzten Weges von Janusz Korczak und seinen Kindern (nach Emanuel Ringelblum).

Sie fuhren nach Treblinka, den Ort ohne Wiederkehr.

Eine besonders ehrenvolle Rolle im Kampf gegen die Hitlerfaschisten und bei Hilfsaktionen (auch persönlicher Art) für die verfolgten Juden spielten die polnischen Eisenbahner. Sie „halfen in vielen Fällen Ausgesiedelten, öffneten Waggons der nach Treblinka gehenden Züge, reichten Werkzeuge zum Öffnen der Waggons hinein und halfen den hinausspringenden Juden", schreibt Emanuel Ringelblum. „Ein Bahnwärter rettete einen jüdischen Ingenieur aus Częstochowa, der von einem Transport nach Treblinka geflüchtet war und sich dabei die Hand gebrochen hatte. Der Wärter bemühte sich um ärztliche Hilfe, gab dem Flüchtling Kleidung und brachte ihn nach Warschau ..." – um nur ein Beispiel zu nennen.

„Die Eisenbahner erleichterten den Juden die Reise von einer Stadt in die andere, als es den Juden verboten war, mit der Bahn zu fahren. Tausende von Juden kehrten mit Hilfe der Eisenbahner aus den von Deutschen besetzten Gebieten, die zuvor zur Sowjetunion gehört hatten, zurück. Polnische Eisenbahner waren Verbindungsmänner zwi-

schen einzelnen Städten, informierten über die Lage dort, über Umsiedlungsaktionen, über antijüdische Verordnungen usw. Eisenbahnern
verdankt Warschau die erste Nachricht über das Schicksal der nach
Treblinka ausgesiedelten Juden. Wir kennen Fälle, in denen polnische
Eisenbahner ausländische Juden, die in Personenwagen und mit Gepäck nach Treblinka fuhren, darüber aufklärten, daß Treblinka keine
landwirtschaftliche Kolonie, sondern eine Nazi-Mördergrube ist. Eisenbahner stellten Kontakte zwischen in verschiedenen Arbeitslagern befindlichen jüdischen Familienmitgliedern her, beförderten Briefe, Pakete, Geld usw.'

Einer von diesen stillen Helden ist Franciszek Ząbecki, vom 22. Mai
1941 bis zum Rückzug der deutschen Truppen von der Ostfront Fahr-
dienstleiter von Treblinka.

Durch seine Hände gingen alle amtlichen Bahnpapiere, die den Transport von Juden (auch der ausländischen) nach Treblinka und den Rück-
transport ihrer Hinterlassenschaft, Kleider, Schuhe, Wäsche, betrafen.
Als vereidigtes Mitglied einer Untergrundorganisation erhielt Ząbecki
den Befehl, über den gesamten durch Treblinka gehenden Eisenbahn-
verkehr Aufzeichnungen zu machen. Diese Aufzeichnungen und andere
wichtige Dokumente hielt er in einem geheimen Versteck, und als die
Deutschen angesichts der heraufziehenden Niederlage das Stations-
gebäude zur Sprengung vorbereiteten, holte er unter Einsatz seines
Lebens einen Teil der Papiere aus ihrem Versteck und brachte sie an
einen sicheren Ort.

1945 übergab Franciszek Ząbecki das ganze Material der Hauptkom-
mission zur Untersuchung deutscher Kriegsverbrechen. In den Jahren
1965, 1966, 1968 und 1970 trat er bei den in der Bundesrepublik
Deutschland stattfindenden Prozessen gegen Mitglieder der SS-Mann-
schaft des Vernichtungslagers Treblinka als Hauptbelastungszeuge
auf.

Tag für Tag Augenzeuge furchtbarster Szenen, die sich auf der Bahnstation Treblinka abspielten, erinnert sich Franciszek Ząbecki noch
nach mehr als dreißig Jahren an einen bestimmten Tag:

„Es war der 7. oder 8. August 1942, also die ersten Wochen der Morde
in Treblinka. Transporte mit ‚Umsiedlern' standen die ganze Nacht
über auf der Station. In einem Transport aus Warschau waren etliche
Waggons mit Jugendlichen vollgeladen. Es waren Jungen. Unter allge-
meinem Weinen, Schreien und Klagen drang aus einem der Waggons
eine Männerstimme, die das religiöse polnische Lied sang: ‚Wer sich
in Seinen Schutz begibt'. Da ich in dieser Nacht ziemlich häufig raus
mußte, um Militärtransporte durchzulassen, sah ich, daß trotz der
Schüsse, die die Begleitmannschaften auf die Flüchtigen abgaben, immer wieder einzelne Personen unter den Waggons hinweg auf die andere Seite entkamen. Auf der Bahnstation standen entlang den Glei-
sen hohe Stapel Ziegelsteine, die zum Bau des neuen Stationsgebäudes
bestimmt waren. Von dorther hörte ich eine leise Männerstimme: ‚Herr
Schaffner! Herr Schaffner! Helfen Sie mir, von hier wegzukommen.

Sagen Sie mir, wie ich weitergehen muß.' Ich drehte die Wasserzufuhr in meiner Karbidlampe herunter, um die Flamme zu verringern, kehrte die Laterne ab, um nicht die Stelle, zu der ich ging, zu beleuchten, und dann stellte ich die Laterne an einem Pfosten auf dem Bahnsteig ab und trat zwischen die Ziegel. Dort war ein junger Jude, ein Rabbiner, mit den typischen Pejes. Er fragte nach einem Fluchtweg. Ich erklärte ihm, wie man in den Wald gelangt und dabei dem Lager ausweicht. Der Jude bat mich, noch ein Weilchen bei ihm zu bleiben, da er sich in meiner Nähe wohler und sicherer fühle und ein wenig ausruhen wolle. Dann erzählte er mir, daß in diesem Transport ein Erzieher und Freund der Jugend, ein großer Pädagoge und Schriftsteller aus Warschau, fahre (wahrscheinlich war das Janusz Korczak), den er seit langem kannte und mit dem sie gemeinsam seit ein paar Wochen wie Katholiken gebetet hatten, da alle Menschen, wie jener Pädagoge sagte, nur einen Gott haben. Angesichts des unabwendbaren Todes, von dem er wußte, daß er ihrer harrte, und aus Verzweiflung über die Sterbenden habe sein Freund in den letzten Tagen ein Gebet verfaßt, in dem er seinem Flehen zu Gott Ausdruck verlieh. Hier drückte mir der junge Rabbiner ein zerknittertes Blatt Papier in die Hand, das aus einem Schulheft stammte. Das Blatt habe er aus dem Fenster werfen sollen, doch weil er sich zur Flucht entschlossen habe und aus dem Waggon herausgekommen sei, habe er es mit sich genommen. Er bat mich, es als Andenken zu bewahren. Sein älterer Freund wolle die jungen Menschen nicht im Stich lassen und sei entschlossen, mit ihnen in den Tod zu gehen. Weil sich die Schießerei verstärkt hatte, wisse er nicht, ob noch mehr Leute haben fliehen können. Der Flüchtling war durstig und hungrig, er blieb also zwischen den Ziegeln, und ich brachte ihm Kaffee und Brot. Später machte er sich auf den Weg in den Wald.
Mit Mühe entzifferte ich das nicht gerade leserlich geschriebene Blatt und schrieb – ich weiß nicht, ob völlig originalgetreu – den folgenden Text ins reine:

Herr, der Du gelitten hast
und durch Dein Leiden die Menschheit erlösen solltest –
erbarme Dich über unser Volk,
das Dich verraten, aber nicht gekannt hat!
Du hast verheißen ...

Wir kennen Dich nicht, der Du littest für der Menschen Schuld.
Doch Deine Leiden – waren sie schrecklicher als die, die wir erdulden?

Wenn wir Dich so kennenlernen sollten?
Das wäre grausam.
Vergib die Schuld! Inbrünstig flehen wir.

Die Tragödie, die wir mit uns tragen –
ist das für unsre gegenwärtige
oder unsrer Väter Schuld?
Ist sie die Strafe für die Schuld der ganzen Menschheit?
Kommt sie von Dir?

Ich glaub es nicht:
Du hast gesprochen von der Liebe Gottes.
Rächst Du Dich jetzt?
Ich bin nicht schuldig.
Einziger Gott, sieh an unser Leiden!
Du bist ein Gerechter, ich weiß –
Du bist der, der verwandelt.

Blicke auf uns durch die Qualen des Kreuzes
und hilf heraus aus der Marter dem Volke Gottes.
Schenk bitte Dein Licht all denen, die leben,
damit sie nicht irren und in Demut wohnen.

Müde sind wir und unsere Kinder.
Nicht einer reißt uns aus dem schweren Unglück.
Darum soll unsere Seele zu Dir, Herr, fliegen,
wenn wir nicht leben können in so grausiger Knechtschaft.

Herr, Herr! Erhöre unser Rufen,
da Schmerz und Rohheit von der Erd' nicht weichen.
Nimm uns zu Dir, Dein Wille soll geschehen!
Die Strafe ist zu hart, um von Dir-Gott zu kommen;
menschliche Bosheit hat sie erdacht – um so größer ist der Schrecken!

Briefe 1942

12. August 1942, Starachowice-Getto. – Postkarte einer Unbe-
kannten namens Pela an ihren Onkel Głowiński im Warschauer
Getto, wohnhaft [vor der Aktion] Nowolipki-Str. 16

Lieber Onkel!
Schon so lange hast Du nicht mehr an uns geschrieben. Ich flehe
Dich vor allem in Moteks Namen um ein Lebenszeichen an. Was
hört man von der übrigen Familie? Sind noch alle Kinder bei Dir?
Bitte, bitte schreib ein paar Worte. Herzlich und aufrichtig ergeben
Pela

12. August 1942, Ostrowiec-Kielecki-Getto. – Postkarte einer Pela
Okonowska, Szeroka-Str. 8, an Frau S. Grabska im Warschauer
Getto, wohnhaft [vor der Aktion] Pawia-Straße

Liebe Frau Grabska!
Ich bitte Sie sehr, mir zu schreiben, wie es um Blimcia steht. Schon
zigmal hab ich geschrieben und angerufen, aber keine Spur; vielleicht wissen Sie, was mit unserm Fiszel und mit Beniamin los ist,
haben Sie Erbarmen mit uns und antworten Sie, weil wir schon
keine Kraft mehr haben vom vielen Grübeln, bitte verheimlichen
Sie uns nichts, sondern schreiben Sie die ganze Wahrheit.
Ihre ergebene Pela

Starachowice-Getto – Die Einwohner des Gettos Starachowice wurden
am 27. Oktober 1942 nach Treblinka abtransportiert.
Ostrowiec-Kielecki-Getto – Am 11. und 12. Oktober 1942 ermordeten
die Hitlerfaschisten etwa elftausend Juden aus dem Getto Ostrowiec;
der Rest, ungefähr dreitausend, folgte von Januar bis Juni 1943 nach.

21. August 1942, Częstochowa-Getto. – Postkarte von R. Zaid-
man, Warszawska-Str. 20, an Familie Sandacz im Warschauer Get-
to, wohnhaft [vor der Aktion] Krochmalna-Str. 25

Wir haben nun schon so oft an Euch geschrieben, ohne eine Antwort erhalten zu haben. Ein paarmal haben wir versucht, zu tele-
fonieren, aber keine Verbindung gekriegt. Jetzt haben wir nur die
eine Bitte an Euch: Gebt sofort Nachricht. Und wenn's nur zwei
Worte sind. Gott mit Euch!

Zaidmans

22. September 1942, Warschauer Getto. – Brief der Malerin Genia
[Gelia] Seksztajn-Lichtensztajn an Hirszel, einen Leiter des Shops
von Bernhard Hallmann, mit der Bitte um eine sogenannte Lebens-
nummer

Sehr geehrter Herr Direktor Hirszel!
Bitte, verzeihen Sie vielmals, daß ich Sie mit einem Anliegen zu
belästigen wage.
Ich bin eine jüdische Kunstmalerin, deren Talent vom Polnischen
Kultusministerium durch die Gewährung eines zweijährigen Sti-
pendiums zum Besuch der Akademie der Bildenden Künste in Krakau honoriert worden ist. In den jüdischen Künstlerkreisen kennt
man mich als fähige Malerin, wovon Dutzende Pressekritiken zeugen. In diesem Jahr erhielt ich ebenfalls eine Prämie vom Vorsitzenden des Judenrates, Herrn Czerniaków, für meine Arbeit mit
Kindern, im Zusammenhang mit Kinderdarstellungen.

Częstochowa-Getto – Vom 22. September bis 5. November 1942 wurden im Getto Częstochowa etwa fünfundvierzigtausend Einwohner
nach Treblinka verbracht und etwa vierzigtausend an Ort und Stelle
ermordet.
Genia Seksztajn-Lichtensztajn – 1938 fand eine Ausstellung von Zeichnungen Genia Seksztajns (geb. 1907) zum Thema „Das jüdische Kind"
statt. In der Okkupationszeit arbeitete sie als Zeichenlehrerin in der
Schule Nowolipki-Str. 68. Ihr Mann, Izrael Lichtensztajn (s. auch S. 121),
der die Sicherung des ARG leitete, kam in der Nacht vom 18. zum
19. April 1943 ums Leben. Ihre dem ARG übergebenen Zeichnungen
überschrieb die Malerin zusammen mit ihrem Testament einem zukünftigen Museum für Jüdische Kunst in Polen. Genia Seksztajn kam gemeinsam mit ihrer Tochter Margolit im April 1943 um. – Brief im
Original jiddisch (nach der Übersetzung von Jan Leński).

Ich bin wahrscheinlich die einzige unter allen jüdischen Malern und überhaupt jüdischen Künstlern, schöpferisch tätigen Menschen, die noch am Leben ist.

Ich meine, daß sich das jüdische Volk in Zukunft nicht ausschließlich aus Handwerkern zusammensetzen sollte, nicht nur aus Schneidern, Schustern, Tischlern, sondern auch aus Künstlern und Kulturschaffenden. Darum muß der jüdische Künstler gerettet werden, damit er später das jüdische Leben mit Feder und Pinsel reproduzieren kann.

Ich befinde mich im Wohnblock Ihrer Fabrik zusammen mit meinem Mann Izrael Lichtensztajn, der als Küchenlagerverwalter arbeitet. Ich habe keinerlei Deckung. Darum wende ich mich an Sie, Herr Direktor, mit der Bitte, mich zu registrieren und mir eine Nummer zu geben.

Was ich fordere, ist minimal: Geben Sie mir die Möglichkeit zu leben, damit ich den Faden der jüdischen Kunst weiterspinnen kann.

Ich denke, Herr Direktor, Sie verstehen mich ...

In der Gewißheit, daß Sie meiner Bitte entsprechen werden, zeichne ich

hochachtungsvoll
Genia Seksztajn-Lichtensztajn

[Handschriftlicher Zusatz] „Daraus ist nichts geworden! Weil ... es kein Verständnis gibt   Seksztajn"

5. Oktober 1942, Treblinka II — Vernichtungslager. — Brief des Häftlings Hersz Lepak [geschrieben unmittelbar vor seinem Tod] an seine Frau im Warschauer Getto

Liebe Frau!
Ich befinde mich in Treblinka seit dem 31. VIII. 42, und bin gesund. Bin beschäftigt in der Lagerwerkstätte als Tischler. Wie geht es Dir in der Gesundheit? Schreibe mir auch ob die Eltern gesund sind. Grüsse u. Küsse Euch alle herzlich

von mir Hersch Lepak

---

geschrieben unmittelbar vor seinem Tod — In vielen Vernichtungslagern zwangen die Hitlerfaschisten ihre Opfer, vor dem Tod Briefe über Gesundheit, Arbeit usw. an die Familien zu schreiben. Im Warschauer Getto kursierten hartnäckig Gerüchte, daß von den Abtransportierten Briefe eingingen. — Zitierter Brief im Originalwortlaut (deutsch) wiedergegeben.

21. Oktober 1942, Oleśnica bei Busko-Zdrój. Judenarbeitslager. – Postkarte von Henryk Kurc an Anzelm Kujawski im Warschauer Getto, Gęsia-Str. 19, mit der Bitte um Nachricht vom Schicksal seiner Verwandten, u. a. H. Wasser, dem Sekretär des „Oneg Szabat"

Meine Lieben!

Höflichst frage ich an und bitte, mir um Gottes Barmherzigkeit sofort zu antworten, ob sich bei Euch noch Chemja Dawidowicz – Smocza 2/8; Anszel Domb – Smocza 7/34; Izrael Lejb Wajntraub – Nowolipie 21/25; Abram Lejb Domb – Zamenhof 24/41; Anszel Kujawski – Gęsia 13/2; Abram Naparstek, Róża, Chana Kurc – Nowolipie 21/25; Symcha Grabowiecki – Leszno 2/41; Magist. H. Wasser – Muranowska 6/15 befinden. Wofür ich im voraus danke.

Hochachtungsvoll
Henryk Kurc

12. November, Rembertów. Arbeitslager für Juden [Kościuszko-Str. 6]. – Postkarte des Häftlings M. Korentajer an den Judenrat in Warschau mit der Bitte um Nachricht von der Mutter, Małka Korentajer

Höflichst bitte ich Sie um die Freundlichkeit, mir Auskunft zu geben, wo sich gegenwärtig meine Mutter, Korentajer Małka, befindet, die am 5. November dieses Jahres auf dem Umschlagplatz war. Meine Mutter ist ungefähr 60 Jahre alt.
Ich füge eine Karte für die Rückantwort bei und danke im voraus.

Mit dem Ausdruck ergebenster Hochachtung
M. Korentajer

Oleśnica bei Busko-Zdrój – Die Juden aus dem Kreis Busko-Zdrój kamen in den Tagen vom 1. Oktober bis 5./6. November 1942 in Treblinka um.

H. Wasser – Hersz Wasser überlebte mit seiner Frau Blima, ebenfalls Mitarbeiterin des „Oneg Szabat", auf der „arischen" Seite. Nach der Befreiung zeigte er die Stelle, wo das Material des ARG verborgen war (s. S. 123). Er lebt heute in Israel.

Rembertów – Die im Lager Kościuszko-Straße kasernierten rund dreihundert Juden, die September/Oktober 1942 nach Rembertów gebracht worden waren und dort bei der Erfassung und Ordnung des Besitzes der Ermordeten arbeiten mußten, kamen im Mai/Juni 1943 in Treblinka ums Leben.

M. Korentajer – Dichter und Übersetzer; Verfasser von Liedern, die u. a. in den Theatern des Warschauer Gettos vorgetragen wurden.

14. Dezember 1942, Płońsk-Getto. – Abschiedsbrief unbekannter Schwestern namens Dina und Sala, geschrieben am Vortag der Vernichtungsaktion in Płońsk an die Schwester Rózienka im Warschauer Getto

Rózienka, unsere teuerste!
Siehst Du, wir haben gedacht, daß wir noch bis Freitag bleiben, aber leider haben wir schon heute unseren letzten Abend. Alle Versuche, zu Dir zu gelangen, sind fehlgeschlagen und überhaupt, das ist jetzt nicht mehr die Zeit dafür. Wir müssen uns mit dem Stand der Dinge abfinden und das alles für bare Münze nehmen. Ja, Liebste, ob wir uns noch einmal wiedersehen, weiß Gott allein. Wir leben immerhin in dieser Hoffnung. Ruhig und in vollem Bewußtsein gehen wir schon morgen fort ins Unbekannte. Wenn es uns bestimmt sein soll, zu leben, ist es gut, und wenn nicht, was soll man machen. Das Teuerste, Kostbarste haben wir bereits verloren, was sollen wir da noch bedauern. Wir hätten uns nur gewünscht, Dich, unsere Liebste, Teuerste, noch einmal wiederzusehen. Leb also wohl, Teuerste. Ich weiß, wie schwer es Dir fallen wird, Dich mit dem Gedanken abzufinden, daß Du uns verloren hast, aber was können wir tun. So will es das Schicksal und so muß es sein. Ich sag Dir Lebwohl und drücke Dich fest an mein Herz. Ach, wenn wir uns noch einmal wiedersehen könnten! Deine Dich von ganzem Herzen liebende und sich nach Dir sehnende Sala.
Versuch unbedingt, nur bei Józef zu sein. Wie man hört, ist auch bei Euch eine Epidemie im Anzug. Da glaube ich, daß es bei ihm besser ist. Unsere Gedanken sind stets und ständig bei Dir, Du unser liebstes Schwesterchen. Grüße an Józef und an Familie Kirszenbaum.
Rózienka, unser Teuerstes! Wir glauben, daß dies unsere letzte Karte ist, die wir schreiben. Mittwoch um fünf Uhr morgens geht's für uns alle los. Vor uns liegt schon unser bescheidenes Gepäck, und auf dem Bahnhof warten auf uns bereits die Waggons. Uns ist furchtbar traurig ums Herz, schon allein bei dem Gedanken, daß wir nur noch diese eine Nacht zu Hause schlafen und es schon mor-

---

Płońsk-Getto – Es konnte nicht festgestellt werden, wie der Brief ins Getto gelangt ist. Die Transporte der Juden aus Płońsk gingen November/Dezember 1942 nach Auschwitz.

Epidemie – Anspielung auf die zweite Vernichtungsaktion, die die Juden in Warschau erwartete. „Józef" ist der Deckname für ein Versteck im polnischen Milieu

gen in die weite Welt hinaus geht. Wer weiß, wohin uns das Schicksal verschlägt; schwer überhaupt, uns unser weiteres Leben vorzustellen, was auf uns wartet und was geschieht. Ja, Rózienka, unsere teuerste, wir sagen Dir also herzlich Lebewohl, verzweifle nicht und sei guten Muts. Wo immer wir sein werden, unsere Gedanken begleiten Dich, unsere Teuerste. Rózienka, wenn wir Dich doch noch einmal, nur ein einziges Mal, sehen könnten, Dich, unsere Einzige, Liebste, Teuerste! Denn was ist uns sonst noch geblieben nach dem Verlust unserer Liebsten! Bleib gesund, Du, unsere Einzige! Wir glauben, daß wir leben werden und daß wir uns noch einmal wiedersehen! Ich küsse Dich herzlich und drücke Dich fest an mein Herz. Deine Dich liebende

Dina

16. Dezember 1942, Bahnstation Warszawa-Praga. – Postkarte einer unbekannten „Łaja" an L. Przygoda, Warschauer Getto, Miła-Str. 46 – herausgeworfen aus dem Transport, der die Juden aus Płońsk nach Auschwitz brachte, mit der Bitte an den unbekannten Finder, die Karte einzuwerfen.

Wir halten gerade in Praga, und ich will an Euch ein paar Worte schreiben. Wir fahren, keiner weiß wohin. Leb wohl!

Łaja

17. Dezember 1942, Bahnstation Częstochowa. – Postkarte einer unbekannten „Gitla" an die Verwandten im Warschauer Getto, wohnhaft Muranowska-Str. 40 – herausgeworfen aus dem Transport der Juden aus Płońsk nach Auschwitz

Meine Lieben!
Wir fahren gerade durch Częstochowa, da schreib ich Euch ein paar Worte. Wir sind auch durch Warschau gekommen, wir fahren zur Arbeit. Seid guten Muts. Meine neue Adresse kann ich noch nicht angeben, weil ich sie noch nicht habe.
Lebt wohl. Es küßt Euch

Eure Gitla

*21. Dezember 1942, Warschau-Getto. – Postkarte von M. Micner,
eingeschrieben in der Schneidereiwerkstatt des Shops von F. Schultz,
Nowolipki-Str. 29, an den Judenrat in Turobin mit der Bitte um
Nachricht vom Schicksal seines Sohnes Izaak Micner – einbehal-
ten von der Sicherheitspolizei und mit dem Vermerk „Zurück" an
den Absender geschickt*

Hiermit bitte ich, mich davon in Kenntnis zu setzen, wo sich mein
Sohn Izaak Micner befindet, und wenn er nicht da ist, mir zu schrei-
ben, wo er sich dann befindet.
Ich weiß, daß man mir das nicht abschlagen wird

ein verzweifelter Vater

Vermerk „Zurück" – Mit Beginn der ersten Vernichtungsaktion führte
die Sicherheitspolizei ein Verbot des Postverkehrs für Sendungen aus
dem Warschauer Getto ein, die die Post der Befehlsstelle Sonderkommando der Sipo-Umsiedlung, Żelazna-Str. 103, aushändigen mußte.
Diese Sendungen wurden den Absendern nicht zurückgesandt. Die
Rücksendung der Postkarte an M. Micner war ein Ausnahmefall. – Der
Anschrift hatte ein Gestapomann, der offenbar etwas Polnisch konnte,
hinzugefügt: „Tój syn Izaak Micner wyjechal na łono Abrachama, er
ist schon Kaput. Rada Starszych." Was auf deutsch heißen soll: „Dein
Sohn Izaak Micner ist abgereist in Abrahams Schoß, er ist längst hops.
Der Ältestenrat."

WŁADYSŁAW SZPILMAN

Der Umschlagplatz

Der Umschlagplatz lag am Rande des Gettos. Von einem Netz
schmutziger Straßen, Gassen und Gäßchen umgeben, hatte er vor
dem Krieg trotz seines obskuren Aussehens Reichtümer beher-
bergt. Ein Nebengleis leitete aus der ganzen Welt Massen von Waren hierher, um die die jüdischen Kaufleute feilschten und die dann
später von den Lagern in Nalewki und der Simonpassage aus die
Warschauer Geschäfte versorgten. Der Platz bildete ein riesiges
Oval, teilweise mit Häusern umstanden, teilweise eingezäunt, in
das wie Bäche in einen Teich einige Querstraßen einmündeten, die
ihn günstig mit der Stadt verbanden. An den Ausmündungen dieser Straßen mit Toren verschlossen, konnte jetzt seine Fläche bis
zu achttausend Menschen fassen.
Als wir auf den Platz kamen, war er noch ziemlich leer. Leute liefen hin und her und suchten vergeblich nach Wasser. Es war ein
wundervoller, heißer Spätsommertag. Der Himmel war blaugrau,
als wollte er sich in Asche verwandeln durch die Glut, die der ausgetretene Boden und die blendenden Häuserwände ausspien, und
die sengende Sonne preßte aus den erschöpften Leibern das letzte
Tröpfchen Schweiß.
Am Rande des Platzes, da, wo eine der Straßen einmündete, war
es ganz leer. Alle umkreisten diese Stelle, ohne länger stehenzu-
bleiben, und blickten voller Entsetzen dorthin. Dort lagen die Leichen derer, die man gestern wegen irgendeines Vergehens, vielleicht sogar wegen Fluchtversuches ermordet hatte. Unter den
Männerleichen war die Leiche einer jungen Frau und zwei Mäd-
chenleichen mit total zerschmetterten Schädeln. Man zeigte sich an
der Mauer, unter der die Leichen lagen, deutliche Blutspuren und
Gehirnspritzer. Die Kinder waren nach einer beliebten deutschen
Methode ermordet worden: man hatte sie an die Beine gefaßt und
mit den Köpfen schwungvoll gegen die Mauer geschlagen. Über
die Toten und die Fladen geronnenen Blutes auf der Erde spazier-
ten große schwarze Fliegen, und fast sichtbar blähten sich die Leiber und verwesten in der Hitze.
Wir hatten uns in Erwartung des Zuges durchaus passabel etabliert. Mutter hatte auf einem Bündel mit Sachen Platz genommen,

Regina kauerte neben ihr auf der Erde, ich stand, und Vater ging nervös, die Hände auf dem Rücken zusammengelegt, vier Schritte hin, vier Schritte zurück. Erst jetzt, im grellen Sonnenlicht, da es sinnlos geworden war, sich mit irgendwelchen trügerischen Rettungsplänen den Kopf zu beschweren, hatte ich Zeit, die Mutter aufmerksam zu betrachten: sie sah sehr schlecht aus, trotz ihrer scheinbar so vollkommenen Beherrschung. Ihr einstmals schönes, stets sorgfältig gepflegtes Haar, das unlängst noch kaum meliert war, hing ihr jetzt in grauen Strähnen ins verhärmte, faltige Gesicht. Ihre schwarzen, strahlenden Augen waren wie von innen erloschen, und von der rechten Schläfe lief über die Wange bis zum Mundwinkel alle Augenblicke ein nervöses Zucken, das ich zuvor an der Mutter nicht bemerkt hatte und das verriet, wie verstört sie von allem war, was um uns herum vorging. Regina weinte mit vorgehaltenen Händen, und die Tränen liefen ihr durch die Finger.

An den Toren des Platzes fuhren in gewissen Abständen Wagen vor, und für die Umsiedlung bestimmte Menschenscharen wurden hier zusammengetrieben. Diese Ankömmlinge verbargen ihre Verzweiflung nicht: die Männer unterhielten sich laut, und die Frauen, denen man die Kinder genommen hatte, kreischten und schluchzten krampfhaft. Doch bald schon begann auch auf sie die Atmosphäre von Apathie und Stumpfheit zu wirken, die auf dem Umschlagplatz herrschte. Sie verstummten, und nur hier und da brach kurz eine Panik aus, wenn es einem vorübergehenden SS-Mann in den Sinn kam, auf jemanden zu schießen, der ihm nicht schnell genug aus dem Weg gegangen oder dessen Gesichtsausdruck nicht demütig genug gewesen war.

Unweit von uns saß eine junge Frau auf der Erde. Ihr Kleid war zerrissen, ihre Haare waren zerzaust, als wenn sie mit jemandem gekämpft hätte. Jetzt saß sie jedoch völlig ruhig, mit totenstarrem Gesicht und Augen, die unverwandt auf einen Punkt im Raum gerichtet waren. Mit ausgestreckten Fingern hielt sie sich an der Kehle, und von Zeit zu Zeit stieß sie mit monotoner Regelmäßigkeit die Frage aus: „Wozu hab ich es erstickt?"
Ein junger Mann, der neben ihr stand, sicher ihr Mann, versuchte sie zu trösten und leise von etwas zu überzeugen, doch es schien nicht bis in ihr Bewußtsein vorzudringen.

Unter den auf den Platz Getriebenen trafen wir immer mehr Bekannte. Sie kamen zu uns, begrüßten uns, und aus Gewohnheit versuchten sie etwas wie Konversation zu machen, aber nicht lange, und das Gespräch brach ab. Man trat beiseite, um eher in Einsamkeit seine Unruhe zu bewältigen.
Die Sonne stieg höher und höher, brannte immer heißer, und im-

mer empfindlicher quälten uns Hunger und Durst. Unsere letzte Portion Brot und Suppe hatten wir am Abend zuvor gegessen. Es fiel schwer, auf einer Stelle auszuhalten, und ich beschloß, über den Platz zu gehen. Vielleicht war es so besser?

Mit dem Zustrom von Menschen wurde es immer enger, und man mußte Gruppen von Stehenden und Liegenden ausweichen. Alle sprachen über dasselbe Thema: wohin man uns bringen werde, und ob es wirklich zur Arbeit gehe, so wie das allen die jüdische Polizei einzureden versuchte.

An einer Stelle des Platzes lag eine Gruppe von Greisen, Männer und Frauen, hingebreitet, die man vermutlich aus einem Altenheim evakuiert hatte. Sie waren grauenhaft mager, erschöpft von Hunger und Hitze und ganz offensichtlich am Rande ihrer Kräfte. Einige lagen mit geschlossenen Augen, und man konnte nicht erkennen, ob sie schon tot waren oder erst im Sterben lagen. Wenn wir zur Arbeit verschickt werden sollten, was machten dann diese alten Leute hier?

Von einer Gruppe zur anderen schleppten sich Frauen mit Kindern auf den Armen und bettelten um ein Tröpfchen Wasser, dessen der Umschlagplatz von den Deutschen absichtlich beraubt worden war. Die Kinder hatten tote Augen, über die die Lider halb herabgefallen waren; ihre Köpfchen schwankten auf dürren Hälschen, und ihre ausgedörrten Lippen standen offen wie die Mäulchen kleiner Fische, die die Fischer als wertlos am Ufer weggeworfen hatten.

Als ich zu den Meinen zurückkehrte, waren sie nicht allein. Zur Mutter hatte sich eine gute Bekannte gesetzt, und ihr Mann, Besitzer eines großen Geschäftes, hatte sich mit einem weiteren gemeinsamen Bekannten dem Vater zugesellt. Der Kaufmann war im allgemeinen guten Mutes. Dafür sah der andere Bekannte, ein Zahnarzt, der seine Praxis in der Śliska-Straße, nicht weit von unserer Wohnung, gehabt hatte, in allem schwarz. Er war nervös und verbittert.

„Das ist eine Schande für uns alle!" schrie er beinah. „Wie Schafe lassen wir uns in den Tod führen! Wenn wir uns, eine halbe Million Menschen, auf die Deutschen stürzten, könnten wir das Getto sprengen oder wenigstens so sterben, daß wir nicht zum Schandfleck der Geschichte werden!"

Der Vater hörte zu. Halb schüchtern, halb gutmütig lächelnd, zuckte er leicht die Achseln und bemerkte:

„Und woher wollen Sie so genau wissen, daß sie uns alle in den Tod befördern?"

Der Zahnarzt klatschte in die Hände.

„Natürlich weiß ich das nicht! Woher auch? Die werden uns das gerade verraten, aber mit neunzigprozentiger Sicherheit kann man sagen, daß sie uns alle ausrotten wollen!"

Vater lächelte wieder, als sei er nach dieser Antwort noch selbstsicherer.

„Sehen Sie", sagte er und umfaßte mit einer breiten Geste die Menge auf dem Platz, „wir sind durchaus keine Helden! Wir sind ganz gewöhnliche Menschen, und deshalb ziehen wir das Risiko vor, auf die zehn Prozent Lebenschance zu hoffen …"

Der Kaufmann pflichtete dem Vater bei. Völlig entgegengesetzt zu der des Zahnarztes war seine Sicht. Seiner Meinung nach konnten die Deutschen nicht so dumm sein, ein riesiges Arbeitspotential zu vergeuden, wie es die Juden nun einmal darstellten. Er glaubte an Arbeitslager, sehr strenge vielleicht, aber mit Sicherheit wurde man nicht umgebracht.

Inzwischen erzählte die Kaufmannsfrau meiner Mutter und Regina von ihrem Silber, das sie im Keller eingemauert hatten. Das Silber war sehr schön und wertvoll, und sie rechneten damit, es nach ihrer Rückkehr von der Deportation wiederzufinden.

Es war bereits Nachmittag, als man eine neue Gruppe Aussiedler auf den Platz trieb. Unter ihnen erblickten wir voller Schrecken Halina und Henryk. Also sollten auch sie unser Los teilen, wo es doch ein solcher Trost für uns gewesen war, daß wenigstens die beiden gerettet würden …

Ich stürzte Henryk entgegen: bestimmt war seine idiotische Gradlinigkeit schuld gewesen, daß Halina und er sich nicht gerettet hatten. Ich überschüttete ihn mit Fragen und Vorwürfen, bevor er überhaupt ein Wort der Erklärung vorbringen konnte. Doch er würdigte mich ohnehin keiner Antwort. Er zuckte die Achseln, zog aus der Tasche eine kleine Oxford-Ausgabe von Shakespeare hervor, stellte sich abseits und fing an zu lesen.

Erst von Halina erfuhren wir, wie sie hierhergekommen waren: Bei der Arbeit hatten sie von unserem Abtransport erfahren und sich ganz einfach freiwillig für den Umschlagplatz gemeldet, weil sie mit uns zusammen sein wollten.

Das war eine törichte Gefühlsaufwallung ihrerseits. Ich beschloß, sie um jeden Preis von hier wegzubringen, da sie ja nicht auf der Liste der Aussiedler standen und in Warschau bleiben konnten.

Der jüdische Polizist, der sie hierhergeführt hatte, kannte mich vom Lokal „Sztuka" her, und ich zählte darauf, daß er sich leicht erweichen ließ, zumal keinerlei formale Notwendigkeit bestand, die beiden zu verschleppen. Leider hatte ich mich verrechnet: er wollte von nichts hören. Wie jeder Polizist hatte er die Pflicht, täglich auf eigene Faust fünf Personen auf dem Umschlagplatz abzuliefern, unter der Androhung, selber ausgesiedelt zu werden, wenn er diesem Befehl nicht nachkam. Halina und Henryk machten gerade die heutigen fünf voll. Er war müde und hatte nicht die Absicht, sie freizulassen, um dann wieder von neuem auf Jagd gehen zu müssen, weiß der Teufel, wohin. Solche Jagd war seiner Meinung nach durchaus keine leichte Sache, weil die Leute der Polizei nicht zur Hand gehen wollten und sich versteckten. Und überhaupt hatte er die Nase voll.

Ich kehrte zu den Meinen mit leeren Händen zurück. Auch dieser letzte Rettungsversuch wenigstens eines Teiles unserer Familie war fehlgeschlagen wie alle anderen Versuche vorher. Niedergeschlagen ließ ich mich neben der Mutter nieder.

Es war wohl schon fünf Uhr Nachmittag, aber die Hitze hatte nicht nachgelassen, und die Menge wurde von Stunde zu Stunde dichter. Die Leute verloren sich im Gedränge und riefen sich gegenseitig – vergeblich. Aus den benachbarten Straßen drangen Schüsse und die Schreie der Razzien herüber. Die Erregung wuchs mit der herannahenden Stunde, zu der der Zug bereitgestellt werden sollte.

Unsere Nerven strapazierte vor allem die Frau in unserer unmittelbaren Nähe, die ununterbrochen ihre Frage: „Wozu hab ich es erstickt?" vor sich hin sprach. Wir wußten jetzt, worauf sich die Frage bezog. Unser Kaufmann hatte es in Erfahrung gebracht. Als alle das Haus verlassen mußten, versteckte sich die Frau mit ihrem Mann und ihrem Kind in einem vorbereiteten Schlupfloch. Als die Polizei daran vorüberging, fing das Kind an zu weinen, und die Mutter erstickte es vor Angst mit den eigenen Händen. Leider hatte das nichts geholfen. Das Weinen und dann das Röcheln des Kindes waren gehört worden, und das Versteck wurde enttarnt.

Irgendwann quetschte sich in unsere Richtung ein Junge durch die Menge, der an einem Band um den Hals eine Schachtel mit Bonbons trug. Er verkaufte sie zu Wahnsinnspreisen, obwohl Gott allein wußte, was er später mit dem verdienten Geld anfangen wollte... Für einen zusammengesuchten Rest Kleingeld kauften wir einen einzigen Sahnebonbon, den Vater mit dem Taschenmesser in sechs Teile teilte, unsere letzte gemeinsame Mahlzeit.

Gegen sechs erfaßte nervöse Unruhe den Platz. Einige deutsche Autos waren eingetroffen, und die Gendarmen wählten aus den zum Abtransport Bestimmten nur junge, starke Leute aus. Diese Günstlinge des Schicksals sollten offenbar anderen Zwecken zugeführt werden. Eine vieltausendköpfige Menge begann nach dieser Seite hin zu drängen; man versuchte sich zu überschreien, nach vorn zu gelangen und seine physischen Vorzüge anzupreisen. Die

Deutschen antworteten mit Schüssen. Der Zahnarzt, der sich weiterhin zu unserer Gruppe hielt, konnte sich vor Empörung kaum lassen. Wutschnaubend fuhr er auf meinen Vater los, als ob der an allem schuld wäre.

„Nun werden Sie mir ja wohl endlich glauben, daß sie uns alle umbringen! Die Arbeitsfähigen bleiben hier. Dort ist der Tod!"

Seine Stimme überschlug sich, als er die Menge und die Schießerei zu übertönen versuchte. Seine Hand zeigte in die Richtung, in die wir abtransportiert werden sollten.

Der Vater, betreten und sorgenvoll, antwortete nicht. Der Kaufmann zuckte die Achseln und lächelte ironisch: er war ungebrochen guten Muts. Die Aussonderung von ein paar Hundert bewies seiner Meinung nach noch gar nichts.

Die Deutschen hatten endlich ihr Arbeitsmaterial ausgesucht und fuhren weg, aber die Erregung in der Menge ließ nicht nach. Kurz darauf hörte man aus der Ferne das Pfeifen einer Lokomotive und das näherkommende Rattern der Waggons über die Schienen. Noch ein paar Minuten vergingen, und der Zug wurde sichtbar: mehr als ein Dutzend Vieh- und Güterwagen rollten langsam auf uns zu, und der aus derselben Richtung wehende Abendwind trug eine Welle würgenden Chlorgeruchs heran.

Gleichzeitig verdichtete sich die den Platz umringende Kette von jüdischer Polizei und SS-Männern, begann gegen die Mitte vorzudrängen, und wieder hörte man Schreckschüsse. Aus der dicht zusammengetriebenen Menge erhob sich lautes Klagen der Frauen und Weinen der Kinder.

Wir machten uns auf. Wozu warten? Je schneller wir in die Waggons kamen, um so besser. Einige Schritte von ihnen entfernt hatte sich eine Reihe Polizisten postiert, so daß ein breiter Weg für die Menge entstanden war, dessen einzige Ausmündung die offenen Türen der gechlorten Waggons bildeten.

Bevor wir uns zum Zug vorgeschoben hatten, waren die nächsten Wagen schon besetzt; die Menschen darin standen zusammengepreßt einer neben dem anderen. SS-Männer stießen noch mit Gewehrkolben nach, obwohl von innen her Rufe laut wurden, daß die Leute keine Luft mehr bekämen. In der Tat erschwerte der Chlorgeruch schon in einiger Entfernung von den Waggons das Atmen; was mußte sich da erst innen abspielen, wo der Fußboden dick mit Chlor bestreut war? Wir hatten etwa die Hälfte der Wagen hinter uns gebracht, als ich plötzlich eine Stimme rufen hörte: „Guck mal, guck doch mal! Szpilman!" Eine Hand packte mich am Kragen, und ich wurde aus dem Polizeikordon hinausgeschleudert.

Wer wagte es, so mit mir umzugehen? Ich wollte nicht von meinen Lieben getrennt werden. Ich wollte bei ihnen sein!

Vor mir hatte ich jetzt die Rücken der Polizisten. Ich warf mich dagegen, aber sie gaben nicht nach. Ich sah zwischen den Köpfen der Polizisten hindurch, wie Mutter und Regina, von Halina und Henryk hochgehoben, in die Waggons stiegen, während sich der Vater nach mir umschaute.

„Väterchen!" schrie ich.

Er erblickte mich, machte ein paar Schritte auf mich zu; doch nach einer Weile zögerte er und blieb stehen. Er war blaß, seine Lippen zitterten nervös. Er versuchte zu lächeln, hilflos, schmerzlich, hob die Hand und winkte mir zum Abschied, als ob ich ins Leben reiste und er mich schon von einem anderen Ufer aus grüßte. Dann wandte er sich um und ging zu den Waggons.

Wieder warf ich mich mit ganzer Kraft zwischen die Polizistenschultern.

„Väterchen! Henryk! Halina..."

Ich schrie wie ein Besessener, vom Grauen erfaßt, daß ich gerade jetzt, im wichtigsten, letzten Augenblick nicht zu ihnen gelangen konnte, daß wir auf immer getrennt würden.

Einer der Polizisten drehte sich um und sah mich ärgerlich an:

„Was stellen Sie denn an? Retten Sie sich lieber!"

Retten? Wovor? In Sekundenschnelle ging mir ein Licht auf, was die in die Viehwagen Gepferchten erwartete. Die Haare standen mir zu Berge. Ich schaute hinter mich: dort war der freie Raum der Eisenbahngeleise und Bahnsteige und dahinter Straßenmündungen. Ich flüchtete auf die Straßen zu, von ungehemmter, animalischer Angst getrieben. Ich schlüpfte in eine Arbeiterkolonne der Gemeinde, die gerade den Platz verließ, und so kam ich durchs Tor.

Als ich wieder Herr meiner Sinne war, stand ich bereits zwischen Häusern auf einem Gehweg. Aus einem der Häuser trat ein SS-Mann in Gesellschaft eines jüdischen Polizisten. Der SS-Mann hatte ein stumpfes, arrogantes Gesicht, der Polizist lag vor ihm förmlich auf dem Bauch, lächelte, erging sich in Höflichkeiten und scharwenzelte um ihn herum. Er zeigte zum Zug auf dem Umschlagplatz und sagte zu dem Deutschen in kameradschaftlicher Vertraulichkeit, wobei in seiner Stimme spöttische Verachtung lag:

„Das alles geht auf Schmelz!"

Ich sah in die Richtung, in die sein Finger zeigte: die Türen der Waggons waren bereits geschlossen, und der Zug setzte sich langsam und schwerfällig in Bewegung.

Ich wandte mich ab und wankte, laut weinend, mitten auf der menschenleeren Straße einher, verfolgt von dem immer leiser werdenden Schrei der in den Waggons Eingeschlossenen, der wie das Piepsen in Käfigen zusammengepferchter Vögel in Todesnot klang.

JANKA HESZELES

Janina Heszeles (Janka) war elf Jahre alt, als sie das Gedicht „Bełżec" im sogenannten Janów-Lager schrieb und ihren Mithäftlingen
vortrug. Diese in der Vorstadt von Lwów gelegene „Fabrik des Todes",
deren Opfer vorwiegend Juden waren – unter ihnen auch Jankas
Mutter; der Vater, Dr. Henryk Heszeles, Redakteur der Tageszeitung
»Chwila«, war bereits zuvor bei Massenausschreitungen gegen die Juden in Lwów umgekommen –, hatte den Ruf einer „Universität der
Sbirren".

Michał M. Borwicz („Boruchowicz"), Häftling dieses Lagers und füh-
rendes Mitglied seiner konspirativen Zellen, dessen Anthologie von
Gedichten über die Juden unter der deutschen Besatzungsmacht („Pieśń
ujdzie cało ...") das Gedicht „Bełżec" entnommen wurde, berichtet über
diese Stätte des Grauens:

„Das Morden ging auf alle möglichen Arten vonstatten: durch lebendig
Begraben, Erhängen, Erschießen, Ertränken, Unterkühlen und zu Tode
prügeln ... In den Tod marschierten ganze Brigaden unter den Klängen eines großen Orchesters, das in der Mehrzahl aus bekannten Vir-
tuosen bestand. Der Hunger schlug zu wie eine Seuche ..." Und über
Janka Heszeles schreibt er an derselben Stelle („Literatura w obozie",
Kraków 1946, 5):

„Zu einer Zeit begann man mir von verschiedenen Seiten die damals
zwölfjährige Janka H. zu empfehlen ..., die Gedichte schrieb und sie
in den Frauenbaracken vortrug. Man bat, ich solle mich ihrer annehmen usw. Ich verhielt mich zunächst ablehnend ... Janka, die es nicht
erwarten konnte, mit mir in Kontakt zu kommen, täuschte ihre Vor-
arbeiterinnen und gelangte, den SS-Männern geschickt ausweichend,
bis zu mir ... Sie war bescheiden, nachdenklich und schwermütig. Ihre
Gedichte waren – selbstverständlich – völlig primitiv (im guten Sinne
des Wortes). Die Art, wie sie sie vortrug – natürlich und bar jeglicher
Affektiertheit –, war sehr eindrucksvoll.

Ich beschloß, dem Mädchen ein bestimmtes Geschenk zu machen. Um
es zu bekommen, schickte ich – ich gestehe es ehrlich – Verbindungsleute aus, setzte Kontakte und Bekanntschaften in Bewegung. Zunächst
blickten sie mich scheel an, in meinem Vorhaben sahen sie eine Wahn-
sinnslaune. Vielleicht war es auch so, pflegt man doch selbst im Lager
Launen zu haben. Immerhin pflegen Launen ansteckend zu sein. Sie

---

Sbirren – (ital.) Polizeischergen

gerieten in Feuereifer und schnüffelten wie die Besessenen. Und am
Ende bekam Janka – das Buch ... Es war ziemlich mitgenommen, ohne
Einband, und wenn ich mich recht entsinne, fehlten ein paar Seiten.
Aber es war ein Band mit Gedichten von Adam Mickiewicz ... Und ein
zweites Geschenk?

Janka war die erste Person, deren Flucht aus dem Lager ich nach meiner eigenen Flucht organisierte. Durch eine Meldegängerin direkt nach
Kraków gebracht, schrieb sie ihre Erlebnisse unter der Hitlerbesatzung
in einem Tagebuch („Mit den Augen eines zwölfjährigen Mädchens")
nieder, das durch seine Einfachheit und Sachlichkeit frappiert. Die
Autorin lebt ..."

Bełżec

Was für ein grausiger Anblick:
Gefüllt mit Menschen der Wagen,
in der Ecke ein paar Leichen,
die wie alle keine Kleider tragen.

Gestöhn übertönt der Räder Rollen –
nur der Verurteilte versteht,
was sie ihm sagen wollen:

Nach Bełżec, nach Bełżec, nach Bełżec,
in den Tod, in den Tod, in den Tod!
Wir rollen nach Bełżec, nach Bełżec
für den Tod, für den Tod, für den Tod.

Willst du leben,
dann spring, dann flieg, dann lauf!
Aber gib acht,
auch der Bahnschutz lauert dir auf.

TADEUSZ BOROWSKI

Der Mann mit dem Päckchen

Für Adolf Rudnicki

Unser Schreiber war ein Jude aus Lublin und kam schon als er-
fahrener Majdanekhäftling ins Lager Auschwitz. Und da er einen
guten Bekannten beim Sonderkommando vorfand, der wegen seiner in den Krematorien geschürften Reichtümer über gewaltigen
Einfluß im Lager verfügte, spielte er auf der Stelle krank, gelangte
ohne Schwierigkeiten nach *KB zwei,* wie sich abgekürzt (vom Wort
Krankenbau II) der zum Krankenrevier bestimmte, abgesonderte
Teil von Birkenau nannte, und bekam dort gleich den prima Posten
eines Schreibers in unserem Block. Statt den ganzen Tag Erde zu
schippen oder mit hungrigem Magen Zementsäcke zu schleppen,
tat der Schreiber Kanzleiarbeit – Gegenstand des Neides und der
Intrigen anderer Prominenter, die ihren Bekannten ebenfalls Deck-
posten verschafften –, holte die Kranken und führte sie weg, hielt
im Block Appelle ab, bereitete die Krankenkarteien vor und nahm
unmittelbar an den Selektionen der Juden teil, die im Herbst 1943
beinah regelmäßig zweimal die Woche in allen Sektoren unseres
Lagers stattfanden. Ein Schreiber war nämlich verpflichtet, mit
Hilfe der Pfleger die Kranken in den Waschraum zu führen, von
wo sie abends mit Autos zu einem der vier Krematorien gebracht
wurden, die damals noch umschichtig arbeiteten.
Schließlich bekam irgendwann im November der Schreiber hohes
Fieber – eine Erkältung, soweit ich mich erinnern kann –, und
weil er der einzige kranke Jude im Block war, wurde er bei der
ersten Selektion zur „Sonderbehandlung", das heißt zum Vergasen,
bestimmt.
Gleich nach der Aushebung begab sich der Oberpfleger, den alle
aus Höflichkeit Blockältester nannten, nach Block 14, wo fast ausschließlich Juden lagen, um auszuhandeln, daß wir unseren Schreiber früher bei ihnen ablieferten, um uns so die unangenehme
Pflicht zu ersparen, ihn gesondert in den Waschraum bringen zu
müssen.
„Wir verlegen ihn nach vierzehn, Doktor, verstehen Sie?" sagte er
nach seiner Rückkehr zum Oberarzt, der, das Stethoskop in den

Ohren, am Tisch saß. Er beklopfte mit Sorgfalt die Schulterpartie eines frisch eingelieferten Patienten und schrieb ihm in Schönschrift die Krankenkarte aus. Der Doktor reagierte nur mit einer Handbewegung und arbeitete weiter.

Der Schreiber hockte auf der oberen Pritsche und verschnürte sorgsam einen Pappkarton, in dem er tschechische Stiefel aufbewahrte, die bis ans Knie zum Schnüren waren, ferner Löffel, Messer, Bleistift sowie Fett, Weißbrot und Obst, die er für allerlei Schreiberdienste von den Kranken erhalten hatte, wie das bei fast allen jüdischen Ärzten und Pflegern im KB üblich war. Denn im Gegensatz zu den Polen bekamen sie keine Päckchen ins Lager. Übrigens nahmen die Polen im KB, die von zu Hause Unterstützung hatten, ebenfalls von den Kranken sowohl Tabak als auch Essen.

Dem Schreiber vis-à-vis spielte ein alter polnischer Major, den man aus unerfindlichen Gründen seit ein paar Monaten im Block hielt, die Daumen in die Ohren gestopft, mit sich selber Schach. Unter ihm schiffte die Nachtwache faul in eine Ente und vergrub sich gleich wieder in die Decke. In den anderen Stuben röchelte und hustete es, in der Ofenröhre brutzelte zischend der Speck; es war stickig und schwül wie gewöhnlich gegen Abend.

Der Schreiber kletterte vom Bett und nahm sein Päckchen. Der Blockälteste reichte ihm barsch die Decke und hieß ihn Holzschuhe anziehen. Sie verließen den Block. Vom Fenster aus konnte man sehen, wie der Blockälteste vor 14 dem Schreiber die Decke von den Schultern zog, ihm die Holzschuhe wegnahm und ihm auf die Schulter klopfte, der Schreiber aber, nur noch mit dem Nachthemd bekleidet, das der Wind flattern ließ, in Begleitung eines anderen Pflegers nach Block 14 ging.

Erst zum Abend, wenn in den Stuben die Essensportionen, Tee und Päckchen ausgeteilt wurden, holten die Pfleger die Muselmänner aus den Blöcken und ließen sie, immer zu fünft, vor den Türen Aufstellung nehmen, wobei sie ihnen die Decken und Holzpantinen herunterrissen. Im Lager erschien der diensthabende SS-Mann und befahl den Pflegern, vor dem Waschraum eine Kette zu bilden, damit niemand entkam. Unterdessen wurde in den Blöcken die abendliche Ration verzehrt und in den neuen Päckchen gekramt.

Man konnte durchs Fenster sehen, wie unser Schreiber mit dem Päckchen in der Hand 14 verließ, sich in der Fünferreihe auf seinen

---

Muselmänner – So hießen im Lagerjargon die völlig abgezehrten und damit nicht mehr arbeitsfähigen Häftlinge, die als erste liquidiert wurden.

194

Platz stellte und sich dann, vom Gebrüll der Pfleger angetrieben, mit den anderen zum Waschraum schleppte.

„Schauen Sie mal, Doktor!" rief ich den Arzt. Er nahm das Stethoskop ab, kam schweren Schritts zum Fenster und legte mir die Hand auf die Schulter. „Er könnte doch ein bißchen mehr Vernunft zeigen, meinen Sie nicht auch?"

Es dunkelte bereits. Man sah weiße Hemden sich vor dem Block bewegen, die Gesichter waren nicht zu erkennen; die Menschen traten zur Seite, verschwanden aus dem Blickfeld. Ich gewahrte, daß hinter dem Drahtverhau Lampen angingen.

„Schließlich weiß doch ein alter Lagerinsasse wie er, daß er in ein, zwei Stunden nackt, ohne Hemd und ohne Päckchen, ins Gas geht. Was für eine schaurige Anhänglichkeit an das letzte bißchen Eigentum ... Immerhin könnte er es jemand anderem geben. Ich glaube nicht, daß ich ..."

„Denkst du wirklich so?" fragte apathisch der Doktor. Er nahm die Hand von meiner Schulter und bewegte die Kinnbacken, als bohre er mit der Zungenspitze in einem löchrigen Zahn.

„Verzeihen Sie, Doktor, aber ich kann mir nicht vorstellen, daß Sie ...", sagte ich beiläufig.

Der Doktor stammte aus Berlin, hatte Tochter und Frau in Argentinien und sagte manchmal von sich: „wir Preußen" – mit einem Lächeln, in dem sich die schmerzliche Bitterkeit des Juden mit dem Stolz des ehemaligen preußischen Offiziers mischte.

„Ich weiß nicht. Ich weiß nicht, was ich tun würde, wenn ich ins Gas ginge. Sicher würde ich auch mein Päckchen mit mir nehmen."

Er wandte sich mir zu und lächelte verschmitzt. Ich sah, wie erschöpft und unausgeschlafen er war.

„Ich kann mir denken, daß sogar ich auf der Fahrt zum Schornstein noch fest daran glauben würde, daß unterwegs was geschieht. Ich hielte das Päckchen wie eine fremde Hand, verstehst du?"

Er trat vom Fenster weg, setzte sich wieder an den Tisch und ließ einen anderen Kranken aus dem Bett holen; er bereitete für morgen den Abgang von Genesenen ins Lager vor.

Die kranken Juden erfüllten den Waschraum mit Jammern und Schreien; sie wollten das Gebäude anzünden, aber keiner von ihnen wagte auch nur, den Sanitätsoffizier anzurühren, der mit geschlossenen Augen in einer Ecke saß, zu schlafen vorgab oder tatsächlich schlief.

In den frühen Nachtstunden fuhren die großen Krematoriumslaster ins Lager, einige SS-Männer trafen ein, man befahl den Juden, alles im Waschraum zu lassen, und die Pfleger begannen, sie nackt auf die Plattform zu werfen, bis auf dem Lastwagen Menschenhau-

fen gewachsen waren, die weinend und fluchend, von Scheinwerfer-
licht überflutet, aus dem Lager fuhren, verzweifelt sich bei den
Händen haltend, damit keiner herunterfiel.

Ich weiß nicht, warum man später im Lager sagte, daß die ins Gas
fahrenden Juden auf hebräisch ein erschütterndes Lied gesungen
hätten, das keiner verstehen konnte.

JOSZUA PERLE

Joszua Perle (geb. 1888) – ein jiddischer Schriftsteller von Rang (u. a. „Der goldene Pfau") – befand sich Ende 1939 in Lwów, wo sich eine bedeutende Zahl polnischer, jüdischer und ukrainischer Schriftsteller zusammengefunden hatte. Nach dem Überfall Hitlerdeutschlands 1941 auf die UdSSR und die Einverleibung des sogenannten Distriktes Galizien (mit Lwów) ins Generalgouvernement kehrte er nach Warschau zurück, wo er eine Anstellung bei der dem Judenrat zugeordneten Versorgungsanstalt fand, und zwar in der Abteilung von Szmuel Winter, einem sozial und konspirativ sehr aktiven Mann, der sich der Schriftsteller annahm, den „Oneg Szabat" finanziell unterstützte und später auch die ŻOB. Perle verfaßte für das ARG ausführliche Berichte über den Massenmord im Distrikt Galizien und über die Verbrechen ukrainischer Faschisten.

Durch Winter wurde Perle während der ersten Vernichtungsaktion der Fabrik für Kunsthonig und Süßwaren, Franciszkańska-Str. 30, zugeteilt.

Am Vortag des Gettoaufstandes fand Perle durch Freunde seines Sohnes Unterschlupf im polnischen Milieu, doch wie viele andere Überlebende aus dem Getto durch das Versprechen, im Austausch für deutsche Kriegsgefangene in ein neutrales Land ausreisen zu dürfen, irregeführt, geriet er ins „Hotel Polski" und von da aus nach Bergen-Belsen. Joszua Perle kam mit seinem Sohn in Auschwitz ums Leben, wahrscheinlich im Mai 1944.

(1943 verkaufte die Gestapo durch Agenten Auslandspässe und ähnliche Dokumente – die für im Getto Ermordete bestimmt gewesen waren – für horrende Summen an die vermögendsten unter den Geretteten, die häufig sichere Verstecke aufgaben, um die gebotene Chance zu nutzen. Die Gestapo bestimmte als Sammelpunkt das „Hotel Polski" und das Hotel „Terminus" und verschleppte von dort aus die Eingetroffenen in die Konzentrationslager Bergen-Belsen und Auschwitz; etwa zweihundertfünfzig Personen ließ sie im Pawiak-Gefängnis erschießen.)

Nummer 4580

Eine runde Zahl ... auf den ersten Blick sieht sie ganz unscheinbar aus und so, als ob sich nichts dahinter verberge. Eine solche einsam dastehende Zahl kann man gut mit jenen grauen Alltagsmenschen vergleichen, die unbemerkt durchs Leben gehen und ohne Beichte sterben; wenn sich einmal ein Zahlenkundiger, ein gelehrter Astrolog, ordentlich den Kopf zerbricht, kommt er vielleicht hinter den geheimen Sinn dieser Zahl und prophezeit auf ihrer Grundlage den Naiven das baldige Ende der Welt oder das Nahen des Messias.

Nüchterndenkende dagegen, sofern sie der Zahl überhaupt ihre Aufmerksamkeit schenken, glauben sicher, daß es sich dabei um die Nummer eines Polizisten, Gepäckträgers, Sträflings oder auch, bitte um Vergebung, eines Hundes oder Gott weiß was sonst noch handelt. Aber daß diese unscheinbare Zahl den Namen eines lebendigen Menschen ersetzen soll, der nie Polizist, Gepäckträger, Sträfling oder ein Hund gewesen ist, läßt sich schwerlich glauben. Wirklich, nicht zu glauben, und dennoch verbergen sich hinter dieser bescheidenen Zahl Verzweiflung und Leiden, ein Meer von Katastrophen für das Volk, dem ich durch eine Schicksalsfügung angehöre.

Das Unmögliche, Unglaubliche ist Wirklichkeit geworden. Es geschah im Jahre eintausendneunhundertzweiundvierzig im Monat Tischri, im polnischen Staat, in der Stadt Warschau; unter der räuberischen Herrschaft Amaleks – ausgelöscht sei sein Name! –, mit Billigung der Jüdischen Gemeinde, der das in dieser und in jener Welt angerechnet werden möge.

Ich wünsche ihr ewiges Leben, dieser Warschauer Gemeinde, weil sie es war, die mich mit jener Nummer bedacht hat: viertausendfünfhundertachtzig. Sie war es, die meinem eigenen Namen den Kopf abschlug und eine Nummer an seine Stelle pflanzte. Ich gehe mit ihr herum und lebe, sie ist zu meinem anderen Ich geworden.

Vielleicht lohnt es sich daher zu schildern, wie es kam, daß ein Mensch eines trüben Tages zur Nummer wurde?

Tischri – im jüdischen Kalender September/Oktober
Amalek – Nach biblischer Tradition Synonym für „Feind"; in Erinnerung an das Volk der Amalekiter, die die von Mose aus Ägypten herausgeführten Israeliten überfielen (2. Mose 17, 8–16). Nachdem Josua die Amalekiter vernichtend geschlagen hatte, hörte Mose die Verheißungen Jahwes, daß ausgelöscht sei der Name Amaleks unter dem Himmel.

Ich möchte mich nicht loben, aber genau wie alle anderen Menschen auch bin ich mit einem Kopf und – ohne einen Namen auf die Welt gekommen. Ganze acht Tage, wie es das jüdische Gesetz gebietet, lebte ich nicht nur ohne Namen, sondern auch ohne Nummer. Ein Mensch aus dem Jahre eintausendneunhundertzweiundvierzig ist kaum noch imstande zu begreifen, daß mich, obschon ohne Namen, meine treue Mutter furchtlos an sich drückte und mich mit der warmen Milch ihrer schönen Brust nährte. Sie scheute sich auch nicht, mich mit ihrem jungen Körper zu wärmen, mich zu streicheln, zu liebkosen, wie das eine Mutter – und noch dazu eine jüdische Mutter – mit ihrem neugeborenen Einzigen zu tun pflegt.

Nach acht Tagen, wie das Brauch ist bei den Juden, sprach man über mir den Segen: „Und er wird heißen in Israel – so und so."

Der Name eines Menschen ist Teilchen eines lebendigen Organismus, ein Teilchen aus Fleisch und Blut – unfaßbar und unsichtbar; dennoch kann man ohne es nicht leben. So trug ich meinen Namen, wie eine schöne Frau eine schöne Perlenschnur trägt. Er gehörte mir, war ganz und gar mein eigen, hatte ich ihn doch von meinen Großvätern und Urgroßvätern ererbt. Ich hatte ihn mit der Muttermilch eingesogen und mit dem Schweiß, den mein abgerackerter Vater in Strömen vergoß.

Mein Name wohnte in einer Stube mit mir. Wir schliefen unter einem Dach, auf einem Lager. Er war ich und ich war er. Er lernte laufen mit mir, lernte sprechen wie ich. Wenn man mich rief, spitzte er die Ohren. Wenn ich litt, nahm er Anteil daran. Er freute sich an meiner Freude, weinte meine Tränen, lachte mein Lachen und träumte meine Träume.

Aber daß nicht etwa jemand annimmt, daß dieser mein Name mein Sklave gewesen sei, daß er keine eigene Meinung, keinen eigenen Willen gehabt hätte. Im Gegenteil, als ich einmal in Verzweiflung stürzte, und mein Kopf den Abschied von der Welt erwog, war er es, der mich ins Leben zurückrief. Und so wie meine Mutter wünschte, daß ich länger lebe als sie, so wollte mein Name umgekehrt noch dasein, wenn es mich längst nicht mehr gab.

Ich könnte es nicht beschwören, daß mein Leben überreich an guten Taten gewesen ist, ich weiß auch nicht, ob ich viele Tugenden hatte; ich weiß nur, als ich einmal versucht war (man ist am Ende schließlich auch bloß ein Mensch), mir selber wie auch meinem Nachbarn und Feind Unrecht zu tun, hat sich mein Name hartnäckig widersetzt und mich mit tadelndem Wort vor solchem Tun gewarnt. Mich darf man nicht beschämen, sprach er; denn wenn sie auf dich mit Fingern zeigen, bin vor allem ich es, den die Verachtung trifft. Ich bin deine Zierde. Ohne mich wirst du rufen:

ich bin ein Weiser, aber niemand wird dir glauben. Und noch ein Geheimnis will ich dir verraten: Ich gehöre schon nicht mehr zu dir. Dein Leben hat es gewollt, daß dein Name Allgemeingut würde, und als Allgemeingut darf man keinen Schandfleck tragen.

So sprach mein Name. Ich wäre jedoch unaufrichtig, wollte ich mir einreden, daß mein Name nie das kleinste Fleckchen gehabt hätte. Dreiundfünfzig Jahre lebte ich mit ihm, dreiundfünfzig Jahre gingen wir zusammen in einem Gespann, wie sollte es da möglich sein, daß ein Mensch im Verlauf eines halben Jahrhunderts nicht einen einzigen falschen Schritt tat? Bestimmt habe ich so manchen falschen Schritt getan. Und mein Name war dabei. Ich sah, wie sehr er sich schämte. Ich litt mit ihm und schwieg. Erst später, als mir klar wurde, daß er mich überdauern wollte, raffte ich mich auf, um ihn erneut strahlen zu lassen. Und mein Name erstrahlte, wie einst an mir der erste neue Rock, den mir Vater zu Ostern hatte nähen lassen.

Mögen es sich die Leute erklären, wie sie wollen. Mögen sie sagen, daß es Stolz sei oder Einbildung. Mein Name leuchtete auch durch SIE. Sie liebte mich wie meinen Namen. So wie sie stolz ihr königliches Haupt mit dem wundervollen Haar trug, so trug sie stolz meinen Namen. Sie hielt ihn für das Schönste, Erhabenste. Sie liebkoste und dehnte ihn, wenn sie ihn aussprach. Manchmal kannte ich ihn gar nicht wieder, so anders, beinah fremd klang er mir. Aber wenn ich lauschte, wie er aus ihrem zauberhaften Mund tönte, wieviel Charme, wieviel Zärtlichkeit sie in ihn hineinlegte, dann erkannte ich ihn wieder als einen erneuerten, erfrischten, in ihrem jungen Lachen reingewaschenen...

Das bittere Schicksal hat es gewollt, daß sie ihn jung mit sich ins Grab nahm. Dort liegt er zusammen mit meinen Briefen an sie, die sie auf ihrem letzten Weg bei sich haben wollte. Er ist eingemeißelt in den Stein, der ihr Grab bewacht. Und ich glaube felsenfest, daß sie so wenig wie ich hier den ihren dort meinen Namen vergessen kann.

Wie sollte man auch den eigenen Namen vergessen, wo er dreiundfünfzig Jahre mit einem Menschen gewachsen ist, dreiundfünfzig Jahre mit ihm gelebt, dreiundfünfzig Jahre geblüht, Wurzeln getrieben, sich auf Kind und Enkel übertragen hat? Wer bisweilen einen Blick in den Talmud wirft, weiß, daß ein Name die Welt zerstören und ein anderer sie neuerschaffen kann. Die Jü-

---

Mein Name leuchtet auch durch SIE. – Die Frau des Schriftstellers ist 1926 jung gestorben. Diese Tragödie lastete schwer auf Perles Leben.

dische Bibel heißt „Lehre Moses", und für die „Ilias" steht der Name Homer …

Zwar gibt es Namen, die verflucht sind und ausgetilgt gehören aus dem menschlichen Gedächtnis. Doch es gibt auch Namen, die das Menschengeschlecht segnet und segnen wird, solange es menschliches Leben auf Erden gibt.

Mein Name ist nicht groß, die Menschheit hätte keinen Grund, ihn zu segnen, doch auch keinen Grund, ihm zu fluchen. Aber wie bescheiden mein Name auch ist, ich habe die Warschauer Jüdische Gemeinde nicht ermächtigt, ihn mir zu nehmen und einen papierenen Namen an seine Stelle zu setzen. Amalek – ausgelöscht sei sein Name – hat es befohlen, und der Präses der Gemeinde, dessen Weisheit und Gelehrtheit gepriesen sind an allen Enden Israels, hat es ausgeführt.

Statt meiner schleppt sich eine Nummer durch die schrecklichen Straßen des Gettos […]. Eine große, schwarz auf weiß gedruckte Nummer. Eine Wichtigtuerin, eine Aristokratin, diese Nummer!

Die Nummer – das bin ich, der von einst. Die Nummer ist mein einstiger Name. Ich weiß nicht, was ich machen werde, wenn ich dereinst, in hundertundzwanzig Jahren, bestattet werden soll nach den Geboten Israels […]. Der Engel des Todes schaut aus der Höhe auf mich herab und klopft bei mir an: „Wie heißen Sie, mein Herr?" Was antworte ich ihm dann? Daß ich viertausendfünfhundertachtzig heiße? Er wird denken, ich bin nicht richtig im Kopf.

Auch weiß ich nicht, was mit den Leuten anfangen, die nach meinem Tode erscheinen werden. Sie werden die Chronik der Stadt Warschau aus dem Jahre 1942 durchlesen und aus dem Staunen nicht herauskommen, wie es dazu kommen konnte, daß ein lebendiger Name in eine tote Nummer umgewandelt wurde.

Ich möchte ihnen sagen, diesen Zukünftigen, daß wir, die wir die Geschichte nicht von Aufzeichnungen her kennen, sondern sie mit unserem eigenen Blut schreiben, uns nicht mehr wundern. Denn was könnte uns hier noch in Erstaunen versetzen? Schließlich hat man uns die Seele aus dem Leib gerissen, unsere Körper geschändet, unsere Gottesfurcht bespien und unsere Mose-Bibel mit Soldatenstiefeln zerstampft.

Amalek – möge sein Name getilgt werden aus der Menschen Gedächtnis – hat es befohlen, und die Warschauer Gemeinde hat es ausgeführt. Von dreihunderttausend lebenden jüdischen Wesen hat man geruht, etwas mehr als dreißigtausend Nummern übrigzulassen – Auserwählte, gestempelt und gesiegelt und mit der Unterschrift des Herrn Präses persönlich ausgestattet, mit dessen Namen man einst die Kinder in der Wiege schrecken wird. Auch mein

Name und meine Person fanden Gnade in den Augen derer an der Futterkrippe und wurden in eine Nummer verwandelt.

Und nach dem Vorbild von Scholem Alejchems barfüßigem Motl, „des Vorbeters Pejssi Bub", der sich nach seines Vaters Tod tröstet: „Ich hab Glück – ich bin eine Waise", laufe auch ich über den Hof in der Franciszkańska-Straße, die zu meiner großen, weiten Welt geworden ist, und brüste mich lauthals: „Ich hab Glück – ich bin eine Nummer." Nein, es läßt sich nicht leugnen: das Glück ist mir wirklich hold ... ich bade in Milch und Champagner ... Die respektable Nummer verleiht mir Glanz und Ansehen und hebt mich hoch hinaus über den Kehrichthaufen, der von Übriggelassenen wimmelt. [...]

Meine Nummer erhält ein Viertelchen lehmartigen Brotes täglich und eine schmackhafte Graupensuppe, die sich aus gekochtem Wasser und einer Kartoffel, die immer schon einer vor mir aus dem Kessel fischt, sowie aus zwei bis drei Graupen besteht, die sich gegenseitig jagen, doch leider nie zu fassen kriegen. Mehr noch: Meiner Nummer teilt man von Zeit zu Zeit ein vorjähriges Ei [...], ein Löffelchen Honig und an großen Feiertagen ein Häppchen altes Fleisch zu, das man klopfen und klopfen kann und das doch nicht nach altem Wein schmecken will.

Ich hab Glück – ich bin eine Nummer, eingetragen in die Chronik der heiligen Gemeinde von Warschau. Der kluge Präses liebt es, die Seiten dieser Chronik umzuwenden. Ein anderer an seiner Stelle würde vielleicht die Schilderung des letzten Höllenkreises herauslesen aus dieser Chronik. Er hörte sicher das Weinen der Kinder, die zugrunde gingen, noch ehe sie das Licht der Welt erblickten. Er erfaßte vermutlich das Rauschen von dreihunderttausend Seelen, die Amaleks Altar als blutige Opfergabe gefordert hat und die nun über diesem Ort kreisen und kreisen und keine von den geordneten, erwählten, glücklichen Nummern in Frieden lassen.

Aber der Präses, dieser kluge Präses der heiligen Gemeinde zu Warschau, sieht nur Nummern. Und weil er der Herrscher über die Nummern ist, und weil man Nummern nicht umsonst mit Klößchen füttert, teilt er jeden zweiten Tag Befehle aus und verschickt herzliche Briefchen: „So und so, liebe Nummer, ich befehle dir, dich morgen um sechs Uhr früh einzufinden, um eigenhändig die schreckliche Mauer errichten zu helfen, die dich einschließen, mit Kettenfesseln zusammendrücken und dich dermaleinst erdrosseln soll. Du hast dich selber einzumauern. Du mußt dich auch einfinden, um das Blut deiner Mutter und deines Vaters abzuwaschen, die Amalek zu ermorden geruht hat, wobei meine Getreuen ihm eifrig geholfen haben. Und wenn da noch etwas in deines Vaters Wohnung geblieben sein sollte, oder gar in deiner eigenen, dann mußt du Amalek beim Rauben behilflich sein und ihm das allerschönste Präsent dazu offerieren. Doch falls du entwischen und dich nicht an die Arbeit machen willst", warnt mich mein guter Präses, „falls du dich nicht mit deinen eigenen Händen einmauern willst, falls du Amalek nicht den Leuchter aushändigen willst, über dem deine ermordete Mutter die Sabbatgebete sprach, falls du ihm nicht die Brillantbrosche bringen willst, mit der sich deine Mutter zu den Festtagen geschmückt hat, falls du ihm nicht das Kissen reichst, auf dem dein ermordetes Kind geschlafen hat, streiche ich dich aus dem Register, und du hörst auf, eine Nummer zu sein."

Auf diese Weise warnt mich täglich mein Gemeindevorsteher. Ehrlich gesagt, manchmal freuen mich diese bedrohlichen Warnungen; ich höre endlich auf, eine Nummer zu sein! Ich werde wieder ich selbst! Ich kehre zu meinem Namen zurück! Ich stehe ganz einfach von den Toten auf. Solange sich die Erde dreht, ist das noch keinem Juden vergönnt gewesen. Es ist noch weit bis zur Ankunft des Messias. Aber vielleicht werde ich der erste auferstandene Jude sein? Doch warum freut sich mein Herz nicht? Weil ich mich erinnere, daß mich ohne Nummer das Henkersbeil erwartet. Aus mit der Nummer bedeutet: aus mit dem Viertelchen lehmartigen Brotes, aus mit dem Geschmack des vorjährigen Eies, aus mit der Kammer, die man mir zum Wohnen zugeteilt hat, aus mit der Kartoffel, die mir einer vom Teller stiehlt, aus mit den Ehren, der Auszeichnung, aus mit dem Erwähltsein...

Ohne Nummer werde ich wie mein Nachbar, der einstmals so klug gewesen ist wie ich, genauso gebildet, genauso subtil, ja vielleicht sogar subtiler. Doch das blinde Schicksal hat es bewirkt, daß er nicht gefiel und nicht in eine Nummer verwandelt wurde; er hält sich an seinen eigenen Namen, an seinen schönen, menschlichen Namen. Aber ein schöner, menschlicher Name ist heute ebensoviel wert wie ein schönes, menschliches Herz, wie schöne, menschliche Gesittung.

Schöne, menschliche Herzen und schöne, menschliche Sitten liegen heute blutbefleckt im Schutt, der sich auf den verlassenen jüdischen Höfen türmt.

Meines Nachbarn ehrlicher Name erhält kein Viertelchen Brot, kein Löffelchen Graupen, hat nicht, wo er sein Haupt hinlegen soll; er versteckt sich in Löchern, in Gesellschaft von Katzen und herrenlosen Hunden. Der Name meines Nachbarn ist gestrichen aus dem Gemeinderegister. Sein gestriger Freund mit Nummer gönnt ihm keinen „Guten Tag", setzt sich nicht mehr an einen Tisch mit ihm und meidet ihn im Haus des Gebets. Er ist zum Aussätzigen geworden, dieser mein Nachbar mit dem ehrlichen Namen und ohne papierene Nummer.

Wie soll ich da meine Nummer nicht schätzen! Wie nicht zittern um meine Nummer – wie eine Mutter um ihr einziges Kind! Also hüte ich sie wie meinen Augapfel. Ich habe mir einen Samtbeutel genäht mit Davidschild und trage so die Nummer an meinem Herzen. Ich schlafe mit ihr, esse gemeinsam mit ihr. Sogar meine Träume drehen sich um sie, sind erfüllt von ihr, sind *sie*.

Und wenn ich heute jung wäre, und die Nummer zählte dreißig Jahre weniger, käme ganz bestimmt SIE und nennte sie zärtlich: Nummerchen, liebes! Oder noch liebevoller: Du mein herzgeliebtes Nummerchen! Und verkleinernd: mein Nummerleinchen! Denn ich bin ein Glückspilz. Ja, *ich* habe Glück – ich bin eine Nummer.

Nur daß ich, um eine Nummer zu werden, zuvor in Blut herumwälzen mußte meine dreiundfünfzig Jahre. Herumwälzen, verhöhnen, entweihen. Um eine Nummer zu werden, mußte ich zuerst mein Haus zerstören. Zerstören und mit den Wurzeln herausreißen. Unter meiner Nummer ruhen dreihunderttausend jüdische Märtyrer. Dreihunderttausend jüdische menschliche Wesen, die Amalek mit Genehmigung des Präses der Gemeinde und seiner Lakaien gemordet hat. Hinter meiner glücklichen Nummer hervor ertönt der verzweifelte Schrei aber Tausender vergifteter, erstickter jüdischer Kinder. In dunklen Nächten dringt das Schluchzen der Mutter, aller Mütter, unserer Mutter Rachel an mein Ohr. Sie schreitet durch verödete Felder und hüllt ihre ermordeten Kinder ins Leichentuch. Ihre schönen, zarten Hände waschen die Söhne und Töchter vom Blut rein. Aber wird sie alle ins Leichentuch hüllen, alle reinwaschen können, wenn das Blut schreit und die Erde, so lang wie breit, vor Schluchzen bebt?

Sie liegen da, nackt und voller Schmach, verstreut und verlassen, ohne Waschung und Totengebet, ohne Grabstein, geschändet von

---

Samtbeutel – In einem solchen Beutel werden rituelle Dinge, wie z. B. Gebetsriemen und Gebetsmantel, aufbewahrt.

Davidschild – Davidstern; ein durch zwei ineinandergeschobene Dreiecke gebildeter sechseckiger Stern, der vermutlich ursprünglich ein Götteremblem, dann wahrscheinlich das Symbol des Bar-Kochba-Aufstandes und später ein kabbalistisches Zeichen war, das die Durchwirktheit der irdischen Welt mit der Gottheit versinnbildlichen sollte; oft auf Kultgegenstände gestanzt oder gestickt

den räuberischen Amalekiterhänden, mit Billigung der heiligen Gemeinde der Stadt Warschau.

Warschauer Getto, Dezember 1942

---

mit Billigung der heiligen Gemeinde der Stadt Warschau – Die in diesem Text gegen den Judenrat und dessen Ältesten – nach dem Selbstmord von Adam Czerniaków war das Ingenieur Marek Lichtenbaum, der am 23. April 1943 zusammen mit drei anderen Präsidiumsmitgliedern erschossen wurde – erhobenen Vorwürfe und Anschuldigungen sind stark überzogen und aus der Verbitterung der Betroffenen, ihrer furchtbaren Lage zu verstehen. Anders die Einschätzung der Zeitgenossen, anders die Sicht der Historiker, der Nachgeborenen überhaupt; denn aus der Distanz der Zeit wird die Beurteilung der moralischen Haltung einzelner Beteiligter an der Gettotragödie weitaus komplizierter. Für die Gesamtheit der Mitglieder und Mitarbeiter des Judenrates können die genannten Vorwürfe nicht gelten, gab es doch unter ihnen nicht wenige, die mit dem Untergrund verbunden waren – von der aufrüttelnden Tat Czerniaków ganz zu schweigen (s. dazu Anm. auf S. 85). Außerdem muß betont werden, daß die Juden keinerlei Einfluß auf die Entscheidungen der Hitlerfaschisten hatten. Der Judenrat suchte keine Personen für die Transporte aus, sondern der Ordnungsdienst im Getto, der an Razzien und Blockaden teilnahm, empfing seine Befehle unmittelbar vom Sonderkommando der Sicherheitspolizei-Umsiedlung. Allerdings bestand die Taktik des Judenrates bis zur Juli-Aktion 1942 darin, in der Hoffnung auf Bewahrung des größten Teils der Gettobevölkerung dem Okkupanten gegenüber die größtmögliche Nachgiebigkeit an den Tag zu legen. Die „große" Vernichtungsaktion machte einen Strich durch diese Konzeption. – Text des Beitrags im Original jiddisch (nach einer Übersetzung von Jan Leński; leicht gekürzt).

Gebet für die in den Tagen
der Vernichtungsaktion Verschleppten

Ein Gebet – speziell verfaßt für den gegenwärtigen Augenblick

Im Geist der Weisungen der Großen in Israel wurde dieses Gebet verfaßt, das jeder Jude täglich sprechen sollte. Vor dem Gebet sollten Psalm 94; 2 und 42 gelesen werden:
„Herrscher des Alls! Herr der Welt! Erhöre unser Weinen und den Klageruf unseres Herzens – schaue an unser Leiden und unsere Qual und hilf in dieser großen Not. Die Nachkommen Abrahams, Isaaks und Jakobs – sie werden verfolgt, ausgerottet und wie Schafe zur Schlachtbank getrieben. Dein Wille geschehe, großer Gott, auf daß Du uns vor dem Unglück beschirmen und jegliches Böse wie die Grausamkeit des Feindes zunichte machen mögest.
Man hat unsere Nächsten: Frauen und Kinder, Väter und Mütter, Brüder und Schwestern sowie alle anderen Brüder in Israel, von unserer Seite gerissen und in die Knechtschaft geführt, und wir wissen nicht, wo sich ihre Spur verloren hat!
Sei, allmächtiger Gott, der Beistand all dieser in die Knechtschaft Hinweggeführten, bewahre sie vor Elend und Leid, verleihe ihnen Kraft, zu überdauern und die Martern durchzustehen, die ihnen von den Verfolgern zugefügt werden; schaffe ihnen Nahrung und mache, daß sie die gesunde Rückkehr zu ihren Familien erleben. Und die jüngsten Kindlein, die man aus den Armen ihrer Mütter und Väter gerissen hat, mögen – wie bei der Befreiung aus Ägypten – aufs neue erscheinen und zu ihren Eltern heimkehren.
Ich bringe ein Opfer für die Armen und Hungernden dar, damit Du ... (Namen sowie Mutternamen angeben) helfen und beschützen mögest, der (die) hinweggeführt worden ist in die Knechtschaft, und ihn (sie) bei Lebzeiten heimgeleitest zu seiner (ihrer) Familie.
Barmherziger Gott! Voller Gnade und Erbarmen gegen alle, die aus der Tiefe ihres Herzens rufen: Erbarme Dich der vom Volk Israel Übriggebliebenen; sprich nur ein Wort, auf daß unser Leiden ein Ende nehme. Nimm uns in Deinen Schutz, das nunmehr kleine Häuflein Juden, wie Du Stammvater Abraham vor dem Streich Nimrods, Stammvater Jakob vor der Hand Esaus und La-

bans, Moses vor Pharao, König David vor dem Philister Goliath, Hananja und Esra vor Nebukadnezar beschützt hast. Und wie Du Daniel in der Löwengrube errettest hast. Und wie Du Mordechaj und Esther vor dem Schlag des Übeltäters Haman bewahrt hast. So bewahre Dein Volk Israel vor allen seinen Feinden und sende uns den gerechten Befreier herab, der uns erlöst aus schwerer Sklaverei! O daß es bald geschehn möge und in unserem Leben! Amen!"

Der Gebetstext wurde wahrscheinlich von einer Gruppe führender religiöser Persönlichkeiten abgefaßt und autorisiert, die Unterschlupf in einer der Schuhmacherwerkstätten des Shops von Schultz, Nowolipie-Straße, gefunden hatten. Es waren das u. a.: Aleksander Zysze Frydman, Organisator religiösen Unterrichts und illegaler Lehrkurse im Getto, Dichter und Publizist; Rabbi Klonimus (Kelmisz Szpiro), Zaddik von Piaseczno, Verfasser religiöser Traktate; Szymszon Sztokhamer, Mitglied des Warschauer Rabbinats und Publizist. Die Gruppe Rabbiner verschickten die Hitlerfaschisten während des Aufstandes im Getto ins SS-Arbeitslager Budzyn. Der jüdische Untergrund sowie der Judenhilfsrat beauftragten einen polnischen Eisenbahner, den Offizier der AK Teodor Pajewski, ihre Flucht zu organisieren. Weil jedoch nur für zwei bis drei Personen die Möglichkeit der Rettung bestand, blieb die ganze Gruppe, durch den Schwur gegenseitiger Hilfe und Solidarität gebunden, an Ort und Stelle. Vermutlich sind die Rabbiner bei der Evakuierung des Lagers nach Westen ums Leben gekommen. Nach einer anderen Version ist Frydman am 3. November 1943 im Lager Trawniki umgekommen.
(Gebetstext im Original jiddisch; nach einer Übersetzung von Jan Leński)

NOËMI SZAC-WAJNKRANC

Noëmi Szac-Wajnkranc, deren Tagebuchaufzeichnungen aus den Jahren 1939 bis 1945, „Im Feuer vergangen", ein bewegendes Zeugnis für Menschenwürde, Tapferkeit und Selbstaufgabe in einer menschenverachtenden, feigen, aller moralischen Werte hohnsprechenden Zeit sind, stammte aus einer wohlsituierten jüdischen Familie. Trotz eines freien und weltoffenen Geistes im Hause Szac – Noëmis Vater war ein bekannter Warschauer Ingenieur –, verleugnete man seine Zugehörigkeit zum Judentum ganz und gar nicht.

Als der Krieg ausbrach, war Noëmi jungverheiratet. Man spürt es an ihrer noch ungebrochen kindlich zärtlichen Anhänglichkeit an ihre Eltern. Überhaupt strahlt ihr Wesen Liebe und Güte, Zärtlichkeit und Opferbereitschaft bis zur Selbstaufgabe aus, die nicht nur die nächsten Angehörigen, sondern all ihre Brüder und Schwestern im Unglück einschließt.

Nach der Verhaftung ihres Mannes Jurek Wajnkranc begibt sie sich unter tausend Todesgefahren mitten hinein in den Höllenschlund von Majdanek und Poniatowa, um den geliebten Gefährten zu suchen und zu befreien. Vergeblich. Sie verliert ihn wie alle ihre Angehörigen und Freunde, wie Millionen ihres Volkes.

Leiden und Qualen vermochten ihre ungewöhnliche Intelligenz, ihre Beobachtungsgabe, ihren Beobachtungswillen nicht zu brechen – Noëmi Szac-Wajnkranc hat uns, den Nachgeborenen, ein Dokument hinterlassen, wie es seinesgleichen sucht, und sie hat uns eine Aufgabe übertragen, die ständig neu erfüllt werden will.

Joasia

Ich hab ein Kind geerbt – die kleine Joasia, das Töchterchen eines
Cousins, der nach Rußland gegangen und dessen Frau im „Kessel"
umgekommen ist. Joasia war mit Bekannten im Versteck und ist
auf diese Weise am Leben geblieben. Die Kleine ist acht und hat
den Verstand einer Erwachsenen. Sie reagiert auf das leiseste Geräusch und ist sofort bereit, sich zu verstecken. Sie läuft los und
zieht mich hinter sich her: „Blockade, komm!"
Unser Versteck ist eine getarnte Nische in der Wand; wir haben es
durch Zufall in unserer Wohnung gefunden. Die ehemaligen Woh-
nungsinhaber haben es erbaut, aber sich offenbar nicht lange seiner
erfreut, da man sie entweder ausgesiedelt hat, als das Haus zum
Wohnblock für Hoffmann gemacht wurde, oder auf den Umschlagplatz gebracht hat. Eine Wohnung mit Versteck besitzt kolossalen
Wert.
Eines Tages, als wir wieder einmal aneinandergeschmiegt in unserem Versteck sitzen und ich an Jurek denke, der unten ist, reißt
sich Joasia plötzlich los.
„Du hast den Topf auf dem Feuer gelassen", flüstert sie. „Wenn
sie kommen, wissen sie gleich, daß einer da war, und sie fangen an
zu suchen."
„Bleib hier", sage ich, „da ist nun nichts mehr zu machen."
„Nein, nein, ich gehe!" ruft Joasia. „Du mußt hierbleiben, du hast
Jurek. Außerdem bin ich klein und komme schnell raus und rein",
und schon ist sie heraus aus dem Versteck – um erst nach einer
Ewigkeit wiederzukommen.
Wir hören jetzt, wie sie in die Wohnung kommen, hören das
schwere Hin- und Hergerücke von Möbeln. Die dünne Wand unserer kleinen Höhle erzittert; wir versuchen, nicht zu atmen. Mir
wird übel, ich halte mir den Mund zu. Ganz leise legt sich Joasia
mit ihrem Körperchen auf meinen Kopf. Wir hören Schüsse. Sie
schießen in unserem Zimmer. Jeder Schuß scheint ein Kopfschuß.
Auf einmal ist es still, dann hört man Stimmen. Die Deutschen haben sich wahrscheinlich unser Zimmer ausgesucht, um hier ihren
Raub zu teilen. Wir hören Münzen klappern und Gefeilsche um

Blockade – Hausrazzia, wobei der Wohnblock von SS-Trupps herme-
tisch abgeriegelt wurde; die umstellten Bewohner befanden sich im
„Kessel"
Hoffmann – Eigentümer eines Shops

Geld. Einer lehnt sich an unsere Schutzwand. Sie verbiegt sich leicht. Aus. Joasias kleine Hände umklammern meine Stirn.

Und dann hören wir Stiefelschurren. Die Soldaten gehen. Türen schlagen zu. Wir sitzen still – die einen sind gegangen, es können andere kommen.

Nach einer Weile Schritte. Jemand kommt angelaufen: „Ema!" Es ist Jureks Stimme.

Wir öffnen unser Versteck.

„Meine Kleine, meine Kleine! Ich bin eben erst gekommen. Nach der Blockade. Sie haben wieder die Hälfte mitgenommen. Man hat mir gesagt, daß bei euch geschossen worden ist. Bevor ich euch gefunden habe, habe ich gedacht, ich werde verrückt. Das Versteck ist so jämmerlich."

Abends bringt Jurek immer etwas zum Essen. Ich packe ein kleines Brot aus, Kohl, ein paar Tomaten, einen Blumenkohl, ein Brötchen und ein Ei – ein richtiges Hühnerei. Sogleich machen wir Feuer aus zerhacktem Mobiliar. Kohl essen wir dreimal täglich, weil man den bekommen kann; wir kochen ihn mit Salz und mit einem bißchen Sacharin. Als Dessert gibt es heute ein Stückchen Brot mit Tomate.

„Der Blumenkohl ist ein Geschenk von ‚Schildkröte' für dich", sagt Jurek. „Er arbeitet auch in der Verproviantierung; sie haben Blumenkohl gekriegt."

Ich koche den Weißkohl und überlege, was man daraus noch machen könnte. Mit einem bißchen Fett hätte er einen ganz anderen Geschmack. Aber was soll's – ich habe in meiner Wirtschaft Wasser, Salz, Kohl und Sacharin, und etwas anderes läßt sich nicht fabrizieren. Von den vorigen Mietern ist ein bißchen Kakao übriggeblieben. Ich teile den Kakao, die eine Hälfte für die Eltern, die andere für uns. Heute abend haben wir einen Festschmaus: Weißkohl, Blumenkohl und Kartoffeln.

„Wenn ich nicht gewußt hätte, daß das Blumenkohl ist", sagte Joasia, „ich hätt's nie geglaubt..."

„Wenn's bloß mehr wär", fügt Jurek hinzu, „ich hab noch gar nicht richtig den Geschmack im Mund, und schon ist der Teller leer."

Er scherzt, aber mir zerreißt es das Herz. Den ganzen Tag schuftet er, ist er auf den Beinen – und abends hat er nichts zu essen. Wie mager er geworden ist, wie elend er aussieht! Nicht mehr derselbe Mann.

Ich koche Wasserkakao mit Sacharin und reiche das Dessert. Was für eine köstliche Schokolade! Ich beschließe, meinen letzten Vorrat zu kochen: eine halbe Packung Sago. Jurek hatte sie einmal mitgebracht. Die Hälfte gebe ich Vater. Ich koche das Sago und bringe es ihnen als Überraschung ... Ach, wie sie sich freuen werden! Ich fülle den Brei auf Sèvresteller, es reicht nur für zwei.

„Und du?" fragt Jurek.

„Ach, ich hab da schon gegessen, in der Küche", lüge ich.

„Bestimmt?"

„Bestimmt."

„Das macht nichts, iß mit uns!"

„Nein, nein!" rufe ich aus. „Ich kann schon kein Sago mehr sehen", und laufe in die Küche. Ich fühle einen so entsetzlichen, grauenhaften Hunger, wollte so gern das Sago essen, etwas im Mund haben, das nicht nach Kartoffeln schmeckte, mit Kohl und Sacharin nichts gemein hatte. Ich mußte fliehen vor dem Anblick des Tellers mit der weißen, dampfenden Speise. Wieder wird mir übel. Jurek kommt herein.

„Dir ist schlecht? Vielleicht ist dir nicht bekommen, was du gegessen hast?"

„Was ich gegessen hab? Was kann ich gegessen haben, was haben wir zu essen?"

Und plötzlich brechen wir beide in ein diabolisches Gelächter aus.

Joasia räumt das Sèvresporzellan ab, und gleich füllen wir den Süßstoffkakao in japanische Teetassen. Die japanischen Damen auf dem Porzellan ziehen die Brauen hoch – ein solches Getränk sind sie nicht gewöhnt.

„Was für ein Schmaus!" freut sich Joasia. „Wieviel Gerichte es bei uns gegeben hat!" Und sie zählt an den Fingerchen nach.

Eines Morgens findet Joasia in der Tasche ihres Kleidchens zwei Bonbons. Voller Freude kommt sie zu mir gelaufen.

„Woher hast du sie, Joasia?"

„Bestimmt von Jurek. Ich hab im Schlaf gesehn, wie er sich am Stühlchen zu schaffen gemacht hat, auf dem das Kleid lag!"

Jeden Abend warten wir beide voller Ungeduld auf Jurek. Ich weiß nie, wann und ob er überhaupt aus der Stadt zurückkehrt. Beim kleinsten Geräusch läuft Joasia auf die Treppe, und wenn Jurek sich verspätet, setzt sie sich auf meinen Schoß, küßt mich und streicht mir übers Haar.

„Hab keine Angst, er kommt gleich. Noch fünf Minuten, noch zehn ..."

Endlich Schritte. Er stürzt sofort in die Wohnung.

„Endlich! Den ganzen Tag werde ich fast wahnsinnig vor Angst, es könnte bei euch was passiert sein – ich könnte euch nicht mehr lebend antreffen."

Joasia weicht nicht von seiner Seite.

„Schönen Dank für die Bonbons, Jureczek."

„Was für Bonbons?"

Jurek wäscht sich die Hände, und Joasia hält ihm das Handtuch bereit. „Ach, tu doch nicht so. Ich hab ja gesehen, wie du sie mir in die Tasche gesteckt hast."

„Na, schön."

„Ich hab sie noch nicht gegessen. Wir wollen sie uns teilen."

„Nein, Joasia, die sind für dich. Aber wenn du unbedingt teilen willst, gib Ema einen."

„Nein, nein, die sind für uns alle."

Nach unserem Weißkohlabendbrot kommen Nachbarn. Wir unterhalten uns, beklagen uns, beraten uns.

„Geh schlafen, Joasia. Bitte."

„Nein, noch ein bißchen."

Schließlich sind wir wieder allein, und jetzt bringt uns Joasia in einer schönen Kristallbonbonniere die zwei Bonbons, gleichmäßig und gewissenhaft in drei Teile geteilt.

„Joasia", sträuben wir uns, „iß sie doch selber."

„Nein, wo ich sie euch doch anbiete", fleht sie mit Tränen in den samtschwarzen Augen. „Das ist mein Empfang, da biete ich euch was an."

Oh, arme Joasia, es war ihr letzter Empfang ...

In einer Dämmerstunde, als wir wie immer auf Jurek warten, vertraut mir Joasia, fest an mich geschmiegt, an:

„Weißt du, ich glaube, daß Mammi nichts mehr fühlt; denn Ermordete fühlen doch nichts."

„Warum redest du so, Joasia? Vielleicht lebt deine Mammi noch."

„Nein, du weißt doch selber, daß sie nicht mehr lebt. Früher hab ich immer gedacht, daß es eine andere Welt gibt, aber jetzt weiß ich, daß da nichts ist. Denn schlimmer als hier kann es nicht sein, also würde jeder sterben wollen, um sein Leben irgendwie umzutauschen, aber wenn er weiß, daß da nichts ist, dann ist es schrecklich zu denken, daß alles aufhört."

„Joasia, mein Herz, denk nicht an so was. Du wirst sehen, der Krieg geht zu Ende, und dein Pappi kommt."

Aber Joasia schüttelt den Kopf.

„Nein, ich erleb das nicht mehr. Mit mir geht das so wie mit allen unsern Kindern ..."

Joasia hat hohes Fieber, sie phantasiert. Ein Stockwerk tiefer wohnt ein Arzt – ich gehe zu ihm. Er liest gerade Shakespeares „Sommernachtstraum". Seine Frau hört zu.

Die Hand, die das Buch hält, zittert. Seine Frau hat ein totenbleiches, versteinertes Gesicht. Man hat ihr heute den letzten Bruder genommen, ihr heute die Mutter erschlagen.

Ich bitte ihn, zu Joasia hinaufzukommen, und beim Hinausgehen denke ich – nein, eigentlich denke ich nichts dergleichen –, daß ich mich auch nicht gewundert hätte, wenn ich ihn turnend oder tanzend oder singend angetroffen hätte. Sie lesen Verse. Nichts Erstaunliches! Wie soll ein Mensch sonst auf eine solche Qual, auf Wochen, Monate grausamsten Wartens auf den eigenen und den Tod seiner Lieben, reagieren? Wie darauf reagieren, daß man ihm Tag für Tag Stücke seines Herzens herausreißt, sein Blut trinkt? Weder Weinen noch Schreien vermag Ausdruck dieser Leiden zu sein. Kann jemand mit Weinen sein Leiden ausdrücken, heißt das, daß der Schmerz noch ertragbar, noch aussprechbar ist.

Es vergehen zwei Tage, ohne daß mir Jurek einen Brief von meinen Eltern bringt. Weil ich ihm nie glauben will, daß er bei den Eltern gewesen ist und sie lebend angetroffen hat, bringt er mir jedesmal ein Zettelchen von ihnen. Jetzt sucht er nach Ausreden.

„Es war spät, sie hatten in ihrem Bunker nichts zum Schreiben. Ich schwöre dir, sie leben."

Aber ich glaube ihm nicht.

Schließlich wird Jurek wütend.

„Ich bin kaputt. Was willst du denn? Du siehst doch, daß ich halbtot bin. Nach einem ganzen Tag auch noch zu deinen Eltern zu rennen, zu meiner Mutter – alles unter Beschuß – und dann jedesmal, bis ich zu Hause bin, fast den Verstand verlieren vor Angst um dich!"

Ich lasse ihn in Ruhe, aber am anderen Tag am Spätnachmittag, als es sich in der Stadt ein wenig beruhigt hat, entschließe ich mich, zu den Eltern zu gehen. Ich muß mich selber davon überzeugen, daß sie leben.

„Joasia, du geh auf alle Fälle ins Versteck. Eine Blockade gibt's sicher nicht, aber besser, man ist vorsichtig."

Joasia schmiegt sich an mich.

„Geh nicht, sie können dich schnappen. Auf der Straße ist es so gefährlich."

„Ich muß, Joasia, ich muß."

„Ja", sagt die Kleine, „wenn ich meine Mammi sehen könnte und meinen Pappi, dann würd ich auch durch die Hölle gehen ..."

Ich sehe mich nach allen Seiten um. Ich überquere das Werksgelände, haste durch entvölkerte Straßen. Wenn ich einen Deutschen von weitem sehe, verstecke ich mich in Toreingängen oder hinter Häuserecken. Geschieße. Die Kugel fegt über meinen Kopf hinweg, eine zweite trifft ein Fenster. Krachend fallen die Glassplitter neben mir zu Boden.

Dann ist es wieder still, und ich renne weiter. Endlich bin ich an

Ort und Stelle. Das Versteck ist leer. Ich laufe in die Wohnung hinauf – Stille. Ich hämmere mit den Fäusten gegen die Tür – Stille; dann schlage ich wie von Sinnen mit dem Kopf dagegen und brülle: „Mama! Mama!" Auf einmal ein Geräusch: jemand schiebt den Eisenstab zurück. In der Tür der Vater, hinter ihm meine Mutter. Meine Lieben, Lieben, Lieben!

„Wir haben uns eingeriegelt. Wir sind eben erst aus dem Bunker raufgekommen, und da halten wir es für besser, wenn die Front geschlossen ist. Durch die Küche flieht sich's leichter!"

Ich umarme sie und will sie nicht wieder loslassen.

„Aber Sie haben 'ne Stimme", hänseln mich die Mitbewohner. „Sie haben so markerschütternd geschrien, daß wir vor Angst fast gestorben sind."

Jurek hat natürlich nicht geschwindelt. Täglich am Abend besucht er sie und bringt immer etwas Eßbares mit. Wie gut er doch ist, wie gut!

Wieder der beschwerliche Weg nach Hause. Endlich am Ziel. Am Tor wartet Jurek. Ich bin darauf gefaßt, daß er mir Vorwürfe macht, weil ich das Werksgelände verlassen habe, aber er sagt nichts, sondern nimmt mich nur in die Arme und küßt mich.

„Ich war bei den Eltern." Wir gehen die Treppe hinauf. Ich fühle, wie Jureks Hand, die mich umfaßt, zittert.

„Was ist passiert?" frage ich. „Deine Mutter, Zosia?"

„Sie leben", sagt Jurek.

„Also, was ist dann passiert?"

„Joasia ..."

Jurek spricht nicht weiter. Ich reiße mich los und stürze in die Wohnung.

Das Versteck steht offen. Auf dem Fußboden ein kleiner Schuh. Er ist ihr vom Füßchen gefallen, als sie sie herausgezerrt haben. Ich drücke das kleine, ausgetretene Schuhchen an mich. Joasia, meine Kleine – wie hast du dich gewehrt, wie hast du sie angeschaut mit deinen entsetzten Augen. Du warst allein, mutterseelenallein in diesem letzten Moment.

Jurek tritt zu mir.

Ich hebe den Kopf und sehe, sehe, wie ihm Tränen übers Gesicht rinnen. Seit vier Jahren sehe ich ihn zum ersten Mal weinen.

Wie verwaist ist jetzt unsere Wohnung, wie leer ohne Joasia. Jetzt warte ich an den Abenden allein auf Jurek, und jede Minute ist für mich eine Ewigkeit der Qual.

Zosia

Zosia war ein kleines Mädchen, die Tochter eines Arztes. Während der „Aktion" fielen einem Deutschen ihre schönen, wie Diamanten strahlenden Augen auf.

„Das gäbe zwei Ringe für mich und meine Frau."

Sein Kumpan hält das Mädchen fest.

„Woll'n mal sehen, ob sie tatsächlich so hübsch sind. Besser wär's, man beguckte sie sich in der Hand."

In dem Verein allgemeine Heiterkeit. Ein besonderer Witzbold schlägt vor, dem Mädchen die Augen auszustechen. Ein gellender Schrei und donnerndes Gelächter der Soldateska. Der Schrei durchdringt unser Hirn, unser Herz; das Gelächter stößt zu wie ein spitzes Messer. Geschrei und Gelächter steigern sich, fliegen zum Himmel auf.

„Was hörst du zuerst, o Gott?"

Im nächsten Augenblick liegt das ohnmächtige Kind auf der Erde; an Stelle der Augen sieht man zwei blutige Wunden. Die rasende Mutter halten Frauen an den Armen fest.

Diesmal hat man Zosia die Mutter gelassen.

Nach zwei Wochen kam ich zufällig mit dem Mädchen in Berührung. Es war ein friedlicher Tag, und die Kleine lag im Bett. Um die Augen war ein Verband gebunden. Sie streichelte der Mutter die Hände und tröstete sie:

„Nicht weinen, Mamele. Es hat vielleicht so kommen sollen. Besser, sie haben mir die Augen genommen, als daß sie mich ermordet hätten. Nach dem Krieg werd ich von Stadt zu Stadt, von Land zu Land reisen und allen erzählen, wie die Deutschen uns gequält haben, damit jeder versteht, daß man sich an den Hitlerleuten rächen muß, und wenn ich die Binde abnehme, werden keinem mehr die deutschen Kinder leid tun ..."

Bei einer der nächsten Blockaden nahmen sie Zosia mit. Schließlich gehören blinde Mädchen auch ausgerottet.

Du wirst nicht von Stadt zu Stadt, von Land zu Land reisen und von unseren bestialischen Unterdrückern erzählen, Kleine, und niemand wird dein grausam verstümmeltes Gesichtchen sehen. Du bist verschollen. Nichts blieb von dir zurück außer der Erinnerung.

Ich schreibe über dich, Zosia. Das ist alles.

Bei einer der Blockaden zeigte ein fünfjähriger Junge, der zusammen mit seiner Mutter und seinem etwas älteren Schwesterchen zum Abtransport auserkoren worden war, dem deutschen Kontrolleur die Zunge. Ein kleines rosa Zünglein. Kurz darauf wurde das Zünglein von dem SS-Mann mit einem kleinen, ganz gewöhnlichen Taschenmesser abgeschnitten. Ein dicker Blutstrahl spritzte aus dem Mund des Kindes. Es sah aus, als wollte er den kleinen Körper hinwegschwemmen. Er sprudelte und sprudelte wie eine Fontäne über das Kind herab, und über die Mutter, die bei ihm kniete. Hatte der unglückselige Junge die Zunge unbewußt herausgestreckt oder aus Schabernack? Bei uns hatten nicht nur Fünfjährige, sondern sogar die Drei- und Zweijährigen, ja eigentlich jedes Kind, das den Geschmack von Essen, Wärme und Kälte schon bewußt empfand, bewußte Angst vor den Deutschen und ihrer Grausamkeit. Unsere Kinder verstanden, daß man genauso, wie man essen und schlafen mußte, sich vor den Deutschen verstecken mußte, daß man, wenn man in einem dunklen, stickigen Unterschlupf saß, nicht schreien oder weinen und auch nur ganz leise atmen durfte: unsere Kinder vermochten Hunger und Durst niederzukämpfen, und unsere Kinder konnten hassen. Den Haß gegen den Feind hatten sie mit der Muttermilch eingesogen. Der kleine fünfjährige Junge hat die Zunge bewußt herausgestreckt. Er war zu schwach, um sich auf den Feind zu werfen, und es blieb ihm nur diese eine Möglichkeit, seinen Haß und seine Verachtung zu zeigen.

Sieh her, Deutscher! Ein jüdisches Kind zeigt dir die Zunge – es spottet deiner Grausamkeit und deiner Macht!

Alusias Tagebuch

Ein Onkel hat uns besucht, dem man die Frau und das einzige Töchterchen, Alusia, genommen hat. Er hat Alusias Tagebuch gefunden. Auf der ersten Seite des blauen Heftchens kindlich sorgfältig kalligraphiert Vor- und Familienname: Ala Cymerman, auf der zweiten: „Heute war bei uns Blockade. Sie haben sehr viele Personen mitgenommen, und wir mußten im Versteck unter dem Fußboden sitzen. Es war so stickig, daß Mammi ohnmächtig geworden ist und ich gedacht hab, daß sie gestorben ist, und ich wollte weinen, aber sie haben mich nicht gelassen, weil ich alle im Versteck verraten konnte. Das war ein Herzanfall."

Ich blättere in dem Heft: „Ich bin sehr hungrig, aber das sag ich keinem, weil die Eltern selber nichts zum Essen haben, wozu also ihnen noch Kummer machen. Es ist schon fünf Uhr abends, und morgen um zwölf kriegen wir Suppe aus dem Shop, wieviel Stunden sind das noch? Was soll man machen, die Nächte hält man irgendwie durch."

Ich blättere noch ein paar Seiten um: „Nun ist Stefanek auch nicht mehr da. Und ich hab ihn so liebgehabt. Wir sind zusammen aufgewachsen. Gestern war er noch bei uns, um sich von uns zu verabschieden. Sein Vater wollte ihn auf die andere Seite schicken. Mammi hat sie so beneidet, daß sie ihn so gut unterbringen können. Heute früh hat ihn sein Vater zusammen mit noch ein paar anderen Leuten durch die vereinbarte Wache transportiert. Sie sind mit einem Lastwagen unter Heu versteckt gefahren. Aber irgendwie ist es rausgekommen. Sie haben sie mit der Maschine erschossen und wieder ins Getto reingeworfen. Herr M., Stefaneks Vater, hat ihn auf dem großen Friedhof an der Mauer gefunden. Er lag tot und blutbeschmiert da. Mein lieber, teurer Stefanek! Nun werden wir nie mehr zusammen spielen und davon träumen, daß die guten Tage wiederkehren und wir wieder wie früher aufs Land fahren, viel Grünes sehen, Bäume und Blumen, und im Fluß baden. Das wirst du nun nie, nie wieder sehen. Oder aber, vielleicht siehst du's schon jetzt? Stefanek, wo bist du jetzt? Ich hab einen Onkel in Moskau, er hat zwei Söhne. Gut, daß die nicht so leiden ... (Spuren von Tränen auf dem Papier.) Wenn wir zugrunde gehen, dann werden meine Cousins uns rächen."

Die letzte Seite: „Ich hab ja solche Angst um Mammi, Pappi und mich, ich will so sehr, daß wir leben und noch was Schönes erleben. Warum geht es uns so schlecht, ich will leben!!!"

Aus dem Heftchen, den unbeholfenen Buchstaben, taucht Alusias Gesichtchen auf. Augen blau wie der Himmel schauen heraus, und ein Kindermund formt ein einziges Wort: Warum?

Jetzt bist du bei Stefanek, Alusia.

Onkel Roman steckt behutsam das Heftchen in die Tasche. „Das ist das einzige, was mir von meinem Kind geblieben ist."

Der Bruder von Onkel Roman und Alusias Onkel ist Arzt. Er lebt in Moskau. Ich weiß, daß er 1936 die Erlaubnis erhielt, seine Familie in Warschau zu besuchen, ich weiß auch, daß er zwei Söhne hat.

Onkel von Alusia! Räche uns! Gedenke deiner in Polen ermordeten Familie, deiner Brüder und Schwestern und ihrer Kinder!

Alusia! Uns werden nicht nur deine Cousins rächen, sondern alle Menschen guten Willens, alle Menschen, die ein für allemal ein Ende machen wollen mit der Grausamkeit und Niedertracht von Wesen, die Sinne, Herz und Gewissen eingebüßt und aufgehört haben, Menschen zu sein.

1943

Ich war JEDER.
Vertausendfältigt hatte sich aller und niemandes Stimme.
Unter der Brücke gingen sie eben hin für immer.

Das war hart an der Grenze des Schauens,
hart am Rande der Zeit — so fein, wie eine Nadel ...
So schmerzhaft, wie ein Peitschenhieb ...

Vielleicht war es da, daß sich die Schlange entrollte und wieder
verbarg?

Füße, nicht meine, trugen mich ins ALLE.
Ihre Schritte verringerten sich zu nichts — ein eigenes Siegel.

Sie gingen fort über Gleise, weit weg —
in mein Blut.
Sie passieren die Adern.

WŁADYSŁAW SZLENGEL

Władysław Szlengel, geboren 1914 in Warschau, kam im April 1943 während des Aufstandes im Warschauer Getto im Bunker von Szymon Kac, Świętojerska-Str. 34, ums Leben. Ein Opfer unter Tausenden des tragischen Aufstandes, die unter den Trümmern des zerstörten Stadtteils verschüttet liegen.

Auch von seinem Gesamtwerk ist ein großer Teil für immer verloren. Im Getto wurde die Literatur genauso vernichtet wie die Menschen, die sie schufen, war sie doch Zeugnis und Äußerung geistigen Lebens derer, die als „niedere Rasse" von den „Übermenschen" zur Vernichtung bestimmt waren – ein Zeichen von Widerstand.

Was erhalten blieb, weist deutlich darauf hin, daß Szlengel mit seinem Dichterwort das Andenken der Lebenden und Sterbenden bewahren wollte.

Władysław Szlengel war einer von vielen Dichtern und Schriftstellern, die im Warschauer Getto lebten und starben. Ein Teil von ihnen kam bereits in den ersten Kriegsmonaten um, noch vor Einrichtung des Gettos, wie Rafał Blüth oder Stefan Napierski (im Pawiak-Gefängnis). Andere starben im Getto wie Leo Belmont und Mieczysław Braun [s. Jerzy Zawieyski, „Requiem für zwei Freunde", S. 17–50]. Die Mehrzahl wurde in den Wochen der „Großen Aktion" 1942 ermordet, u. a. Franciszka Arnsztajnowa, Gustawa Jarecka, Henryka Lazertówna, Janusz Korczak, um nur einige Dichter und Schriftsteller zu erwähnen, die polnisch schrieben wie Szlengel. Außer ihnen gab es im Getto einen großen Kreis, der jiddisch (bzw. hebräisch) schrieb. Zu ihm gehörten Jehuda Feld, Lejb Gordin, Icchak Bernsztajn, Perec Opoczyński, Hilel Cajtlin, Rachela Auerbach, Icchak Kacenelson, Skałow-Grojl und eine Reihe anderer.

Als einer der ganz wenigen und als einziger polnisch-sprachiger Dichter lebte Szlengel im Getto bis zum Ende. Von daher bekommt seine Stimme ein besonderes Gewicht: es ist die Stimme eines Dichters, der seine Gemeinschaft bis ans Ende begleitet. Mit größter Wahrscheinlichkeit läßt sich vermuten, daß ihn erst das Wissen um das sich vollendende Schicksal zum Dichter gemacht hat. Zwar schrieb Szlengel schon seit seiner Schulzeit, aber es war vor allem „Gebrauchskunst", mit der er in Erscheinung trat: Satire, Scherzgedichte, Lied- und Sketchtexte für das Kabarett.

Gleich zu Beginn seines Aufenthaltes im Getto begann er im Vergnügungslokal „Sztuka" zu arbeiten. Er war die Seele des von einer Schrift-

steller- und Literatengruppe ins Leben gerufenen »Lebenden Tage-
blatts«, für das er Texte schrieb und bei dem er als Conférencier mit-
wirkte.

Władysław Szpilman, der in ebendiesem Lokal als Musiker arbeitete,
erinnert sich an das Etablissement und Szlengels dortige Tätigkeit: „Es
war dies das größte Lokal im Getto und hatte mannigfache Ambitionen. Im Konzertsaal des ‚Sztuka' fanden Künstlerauftritte statt. Dort
sang u. a. Maria Ajzensztadt, die heute eine Berühmtheit wäre und
Millionen mit ihrer Kunst erfreute, hätten nicht auch sie die Deutschen
ermordet. [Die „Gettonachtigall", geboren 1922, Tochter des Kom-
ponisten und Dirigenten des Synagogenchores Dawid Ajzensztadt,
der im Getto viele Konzerte religiöser Musik veranstaltete, wurde
1942 auf dem Umschlagplatz ermordet, weil sie sich nicht von den
Eltern trennen lassen wollte.] Dort trat ich mit Adolf Goldfeder als
Klavierduo auf, und dort wurde meine Paraphrase über den Walzer
‚Casanova', zu dem der Dichter Władysław Szlengel den Text geschrieben hatte, ein großer Erfolg. Szlengel und Leonid Fokszański, der
Liedersänger Andrzej Włast, der beliebte Humorist ‚Mecenas' Wacuś
und Pola Braunówna traten täglich im »Lebenden Tageblatt« auf, einer
witzigen Gettochronik, in der es von scharfzüngigen, gesetzwidrigen
Anspielungen auf die Deutschen nur so wimmelte."

Und Emanuel Ringelblum notierte: „Szlengels polnisch geschriebene
Verse waren im Getto sehr populär, drückten sie doch die Stimmungen
und Gedanken des Gettos aus. Seine Verse wurden auf verschiedenen
Bunten Abenden rezitiert; mit Maschine abgeschrieben oder hektogra-
phiert, gingen sie von Hand zu Hand."

Doch Szlengel beschränkte sich nicht auf das Milieu des „Sztuka", wo
die „Finanzelite" des Gettos verkehrte, und auf die satirisch-humori-
stische Seite dichterischen Schaffens. Er trug auch seine Gedichte in den
Werkstätten und Blocks von Schultz und bei den Bürstenmachern vor;
und hier las er eine Poesie, die Ausdruck der wachsenden Verzweiflung, aber zugleich der Auflehnung und des keimenden Widerstandes war.

Auf den Einladungskarten zu Tagores Schauspiel „Post", das kurz vor
Beginn der Juliaktion in Janusz Korczaks Waisenhaus aufgeführt
wurde (s. S. 169), lesen wir die Worte Władysław Szlengels:

> Mehr als nur Text – Stimmung.
> Mehr als Emotion – Erlebnis.
> Mehr als Akteure – Kinder.

Die Große Aktion bildet eine Zäsur in Szlengels dichterischem Werk.
In den wenigen Monaten bis zum endgültigen Untergang des Gettos
entsteht die Mehrzahl seiner besten, reifsten Gedichte. Das Bewußtsein, Zeuge eines nie dagewesenen Verbrechens zu sein, zwang zur
Fixierung und zur Übermittlung des Erlebten, Gesehenen an die Nachgeborenen. Die Verpflichtung ihnen gegenüber, das Verlangen, die
Wahrheit zu bezeugen, und die verzweifelte Liebe zu seinem unter-

gehenden Volk lassen ihn zum Chronisten seiner letzten Wochen, Tage, Stunden werden.

Mit dem Text „Was ich den Toten las" („Ein Poem aus dem Totenhaus" nennt ihn die Herausgeberin des Gedichtbandes gleichen Titels, Irena Maciejewska, in ihrem Vorwort) beschließt Władysław Szlengel seine kurze Schaffensperiode im Februar 1943, sich des nahen Endes bewußt.

Was ich den Toten las

Seit ein paar Tagen will mir eine Szene aus einem sowjetischen patriotischen Stück nicht aus dem Kopf, an dessen Titel ich mich im Moment nicht erinnere: Die Besatzung eines Unterseebootes versenkt sich, um sich nicht den Weißen zu ergeben ... Sechzehn heldenhafte Matrosen warten vergeblich auf Hilfe. Das letzte Bild: Luftmangel ... der Tod geht um im versenkten Schiff ... sie ersticken ... sechs ... zehn ... fünfzehn ... der sechzehnte will irgendwie den Untergang der Besatzung dokumentieren, aber er heroisiert auch das Opfer nicht ... Was ist schließlich weiter geschehen, als daß eine Handvoll aus einem Vielmillionenvolk umgekommen ist ... gestorben für eine Sache so groß, daß die Zahl der geopferten Leben lächerlich klein ist ... Was, sechzehn? Er reckt sich mit letzter Kraft empor und schreibt mit Kreide an die Stahlwand seines Grabes 200 000 000 − 16 ... Er zieht von zweihundert Millionen sechzehn unwichtige Existenzen ab, und schon ... das ist alles, was bleibt für die Geschichte. Zahlen − Statistik.

Diese Szene und ihr kluger, tiefer Sinn (nicht die Pointe zu vergessen, die für mich immer Bedeutung hat) tauchten plötzlich mit der ersten Stunde der zweiten Etappe der *Aktion* auf, und seither hat mich das Bild keinen Augenblick verlassen.

Mit jedem Nerv spüre ich, wie die Luft in dem Boot, das unwiderruflich auf Grund geht, abnimmt. Der Unterschied ist minimal: Ich werde in diesem Boot nicht von einer Geste des Heldenmuts getragen, sondern man hat mich hineingestoßen, ohne meinen Willen, schuldlos und ohne höheren Grund.

Szene aus einem sowjetischen patriotischen Stück − Wahrscheinlich handelt es sich um Aleksander E. Kornitschuks Stück „Untergang des Geschwaders" aus dem Jahr 1933, das auf einer wirklichen Begebenheit basiert: Auf Befehl Lenins wurde 1918 ein Geschwader der Schwarzmeerflotte versenkt, damit es nicht in die Hände der Deutschen fiel.

Aber ich bin in diesem Boot und fühle mich, wenn schon nicht als Kapitän, so doch in jedem Fall als Chronist der Untergehenden.

Ich will nicht bloße Zahlen für eine Statistik hinterlassen, ich will die künftige Geschichte um Beiträge, Dokumente und Illustrationen bereichern (schlechtes Wort).

An die Wand meines Bootes schreibe ich Gedicht-Dokumente, den Kameraden meiner Gruft las ich die Elaborate eines Dichters Anno Domini 1943, der die Inspiration in der düsteren Chronik seiner Tage sucht.

Diese Verse wollte ich einmal Menschen vorlesen, die ans Überleben glaubten, gemeinsam mit ihnen wollte ich in diesem Bändchen blättern als in einem Tagebuch aus einer alptraumhaften, glücklich überstandenen Zeit – Erinnerungen aus den Tiefen der Hölle. Meine Weggefährten sind fortgegangen, und meine Gedichte sind im Verlauf einer einzigen Stunde zu Gedichten geworden, die ich Toten las.

Höchste Zeit, die Papiere zu ordnen.

Vor vier Tagen habe ich einen naiven Unterschlupf gebaut mit einem ganzen System von Schnüren, die primitive Klappen und Vorhänge schließen. Vier Tage auf einem Streifen Raum ohne Ausweg angesichts eines überschäumenden Elements, mit dem Gespenst eines Todes vor Augen, wie ihn ein betrunkener SS-Mann schöner nicht erträumen kann.

Im Laufe dieser vier Tage ging die vorletzte Welle meiner Leser ab. Fort sind alle, die noch vor kaum einer Woche meinen Gedichten und den seltsamen Abenteuern des Majer Mlińczyk auf der Schultz'schen Blockinsel gelauscht haben. Fort sind die Besucher

---

Abenteuer des Majer Mlińczyk – „Majer Mlińczyk kam als zweiundvierzigjähriger Kaufmann im März 1942 zur Welt und erlebte bis Januar 1943 in fünfzehn Feuilletons Abenteuer, die meine Zuhörer zum Lachen brachten und – ich gestehe es reumütig – mich auch" (Władysław Szlengel). Seine Person, seine Redewendungen und Lösungen aktueller Fragen waren im Getto ungemein populär – leider ist nur einer der fünfzehn Texte erhalten geblieben.

Schultz'sche Blockinsel – Fritz Schultz, deutscher Eigentümer der Werkstätten Nowolipie-Str. 44 (s. auch S. 248); die Blöcke dieser Firma bildeten das Viereck Nowolipie-, Karmelicka-, Nowolipki-, Smocza-Straße. In Blöcken wie diesen waren die bei der Großen Aktion übriggebliebenen Juden, die eine Arbeitskarte besaßen („Nummer zum Leben"), kaserniert. Es handelte sich hier also um Arbeitslager, wo aus den Menschen die letzte Kraft herausgeholt wurde, bevor man auch sie ermordete.

meiner literarischen Abende bei den „Bürstenmachern" und – die engsten Mitbewohner, Nachbarn, Freunde, Gesprächspartner, die oft unwillkürlich zu Mitautoren dessen wurden, was dieser Band enthält.

In einem verplombten Waggon fuhr die arme, verfrorene Fania R. davon, die mir vor jedem Auftritt ein Toj-toj-toj zurief und soviele Geschichten über Curie-Skłodowska und Professor Roux kannte.

Auch meine Zimmergenossen sind nicht mehr: der komische Józio, der in einem Damenpyjama und in Damenstrümpfen schlief – nicht um zweideutiger Effekte willen, sondern ganz einfach, weil er nichts anderes hatte; seine energische Frau, die schon einmal, mit einer Schußwunde im Rücken, vom Umschlagplatz geflohen war, um nun, nach fünf Monaten des Hungerns und des verbissenen Kampfes um Mittel für die Flucht, zu den „anderen" auf den Platz zurückzukehren. Sie hat es nicht mehr geschafft.

Die schöne Ida L., die leibhaftige Gesundheit und Lebenslust, ist nicht mehr... Noch in der vorigen Woche – ach, verdammt, die Fäuste ballen sich.

Ich sah die Leiche von Asia S. Asia – die mich zum Schreiben einer zweiten, optimistischen Version meines Gedichtes „Laßt mich in Frieden" veranlaßt hat... Aus... Und morgen, mein Gott, morgen oder übermorgen soll sich, wie geheime Quellen verlautbaren, die deutsche Orgie wiederholen. Wie viele noch fortgehen werden – zu früh, um Bilanz zu machen! Hartnäckig spuken nur die ach so nahen, lebendigen Erscheinungen derer, die hier gestern oder vorgestern gesessen haben, so vertrauensselig und voller grauenhafter, erschütternd menschlicher Angst vor dem, was sie nun ereilt hat.

Am meisten quält, daß sie wußten, was sie erwartete, daß sie mit dem qualvollen Gepäck zutreffender oder unzutreffender Nachrichten über die Art und Weise des Getötetwerdens davonfuhren.

Hier haben sie gesessen, in diesem Zimmer, wo jetzt das Klappern der Maschine an ihre letzte Fahrt erinnert – fast alle, die meine engste Umgebung waren! Sie saßen auf Stühlchen, auf dem Bett, auf Koffern und sprachen über Gerüchte, Möglichkeiten, Chancen. Stimmungen, Bezichtigungen und die Wahrscheinlichkeitsrechnung prallten in leidenschaftlichen Diskussionen aufeinander. Und Asia setzte einen großen schwarzen Punkt, indem sie vorschlug, in der Nacht die Gashähne zu öffnen.

„Bürstenmacher" – Die Bürstenfabrik befand sich Świętojerska-Str. 34; die Blöcke für die Arbeiter lagen in der Świętojerska-Straße, Wałowa-Straße und Franciszkańska-Straße.

Und dann sind sie auseinandergegangen ...

Am selben Abend noch lud man mich ein, in einer Privatwohnung vor Gästen von der anderen Seite aufzutreten. Ich konnte mir denken, wen ich in dieser Schar vorfinden würde, aber mein Kampf währte kurz; es hat mir immer Vergnügen gemacht, doppeldeutige Gedichte und eindeutige Spötteleien über bekannte Gestapoleute vorzutragen, besonders in deren Gegenwart. Seit den Zeiten von Kon, Heller und Gancwajch, die sich geradezu beleidigt fühlten, wenn im »Lebenden Tageblatt« keine Witze über sie gemacht wurden, wundere ich mich über gar nichts mehr; ich weiß, daß in dieser Branche Snobismus alles ist. Ich nahm meine Mappe, legte mir die Blätter zurecht und ging.

Es war neun Uhr abends, der 17. Januar 1943.

Die Nacht war klar, von frisch gefallenem Schnee erhellt, und es war nicht kalt. Hinter der niedrigen Mauer, in einer Entfernung von fünf Metern und einem Leben, hörte man den gleichmäßigen Schritt eines Gendarmen ... Ein paar Minuten nach neun war ich in der Wohnung von Mietek R., in dem uns benachbarten Wohnblock der Metallarbeiter.

Die Gäste waren schon weg. Frau R. schluchzte krampfhaft – der Hausherr ging mit mir hinaus in den Flur.

Er erklärte mir kurz, daß der literarische Abend ausfalle ... Seine Gäste hätten einen alarmierenden Anruf erhalten, ihre Frauen ge-

---

Kon, Heller und Gancwajch – Moryc Kon und Zelik Heller (s. auch S. 116, 150/151 und 238) galten als Unternehmergesellschaft aus der neureichen Gettoelite; sie handelten mit den Deutschen, erhielten eine Reihe von einträglichen Wirtschaftskonzessionen, z. B. für die Pferdebahn („konhellerki"). Gleichzeitig finanzierten sie philantropische Veranstaltungen und praktizierten – besonders Kon, der das „high life" des geschlossenen Wohnbezirks repräsentierte – ein Mäzenatentum über Schauspieler und Musiker; auch unterstützten sie die hungernden Rabbiner. Außerdem gehörten sie zu den ersten, die über neue Maßnahmen im Getto Bescheid wußten: die früheste Information über die bevorstehende Aussiedlung stammte von ihnen. – Abraham Gancwajch, ein Publizist, der 1936 aus Österreich nach Polen zurückgekehrt war, verkündete die Ansicht, daß der Sieg der Hitlerfaschisten unabwendbar und eine jüdische Autonomie in einem der Überseeländer unter der Obhut des „Dritten Reiches" möglich sei. Er war der Gründer der sogenannten „Dreizehn", einer der Sicherheitspolizei unterstellten Gruppe im Getto. Um sich ein Alibi zu sichern, unterstützte auch er Künstler und Schriftsteller. Von der ŻOB zum Tode verurteilt, entging er der Vollstreckung und auch der Gestapo, die ihn noch 1944 suchte. Er starb unter unbekannten Umständen.

nommen und eilig das Haus verlassen. Morgen um fünf Uhr früh sei mit einer *Aktion* zu rechnen.

„Das heißt", fügte er besänftigend hinzu, „einer hat angeblich ein hohes Tier aus der Szuch-Allee angeläutet, und der hat ihm gesagt, daß das ausgeschlossen ist, daß davon keine Rede sein kann, etcetera. Na ja, das übliche beruhigende Geschwafel."

„Wenn nur alles gut geht ...", sagte er noch, den Blick schon abgewendet, und ging zu seiner Frau zurück.

Ich trat auf die Straße hinaus. Ein Unterschied von zehn Minuten: was für ein ungeheurer Stein auf der Brust, die kleine Mauer ist ein Sargdeckel; ich fühle mich zusammengedrückt, erstickt, eingeschlossen, eingesperrt ...

Ich kehre noch nicht nach Hause zurück. Meine Frau braucht nicht zu wissen, daß der Abend nicht stattgefunden hat. Man mußte etwas mit der Zeit anfangen. Ich ging zur Wachstube des Werkschutzes. Der kalte Hauch der bösen Kunde war bereits bis hierher gedrungen ...

Auf unbekannten Wegen waren die Visite und der plötzliche Aufbruch der „Herren Amtsgenossen" zwei oder drei flüsternden Grüppchen bekannt geworden ... Sie wissen ... In ein paar Minuten fällt das Geflüster wie ein böser, drückender Nachtmahr über den Block her ... holt die Menschen aus den Betten ... schlägt ihnen Karten, Kelche, Gläser aus den Händen ...

In der Wachstube war man nervös und verunsichert. Sie glaubten es nicht; man müßte Szymek Kac aus seinem warmen Zimmer vom Bridge wegholen – der könnte was wissen, vielleicht irgendwo anrufen.

Wir gehen in einer kleinen Gruppe zu Szymon. Taschenlampenfühler kreuzen sich auf dem Hof. Dabei verstummt das Flüstern.

Die Leute wissen bereits, wissen ... Seltsam wächst die Bewegung auf dem auffällig dunklen Hof.

Bei Szymek selbstverständlich Bridge. Abseits ein paar Worte. Er bittet seine Frau um Entschuldigung und geht mit uns hinunter.

Der Block schläft nicht mehr. Das Getto wacht. Die Telefone rasseln in düsterer Drohung. Die jüdischen Inseln alarmieren sich gegenseitig. Die Blöcke tauschen Nachrichten aus. Das Gerücht ist bereits überall in Umlauf. Memento! Memento! Der Tod wacht! Der Tod lauert auf der *Befehlsstelle* – morgen, morgen springt er aus dem Hinterhalt.

Werkschutz – Fabrikwache in den Betrieben, die sich vor allem aus Volksdeutschen und zum Teil aus dem Jüdischen Ordnungsdienst rekrutierte

Dreihundert SS-Männer. Tausend SS-Männer ... Die Zahlen über-
bieten sich. Um 23.30 Uhr verwandeln sich die Grüppchen auf dem
Hof in Karawanen tödlich erschrockener Tiere, die ein Buschfeuer
wittern.

Grauengepeitschte Menschen mit hochgeschlagenen Kragen und
eingezogenen Köpfen stoßen sich an den Wänden des engen Verstecks. Erste Partien von Kühneren passieren die Mauer und verschwinden in der Stadt der Arier. Unser Musa Dagh brennt. Um
eins ging ich schlafen, über mir und hinter den Zimmerwänden
Füßegetrappel und Tumult die ganze Nacht.

Ein Schlaf voller Wahnbilder, Kämpfe, Gesichte. Stickluft hängt
unter der Decke und legt sich beklemmend auf die Brust. Um fünf
Uhr steckt Fania den Kopf ins Zimmer: Zieht euch an! Man ist
besser angezogen. Schwerfällig und nervös zitternd krieche ich aus
dem warmen Bett.

Noch gibt's keine Gewißheit. Noch haben die Optimisten ihre Theorien und speziellen Deutungen. Um sieben die unumstößliche Tatsache. Gleichgültig, wie etwas Notwendiges, Offensichtliches und
Unabwendbares geht die Nachricht von Mund zu Mund: Aktion
im Getto.

Das war am 19. Januar 1943.

Ob diese Daten am Rande der Geschichte verzeichnet werden?

Ob jemand der Tag interessieren wird, an dem noch einmal und
nicht zum letzten Mal der übermenschliche deutsche Stamm der
menschlichen Natur Hohn sprach und die Widerstandsfähigkeit
menschlicher Herzen und Nerven auf eine erneute Probe stellte,
noch einmal seine Mordmethoden ausprobierte mit teuflisch aus-
gesuchter Phantasie?

Der Tag bringt nichts Sensationelles. Eine von qualifizierten
„Stimmungsmachern" fabrizierte Stimmung des von einer bekann-

---

Unser Musa Dagh – Anspielung auf den Roman von Franz Werfel
(1890–1945) „Die vierzig Tage des Musa Dagh" (1933), der von dem
tragischen, heldenhaften Kampf der Armenier gegen die Türken erzählt, die während des ersten Weltkrieges einen Massenmord an dem
alten Volk begingen. Der Musa Dagh ist der heimatliche Berg, auf dem
die Verfolgten Unterschlupf suchten; zugleich ist er Symbol für das
Vaterland, für das der Hauptheld sein Leben läßt.

Shops – hier: deutsche Industriebetriebe im Getto, in denen die Juden
für den Frontbedarf arbeiteten. Bei der ersten Vernichtungsaktion im
Sommer 1942 teilte man an die Arbeiter dieser Shops sogenannte Le-
bensnummern aus. Diese Blechmarken wurden in vielen Betrieben
von den Arbeitern um den Hals getragen. Nach Beendigung der Aktion

ten Quelle lancierten Gerüchts, daß die Aktion nicht die Shops betreffe, die Säuberung, Selektion genannt, nur die wilden Häuser im Getto umfasse. Friede senkt sich langsam auf die nach Täuschung dürstenden Herzen.

Ein egoistischer Friede, daß sie ... nicht wir ...

Der ersten Panik fallen Läden und Kneipen anheim. Es gibt kein Brot; alte Semmeln, die auf einen zufälligen Verbrauch warteten, gehen massenhaft, alter Kuchen, Reste – alles. Die entblößten Büfetts halten Ausschau mit kalten, weißen, fettigen Papierbögen. Fettige Teller; kahle Tische in noch gestern lauten Kneipen zeigen, ihrer Tischtücher beraubt, magere, hinkende Beine.

Abends kommen kleine Gruppen in den Wohnungen zusammen, aber sehr zeitig geht alles schlafen.

Die Blockadenacht ist Hundertstimme und Getrampel. Die Tiere wühlen sich Maulwurfslöcher, naive Schlupflöcher hinter Schränken mit Einstiegen durch Kisten; fieberhaft besichtigt man Keller, erste Pläne für ein systematisches Sich-Verbergen in Höhlen, Pläne, die in drei bis vier Wochen Passion und Nervenfieber des Gettos werden sollten ...

19. Januar morgens.

Ein ruhiger Morgen – mit Telefoninjektionen von befreundeten oder neutralen Gestapoleuten.

Geflüster erklimmt die ersten Stockwerke:

„Skosowski hat gesagt ...

Paweł behauptet ...

Adam hat angerufen ..."

Strenger Befehl der Administration, von den Leitern der Werkstätten eilfertig aufgegriffen und befolgt, Befehl: an der Arbeit zu sitzen.

Die Werkstätten füllen sich über die gewöhnliche Frequenz hinaus.

Verstärkter Sturm auf die Nummern. Die Administration hat bislang *nicht geschafft*, die Nummern an die Arbeiter auszugeben ...

Angsterfüllte Schlangen auf den Treppen vor den Türen der Allgewaltigen. Der ehemalige Torwart – Halbidiot, aber Arier – Józef Z. kramt faul und würdevoll in Papieren und Verdiensten.

Die verstörten Juden verneigen sich tief, tiefer, bis zur Erde – und gehen stolz mit ihren Blechmarken davon. Die Stunden verrinnen.

---

im Oktober waren noch rund dreißigtausend mit einem solchen „Privileg" ausgestattet. Der Rest, die sogenannten Wilden, versteckten sich bei der Aktion in Kellern, in Schlupflöchern aller Art sowie im verlassenen Teil des Gettos.

Aus dem Getto weitere Nachrichten über die Aktion. Selbstver-
ständlich Tote. Umschlagplatz, Waggons – nichts hat sich geändert.
Den lahmen Szmerling haben sie zur Arbeit auf den Platz gebracht.
Die hundert Tage Napoleons. Der alte General kehrt zu neuen Sie-
gen zurück. Die alte PEBID-Equipe unter der Stabführung eines
Mephisto mit Bärtchen.
Die Shops sind von der Aktion nicht betroffen, sie waren bisher
noch in keinem Shop.
Offiziell von der Dienststelle: Die Shops sind von der Aktion nicht
betroffen …
DIE SS GEHT IN DIE SHOPS!
Plötzlicher Alarm, panisches Gerenne. Das Menschengewimmel
zerstiebt – vom Hof auf die Böden, in die Keller, in die Werkstät-
ten … Der Block erbebt im Zittern von dreitausend Lebewesen.
Sich verstecken! Nein! … In die Werkstätten gehen! Wer hat keine
Nummer?
Zweitausend Menschen haben keine Nummer! Aus den Blöcken
durch ein Loch ins Getto fliehen!
ZU SPÄT! Die Gendarmen haben den Block umstellt!
Die Treppen hallen vom Gestampfe des Grauens wider. Mein
Schiff geht unter – das Wasser reicht bis an die Kajüten … Tausend
Richtungen, zehntausend unnötige Bewegungen, Schritte, Griffe,
trockene entsetzte Augen, Hände, die an Taschen, Klinken, Hüten
zerren.
PANIK!
Brandt ist im ersten Stock. Er geht zur Dienststelle.
Es ist 11.45 Uhr.

PEBID – Diese Abkürzung hat man noch nicht klären können; es handelt sich um eine Abteilung des Jüdischen Ordnungsdienstes, die unter
dem Kommando von Szmerling während der ersten Vernichtungsaktion
Dienst auf dem Umschlagplatz tat und auch zu den nächsten Aktionen
dieser Art beordert wurde. Szmerling (wahrscheinlich Mieczysław),
Offizier des Ordnungsdienstes, war Kommandant des Umschlagplatzes
in Stawki, von wo aus die Transporte ins Gas gingen. Er wurde von
der ŻOB zum Tode verurteilt.
Dienststelle – hier: Dienstzimmer der Werkschutzmänner
Brandt – Karl Brandt, leitender Mitarbeiter der Gestapo, zuständig für
Judenfragen. Seit Beginn der ersten Vernichtungsaktion war er Kommandant der sogenannten Befehlsstelle, die die gesamte Exterminie-
rungsaktion im Warschauer Getto koordinierte. Wie Szmerling war
auch Brandt ein Gewaltmensch, der sich durch besondere Grausamkeit
und Brutalität auszeichnete.

In unserer Wohnung sind alle, die gestern und vorgestern hier mit mir gesessen, theoretisiert und diskutiert haben.

Theorien und Pläne zerbröckeln.

Wir kriechen durchs Badezimmerfensterchen ins Zimmer. Der andere Eingang ist mit einem Schrank zugestellt und mit Gerümpel versperrt.

Hier sind alle... Meine Nachbarn, Mitbewohner, Freunde... Die schweigsame Asia und die energische Sioma. Auch Ziuta S. ist da, die in ihrer großartigen arischen oder slawischen – der Teufel weiß, wie sie das nennen – Schönheit für ein polnisches Gemälde mit folkloristischem Thema posieren könnte.

Achtzehn Personen in einem dunklen, lächerlich naiv getarnten Zimmer.

Die Hälfte hat keine Kontrollmarken.

Die Wohnung verstummt, erstirbt in Erwartung.

Durch zertretenes Porzellan, zerschlagene Gläser, zerbrochene Möbel geht still und behutsam die Furcht, deren stummes Schreiten zu schreckenerregendem, bedrohlichem Hallen anschwillt.

Wir sitzen. Fünf Minuten... sieben...

Ein diesmal nicht eingebildetes Gestampfe.

Die erste Entmenschung des Menschen.

Józek K., dessen Mutter und Schwester bei uns sitzen, stürzt ins Badezimmer und schreit durchs Türschloß. Rauskommen! Aufmachen! Das ist nur eine Kontrolle der Nummern. Denen mit Nummern passiert nichts!

Im Versteck Unentschlossenheit. Das Klirren einer zerschlagenen Scheibe und das Splittern von Sperrholz unterbricht die Überlegungen. Mann, zerstör das Versteck nicht! Hier sitzen Leute ohne Nummern! Zerstör nicht den Unterschlupf! Aber die tolle Menschenbestie jagt schon umher, von der anderen Seite wird der Schrank weggerückt, die Dekoration einer künstlichen Unordnung zerschlagen...

Das Versteck ist zertrümmert, enttarnt, nicht mehr zu gebrauchen. Das numerierte Vieh stürzt nach unten. Ein paar Exemplare ohne Nummern stehen ratlos auf dem Trümmerhaufen, auf der zertrampelten Wiese.

Das Wasser reicht bis an die Brust... Immer weniger Luft in meinem imaginären Unterseeboot.

Und so begann es...

Es war das letzte Mal, daß ich diese Menschen gesehen habe... Ein Stockwerk tiefer im Schrank des Hauptbüros hatte ich meine Frau versteckt, ich selber wartete unter den Bürobeamten auf ein Wunder: daß sie die Dienststelle umgehen.

Dann die Stunde der Blockade.

Brandt versichert auf Ehre, daß man nur die „Wilden ohne Nummern" mitnimmt.

Ruhig kommen die Werkstätten zusammen, alles stellt sich auf dem Hof auf.

Die sonst wie eine Arznei dosierten, wie Tapferkeitsmedaillen verliehenen Nummern drückt jetzt haufenweis der Pförtner Z. den Vorübergehenden in die Hand, damit sie sie geben, wem sie wollen... Wer gerade kommt... Nur um zu retten! Zu spät. Das deutsche Ehrenwort hat auch diesmal die Nüchternen nicht getrogen.

Selektion. Peitschenhiebe. ALLE FRAUEN sind von den SS-Männern herausgesucht worden. In die Schar, die auf den Platz marschiert, reihen sich – aus unserem Versteck gezogen – Mutter und Schwester des zerstörungswütigen Rindviehs (o uncharmante, allzu beflissene Nemesis...). Es geht Asia, sie geht gebeugt, noch kleiner als sonst, Fania (kalt, kalt, durchdringend kalt... und da der Weg, der Platz... kalt), es geht Ziuta, das Ulanenmädchen von den Gemälden Kossaks. Ziutas Mann bittet um Freilassung seiner Frau auf Grund seines Postens beim Werkschutz. Der SS-Mann gestattet es. Eli zieht seine Frau aus der Kolonne.

In Asia regt sich Empörung. Ein sinnloser, würgender Schmerz. Nein! Warum die? Sie hat das größere Recht zu leben! Sie hat ein Kind! Versteigerung von Leben und Tod... Recht, Vernunft, Logik, Schmerz, Wahrheit, Mutterschaft – alles auf einer schmalen Planke über dem Abgrund, in einer Sekunde, auf einem Schritt zwischen der Kolonne und der Peitsche des SS-Manns.

Sie läuft hinter Ziuta her... Der Schuß eines Gendarmen. Die Kugel trifft sie in die Stirn. Sie stürzt zu Boden. Ziuta und ihr Mann treten in die Kolonne, die zum Platz geht.

Namen – Ziuta... Asia... Eli... Fania... Sioma... sagt euch das was? Nichts. Menschen. Überflüssige. Davon hat es Tausende gegeben. Zu Tausenden gingen sie auf den Platz, zu Tausenden wurden sie mit der Peitsche geschlagen, riß man sie von ihren Familien fort, lud sie in Waggons. Vergast. Bedeutungslos. Die Statistik erwähnt sie nicht, kein Kreuz setzt ein Zeichen. Namen. Leerer Klang. Für mich waren das lebendige Menschen, meine Nächsten, fühlbar.

Es sind Leben, die ich kenne, Fetzen von Geschichte, an der ich

---

von den Gemälden Kossaks – Juliusz Kossak (1824–1899) und sein Sohn Wojciech (1875–1942) sind durch ihre Schlachtengemälde und Genrebilder sowie durch Darstellungen volkstümlicher Typen berühmt geworden.

teilhatte. Diese alle Empfindungskraft übersteigenden Tragödien sind für mich wichtiger als das Schicksal Europas.

Sie gingen.

Der abtretenden Gruppe der *Freigelassenen* schießt SS-Mann Orph zum Abschied hinterher.

Sie gingen.

Bilanz.

Der Block schwillt an von dumpfer Klage. Einsammeln der Leichen.

Belagerung der Telefone. Hilfe! Hilfe! Hilfe! Mobilisierung hoher Tiere von der Gestapo! Anrufe zum Platz: Sind Waggons da? Ist Herr Szmerling zu sprechen? Herr Vorsteher ... meinen ... meine ... abgeholt! ... Herr Kommandant! Herr Skosowski! Hilfe! Jede Summe! Hunderttausend! Wieviel nötig sein wird! Eine halbe Million gebe ich für zwanzig Personen! Für zehn Personen! Für eine Person!

Die Juden haben Geld! Die Juden haben Beziehungen! Die Juden sind machtlos!

Wer fährt? Wer geht? Man muß etwas unternehmen!

Neue Nachrichten vom Platz – Hołodenko wurde am Eingang zu seinem Versteck getötet, das auf sein Klopfen nicht reagierte. (Am Tag zuvor hatte er selber bestimmt, daß nach dem Zusperren keiner mehr eingelassen werden dürfe.)

Chaotisches Gerenne durch den Block.

Geheul. Tumult.

Asias Leiche liegt auf der Wache.

Eli, dieser prachtvolle, verwegene Bursche (seine Erzählungen über Belgien, Gent, die Engländerinnen und den Atem Europas), ist gegangen. ...

Mein ganzes Haus ist gegangen.

Ich laufe durch den langen, leeren Korridor. Irgendwo kocht Wasser. Eine zurückgelassene Aktentasche ...

Durcheinandergeworfenes Bettzeug. Ein nicht zu Ende getrunkenes Glas.

Fort. Fort. Alle fort ...

Ich fliehe aus der Wohnung.

Die „Rettungsmannschaft" ist schon auf den Platz gefahren. Szymon Kac setzt die Mütze vom Ordnungsdienst auf. Er bekommt Geld und weitgehende Vollmachten.

Schnell fällt die Nacht ins Tal der Tränen ein.

Wieder ein nervöser, kurzer Schlaf; früh heißt es wachsam sein – das kann sich wiederholen. Angespanntes Warten auf Nachrichten vom Platz. Wen hat man retten können? Vorläufig ist es gelungen, rund hundert Personen im Keller zu verstecken. Später zweihundert ... Die Menschen verbergen sich in den Kellern. Es sind keine Waggons da. Vielleicht rettet sich ein Teil.

Aktion in der Stadt.

Aktion bei Schultz ...

Aktion bei Toebbens ...

Erste nervenbelebende Nachrichten.

Widerstand! Es fallen Schüsse. Die Juden haben Granaten. Die Juden haben Waffen. In der Niska-Straße hat man ein Haus angezündet. Bei Schultz haben sie Granaten geworfen.

Es hat Tote unter den SS-Männern gegeben.

Ein deutscher Krankenwagen kurvt durchs Viertel.

Das Getto hört auf, ein Wald voll auszurottenden Wildes zu sein.

ES WIRD ZUR FRONT!

Die Legende wächst. Der Mythos schwillt an. Sie erzählen von Kämpfen. Vom Rückzug der Gendarmen.

Die SS-Männer gehen nicht in die Keller. An der Straßenkreuzung liegt hingestreckt die Leiche des ersten SS-Mannes. Die Peitsche im Rinnstein.

Aus dem Getto hat man das Spital abtransportiert. Alle Kranken und das gesamte Krankenpersonal. Schwestern, Ärzte, die Gesundheitsabteilung.

In der Chirurgischen erschoß man die in Gips Liegenden, langsam einen nach dem anderen.

(O Qual, einer großen Feder harrend! Zehn oder fünfzehn, die mit Armen oder Beinen in Gips reglos daliegen und auf ihre Kugel warten ...)

Abtransportiert hat man den gesamten Zentralarrest. Samt den Zigeunern. Die Zigeuner wollten nicht in die Waggons. Man erschoß sie an Ort und Stelle.

Die wegen Widerstandes auf den Platz geführten Leute von Schultz fällt blau und rasend vor Wut Brandt an. Mit dem Revolverkolben schlägt er Schädel ein, jeden zehnten erschießt er, den Frauen reißt er die Haare aus, tritt sie mit den Stiefeln des deutschen Kriegsknechtes.

Sie gehen in die Waggons.

Eine neue, in organisatorischem Sinne amerikanische, dabei sata-

---

Toebbens – Walter Caspar Toebbens, Besitzer der Shops an der Leszno-Str. 74 und der Prosta-Str. 14. Die zu den Shops gehörenden Blöcke lagen an der Prosta-, Nowolipie-, der Karmelicka-, Walicöw- und der Żelazna-Straße.

nisch und tollwütig deutsche Methode der Pein und der Arbeits-
einsparung:

Es kommen Autos von der Werterfassung, und den in die Waggons Steigenden werden (20 Grad minus) die Schuhe, Mäntel, Jak-
ken, Pullover abgenommen, um ihnen die letzte Hoffnung zu rauben, daß es doch in irgendein Lager geht ... daß irgendwo eine
Arbeit ...

Damit sie nicht Leichen fleddern müssen ...

Ihrer Kleidung und ihres Schuhwerks beraubt gehen sie in die
Waggons. (Fania ... Fania ... Fania ...)

Hundertfünfzig pro Waggon ... Dann zweihundert ... (in einen
Waggon gehen normalerweise vierzig Personen – während der
vergangenen Aktion sechzig).

Wie sich gezeigt hat, war das sehr nötig.

Die dritte Nacht.

Morgen soll Ende sein.

Kurze, zu kurze Nächte im Zimmer, in toter Reglosigkeit, in Unordnung, in der Gruft plötzlich hinweggeraffter Wesen.

Die Menschen drängen sich in den Tagen der Panik zusammen wie
Herdenvieh. In einem Zimmer schlafen sieben und acht Personen.
Ununterbrochene Gespräche über die vergangenen Stunden. Un-
aufhörliches Wühlen in der Wunde, daß man die Fäuste ballt vor
Schmerz.

Szymon ist noch immer auf dem Platz.

Er verbringt die Nacht mit fruchtlosem Bemühen, die Ukrainer und
Gendarmen auszuholen, zu bestechen, zu betrügen.

Die ersten Schwalben kehren zurück.

Neue Novellen und sensationelle Groschenheftabenteuer.

Eli kehrt vom Platz zurück. Die Kollegen vom Ordnungsdienst haben ihm geholfen.

Ziuta kehrt in der Verkleidung eines polnischen Polizisten vom
Platz zurück – in Schafpelz und Stiefeln, mit Revolver, Szymon
holt ein paar (zwei oder drei) Delinquenten heraus.

Die direkt von der Waggontür weggeholte O. kehrt hierher zurück.

Eine neue Serie von Berichten. Wir wissen nun alles.

Wie sie in die Waggons quetschen, was man im Keller des Um-

Werterfassung – spezielle SS-Dienststelle, die sich mit der Speicherung
von Hab und Gut der ermordeten Juden befaßte. Sie beschäftigte Hunderte von jüdischen Arbeitern, denen vorübergehend „Lebensnum-
mern" gegeben wurden. Die Magazine der Werterfassung lagen in der
Niska-Str. 20

233

schlagplatzes sagt und denkt, wie die SS die Flüchtigen aus ihren Schlupflöchern lockte, indem sie drohte, Gas anzuwenden. Wir wissen, wie man tötet, wie Schuhe und Mäntel abgenommen werden, wie Szmerling den Vorbeimarsch abnimmt; wir kennen den letzten Wunsch unserer Nächsten.

Wir wissen.

Wir wissen, wie man grausige Vermögen macht – wie sie durch die Stockwerke gehen und Wasser suchen; wie sie den Ukrainern Millionen anbieten, wie die, die an Weißbrot gespart haben, davonfuhren und Summen entführten, von denen sie monatelang die Hunderte von Menschen auf dem Platz hätten ernähren können.

Wie sie davonfahren ohne Mantel, das Gespenst des Erstickungstodes vor Augen und mit Brillanten im Gepäck. Wie sich trocken an ihren Körpern Dollars und Pfunds, „harte" und „weiche", reiben.

Der Schatz des Reiches vermehrt sich.

Das Judentum stirbt.

Alles stirbt.

Es wächst die Geschichte, die kleine, schmalbrüstige, unbedeutende Geschichte unserer Tage.

Der vierte Tag der Aktion.

DER WIDERSTAND NIMMT ZU!

Die Chronik galoppiert.

Szternfeld, der König der jüdischen Gestapoleute, ist von den Deutschen ermordet worden.

Selektion des Ordnungsdienstes.

Selbstmord Leutnant Szeryńskis.

Auflösung der Betriebe, der Gemeinde etc.

Neue Formen, neue betrügerische Nummern und Perspektiven.

Unterbrechung in der Aktion.

Das Volk nennt diese Aktion die „kleine" in Unterscheidung zur „großen" im Juli.

Aber die Aktion dauert an.

Leutnant Szeryński – Józef (Szenkman) Szeryński, Kommandant des Ordnungsdienstes im Getto. Am 1. Mai 1942 von der deutschen Kriminalpolizei wegen Verbergens von Pelzen, die als „deutsches Heeresgut" hatten konfisziert werden sollen, verhaftet, nahm er, im Juli bereits wieder auf freiem Fuß, besonders aktiv an der Großen Aktion teil. Noch während der Aktion verurteilte ihn die ŻOB zum Tode. Das am 21. oder 25. August auf ihn verübte Attentat mißlang; Szeryński wurde nur verwundet und war weiter im Ordnungsdienst tätig. Im Januar 1943, nach den ersten Kämpfen im Getto, verübte Szeryński, vermutlich aus Angst vor der ŻOB, Selbstmord.

Die Juden wittern es in der Luft, spüren es im Blut, lesen es aus den Gerüchten, Nachrichten und neuen Beeinflussungsversuchen seitens der Kumpel aus der Szuch-Allee. Zement und Ziegel werden herangeschleppt; die Nächte hallen wider vom Klopfen der Hämmer, von Keilhauen. Man pumpt Wasser, legt unterirdische Brunnen an. Bunker.

Manie, Trieb, Herzneurose des Warschauer Gettos.

Licht, unterirdische Kabel, Mauerdurchbrüche, wieder Ziegel, Schnüre, Sand ... Viel Sand ... Sand ...

Betten, Pritschen. Proviant für Monate.

Durchgestrichen sind Elektrizität, Wasserleitungen – alles. Zwanzig Jahrhunderte, durchgestrichen von der Peitsche des SS-Mannes. Höhlenzeitalter. Ölfunzeln. Dorfbrunnen. Eine lange Nacht, die Menschen kehren unter die Erde zurück.

Vor den Tieren.

Und in den Fenstern eine immer höhere Sonne.

Ein ungewöhnlich warmer Februar.

Ich sichte und sortiere die Gedichte, die ich für die geschrieben habe, die nicht mehr sind. Diese Verse las ich warmen, lebendigen Menschen, Menschen voller Glauben ans Durchhalten, ans Ende, an ein Morgen, an Rache, an Freude und einen Neuanfang.

Lest!

Das ist unsere Geschichte.

Das las ich den Toten ...

NOËMI SZAC-WAJNKRANC

Im „Kessel"

In der Nacht werden wir geweckt. Aufstehen!

Was kann das sein? Wir springen hoch. Die Nachbarn erwachen.
Was kann das bloß sein? Die allgemeine Aussiedlung?

Endlich bekommen wir eines der Plakate in die Hand, die im Morgengrauen an die Mauern geklebt werden sollen: Alle Juden haben ihre Wohnungen zu verlassen und sich in den Block zu begeben,
der ein paar Straßen umfaßt. Dort findet eine allgemeine Selektion
statt. Wer dieser Anordnung nicht Folge leistet, dem droht die
niedrigste und höchste Strafe — der Tod.

Wir eilen zu den Eltern. Wir suchen nach einem Ausweg. Vielleicht
zu Jureks Mutter? Sie wohnt auf dem Gelände des neuen „Kessels". Aber Vater entschließt sich, das Haus nicht zu verlassen.

„Hier haben wir ein Versteck. Wir sind nicht mehr jung, Ema, wir
gehören zu keinem Shop, wir haben keine Chance, die Selektion
gut zu überstehen; uns bleibt nichts anderes übrig, als hier zu warten. Sollte es lange dauern, überleben wir es nicht; wird unsere
Straße an den arischen Stadtteil angeschlossen, kriechen wir hervor, und dann werden wir uns schon irgendwie zu helfen wissen."

Ich trage meinen Eltern und meiner Schwiegermutter Lebensmittel
hin. Meine Schwiegermutter und meine Schwägerin Zosia sind derart verstört von dem erlebten Unglück, daß sie kaum verstehen,
was um sie herum vorgeht.

Zu Jureks Mutter gehen wir nachts.

Wohin fliehen? denke ich.

Zu den Sternen. Ihr da, auf den anderen Planeten, herrscht bei
euch auch eine solche Bestialität? Raum, Unsterblichkeit, alle
Theorien, Philosophien, Güte, Recht, Weisheit — welche Bedeutung
habt ihr heute? Warum hat man uns nicht erklärt, daß Gemeinheit
und Mord regieren werden, warum hat man uns nicht zu Banditen
erzogen? Warum hat man uns Barmherzigkeit gelehrt? Man hat
uns betrogen. [...]

Von hier fliehen — wie?

Am Himmel Sterne. Der Kleine Wagen und der Große Wagen. Ich
zeige sie Jurek: Wollen wir uns hineinsetzen und weit, weit wegfahren?

236

Ist es ein Traum, ist es Wirklichkeit? Ich hatte schon so schreckliche Träume. Als ich an Typhus erkrankt war und an Meningitis. Mir träumte damals, ich suchte Jurek im nächtlichen Wald. Ich stieß gegen die Bäume. Ich fiel und konnte nicht aufstehen; dabei mußte ich mich beeilen. Schließlich finde ich ihn, er liegt bleich und blutend da. Ich will ihn hochheben, aber ich habe keine Kräfte. Ich schleppe ihn mühsam, er ist so schwer. Da wende ich den Kopf – Deutsche. Sie halten die Karabiner im Anschlag, ich stürze, ich höre einen Knall, einen zweiten. Ich lebe. Ich denke, ich lebe noch. Darauf stürze ich in einen Abgrund. Ende. Nein. Wann das war? Ach ja, als sie mir vor der Operation Narkose gaben. Ich erwachte, und über mich gebeugt sah ich die Gesichter aller meiner Lieben. Wie gut, daß alles nur ein böser Traum war! Vielleicht ... Vielleicht werde ich auch jetzt jeden Augenblick wach?

Mein Gott, mach, daß alles nur ein Traum ist!

Wir sitzen in einem winzigen Zimmer. Wir sind dreißig Personen, aber immer noch kommen neue hinzu. Hauptsache, ein Dach über dem Kopf, damit man nicht auf der Straße liegt.

Wir warten auf die Kontrolle. Sie ist schon durch einige Blöcke durch. Immer neue Nachrichten. Kinder und Alte lassen sie überhaupt nicht durch, sie töten sie auf der Stelle. Laufen lassen sie kaum zehn Prozent. Jeder der „Freien" erhält eine Nummer „zum Leben". Wenn man eine solche Nummer vorzeigt, kann man aus dem „Kessel" heraus. Die Shops treten zusammen, deren Belegschaft aus ...zig Tausenden besteht, und heraus kommt eine Gruppe von kaum ein paar Hundert. Wir verlieren alle Hoffnung. Doch uns bleibt nichts anderes, als zu warten. Dieses schmutzige, verwohnte Zimmerchen in der Wołyński-Straße – unsere wievielte Wohnung ist das eigentlich inzwischen schon? Diesmal ist es vermutlich die Endstation unseres Lebens. Die Straße sieht aus wie ein Ameisenhaufen. Wir sitzen in der Falle, aus der es kaum ein Entrinnen gibt. Pausenlos währt die Kanonade. Jurek geht zu seiner Mutter und kommt lange nicht wieder. Ich fühle mich so einsam in diesem Menschengewimmel, so hilflos. Jeder ist mit sich beschäftigt, jeder denkt an sich in der Stunde des Todes.

Es ist bereits dunkel. Irgendwo brennt es. Roter Feuerschein erhellt den Himmel. Geschrei, Gewimmer. Mama, ich will aufwachen!

Irgend jemand bringt eine „tröstliche" Neuigkeit: In dem ganzen Stadtteil außerhalb des „Kessels" haben die Deutschen eine Riesenmeute Hunde losgelassen, die die Menschen in ihren Verstecken aufstöbern. Die Henkersknechte zerren sie heraus und bringen sie um. Ich sehe meine Eltern vor mir: die Augen in Todesangst geweitet, sehe ihre lieben, teuren Gesichter. Erstarrt, bleich ... Gott, ich verliere den Verstand!

Die Kinder, die den ganzen Tag über gespielt haben, ohne sich der bedrohlichen Lage bewußt zu werden, schweigen jetzt und sitzen mäuschenstill an die Eltern geschmiegt. Eine junge Frau hat sich mit ihrem Kind ans Fenster gesetzt. Ich betrachte sie aufmerksam – ach, wie schön sie ist! Das Gesicht einer Statue, im Feuerschein hat es etwas Überirdisches. Wundervolle schwarze Augen, krauses, zum Knoten aufgestecktes Haar. Eine Madonna. Das ist die Frau von Heller mit ihrem Kind. Der Kleine ist ein paar Monate alt. Den ganzen Tag hat er gespielt und geplappert, jetzt schläft er. Es ist ein so süßes Kind, dafür hat es auch kein Recht zu leben! Die Frau steht auf, ich nehme ihr das Kind ab. Der Kleine kuschelt sich an mich. Ich könnte auch so ein Söhnchen haben. Er ist warm und flaumig. Was für ein zartes Gesichtchen – warum will man dich nicht leben lassen? Was hast du Böses getan, warum bist du von Geburt an verflucht?

„Geh zu Brandt", sagt ein junger Mann zur Mutter des Jungen. „Geh, du solltest es unbedingt tun, verlieren kannst du dabei nichts. Auf uns wartet so und so der Tod, vielleicht gibt er dir die Nummer. Immerhin hat er deinen Mann gut gekannt."

„Ja, und ihn als ersten aus der Welt schaffen lassen", erwidert die Frau.

„Aber vielleicht schützt er dich, wenn er den Kleinen sieht."

„Nein, ich will nicht. Vielleicht war mein Mann eine käufliche Seele, ich weiß es nicht; aber vielleicht war er auch gar nicht so schlecht, wie sie sagen. Auf jeden Fall werde ich Brandt nicht um unser Leben bitten. Wir sterben mit allen anderen."

„Sie martern den Kleinen vor deinen Augen zu Tode."

Die Frau kniet vor dem Kind. „Ich habe zwölf Luminaltabletten. Das ist wenig?"

„Ich habe zehn", sage ich.

„Geben Sie sie mir?" fleht die Frau.

In dieser Nacht wiegt man drei Kinder in unserem Zimmer in den ewigen Schlaf, und einem glücklichen dreijährigen Mädchen spritzt der Vater, ein Arzt, ein sofort wirkendes Mittel. Ich halte den Kleinen in meinen Armen, und in meinen Armen schläft er ein.

Nach einer ruhelosen Nacht bricht ein düsterer Morgen an. Überall auf der Welt bringt der Morgen Leben, Arbeit, bringt er Glück. Und bei uns, was bringt er bei uns? Neue Pein, neuen Todeskampf.

Das Kind quält sich noch; es keucht, auf seinen Lippen steht Schaum.

Ich halte mir die Ohren zu, um nichts mehr zu hören, damit es zu schießen aufhört – jeder Schuß ein Tod, jeder Schuß eine Leiche mehr.

Eine junge Frau mit graugesprenkeltem Haar schluchzt laut. „Ruhig!" rufen die Leute. Was für ein Geschluchze! Die Glückliche hat noch Tränen, hat noch nicht alles aus sich herausgeweint. Wir können schon längst nicht mehr weinen. „Ich kann meinen Sohn nicht vergiften, ich kann nicht!" klagt sie. „Vielleicht liebe ich ihn mehr als andre ihre Kinder, vielleicht bin ich feige, ich kann nicht!"

„Es gibt ja noch eine andere Möglichkeit", beruhigt sie ihr Mann, ein Polizist. „Nicht weit von hier, im ‚Kessel', bauen sie in einem Keller einen Bunker. Sie haben ihn schon fast zugemauert. Er ist zwar überfüllt, aber sie sind einverstanden, noch einen kleinen Jungen aufzunehmen, unter der Bedingung, daß er sofort getötet wird, wenn er zu weinen anfängt. Man braucht den Kleinen nur dort hinzubringen und einen Teil der Summe zu bezahlen, die für den Bunkerbau aufgebracht werden mußte. Aber was weiter? Wenn nach den Blockaden keiner mehr in den ‚Kessel' zurückkehren darf, wer bricht dann die zugemauerten Bunker wieder auf? Wie kommen die Leute da wieder raus? Wer in das Versteck geht, muß darauf gefaßt sein, möglicherweise zu verhungern. Und was wird, wenn wir umkommen, und der Kleine bleibt übrig? Wer kümmert sich dann um ihn? Also, was tun?"

Unterdessen spielt der vierjährige Feind Hitlers auf dem Balkon. Eben jetzt beugt er sich übers Geländer.

„Paß auf, du fällst!" ruft die Mutter und faßt ihn am Ärmel.

Im selben Augenblick ertönt ein Schuß! Ein deutscher Soldat hat auf den Kleinen gezielt. Ihm gefiel nicht, daß ein jüdisches Kind ruhig auf die Straße hinaussehen sollte. Die Kugel verfehlt es, und die erschrockene Mutter küßt ihren Kleinen. Was für ein Glück, was für ein Wunder! Wirklich? Wäre es nicht besser gewesen, wenn ihn die Kugel getroffen hätte oder er vom dritten Stock herabgefallen wäre? Ein solcher Tod ist leichter, besser, als auseinandergerissen oder mit dem Kopf gegen die Mauer geschmettert zu werden und sein Gehirn zu verspritzen.

„Ich kann mich nicht entschließen", weint die Frau. „Was soll ich tun?"

Schließlich nimmt sie den Sohn bei der Hand und erklärt ihm wie einem Erwachsenen das Bedrohliche der Situation: sie ermorden mich und dich.

„Warum, Mama?"

„Weil Hitler unser Feind ist und er keine Kinder leiden kann."

„Aber er kennt mich doch gar nicht", wundert sich der Knirps.

„Höre, Kind! Wir können beide mit dem Leben davonkommen, aber wenn du mich sehr liebhast und wenn du willst, daß sie mich nicht umbringen, wirst du artig sein und in den Keller gehen und ganz still sitzen, bis wir zu dir kommen. Du darfst nicht weinen, denke dran; denn wenn du losweinst, siehst du uns nie wieder. Ich gebe dir eine Tasche voll Essen mit. Wenn du hungrig bist, ißt du, aber wenn du nicht willst, Sohn, sag es. Du entscheidest allein über dein und unser Schicksal."

Die Eltern, wir alle schauen auf ihn.

„Ich will nicht, daß sie dich für immer totmachen, Mama! Und was krieg ich zu essen? Zucker auch?"

„Ich geb dir Zucker, sicher."

„Na, dann geh ich ins Versteck. Aber du vergißt auch den Zucker nicht, nein?"

In der schlimmsten Hölle bleibt ein Kind ein Kind.

„Ich hab Hunger", sagt Jurek.

In einem Beutel hab ich Brot, ein bißchen Würfelzucker und Sacharin. Das Sacharin ist herausgefallen und klebt nun überall am Brot. Wir beißen ab, aber wir können den Bissen nicht hinunterschlukken, so widerlich süßbitter schmeckt das Brot. Ich bekomme nervöse Magenkrämpfe.

„Nimm eine Luminal."

„Kann ich nicht. Ich hab die Tabletten weggegeben."

„Wie konntest du, schließlich weißt du, was du immer für Anfälle hast!"

Ich liege ganz zusammengerollt und würge Speichel.

Im Zimmer ist es stickig. Gemurmel, Geschrei, Weinen. Jurek hält mir den Kopf.

„Ich sollte in Erfahrung bringen, was in der Stadt los ist."

„Ach, geh nicht weg", bitte ich.

„Ich muß, Emcia. Wir müssen doch versuchen, hier rauszukommen."

Er geht. In solchen Momenten habe ich immer das Gefühl, daß wir uns nie wiedersehen. Diesmal kommt er ziemlich schnell zurück. Er bringt mir eine Art Suppe, die den einzigen Vorzug hat, daß sie warm ist.

Heute ist unser Shop dran. Wir gehen auf den Umschlagplatz. Ich trage einen Rucksack und meinen Mantel über dem Arm. Jurek hat seine Sachen unterwegs in irgendein Loch geworfen.

„Sollte ich leben, hol ich sie. Jetzt stiehlt doch keiner …"

„Nimm wenigstens den Wintermantel mit."

„Hör bloß auf! Ach, Frau, wie kannst du jetzt an einen Wintermantel denken. Bis zum Winter ist noch lange hin."

Ich trage trotzdem meine Sachen weiter. Sollten wir leben bleiben,
braucht man immerhin ein Hemd zum Wechseln. Sie sagen, daß
aus dem Wohnbezirk Tag und Nacht die Sachen herausgefahren
werden. Falls wir zurückkehren, finden wir womöglich nichts
mehr vor.

„Ich möchte dir am liebsten den Hals umdrehen", brummt Jurek.
„Du redest wie ein Närrchen."

„Ich weiß auch, daß sie uns umbringen, aber wenn nicht, dann
brauchst du einen Pullover und einen Mantel. Das ist bestimmt
die letzte Blockade."

„Du meinst, weil *wir* keine andere mehr erleben werden?"

„Das auch, und außerdem ist das sicher die Generalreinigung. Eine
kleine Gruppe lassen sie zum Vorzeigen am Leben, so daß, wer
jetzt durchhält, den Krieg bereits gewonnen hat."

Umschlagplatz. Sie stellen uns unweit eines anderen Shops auf.
Es erfolgt vor allem eine Shop-Selektion. Hoffmann und seine Hel-
fer teilen selber die Nummern aus und suchen die Alten, Kranken
und Kinder heraus sowie alle die, gegen die sie eine besondere
Aversion haben. Geld spielt keine geringe Rolle; nur Kindern und
Greisen hilft es nichts.

Wir stehen schon zur zweiten Kontrolle bereit, als am Horizont ein
stockbetrunkener SS-Mann auftaucht. Seinen Kopf ziert ein schief-
gedrücktes Käppi, an das er sich neckisch einen kleinen, himmel-
blauen Pompon gesteckt hat. Er torkelt.

Wir waren in Reihen zu fünft angetreten. Jurek hatten sie hinter
mich gestellt. Der SS-Mann baut sich auf unsicheren Füßen stehend vor der ersten Reihe auf und faßt die Todeskandidaten ins
Auge. Seine trüben Augen lachen, dann wieder schleudern sie
Blitze. Er starrt, als wolle er erraten, was wir über ihn denken.

Tausende von angsterfüllten, leidensvollen Augen sehen dich an,
furchtbare, verzweifelte Augen. Welche Kraft ist in dir, Satan, daß
du diese Augen nicht fürchtest?

Der SS-Mann rückte dicht an die Reihe heran und fuchtelte den
Leuten mit dem Finger vor dem Gesicht herum. Ein junges Mädchen erzitterte; er stieß es und schlug es mit einem Knüppel. Er
wird noch sein Spielchen mit uns treiben. Nach einem solchen Spielchen in der dritten Reihe fühle ich mich wie zerschlagen, dabei sind
es bis zu mir noch fünfzehn Reihen. Man möchte heulen, brüllen,
fliehen. Der Litauer, der uns bewacht, sieht sich das Ganze wie ein
spannendes Schauspiel an. Endlich naht mein Gericht. Ich kann

nicht hinsehen. Ich fühle einen Stoß gegen die Brust, ich öffne die Augen; jetzt hageln die Schläge so schnell auf Gesicht, Arme, Schultern nieder, daß ich nicht einmal schreien kann. Warum ich die Augen geschlossen habe, brüllt der SS-Mann. Ich begreife jetzt, daß Tod nicht gleich Tod ist. Daß Menschen es vorzogen, sich zu vergiften, oder von der tödlichen Kugel träumten.

„Du hast die Augen geschlossen — jetzt schließ ich sie dir für immer!"

„Nicht das Bewußtsein verlieren", höre ich eine Stimme über mir flüstern, „bloß nicht..."

Blut fließt mir in die Augen, im Mund habe ich einen salzigen Geschmack. Nichts Außergewöhnliches. Eine von vielen Mißhandelten, nicht die erste und nicht die letzte. Ihm gefiel nicht, daß ich die Augen geschlossen habe, bei anderen gefallen ihm Nase, Mund oder Beine nicht. Einerlei, die Hauptsache ist, man hat seine sadistischen Freuden, sieht rotes, lebendiges Blut, sieht, wie der mißhandelte Körper zuckt, wie sich das Gesicht vor Schmerz verzerrt, wie wehrlose Hände das Gesicht zu verdecken suchen!

Schließlich werde ich zur Seite gestoßen. Diesmal gehöre ich zu den Verurteilten. Ich kann mich nicht auf den Beinen halten. Egal, was kommt, ich muß mich hinlegen, aber meine Leidensgenossen rückten so dicht an mich heran, daß ich nicht umfallen konnte.

„Bleib stehen", höre ich sie flüstern, „wenn du dich hinlegst, erschießen sie dich sofort. Stehenbleiben!"

Ich stehe und merke, daß ich ohnmächtig werde. Ich komme wieder zur Besinnung, ersticke fast an meinem Blut, das mich an das bordeauxfarbene Kleid erinnert, das ich einmal besessen habe und das sie mir jetzt gewaltsam in den Hals stopfen. Auf einmal ist mir, als sei ich am Meer. Ich bade, eine Welle schlägt über mir zusammen, mir wird wohlig, warm und leicht. „Nicht umfallen", flüstert mir jemand ins Ohr, und diese Stimme dringt durch und durch. Sie tut mir weh, als bohrte man mir ein Messer ins Hirn. Was wollen alle diese Leute von mir? Was macht das schon für einen Unterschied, wenn ich umgebracht werde. Lieber jetzt, wo mir so leicht und wohl ist... Und die Eltern? Und Jurek? Ich fühle eine so furchtbare, unaussprechliche Sehnsucht nach ihnen. Nur einmal, nur ein einziges Mal sie noch wiedersehen!

Wie lange wir so gestanden haben, weiß ich nicht; ich weiß nur, daß es dunkel war, daß das Blut an mir gerann und der Wind mir die Stirn kühlte.

Der Shop von Hoffmann war bereits abmarschiert.

„Ihr Mann hat eine Nummer gekriegt", informiert mich einer aus der Gruppe.

Jurek ist also gegangen. Gut, daß er nicht geblieben ist, aber gleichzeitig denke ich: Ich bin allein. Jurek ist fort. Ob ich ohne ihn gegangen wäre? Aber darf man von einem Menschen verlangen, daß er freiwillig in den Tod geht, hat uns nicht der heidnische Brauch, dem Leichnam eines Mannes die lebendige Gattin ins Feuer folgen zu lassen, stets mit Grauen erfüllt?

Zwei Personen in weißen Kitteln: Jurek und sein Cousin Lolek nähern sich unserer Gruppe. Sie melden den Litauern, die uns bewachen: Wir sind vom Spital, wir wollen ein paar Kranke zum Verbinden mitnehmen, wozu sollt ihr in den Waggons mit ihnen Ärger haben.

„Die Schwachen erschießen wir doch sowieso", sträuben sich die Litauer.

„Wie ihr wollt...", sagt Lolek.

Für einen Moment hört mein Herz auf zu schlagen. Schließlich gehen sie, aber nicht allein, mit ihnen gehen zwei Litauer. Ich warte. Nach ein paar Minuten kommen die Litauer zurück. Die Knüppel geraten in Bewegung. Sie schlagen beliebig auf die Leute ein. An dem Handgelenk des einen sehe ich Jureks Uhr. Derselbe Posten zieht mich in dem allgemeinen Durcheinander ans Ende der Gruppe, dann ganz nach vorn. Wir sind so dicht umringt, daß ich keine Möglichkeit sehe, von hier wegzukommen. Schließlich stößt er mich zu Boden und tritt mich. Ich winde mich am Boden. Geschwächt, verliere ich das Bewußtsein und komme erst in einem kleinen Saal wieder zu mir. Über mich gebeugt Jurek und Lolek.

„Steh schnell auf, wasch dir das Blut vom Gesicht, binde dir eine weiße Schürze um und nimm die Legitimation hier: Du heißt Maria Schass. Wie heißt du?"

„Schass, Maria, Pflegerin."

„Keiner wird dich fragen, aber auf alle Fälle. Bald hat der Tagesdienst Schluß, und du gehst von hier weg. Mit Gottes Hilfe entrinnen wir dem Umschlagplatz, und morgen müssen wir dann versuchen, aus dem ‚Kessel' herauszukommen."

An diesem Abend gehe ich als Maria Schass vom Umschlagplatz, und zwei Stunden später werden alle Ärzte sowie das gesamte Pflegepersonal abtransportiert. Wir treffen mit einem kleinen Grüppchen Bekannter zusammen, die durch einen sonderbaren Zufall von unserem Shop übriggeblieben sind. Jurek übernimmt das Organisatorische.

„Hört zu, einzeln schaffen wir's nie. Wir machen's so: ich fahre zu Hoffmann und bitte ihn, uns so etwas wie eine Vorladung zukommen zu lassen."

Wir stehen auf der Straße, mehr als ein Dutzend Leute. Erschöpft setzen wir uns auf die Stufen, die früher zu einem Laden geführt haben; einige setzen sich auf ihre Rucksäcke.

„Ich fahre."

„Jurek, mein Liebes, wenn dir was zustößt, das ist doch so gefährlich..."

„Ich muß dich retten."

Er holt seinen Ausweis heraus, aus dem hervorgeht, daß er in der Verproviantierung arbeitet und das Recht hat, auf den Umschlagplatz zu fahren. Alle Dokumente haben keine eigentliche Bedeutung, weil sie vom Dafürhalten des jeweils Kontrollierenden abhängen.

Jurek fährt also, und ich bleibe allein zwischen den auf seine Hilfe Wartenden. Ich bin entsetzlich hungrig, und mit Widerwillen entschließe ich mich, das Sacharinbrot zu essen. Die Minuten verrinnen langsam. So lange ist er schon weg! Dabei ist kaum eine halbe Stunde vergangen, und vor einer Stunde kann man ihn nicht zurückerwarten. Schließlich wird sich Hoffmann nicht sogleich einverstanden erklären, ein solches Papier zu unterschreiben. Was geht ihn irgendein Grüppchen Juden an? Ein paar mehr oder weniger... Ich beobachte die verschüchterten Menschen. Durch die nahe Wache gehen einige wenige, die sich bereits ausgewiesen haben. Die Glücklichen!

Endlich kommt Jurek atemlos angerannt.

„Ihr seid da! Den ganzen Weg über hat mich der Gedanke verfolgt, daß sie solche wie euch wieder auf den Umschlagplatz zurückbringen könnten. In unserer Straße sind sie noch nicht gewesen."

Wir formieren uns in Viererreihen, die zwei Kinder nehmen wir zwischen uns, einem halbjährigen Mädchen hat seine Mutter ein Schlafmittel gegeben und es in den Rucksack gepackt; wenn sie es finden, droht uns allen der Tod.

Ruhe. Wir gehen bis zur Wache. Jurek zeigt das Papier vor, wobei er lange etwas erklärt. Schließlich winkt der SS-Mann ab. Wir passieren die Wache. Frei! Wir gehen rasch. Es ist gelungen. Immerhin hat dieser Papierfetzen keinerlei Wert.

Aber da jagen uns schon zwei Litauer und ein SS-Mann. Sie holen uns zurück.

„Ihr wolltet mich betrügen!" brüllt der SS-Mann.

Jurek zeigt den Stempel mit dem Adler unter Hoffmanns Unterschrift.

„Euer Hoffmann kann mich mal..." Hier folgt eine Flut wenig salonfähiger Ausdrücke. „Ab, oder ich schieße!"

Wir gehen. Wieder dieselbe Straßenecke, dieselben Stufen. Wir setzen uns. Die Frau holt das schlafende Kind aus dem Sack.

Was jetzt?

„Fahr zu Hoffmann, Jurek, du darfst dich meinetwegen nicht in Lebensgefahr bringen."

„Red keinen Unsinn. Außerdem, wer sagt, daß sie mich durchlassen? Einmal ist es gelungen. Aber das ist noch lange kein Beweis, daß ich hin- und zurückspazieren kann."

„Es gibt noch andere Tore", wirft einer ein. „Wenn nicht beim ersten, klappt's vielleicht beim zweiten."

„Offiziell kommen wir nicht durch", sagt Jurek, „man muß sich mit einem Litauer absprechen."

Wieder formieren wir uns.

„Ach, wenn bloß meine Kleine nicht wach wird", jammert die Frau mit dem Kind im Sack.

Vor dem Tor in der Gęsia-Straße, bei der Lubecki-Straße, stehen nur Litauer. Dorthin lenken wir unsere Schritte. In gewisser Entfernung bleiben wir stehen. Jurek geht allein. Jeden Augenblick können ihn die Litauer erschießen. Ich zittere.

Die Litauer sprechen eine Weile miteinander. Sie betrachten von allen Seiten das Papier, von dem sie kein Wort verstehen.

Nach einer Viertelstunde kehrt Jurek zurück.

„Wieviel Uhren haben wir? Wir brauchen welche für die fünf und für ihren Chef drei. Sie wollten erst jeder zwei, aber ich hab runtergehandelt. Die Sache sieht so aus: sie lassen uns durch, aber wenn sie uns unterwegs zum Shop schnappen — Kugel in den Schädel. Die Wache wird nicht zugeben, daß sie uns durchgelassen hat. Na, was? Entschließt ihr euch?"

„Natürlich sind wir einverstanden. Wenn es dir gelingt, uns durchzubringen, bist du ein Held. Wir verdanken dir dann unser Leben."

„Redet nicht soviel, gebt lieber die Uhren her."

Ich nehme meine Uhr ab. Ein Abiturgeschenk. Seither hat sie mir alle glücklichen Minuten angezeigt. Auf Wiedersehen, liebe Uhr! Eine Litauerin oder eine Deutsche wird dich jetzt tragen. Ich bin nicht abergläubisch, aber jetzt presse ich die Uhr an meine Lippen und flüstere: Bring Unglück über den neuen Besitzer, bring ihm einen raschen, schrecklichen Tod…

Die Uhren wechseln ihre Besitzer.

„Es kann sein, daß sie drei Schritte hinter der Wache anfangen, auf uns zu schießen. Denen ist alles zuzutrauen, um so mehr, als sie die Uhren schon bekommen haben."

Wir gehen durch völlig verödete Viertel. Lubecki-Straße. Der Pawiak. Das Haus meiner Eltern. Vor dem Tor sind keine Leichen zu sehen. Mein Gott, warum kann ich nicht zu ihnen laufen! Schneller,

schneller! Wir gehen am Pawiak vorüber; dort sind Deutsche. Hoffentlich hören sie uns nicht. Uns kommt es vor, als klapperten unsere Absätze überlaut. Die Frauen ziehen die Schuhe aus. Ein Kind fängt an zu weinen; man bindet ihm rasch einen Schal um den Mund. Ich trage den vollgestopften Rucksack, mein einziges Vermögen. Ich bin restlos erschöpft, der ganze Körper ist schweißnaß; ich fühle, daß ich jeden Moment hinfalle.

Gott, wie lange wir durch die Karmelicka-Straße gehen ... Sind das da in der Ferne nicht Soldaten? Das Herz hört zu schlagen auf, wir erstarren zu Stein. Die Deutschen kommen näher. Weitergehen, stehenbleiben? Sollen sie uns wenige Minuten vom Shop entfernt töten? Wozu dann all die Anstrengungen? Die Deutschen gehen geradewegs auf uns zu. Wir erreichen die Nowolipki-Straße und rennen zum Shop. Schon von weitem bemerken uns die Unseren Sie öffnen die Tore. Wir stürzen auf das umzäunte Gelände. Noch einmal gerettet.

LUDWIK HIRSZFELD

Ludwik Hirszfeld (1884–1954), Immunologe und Serologe von Welt-
ruf, nach dem Krieg Professor an der Universität Wrocław und Begründer des Instituts für Experimentelle Immunologie, das heute seinen
Namen trägt, schrieb 1943, in Miłosna bei Warschau versteckt, seine
Erinnerungen, die unter dem Titel „Geschichte eines Lebens" („Historia
jednego życia") 1946 erschienen. Dieser ersten Ausgabe ist das folgende Kapitel entnommen.

Gleich nach der Besetzung Warschaus seiner Arbeit beraubt, durfte
Ludwik Hirszfeld auf Anordnung der deutschen Behörden zunächst in
seiner Villa in Warschau bleiben, da seine Ausreise nach Jugoslawien
in Aussicht stand. Doch am 26. Februar 1941 fand sich auch der Gelehrte
mit seiner Frau Hanna, einer Kinderärztin und später ebenfalls Professor an der Universität Wrocław, und seiner zwanzigjährigen Tochter Maria innerhalb der Gettomauern wieder. Hier entfaltete er eine
rege (geheime) Lehrtätigkeit, beteiligte sich am Kampf gegen den Typhus und konnte mit materieller Hilfe von „außen" eine Arbeitsstätte
zur Erforschung der Hungerkrankheit gründen.

Nach anderthalb Jahren Aufenthalt im Getto kam die Hilfe für Dr.
Hirszfeld und seine Familie buchstäblich im letzten Moment. Freunde
verschafften ihm Unterschlupf auf der „arischen" Seite. Die geliebte
Tochter erlebte die Freiheit nicht mehr – die Zeit der Verfolgung und
der Schrecknisse hatte das zarte, sensible Mädchen zerstört.

Ihr und allen, die zu früh fortgegangen sind, sowie seinen Mitarbeitern, denen er ein Vater sein wollte, setzte Ludwik Hirszfeld mit seinem Erinnerungsbuch ein Denkmal: „Ich hatte das Gefühl, daß sie an
meiner Seite standen, all die Toten und Leidenden, und daß sie mir
befahlen, ihre Qualen zu schildern und von der Schuld der Zeitgenossen zu schreiben."

Der letzte Aufschwung eines untergehenden Volkes

Schon im Februar 1943 deuteten Vorkommnisse im Getto darauf hin, daß für die Deutschen die Endetappe in der Liquidierung der Juden gekommen war. Nach erprobter Weise trennten sie die Opfer in zwei Kategorien: in Juden, die in den sogenannten Shops und in den Fabriken arbeiteten, und in solche, die nicht registriert und ohne Arbeit waren. Letztere waren nicht mit einbezogen in die offiziell mit vierzigtausend angegebene Zahl von Überlebenden der Großen Aktion, bei der mehr als dreihunderttausend ihr Leben gelassen hatten.

Warum waren diese Juden übriggeblieben? Auf dem Terrain des Gettos befanden sich Fabriken sowie Kürschner-, Tischler-, Schneider- u. ä. Werkstätten. Betriebe wie die von Toebbens, Hoffmann und Schultz beschäftigten von einem Dutzend bis zu ein paar Tausend Arbeitern und produzierten für die Wehrmacht, die solange wie möglich die kostenlose Arbeitskraft ausnutzen wollte. Die Gestapo dagegen drängte auf eine möglichst rasche Beendigung der „Judenaktionen". Die Streitigkeiten wurden durch einen Kompromiß beigelegt: Fabriken und Arbeiter sollten nach Poniatowa und Trawniki verlagert, der Rest aber, die Arbeitslosen und Unbrauchbaren, in den Tod nach Belżec und Treblinka abtransportiert werden.

Mit der Aufgabe der Verlagerung betraute man den Herrn über zwölftausend Sklaven, Walter Toebbens. Auf Versammlungen, die für die Arbeiter einberufen wurden, pries man das zukünftige herrliche Leben, die ruhige Arbeit und die guten Lebensbedingungen. Als erste sollten die Tischlereiwerkstätten von Hallmann umgesiedelt werden. Die Tischler liefen auseinander, die Fabrik wurde in Brand gesteckt. Daraufhin wurde erklärt, daß die Aussiedlungsaktion nicht mehr aktuell sei. Trotz aller Versprechungen wurde die Kürschnereiabteilung nach Trawniki verlegt; es folgten Transporte der Toebbens-Betriebe.

Schon seit längerer Zeit bereiteten die Arbeiterorganisationen die Verteidigung vor. Waffen wurden gekauft, Bunker und Unterstände gebaut. Die Kämpfer beschlossen, Abtransporte nicht zuzulassen. Auf den Straßen kam es immer häufiger zu bewaffneten Zusammenstößen. Die Gendarmerie unternahm eine Vergeltungsaktion: Juden wurden aus ihren Wohnungen gezerrt und an Ort und Stelle erschossen. Gleichzeitig versuchte man die Gettobewohner zu beruhigen und zur Arbeit in den Fabriken zu ermuntern. Unterdessen gingen Gerüchte um, daß die Juden nicht am Bestimmungsort ankämen. Die Kämpfer bestätigten die Gerüchte auf Flugblättern und Plakaten. Toebbens ließ sich mit den Kämpfern auf eine Polemik ein, indem er Erwiderungen auf deren Anschläge dicht daneben anbringen ließ. Er schrieb, daß es Unsicherheit und Untätigkeit seien, die sie umbrächten. „In voller Überzeugung kann ich Euch raten: fahrt nach Trawniki und Poniatowa, weil Ihr dort den Krieg überdauern werdet. Ihr habt genug Erfahrungen mit betrügerischen Tricks gemacht. Glaubt nur den deutschen Leitern, die mit Euch zusammen die Produktion in Poniatowa und Trawniki durchführen wollen. Nehmt Frauen und Kinder mit; denn auch für sie wird gesorgt werden." Und dieser Schwall von ungeheuerlichen Lügen war unterschrieben mit „Walter C. Toebbens".

Und die Transporte fuhren. Aber im Getto hielt sich hartnäckig die Überzeugung, daß die Vernichtung unabwendbar sei, und die Panikstimmung wuchs. Vom ersten zur Arbeit abgeschickten Transport waren Juden entflohen, die mit Nachrichten über die grauenvolle Wahrheit zurückkehrten. Das Feilschen riß ab – keiner meldete sich mehr zur Abreise. Auf Verlangen der Deutschen bemühte sich der Judenrat, die Situation in den Griff zu bekommen, doch alle seine Vorschläge wurden zurückgewiesen, und es fiel die Entscheidung, den Deutschen bewaffnet entgegenzutreten, falls sie weitere Abtransporte vornehmen sollten.

Vor eintausendachthundert Jahren versuchte in einer engen Schlucht bei Kapernaum eine Handvoll Juden die Lage zu meistern, aber ihre Vorschläge wurden verworfen. Bis auf den heutigen Tag existiert in dieser Schlucht eine Feste, errichtet von den Händen der letzten jüdischen Streiter. Der letzten – denn achtzehn lange Jahrhunderte hindurch haben die Juden als Volk nicht bewaffnet gekämpft. Sie führten ein unstetes Leben, waren Untermieter der einzelnen Völker, und als Untermieter, die eines eigenen Hauses entbehrten, fühlten sie sich auch nicht an die Pflichten des Hausherrn gebunden.

Aus einem Land vertrieben, suchten sie Zuflucht in einem anderen. Mißhandelt, wehrten sie sich durch Flucht, mit Geld, mit List. Niemals mit der Waffe.

Die Fälle, wo sie ihr Blut für ein Land vergossen, das ihnen Schutz gewährte, gehören zu den Ausnahmen. Männer wie Berek Joselewicz hat es nicht viele gegeben.

Berek Joselewicz – jüdischer Kaufmann, Leutnant des polnischen Heeres (1764–1809), formierte ein jüdisches Kavallerieregiment und kämpfte in den Legionen Dąbrowskis, 1807 in der Armee des Herzogtums Warschau; im Kampf gegen die Österreicher bei Kock gefallen

Die erste Vernichtungswelle rollte über das Getto hinweg. Tausende gingen zur Schlachtbank, ohne sich zu wehren. Ein deutscher Grünschnabel führte Hunderte von Menschen, und nicht einer wagte es, ihm an die Kehle zu springen.

Hätte einer damals zehn Männer gesucht, um einen Kampftrupp zu gründen – er hätte sie nicht gefunden ... Jeder hatte eine Frau, Kinder, Verpflichtungen, jeder besaß irgendwelche Sicherheiten ...

Ja, so war das vor einem Jahr. Aber unter der grauenhaften, unmenschlichen Leidensfolter begriffen die Juden, daß der Tod nicht das wichtigste ist, sondern daß es viel wichtiger ist, wie man stirbt und wofür.

Als für das Getto die letzte Stunde schlug, entschieden sich deshalb die jüdischen Kämpfer im Namen ihrer Brüder und Schwestern, mit der Waffe in der Hand zu sterben.

Sie hatten keinerlei Illusionen hinsichtlich des Ausganges ihres verzweifelten Kampfes. Die Juden mußten sterben, aber nicht einen erbärmlichen, niemandem nützlichen Tod, sondern einen Tod in Verteidigung der Menschenwürde und der eigenen Ehre.

Sie wollten in die Fußstapfen Bar-Kochbas treten.

Die erwarteten Ereignisse traten am 18. April ein. Das Restgetto sollte bis zum Geburtstag des Führers, in zwei Tagen, liquidiert sein. Der Beginn der Aktion war auf 12.30 Uhr angesetzt. In der Nacht umstellte Blaue Polizei das Getto, und ein deutsches Polizeibataillon rückte in die Nalewki-Straße ein. Unerwartet fielen Maschinengewehrschüsse aus den Häusern; das Bataillon zog sich in panischem Schrecken zurück. Am Morgen des 19. April klebten Aufrufe an den Gettomauern, die die Juden zum bewaffneten Widerstand aufforderten. Es tauchte die Losung auf: *Ehrenvoll sterben!*

Der erste Angriff auf das Getto war schwach. In den Nachmittagsstunden begann die Aktion in der Smocza-, Gęsia- und Lubecki-Straße. Die Deutschen versuchten den Widerstand der Juden durch Einschüchterung zu brechen, zumal der Kampf aussichtslos und sein Ausgang von vornherein entschieden war. Der Einschüchterungsversuch mißlang. Die Verteidiger hatten um den Häuser-

Bar-Kochba – (hebr.) „Sohn des Sterns", Freiheitsheld der Juden, dessen eigentlicher Name Simon war. Er besiegte die Römer in den Aufstandskriegen der Juden 132–135 n. Chr. und ließ sich zum König von Jerusalem ausrufen. 135 wurde er jedoch von dem römischen Feldherrn Severus in der Schlacht bei Bethar getötet. Den Namen Bar-Kochba legte er sich nach der biblischen Weissagung über den kommenden Messias, dem ein Stern vorangeht (4. Mose 24, 17), bei.

block Muranowski-Platz, Franciszkańska-Nalewki, Dzika-Gęsia herum Bunker errichtet. Die Angriffe mit Panzerwaffen brachten den Deutschen nicht den gewünschten Erfolg. Sobald die Panzer die Zufahrt passierten, wurden sie mit Granaten und Benzinflaschen beworfen.

Am Tag darauf stellten die Deutschen den Juden ein Ultimatum, das in den Wind geschlagen wurde. Der Kampf entbrannte von neuem. Die Juden beschränkten sich nicht nur auf die Verteidigung, sondern attackierten die SS. Sie kämpften mit dem Mut der Verzweiflung. Man sah Menschen, die trotz schwerer Verwundungen nicht zu schießen aufhörten. Seite an Seite mit den Männern kämpften die Frauen, Löwinnen gleich, denen man die Jungen geraubt hatte. Man sah Kinder, die Benzinflaschen auf Panzer schleuderten. Als SS-Männer in die Fabrik von Toebbens eindrangen, ging eine Mine hoch und zerfetzte sie. Schließlich begannen die Deutschen mit Feuer und Eisen einen Punkt des Widerstandes nach dem anderen zu vernichten. Ununterbrochen, Tag und Nacht, feuerte die Artillerie. Flugzeuge warfen Brandgeschosse ab, Flammenwerfer säten Tod und Verderben. Das Feuer, das nicht gelöscht wurde, griff rasch um sich. Nur auf den Trümmern niedergebrannter Häuser errangen die Deutschen einen Sieg.

Die Fortsetzung war nicht weniger blutig. Die Kämpfer versteckten sich in einigen unversehrt gebliebenen Bunkern. Die passive jüdische Masse, die nicht am Kampf teilgenommen hatte, wurde in den Tod geschickt.

Die Deutschen zerstörten die Stadt, ohne sich zu gefährden. Der Flammenring verengte sich immer mehr, die ausgebrannten Häuser stürzten ein und begruben die Menschen unter ihren Trümmern. Die von Flammen Umzingelten stiegen höher und höher in ihren Häusern, und wenn nur noch der Himmel über ihnen war, sprangen sie in die Tiefe. Die Mütter verbanden zuvor ihren Kindern die Augen.

Die Feuerwehrmänner durften die jüdischen Häuser nicht retten. Einer von ihnen sah ein Kind in Flammen und versuchte seine Qualen mit einem Wasserstrahl zu lindern. Die Deutschen eröffneten das Feuer auf ihn. Die Menschen verbrannten in grausiger Stille, die nur vom Zischen des Feuers und von Schüssen unterbrochen wurde. Auf dem Straßenpflaster brannten sie zu Ende. Sie riefen nicht um Hilfe.

Die Deutschen führten ihren Angriff auf verschiedenen Abschnitten. Als sie dahinterkamen, daß die Juden die Stadtkanalisation als Fluchtweg nutzten, warfen sie Gasbomben in die Kanäle.

Vom Umschlagplatz gingen täglich dreißig bis vierzig Waggons

nach Majdanek. Auch die jüdische Miliz war unter den Abtransportierten – sie hatte ihre Schuldigkeit getan.

Am 23. April, als die Stadt hinter den Mauern bereits gänzlich in
Flammen stand, schickten die Juden an die Polen folgenden Aufruf:

POLEN, BÜRGER, SOLDATEN DER FREIHEIT!

Unter dem Donnern der Geschütze, aus denen die deutsche Armee
auf unsere Häuser, die Wohnungen unserer Mütter, Kinder und
Frauen feuert,

unter dem Knattern der Maschinengewehre, die wir im Kampf gegen die feigen Gendarmen und SS-Männer erobern,

im Rauch der Feuer und im Blutstaub des gemordeten Warschauer
Gettos

senden wir, die Gefangenen des Gettos, Euch brüderliche Grüße.

Wir wissen, daß Ihr mit herzlichem Schmerz und Tränen des Mit-
gefühls, mit Bewunderung und Sorge die Schlacht anseht, die wir
seit vielen Tagen führen.

Aber Ihr seht auch, daß jede Schwelle im Getto Festung ist und
bleiben wird, daß wir alle zugrunde gehen, doch uns nicht ergeben
werden, daß wir wie Ihr nach Vergeltung dürsten und nach Strafe
für alle Verbrechen des gemeinsamen Feindes.

Es ist ein Kampf um unsere und Eure Freiheit!

Wir rächen die Verbrechen von Auschwitz, Treblinka, Bełżec und
Majdanek!

Es lebe die Waffen- und Blutsbrüderschaft des kämpfenden Polen!

Es lebe die Freiheit!

Tod den Henkern und Henkersknechten!

Es lebe der Kampf mit dem Okkupanten auf Leben und Tod!

DIE JÜDISCHE KAMPFORGANISATION

[…] Die meisten Juden hatten verstanden, daß die Polen mit ihnen
sympathisierten. Nicht nur mit Worten manifestierten sie ihre Gefühle, sondern auch mit organisierter Hilfe im bewaffneten Kampf
und bei der Flucht einzelner Personen.

Jedem, der Hilfe leistete, drohte der Tod, und diese Gefahr nahmen selbst die Polen auf sich, die vor Ausbruch des Krieges als
Antisemiten bekannt waren.

Diese Sätze finden sich in einer von den jüdischen Kämpfern her-
ausgegebenen Broschüre, die mit den Worten endet:

„In Jerusalem stehen vor einer hohen Steinmauer Reihen betender
Juden. Die Hände emporgehoben, singen sie ein Lied der Trauer
und der Klage:

Weil unsere Propheten gestorben sind,
weil der Zion verlassen ist.
weil unsere Bethäuser in Trümmern liegen,
weil unsere Heiligtümer erniedrigt sind –
stehen wir hier und weinen.

Die Mauer des Warschauer Gettos ist heute die wahre Klagemauer. Mütter haben gesehen, wie ihre Kinder brannten, wie sie in den Bunkern erstickten, wie sie in den Kellern aus vor Hitze berstenden Rohren überflutet wurden. Ihre Tränen erstarrten zu Stein. Die Männer, die in die Arbeitslager fuhren, wußten, daß ihre Frauen und Kinder in den Tod geschickt werden. Die sterbende Jugend, die von einer Waffe träumte, die sie nicht kaufen konnte, erstickte die Tränen hilflosen Zorns. Hat irgendwer irgendwann einen größeren Schmerz erfahren?

Eine alte Legende sagt, daß vor Gottes Thron eine Schale steht. In ihr sind die Tränen der Juden. Wenn die Schale voll ist, vergibt Gott dem einst erwählten Volk seine schweren Verfehlungen. Dann endet sein Leiden und sein unstetes Leben.

Haben die letzten Tränen die Schale nicht füllen können?

Sollen diese Leiden vergeblich gewesen sein? Aus dem Blut, das die Mauern getränkt hat, könnte eine Wiedergeburt erfolgen ..."

April 1943. Ich wohnte damals in Miłosna. Aus der Ferne hörte ich den Geschützdonner, das Niedergehen der Bomben, sah ich den riesigen Feuerschein. Dort ging das letzte Häuflein Juden unter: die, die sich nicht wie wehrlose Tiere abschlachten lassen wollten, sondern den Soldatentod vorzogen. Ich fühlte ihren Schmerz: es war nicht der Schmerz eines Helden, der weiß, daß sein Tod der Anfang für ein neues Leben ist, sondern der Schmerz eines namenlosen Todes, den der nicht gewahrt, für den er bestimmt ist.

Warum landet nicht ein Flugzeug, um ihnen Nachricht zu bringen von ihrem Volk? Warum hören sie nicht: „Wir schauen auf Euren Tod voller Schmerz und Stolz. Und wir schwören, daß Ihr im Gedächtnis von Generationen leben werdet, daß wir aus Eurem Tod die Losung für zukünftiges Handeln machen werden? Und daß wir diesen Tod niemals vergeben werden?" Und ich denke: Warum lassen die Juden in der Welt ihre Brüder ohne den mannhaften Trost zugrunde gehen, daß aus ihrem Tod eine Legende entsteht, die ihnen in der Erinnerung und in der Liebe künftiger Generationen die Unsterblichkeit sichert? Warum hört man nicht den Widerhall ihres Protestes in der Welt? Was tun die Juden, da man die Überreste ihres gemarterten Volkes abschlachtet? Nicht die Juden aus den besetzten Ländern, die auch nur Schlachtvieh sind, sondern die angeblich so reichen, mächtigen in England und Amerika. Wissen sie nicht? Geben sie vor, nicht zu wissen? Oder glauben sie es nicht? In diesem Augenblick spüre ich den tieferen Sinn meines Leidens: die Hölle, deren Zeuge ich war, zu überdauern, um der Menschen Gewissen zu rühren.

Tote haben keine Stimme? Ich habe meine Erinnerungen niedergeschrieben, damit sie eine Stimme haben. Damit die Welt ihr Seufzen, Klagen und Schreien hört. Damit es sich auf alle Ewigkeit in die Herzen und Gewissen brennt: DU SOLLST NICHT MORDEN!

Hunger (II)

In den schlaffen Falten meiner Wetterjacke
bergen sich die alten Formen meines Bauches
wie die bröckelige
Rinde altbackenen Kommißbrots
in der leeren, löcherigen Tasche.
Im Trojanischen Pferd meines Magens
in der Kommode abgestorbener Eingeweide
lauert der Hunger auf meinen Körper –
nicht einer
sondern hunderter Hunger Flammen.

Wenn ich nur könnte, fräße ich der Reihe nach
die Speicher aller Völker kahl
Abendbrot, Mittagbrot, Frühstück
verbände ich zu einem einzigen herrlichen Schmaus
und ich verschlänge pausenlos
gierig, mit meinen Fingergabeln
rosige Braten – ach! Butterkuchen
juchhei! und noch einmal Kuchen, dann wieder Fleisch, Konserven
ha! ha! was? ausgezeichnet!
bitte sehr – der erste Gang, der zweite Gang, der hundertste Gang
mir wackelten bloß die Ohren, über das Kinn
tröffe mir ein fettes
Rinnsal von dickflüssigem
Schmalz
das ich nicht einmal wegwischen würde.

Bis ans andere Ende der Stadt
hörte man mich schmatzen
und ohne auf euer „Guten Appetit" zu warten
rapsch! stopfte ich mir flink
den gierig aufgesperrten Mund
und riefe dabei kauend:
„Meine Herrn, gleich bin ich satt!"

Doch einstweilen leb ich von Erinnerungen
an längst verdaute Leckerbissen
und meine Hände auf zum Himmel hebend
bettle ich in aller Bettler Zungen
auf polnisch, französisch, italienisch: BROT!
Mein tägliches Brot
– und sei's auf Kredit –
gib mir heute ...
Bist du je hungrig gewesen, Gott?

(Lager) Płaszów 1943

NOËMI SZAC-WAJNKRANC

Das Getto brennt

Eine grausige, grausige Idee und deren noch grausigere Verwirk-
lichung. Hölle und Teufel. Das hat es schon einmal gegeben. Eine
brennende Stadt, und Nero schlägt die Harfe. Uns packt das
Grauen, doch die Menschen damals hatten die Möglichkeit zu
fliehen.

Wir waren ohne Wasser, ohne Möglichkeit, das Getto zu verlassen.
Ich rede nicht von den Einzelwesen. Haus um Haus, Straße um
Straße gingen in Flammen auf. Gore! Die Leute sind am Erstik-
ken, aber sie kämpfen noch. Die Leute brennen, aber sie verteidigen sich noch. Die Mauern stürzen ein. Soll die Mauer auf mich
herabstürzen – Hauptsache, sie bekommen mich nicht. Besser, fast
erstickt aus dem Fenster des brennenden Hauses zu springen und
tot aufs Pflaster zu fallen, als in ihre Hände zu gelangen.

Aber es gibt auch Glückliche, die sich mit Zyankali, Morphium oder
Luminal eingedeckt haben, die im allerletzten Augenblick Gift nehmen. Auf den Straßen Leichen, verkohlte Leichen hängen aus Fenstern und von Balkonen herab. Das ist wohl schlimmer als die
Hölle, schlimmer als alles, was sich die menschliche Phantasie aus-
zumalen vermag. Noch ein Werk Hitlers, noch eines seiner Helden-
stücke, eine weitere Seite im Geschichtsbuch der raffinierten, blutigen faschistischen Morde.

Die Ernte an Lebenden war gering – trotz alledem gelang es den
Deutschen, einen Teil abzutransportieren und die leeren Plätze in
Treblinka, Majdanek, Poniatowa und Trawniki wieder aufzu-
füllen.

Das Getto brannte Tag und Nacht, es brannten die Mauern und in
ihnen die Menschen; und die Flammen, die emporschossen, erhellten Warschau. Am Himmel blutroter Feuerschein; jeder Funke,
jeder Schuß rief: Tod den Deutschen!

Ihr habt eure Gaskammern und Krematorien verborgen vor der
Welt gebaut, ihr habt die Menschen hinter Mauern gequält, zu denen kein Außenstehender Zutritt hatte, weil ihr wolltet, daß eure

---

Gore – (jidd.) Es brennt!

Grausamkeiten unbemerkt blieben. Doch jetzt sieht man den Feuerschein in einem Umkreis von tausend Kilometern. Rauch, Feuer –
die lassen sich nicht mehr verbergen. Es brennt ein Teil der Stadt,
es brennt Warschau!
Schaut auf die lodernden Flammenzungen! Spürt ihr den beißenden
Rauch? Hört ihr das Krachen einstürzender Mauern? Nur das Stöhnen der Sterbenden dringt nicht bis an euer Ohr.
Menschen, große und kleine! Greise und Kinder! Alle, die ihr
Augen, Ohren und Herzen habt! Alle, deren Seelen der Faschismus nicht depraviert hat, schwört um dieser in Marterqualen En-
denden, um der Menschheit, der Wahrheit und um Gottes willen,
schwört, daß ihr die Rächer sein und von allem, das da geschehen
ist, euren Kindern und allen, die fern waren, erzählen werdet!

Und später, als das Feuer erlosch und nur noch einzelne Mauern
glühten, marschierten die siegreichen deutschen Abteilungen durch
die Trümmer und suchten nach Bunkern. In den Bunkern fanden
sie Lebende und Tote. Die Lebenden transportierten sie natürlich
ab. Schade um jede Kugel, wozu gab es schließlich Gaskammern?

Wie, fragt ihr, konnte sich dennoch ein gewisser Prozentsatz Juden
retten?
Sie sprangen von den fahrenden Zügen, deren Begleitmannschaften
pausenlos schossen. Sie flohen durch unterirdische Gänge und durch
die Mauern, von SS-Männern ständig beobachtet, flohen durch den
stinkenden, nachtschwarzen Schlamm der Kanäle, wo man tagelang
umherirren konnte, um dann halbtot, halb erstickt wieder beim
Ausgangspunkt anzulangen oder einen Ausstieg zu finden oder
dem Feind ins Gesicht zu sehen. Dieses waren die Fluchtmöglich-
keiten für die wenigen. Etwa ein Prozent der Juden hat sich auf
diese Weise retten können.

Alles vorbei. Die letzten Flammen sind erloschen. Die letzten
Rauchschwaden trug der Wind davon. Diese Ruinen sind einmal
das Warschauer Getto gewesen ... Vorläufig darf man sie noch nicht
betreten; denn noch immer werden sie von den Deutschen bewacht.
Noch immer suchen sie nach Menschen, noch immer erfüllt sie Zufriedenheit beim Anblick unserer verbrannten Gebeine. Doch einmal wird man auch sie so vorzeigen – nur daß ich nicht dabeisein
werde ...

Jurek und ich sind in Sławek. Es ist spät abends und dunkel. Ich
mache kein Licht – die Helligkeit tut uns weh. Besser ist der Däm-
mer, die Finsternis, wie wir sie auch in der Seele haben.

„Wir leben", sagt Jurek, als müsse er sich's ins Bewußtsein zurück-rufen.

„Ja, wir leben", antworte ich ihm, und auch meine Stimme klingt ungläubig.

„Aber keiner weiß, ob wir am Leben bleiben", erwidert Jurek.

„Auf jeden Fall werden wir nie wieder lachen oder weinen", ent-gegne ich. „Alles Gute und alles Schlechte haben wir hinter uns gelassen."

Ich habe mich geirrt. Weder das Glück noch das Unglück hat Gren-zen. Im Augenblick fühlten wir in uns eine so grauenhafte Leere, daß sie uns die Vorahnung des Todes schien.

Jetzt denke ich nur noch an die letzten Tage des Gettos, an die letzten Erlebnisse. Vor mir habe ich stets und überall dantische Bilder. Die lieben, teuren Gesichter meiner Eltern und meines Onkels — ich kann sie mir tot einfach nicht vorstellen. Ich kann nicht. Für mich leben sie, obwohl ich genau weiß, daß man den Onkel im Shop von Gerlach verbrannt aufgefunden hat und die Eltern ...

Ich will nur daran denken, daß meine kleine, heißgeliebte Mama, die sich vor Eierschalen im Rührei, vor Hunden und dem Anblick von Waffen fürchtete, die mich früher immer, bevor ich aus dem Haus ging, ermahnte: Gib auf die Autos und die Straßenbahn acht!, die jede Verspätung von mir und Vater als Katastrophe empfand — daß diese selbe Mutter als erste die Hand nach einer Granate aus-streckte, daß diese selbe Mutter gesagt hat: Arbeite für die Sa-che — besser von einer Kugel getötet werden als für nichts in der Gaskammer! Ich weiß auch, daß mein Vater so heldenhaft gestor-ben ist, wie er recht und edel gelebt hat. Ich weiß, daß er nicht im Bunker gehockt, sondern auf seinen geschwollenen Beinen bis zum Schluß im Kampf gestanden hat, und ich weiß außerdem, daß mein Onkelchen, das ich wie meinen Vater geliebt habe, einer der Füh-rer bei diesem Aufstand gewesen ist.

Ich danke dir, Gott, daß du meine Liebsten, Teuersten, heldenhaft im Kampf hast sterben lassen!

ZOFIA NAŁKOWSKA

Die Friedhofsfrau

Der Weg zum Friedhof führt durch die Stadt an jener Mauer vorbei. Alle Fenster und Balkone – früher dicht besetzt mit eingesperrten, zusammengepferchten Menschen, die hinausblickten auf die Welt jenseits der Mauer – sind heute verödet. Beim Vorbeifahren sieht man schon von weitem in einem zweiten Stock immer dasselbe Fenster offenstehen und dahinter die herabhängende Gardinenstange mit einer geschwärzten Gardine, eine vertrocknete Blume im Blumentopf und auch die offengebliebene Tür einer billigen Kredenz an der Stubenwand.

Monate vergehen, und keiner richtet die Gardinenstange oder schließt das Türchen der Kredenz.

Der Weg zum Friedhof verwandelt sich langsam von einem Ort der Lebenden in einen Ort der Toten. Aber noch ist dieser in einen architektonisch leeren Rahmen gefaßte Ort nicht völlig aus dem Wirkungsbereich des Lebens herausgenommen. Man kann nämlich hören, und man kann sehen.

Über dem zarten jungen Grün der Friedhofsbäume steigen dunkle Rauchwolken auf. Bisweilen durchzuckt sie eine hohe Flamme wie eine schmale, rote Schärpe, die im Wind kurz aufflattert. Hoch oben am Himmel das ferne Brummen der Flugzeuge.

Monate vergehen, und das ändert sich nicht, das dauert.

Von allen Seiten treffen Todesnachrichten ein. P. ist im Lager gestorben, Frau K. auf einer kleinen Eisenbahnstation – einfach von der Straße weggeholt und abtransportiert. Die Menschen kommen auf alle möglichen Arten ums Leben, nach jedem nur denkbaren Schlüssel, unter jeglichem Vorwand. Man könnte meinen, es lebe schon überhaupt niemand mehr, als lohne es nicht, auszuharren und auf dem Seinen zu bestehen. Soviel Tod gibt es überall. In den Kellergewölben der Friedhofskapellen sammeln sich die Särge und erwarten gewissermaßen in Reih und Glied den Tag ihrer Beisetzung. Ein gewöhnlicher, privater Tod erscheint angesichts des ungeheuerlichen Massensterbens als etwas Unschickliches. Aber noch peinlicher ist es, am Leben zu sein.

Nichts von der alten Welt ist mehr wahr, nichts ist geblieben. Den Menschen ist es bestimmt, Dinge zu erleben, die sozusagen ihren

Horizont übersteigen. Entsetzen schleicht sich zwischen sie und sondert sie voneinander ab. In jedem Augenblick wird einer für den anderen zum Todesanlaß.

Die Wirklichkeit ist zu ertragen, weil sie nicht als ganze erfahrbar wird. Und nicht auf einmal. Sie dringt in Bruchstücken von Ereignissen zu uns vor, in Fetzen von Mitteilungen, im Widerhall von Schüssen, in fernen Rauchwolken, die am Himmel zerfließen, in Flammensäulen, von denen die Historie sagt, daß sie „in Asche verkehren", obschon niemand recht weiß, was das heißen soll. Diese ferne Wirklichkeit, die sich zugleich vor unserer Tür ereignet, ist nicht wirklich. Erst der Gedanke an sie versucht sie zusammenzuhalten, zum Stillstand zu bringen und zu begreifen.

Wir gehen noch einmal die Friedhofsallee entlang. Hier findet jetzt der festliche Frühlingsempfang der Toten statt – Empfang der lange schon und an einem gewöhnlichen Tod Verstorbenen.

Sie sagen nur ihren Vor- und Zunamen, sagen ein Datum, seltener erwähnen sie Beruf oder Ehren. Manchmal bittet einer beim Vorübergehen mit leiser Stimme um einen Seufzer zu Gott. Das ist wenig. Immer sind sie auf ihrem Posten, und immer sagen sie dasselbe, äußern sie sich zurückhaltend, genant durch Konvenienz. Sie wollen so wenig, drängen sich nicht auf, verpflichten uns zu nichts. Kaum daß sie sich in Erinnerung bringen. Ein klein wenig Aufmerksamkeit genügt ihnen.

Meist ist es einer von den nächsten Angehörigen, der dazu ermuntert – er führt uns ein und macht uns Mut. Eine namenlose Ehefrau mit Kindern, die „dem Gatten dieses Denkmal setzt", sagt in steinernem Geflüster, daß er der beste gewesen sei. Eine Tochter, die ihrerseits schon längst nicht mehr lebt, gelobt in grünbemoosten Lettern der über alles geliebten Mutter kindliche Ergebenheit.

Eines der Gräber ist ohne Kreuz. Auf dem Sockel des Bronzedenkmals liest man die heute kaum noch verständlichen Worte:

„Schaut man vom erhabenen Standpunkt der Evolution in den unendlichen Abgrund der Zukunft,
gewahrt man dort nicht die verzweiflungsvollen Dunkel eines ewigen Todes,
sondern den belebenden Widerschein
ewigen und fort und fort mächtigeren Lebens!"

Durch das Spalier der Toten naht die Frau heran, die die Blumen auf den Gräbern pflegt. In der Hand trägt sie die Insignien ihrer Würde: Harke und Gießkanne. Die Gießkanne stellt sie auf den flachen Stein unter der Pumpe und füllt sie mit Wasser.

An dieser Stelle, schon nah bei der Umzäunung, ist der Friedhof von Grün überflutet; die Gräber liegen da wie kleine Beete dunkelblauer oder gelber Stiefmütterchen. Maiglöckchen blühen und duften, und bald wird der Flieder blühen. In der grünen Luft ruft der Pirol, wie einst vor dem Haus meiner Kindheit, wenn es Frühling war. Eine Feldmaus trippelt zierlich zwischen den Stiefmütterchen umher, richtet sich empor und schnuppert an den Blumenstengeln.

In die Stille des über dem Friedhof weit offenen Himmels gleitet in Viertelstundenabstand vom Flugplatz her ein Flugzeug, beschreibt einen sanften Halbkreis und entschwindet jenseits der Gettomauern. Die in der Stille fallenden Bomben sieht man nicht. Aber als Spuren seines Durchflugs steigen nach einer Zeit Rauchschwaden auf. Später sieht man auch Flammen.

Die Friedhofsfrau hat ihre Gießkanne gefüllt und geht zu den Blumen hinüber. Es ist dieselbe Frau, mit der ich mich hier so manches Mal über den Tod unterhalten habe.

In Zeiten des Schreckens geht man auf den Friedhof als den einzigen Ort des Friedens und der Sicherheit wie in das Gärtchen am Elternhaus – die sicherste Adresse aus jener Zeit. So glaubte ich wenigstens, aber die Friedhofsfrau erschütterte auch diese meine Gewißheit.

„Hier sind die Gräber besser", sagte sie damals. „Hier sind die Gräber besser, weil's hier trocken ist. Der Körper liegt da und verfault nicht; er trocknet nur aus. Dort in der Senke, wo es naß ist, sind die Stellen billiger. Da können nur zwei Särge übereinanderliegen."

Sie hatte ein sanftes, gefühlvolles Wesen. Dabei war sie kompetent, konnte immer mit Rat dienen und sogar mit Trost. Sie war füllig und weißhäutig, nahm sich nichts zu sehr zu Herzen, hatte für alles Verständnis.

„Und hier ist es höher", sagte sie. „Hier war eine Tote, als sie die ausgegraben haben, war sie noch genauso wie vorher. Ihr Mann hat sie ausgraben lassen. Das war eine junge Frau, und man hat sie im weißen Kleid beerdigt. Na, und dieses Kleid, was sie anhatte, war noch ganz weiß. Als ob man sie erst gestern beerdigt hätte."

Ich begriff nicht, warum der Mann seine Frau hatte exhumieren lassen. Sie erklärte es mir folgendermaßen:

„Sie haben sie wegen dem Prozeß ausgegraben, weil der Mann doch die Doktoren im Krankenhaus verklagt hat, sie hätten sich nicht genug um sie gekümmert. Die Frau ist nach der Geburt ihres ersten Kindes aus dem Fenster gesprungen. Sofort tot. Sie soll nicht die richtige Pflege gehabt haben. Deshalb haben sie sie wieder rausgeholt und ins **Krankenhaus** geschafft zur Sektion. Und später haben sie sie wieder zurückgebracht und begraben. Aber das weiße Kleid hatte sie nicht mehr an, nur noch ein blaues. Sie haben sie, wie gesagt, begraben, aber auch nicht für lange. Es waren noch keine drei Monate um, da hatten sie den Sarg schon wieder raus."

„Warum denn das?"

„Na, weil sich ihr Mann erhängt hat und man ihn beerdigen mußte. Das Grab wurde tiefer gemacht und ausgemauert: Und jetzt liegen sie zusammmen hier begraben."

Wie die Sache mit den Ärzten ausgegangen war, wurde nicht klar. Aber offenbar wurde dem Anspruch des jungen Ehemannes nicht Genüge getan, wenn er den Ausweg aus seinem Leiden im Tod gesucht hat.

Später kam die Zeit, da auf dem Friedhof Granaten einschlugen. Die Trümmer von Statuen und Medaillons waren über die ganze Allee verstreut. Die Eingeweide der Gräber lagen bloß, und die zerborstenen Särge zeigten ihre Toten vor.

Aber auch angesichts solcher Dinge bewahrte die Friedhofsfrau die ihr angeborene Ruhe. „Denen passiert schon nichts", sagte sie. „Schließlich sterben sie nicht zweimal."

Jetzt aber, da sie erneut Wasser holen kam, sah man, daß sie sich verändert hatte.

„Was haben Sie denn? Sind sie krank?"

Ihr rundes, weißes Gesicht war abgemagert und dunkler geworden. Ihre Stirn war gekraust wie von einer ständigen Anstrengung, ihre Augen glänzten fiebrig.

„Nein, mir fehlt nichts", erwiderte sie trübsinnig. „Bloß für unsereins ist das hier kein Leben mehr."

Selbst ihre Stimme klang unsicher, zittrig und gedämpft.

„Unsere Wohnungen haben wir alle gleich bei der Mauer, da hört man alles, was bei denen passiert. Inzwischen weiß jeder, was da los ist. Die Menschen werden auf den Straßen erschossen oder in ihren Wohnungen verbrannt. Und nachts immer das Weinen und Schreien. Keiner kann mehr richtig schlafen und essen; es ist nicht zum Aushalten. Glauben Sie, daß das Spaß macht, so was mit anzuhören?"

Sie sah sich um, als könnten sie die Gräber des leeren Friedhofs hören.

„Es sind doch immerhin auch Menschen, also hat ein Mensch Mitleid mit ihnen", erklärte sie. „Doch die hassen uns mehr als die Deutschen ..."

Mein naiver Einspruch schien sie zu kränken.

„Wie, wer das gesagt hat? Das braucht keiner erst sagen. Das weiß ich alleine. Und jeder, der sie kennt, wird Ihnen dasselbe sagen. Sollen bloß die Deutschen den Krieg verlieren, dann kommen die Juden und bringen uns alle um ... Sie glauben mir nicht? Selbst die Deutschen sagen das. Und auch das Radio hat's gesagt ...‟

Sie wußte besser, weshalb sie an so etwas glaubte.

Sie rückte die Kanne zurecht und begann wieder zu pumpen. Als sie fertig war, hob sie den Kopf, noch immer verdrießlich. Sie runzelte die Stirn und blinzelte unruhig.

„Es ist nicht auszuhalten! Nein, wirklich nicht auszuhalten‟, wiederholte sie.

Mit zitternden Händen wischte sie sich die leichten Tränen vom Gesicht,

„Das schlimmste ist, daß es für sie keine Rettung gibt‟, sagte sie leise, als fürchtete sie noch immer, daß sie einer hörte. „Die, die sich verteidigen, bringen sie auf der Stelle um. Und die, die sich nicht verteidigen, fahren sie mit Autos genauso in den Tod. Was sollen sie also machen? Man steckt ihre Häuser an und läßt sie nicht raus. Die Mütter wickeln ihre Kinder in was Weiches, damit's ihnen nicht so wehtut und werfen sie aus dem Fenster aufs Pflaster! Und dann springen sie selber ... Manche springen mit dem kleinsten Kind auf dem Arm ...‟

Sie trat näher.

„Einmal haben wir gesehen, wie ein Vater mit einem kleineren Jungen runtersprang. Er redete auf ihn ein, aber der Kleine hatte Angst. Er stand schon draußen vor dem Fenster, hielt sich aber krampfhaft am Fensterkreuz fest, vor ihm der Vater. Ob der ihn nun runtergestoßen hat oder wie – das konnte man nicht sehen. Jedenfalls stürzten beide hintereinander auf die Straße.‟

Sie weinte wieder und wischte sich mit zittrigen Händen das Gesicht.

„Selbst wenn wir's nicht sehen, hören tun wir's immer. Das ist so, als ob was Weiches aufplatscht. Platsch, platsch ... In einem fort springen sie. Lieber springen sie, als bei lebendigem Leibe zu verbrennen ...‟

Sie lauschte angestrengt. Im weichen Ruf der Friedhofsvögel nahm ihr Ohr das ferne Geräusch aufprallender Körper wahr. Sie hob die Gießkanne hoch und ging zu den gelben und blauen Stiefmütterchen auf den Gräbern. Am Himmel glitt vom Flugplatz her ein neues Flugzeug heran und flog in großem Bogen auf das Getto zu.

Die Wirklichkeit ist zu ertragen, weil sie nicht als ganze erfahrbar wird. Sie dringt in Bruchstücken von Ereignissen zu uns vor, in Fetzen von Mitteilungen. Wir wissen von ruhigen Menschenzügen, die widerspruchslos in den Tod gehen. Wir wissen von Sprüngen in

die Flammen, von Sprüngen in den Abgrund. Aber wir sind diesseits der Mauer.

Die Friedhofsfrau hat dasselbe gesehen und gehört. Doch für sie
verflocht sich das Geschehene so sehr mit dem Kommentar, daß es
seine Realität verlor.

Marek Edelman, 1943 zweiundzwanzig Jahre alt, war vom 19. April an Stellvertretender Kommandant des Aufstandes im Warschauer Getto und nach dem Tod des um anderthalb Jahre jüngeren Kommandanten der ŻOB, Mordechaj Anielewicz, der am 8. Mai 1943 gemeinsam mit anderen Mitgliedern des Stabes der ŻOB Selbstmord beging, um nicht lebend dem Feind in die Hände zu fallen, dessen letzter Führer. Historiker halten ihn für den bedeutendsten der noch lebenden Helden des jüdischen Widerstandes.

Heute ist Marek Edelman Herzchirurg in Łódź. Er vollbrachte Pionierleistungen auf dem Gebiet der Koronarchirurgie, die ihn international bekannt machten.

Schon im Jahre 1945 erschien sein Bericht „Das Getto kämpft" („Getto walczy"), dem die folgenden Auszüge entnommen sind.

Widerstand

Am 19. April 1943 um zwei Uhr nachts treffen die ersten Meldungen von unseren vorgeschobenen Wachposten ein, daß die deutsche Gendarmerie und die polnische Blaue Polizei in 25-Meter-Abständen die Außenmauern des Gettos umstellen. Sofort werden alle Kampfgruppen alarmiert, die um 2.15 Uhr, das heißt fünfzehn Minuten später, ihre Kampfstellungen einnehmen. Die von uns alarmierte Zivilbevölkerung begibt sich umgehend in die vorbereiteten Bunker und Verstecke in Kellern und auf Dachböden. Das Getto scheint ausgestorben – nirgends eine lebendige Seele. Nur die ŻOB wacht.

Um vier Uhr morgens beginnen die Deutschen in kleinen Gruppen zu drei, vier, fünf Mann (um nicht die Aufmerksamkeit der ŻOB und der Bevölkerung auf sich zu lenken!) in das Gelände zwischen den Gettos einzurücken. Dort erst formieren sie sich, stellen sich zu Abteilungen auf. Um sieben Uhr früh greifen motorisierte Einheiten, Panzer und Panzerwagen, auf das Gettogelände über.

Außerhalb postieren die Deutschen Artillerie. Die SS ist jetzt bereit zum Angriff. Mit lautem, energischem Schritt marschiert sie in geschlossenen Reihen in die toten Straßen des Zentralgettos ein. Es hat den Anschein, als sei ihr Triumph komplett, als fürchte sich das Häuflein Tolldreister vor dieser blendend bewaffneten und ausgerüsteten modernen Armee. Als hätten die unreifen Burschen plötzlich eingesehen, daß es keinen Sinn hat, nach den Sternen zu greifen. Daß auf jede ihrer Pistolen mehr deutsche MGs kommen, als sie Munition haben.

Aber nein, man hatte uns nicht eingeschüchtert und nicht überrascht. Wir warteten nur auf den passenden Moment. Er kam bald. Als die Deutschen an der Kreuzung Zamenhof- und Miła-Straße Stellung bezogen hatten, eröffneten die an den vier Straßenecken verbarrikadierten Kampfgruppen das konzentrische Feuer, wie das in der Militärsprache heißt. Geschosse explodierten aus einer unbekannten Waffe (das waren unsere selbstgefertigten Granaten), Serien aus einer automatischen Pistole zerrissen die Luft (man mußte Munition sparen), irgendwo weiter weg knatterten Karabinerschüsse. So hat es angefangen.

Die Deutschen versuchen zu fliehen, aber der Weg ist abgeschnitten. Die Straße ist mit Leichen von Deutschen übersät. Die Überlebenden suchen Deckung in nahen Läden und in Toreinfahrten. Aber die Deckung erweist sich als unzureichend. Die „heldenhaften" SS-Männer beziehen Panzer in die Aktion ein, unter deren Schutz die Übriggebliebenen der 2. Kompanie die „siegreiche" Wende herbeiführen sollen. Aber auch die haben nicht allzu großes Glück. Der erste Panzer fängt Feuer durch die Explosion einer unserer Brandflaschen, die restlichen nähern sich unseren Stellungen nicht. Das Schicksal der im „Kessel" Miła-Zamenhof-Straße eingeschlossenen Deutschen ist besiegelt. Nicht einer ist lebend entkommen. [...]

Gleichzeitig dauert ein anderer Kampf an der Kreuzung Nalewki-Gęsia-Straße fort. Zwei Kampfgruppen lassen hier die Deutschen nicht auf das Gelände des Gettos. Der Kampf währt über sieben Stunden. Die Deutschen bauen sich Barrikaden aus zusammengesuchten Matratzen, dennoch müssen sie sich unter dem dichten Beschuß der Kämpfer ein paarmal zurückziehen. Die Straße schwimmt im Blut. Alle Augenblicke fahren deutsche Ambulanzen ihre Verwundeten zum Sammelpunkt auf dem kleinen Platz vor der Gemeinde. Dort liegen sie in einer Reihe nebeneinander auf dem Gehweg und warten auf ihren Abtransport ins Krankenhaus. Ecke Gęsia-Straße befindet sich ein deutscher Beobachtungspunkt für die Luftwaffe, der den unaufhörlich über dem Getto kreisenden

Flugzeugen signalisiert, an welcher Stelle sich Kämpfer befinden und wo bombardiert werden soll. Aber weder vom Boden aus noch aus der Luft lassen sich die Kämpfer besiegen. Der Kampf an der Ecke Gęsia-Nalewki endet mit einem völligen Rückzug der Deutschen.

Zur selben Zeit wird auf dem Muranowski-Platz verbissen gekämpft. Hier greifen die Deutschen von allen Seiten an. Die umzingelten Kämpfer wehren sich erbittert, und mit übermenschlicher Anstrengung schlagen sie die Angriffe ab. Zwei MGs und viele andere Waffen werden erobert. Ein Panzer wird vernichtet – der zweite an diesem Tag.

Um zwei Uhr Nachmittag befindet sich auf dem Gettogelände nicht ein einziger Deutscher mehr. Der erste komplette Sieg der ŻOB über die Deutschen! Der restliche Tag geht in „völliger Ruhe" vorbei, das heißt, es dauert nur der Artilleriebeschuß an (die Artillerie ist auf dem Krasiński-Platz postiert) sowie die zeitweilige Bombardierung aus der Luft.

Am anderen Tag bis zwei Uhr nachmittags – Stille. Erst jetzt rücken die Deutschen in geschlossener Formation zum Tor der Bürstenmacher vor. Sie wissen nicht, daß in diesem Moment ein Beobachter einen Kontaktstöpsel zur Hand nimmt. Der deutsche Werkschutz geht ans Tor und will es öffnen. Genau in dieser Minute wird der Kontakt hergestellt. Unter den Füßen der SS-Männer explodiert eine Mine, die schon lange auf sie gewartet hatte. Mehr als hundert SS-Männer kommen bei der Explosion ums Leben; der Rest zieht sich, unter den Schüssen unserer Kämpfer, zurück. Erst nach zwei Stunden versuchen die Deutschen von neuem ihr Glück. Jetzt versuchen sie schon ganz anders, vorsichtig, einer hinter dem anderen in Gefechtsordnung, auf das Gelände der Bürstenfabrik vorzudringen. Aber hier erleben sie zum zweiten Mal einen entsprechenden Empfang durch eine Kampfgruppe. Von den dreißig Deutschen, die auf das Gelände gelangt waren, entkommt kaum ein Dutzend. Die anderen fallen Granaten und Benzinflaschen zum Opfer. Und wieder ziehen sich die Deutschen aus dem Getto zurück. Wieder feiern die Kämpfer einen kompletten Sieg.

Die Deutschen geben jedoch nicht auf und versuchen, von anderen Seiten auf das Terrain zu gelangen. Überall stoßen sie auf entschlossenen Widerstand. Es kämpft jedes Haus.

Auf einem der Böden sind wir plötzlich eingeschlossen. Ganz dicht neben uns, auf demselben Boden, sind Deutsche. Keine Möglichkeit, zur Treppe zu gelangen. Wir sehen uns gegenseitig nicht in den dunklen Ecken. Wir sehen nicht, daß Sewek Duński und Junghajzer über die Treppe auf den Dachboden gekrochen kommen, daß die Deutschen aus dem Hinterhalt eine Granate werfen. Wir bemerken nicht einmal, wie sich Michał Klepfisz der hinter dem Schornstein hervorfeuernden Maschinenpistole entgegenwirft. Wir sehen nur, daß der Weg frei ist. Als wir nach Stunden (die Deutschen waren inzwischen zurückgeschlagen) seinen Körper finden, ist er wie ein Sieb durchlöchert von zwei Serien aus der Maschinenpistole. [...]

Im vierten Stock steht an einem kleinen Fensterchen der alte Haudegen Diament. Er hat einen langen Karabiner noch aus dem russisch-japanischen Krieg. Diament ist phlegmatisch; er bewegt sich gemächlich. Die Jungen in seiner Nähe werden ungeduldig, drängen ihn. Aber Diament bleibt ungerührt: er zielt auf den Bauch und trifft in die Brust. Jeder Schuß ein Deutscher.

Im zweiten Stock steht Dworka im Fenster. Eifrig schießt sie. Die Deutschen bemerken sie: *„Schau Hans, eine Frau schießt."* Sie versuchen sie zu treffen, aber die Kugeln verfehlen sie. Dafür hatte sie ihnen offenbar tüchtig die Hölle heiß gemacht; denn merkwürdig rasch ziehen sie sich zurück.

Im ersten Stock stehen im Treppenhaus Szlamek Szuster und Kazik; sie werfen eine Granate nach der anderen. Bald sind keine mehr da, aber auf dem Hof treiben sich noch zwei Deutsche herum. Szlamek greift eine Brandflasche und trifft genau den Helm eines Deutschen, daß der sogleich in Flammen steht und unter schrecklichen Qualen umkommt.

Die Haltung der Kämpfer ist so entschlossen, daß die Deutschen schließlich gezwungen sind, darauf zu verzichten, sie mit Waffengewalt niederzuschlagen. Sie finden eine neue, scheinbar unfehlbare Methode: sie stecken das Gelände der Bürstenmacher von allen Ecken in Brand. Kurz darauf steht der ganze Block in Flammen, schwarzer Rauch benimmt den Atem, beißt in den Augen. Die Kämpfer haben nicht vor, bei lebendigem Leibe zu verbrennen. Wir setzen alles auf eine Karte und beschließen, uns um jeden Preis zum Zentralgetto durchzuschlagen.

Unterwegs züngelt das Feuer nach der Kleidung; sie beginnt zu schwelen. Der Asphalt unter den Füßen zerschmilzt zu einer schwarzen, klebrigen Masse. Die überall verstreuten Glasstücke verwandeln sich zu zähflüssigem Brei, in dem die Schuhe steckenbleiben. Das glühendheiße Straßenpflaster sengt die Schuhsohlen an. Einer nach dem anderen kämpfen wir uns durch die Flammen. Von Haus zu Haus, von Hof zu Hof. Keine Luft mehr zum Atmen, im Kopf pochen hundert Hämmer. Brennende Balken stürzen herab. Endlich sind wir aus der Feuerzone heraus. Was für ein Glück, auf einer Stelle zu stehen, wo es nicht brennt!

Noch steht uns das Schwerste bevor. Ins Zentralgetto kann man allein durch einen schmalen Mauerdurchbruch gelangen, der von drei Seiten mit Gendarmerie, Ukrainern und Blauer Polizei umstellt ist. Den Zweimeterdurchgang bewachen zwölf Personen. Fünf Kampfgruppen haben sich hier durchzuschlagen. Eine nach der anderen, die Schuhe mit Lumpen umwickelt, um die Schritte zu dämpfen, im Kugelhagel, die Nerven aufs äußerste gespannt, kämpfen sich die Gruppen von Gutman, Berliński und Grynbaum durch. Geschafft. Die Gruppe von Jurek Błones gibt Deckung. In dem Moment, da die ersten dieser Gruppe auf die Straße hinausgelangen, beleuchten die Deutschen die Stelle. Es scheint, daß keiner mehr durchkommt. Romanowicz löscht mit einem Schuß den Scheinwerfer. Bevor sich die Deutschen orientieren können, sind wir alle auf der anderen Seite.

Hier vereinigen wir uns mit den anderen Kampfgruppen. Sich auf diesem Gelände zu bewegen, ist ebenfalls fast unmöglich. Riesige Brände schließen häufig ganze Straßenzüge ein. Ein Flammenmeer schlägt über Häusern, Höfen zusammen. Prasselnd brennen Holzdächer, bröckelt Mauerwerk. Keine Luft, nur schwarzer, beißender Rauch und verfluchte, sengende Glut. Glut, die uns von den entflammten Mauern, den roterhitzten Treppen entgegenschlägt.

Was die Deutschen nicht ausrichten konnten, tut jetzt das allmächtige Feuer. Tausende von Menschen kommen in den Flammen um. Der Gestank brennender Leiber würgt in der Kehle. Auf den Balkonen, Fensterbrettern, auf unversehrten Steinstufen liegen verkohlte Leichen. Das Feuer treibt die Menschen aus ihren Verstecken, zwingt sie, aus ihren lange vorbereiteten, sicheren Boden- und Kellerverstecken zu fliehen. Tausende irren auf den Höfen herum, sich jede Sekunde einer Razzia, der Gefangennahme oder des unmittelbaren Todes von deutscher Hand aussetzend. Zu Tode erschöpft, schlafen sie in Haustoren ein – stehend, liegend, sitzend, und so im Schlaf trifft sie die sichere Kugel eines Deutschen. Niemand nimmt mehr wahr, daß der in der Tür liegende Greis nie mehr erwachen wird, daß die einen Säugling nährende Mutter seit drei Tagen ein kalter Leichnam ist und das Kind vergeblich in diesen toten Armen schreit und vergeblich an der toten Brust saugt. Hunderte setzen ihrem Leben ein Ende, indem sie aus dem dritten oder vierten Stock springen. Die Mütter retten auf diese Weise ihre Kinder vor dem Flammentod. Die polnische Bevölkerung sieht es von der Świętojerska-Straße und vom Krasiński-Platz aus. [...]

Als mit dem fünften Tag der Aktion der Termin für eine freiwillige Abfahrt verflossen ist und die Deutschen darangehen, diese Gelände zu „pazifizieren", stoßen sie auf entschlossenen Widerstand.

Leider können die vorbereiteten Minen nicht eingesetzt werden, weil es im ganzen Getto keinen Strom mehr gibt. Es kommt trotzdem zu schweren Auseinandersetzungen. Die in den Häusern verbarrikadierten Kämpfer lassen die Deutschen nicht in ihr Gebiet. Auch hier kämpft jedes Haus. Besonders heftig sind die Kämpfe in den Häusern: Nowolipki 41, Nowolipie 64, Nowolipie 67, Leszno 72, Leszno 56.

In der Leszno-Str. 56 wird Jurek auf seinem Wachposten überrascht. Eine Gruppe SS-Männer umzingelt ihn. Sie werfen eine Handgranate nach ihm. Leicht fängt Jurek die Granate in der Luft und wirft sie, bevor sie explodieren kann, zurück. Vier Mann fallen. [...] Auch hier retten die Deutschen ihre Soldatenehre, indem sie ein Haus nach dem anderen in Brand stecken.

Angesichts der so veränderten Bedingungen wechselt die ŻOB ihre Taktik. Sie versucht größere Ansammlungen in Bunkern versteckter Menschen vor den Deutschen zu schützen. So führen zum Beispiel zwei Abteilungen der ŻOB (die von Hochberg und Berek) am hellichten Tage ein paar hundert Personen aus einem verschütteten Bunker an der Miła-Str. 37 in die Miła 7. Diese Stellung, wo sich einige tausend Personen verstecken, läßt sich über eine Woche halten. Unterdessen geht die Feuersbrunst im Getto ihrem Ende zu. Es gibt absolut keine Unterkünfte mehr und, was schlimmer ist, kein Wasser. Gemeinsam mit der Zivilbevölkerung gehen die Kämpfer in die Bunker. Dort werden sie weiterhin verteidigen, was sich noch verteidigen läßt.

Der Kommandant der Jüdischen Kampforganisation, Mordechaj Anielewicz, schreibt in einem an seinen Stellvertreter auf der polnischen Seite der Mauern, Icchok Cukierman („Antek"), gerichteten Brief aus dem Getto:

„Ich bin außerstande, Dir zu schildern, unter welchen Bedingungen die Juden jetzt leben. Nur einzelne werden durchhalten, der Rest geht früher oder später zugrunde. Das Schicksal ist besiegelt; fast in allen Bunkern, in denen sich unsere Genossen befinden, konnte man diese Nacht aus Luftmangel keine Kerze anzünden. [...] Bleib gesund, mein Lieber! Vielleicht sehen wir uns noch einmal wieder. Der größte Traum meines Lebens hat sich erfüllt. Ich habe die jüdische Selbstverteidigung im Warschauer Getto in ihrer ganzen Herrlichkeit und Größe gesehen."

Kämpfe und Gefechte finden jetzt überwiegend nachts statt. Am Tag ist das Getto völlig ausgestorben. Erst in den gänzlich dunklen Straßen treffen Patrouillen der ŻOB mit deutschen Patrouillen zusammen. Wem als erster zu schießen gelingt, der hat gewonnen. Unsere Patrouillen durchkämmen unser ganzes Getto. Jede Nacht bringt viele Tote auf beiden Seiten. Deutsche und Ukrainer patrouillieren nur in größeren Gruppen. Häufig stellen sie Fallen. [...]

Die Deutschen bemühen sich jetzt, mit Abhörgeräten und Polizeihunden die Bunker aufzuspüren, wo sich die Juden verstecken. So entdecken sie am 3. Mai den Bunker in der Franciszkańska 30, wo sich die Operationsbasis unserer Kampfgruppen befindet, die sich vom Gelände der Bürstenfabrik hierher durchgeschlagen haben. Die Kämpfer liefern den Deutschen eines der technisch schönsten Gefechte. Es dauert zwei Tage, und fünfzig Prozent unserer Leute finden dabei den Tod. Von einer Granate wird Berek getötet. In den schwersten Augenblicken, wenn alles schon verloren scheint, gibt uns Abrasza Mut. Er selber kämpft nicht, aber seine Anwesenheit bedeutet uns mehr und gibt uns mehr Kraft als der Besitz der besten Waffe. Schwer von Sieg zu sprechen, wenn man um sein Leben kämpft und wenn man so viele Leute verliert, aber eins können wir von dieser Schlacht sagen: daß wir den Deutschen nicht erlaubt haben, ihren Plan durchzuführen. Sie haben keinen lebend gefaßt.

Am 8. Mai wird von deutschen und ukrainischen Abteilungen das Hauptkommando der ŻOB eingeschlossen. Zwei Stunden dauert der verbissene Kampf. Als sie sehen, daß sie den Bunker nicht im Kampf erobern können, werfen sie eine Gasbombe hinein. Wer nicht von den deutschen Kugeln fällt, wer nicht mit Gas vergiftet wird, der begeht Selbstmord. [...]

Auf diese Weise sterben achtzig Prozent der übriggebliebenen Kämpfer, unter ihnen der Kommandant der ŻOB, Mordechaj Anielewicz. Die wie durch ein Wunder Geretteten schließen sich in der Nacht den Überlebenden der anderen Abteilungen an.

Gerade in dieser Nacht treffen von der „arischen" Seite zwei unserer Verbindungsleute (S. Ratajzer – „Kazik" – und Franek) ein.

Vor zehn Tagen hatte das Kommando der ŻOB Kazik und Zygmunt Frydrych zu unserem damaligen Vertreter auf der „arischen" Seite, Icchok Cukierman, geschickt, um den Rückzug durch die Kanäle zu organisieren.

Leider, es ist bereits zu spät. Die ŻOB existiert fast nicht mehr, und selbst die wenigen Geretteten konnte man nicht mit einemmal aus dem Getto herausschleusen. Der Weg durch die Kanäle dauert die ganze Nacht. Immer wieder stoßen wir auf Verhaue, die die Deutschen vorsorglich angebracht haben. Die Einstiege sind zugeschüttet. In den Durchgängen hängen Granaten, die bei Berührung sofort explodieren. Von Zeit zu Zeit schicken die Deutschen Giftgas hinunter. Unter solchen Bedingungen warten wir in einem siebzig Zentimeter hohen Kanal, wo man sich nicht aufrichten kann und das Wasser bis an den Mund reicht, achtundvierzig Stunden. Alle Augenblicke wird jemand ohnmächtig. Am quälendsten ist der Durst. Einige trinken das schlammige Kanalwasser. Sekunden dauern Monate.

Am 10. Mai um zehn Uhr morgens fahren bei der Einstiegsluke in der Prosta-Straße Ecke Twarda zwei Lastwagen vor. Am hellichten Tag öffnet sich der Gullydeckel, und vor den Augen einer verblüfften Menge kriechen aus der schwarzen Höhle, einer nach dem anderen, Juden mit einer Waffe in der Hand heraus (in der damaligen Zeit war der Anblick eines Juden allein schon eine Sensation). Nicht allen gelang es, herauszukommen. Schwer und dröhnend schlug der Deckel zu, und die Lastwagen fuhren mit Vollgas davon.

Im Getto blieben zwei Kampfgruppen zurück. Bis Mitte Juni hielten wir Kontakt. Danach ging jede Spur verloren.

Die Niederschlagung des Jüdischen Aufstandes steht kurz bevor. Das Getto brennt. In einem bombardierten Haus, in dessen oberen Stockwerken noch geschossen wird, schreibt Josel Rakower angesichts des unbarmherzig näherrückenden Todes sein „Testament".

Rakower ist der letzte seiner Familie. Seine Frau und die fünf Kinder haben deutsche Kugeln und Bajonette getötet. Nur den dreizehnjährigen Jakob hat gnädig die Schwindsucht dahingerafft.

Josel Rakower rechtet mit Gott. Josel Rakower zitiert seinen Gott vor die Schranken des Gerichts.

Einen „Hiob des 20. Jahrhunderts" hat ihn der Dichter Roman Brandstaetter genannt.

Hier der Schluß des Großen Bekenntnisses, das Roman Brandstaetter nach dem Maße biblischer Strophen rhythmisch gestaltet hat.

Josel Rakower rechtet mit Gott

Sei gepriesen, Herr,
daß Du mich zu einem Sohne Israels gemacht hast –
einem Sohne des unglückseligsten
aller Völker der Erde.

Ich glaube an Dich –
Gott Abrahams, Isaaks und Jakobs –
obwohl Du alles getan hast,
damit ich nicht an Dich glaube.

Ich glaube an Dein Gesetz,
obwohl Deine Taten
aller Gerechtigkeit bar sind.

Sag, Herr,
was willst Du noch gegen uns tun,
bevor Du Dein Antlitz
uns wieder zukehrst?

Dürfen es nicht wissen –
die Gequälten
   Erniedrigten
   lebendig Begrabenen
  Geschändeten
  Verbrannten
  Bespienen –
wie lange Dein Zorn währt?

Herr, Herr!
Bist Du unser Gott?
Bist Du der Gott der Mörder?

Herr, in den Bitternissen meiner Seele
kann ich nicht das Böse rühmen,
das Du Deinem Volke antust.
Doch ich rühme Deine
fürchterliche Größe,
die entsetzlich ist, machtvoll und unbeirrt.
Denn das Leiden,
das Du uns auferlegt,
hat Dich nicht verringert
noch ins Wanken gebracht.

Herr, ich kam auf die Welt,
um an Dich zu glauben
und Deine Gebote zu halten
und Deinen Namen zu ehren –
Du aber hast alles getan,
damit ich nicht an Dich glaube.

Doch Du bringst mich nicht von meinem Wege ab,
o Du mein Gott,
Gott meiner Väter!
Nie und nimmer soll Dir das gelingen!
Du nahmst mir die Frau
und die Kinder
und das Haus

und die Habe –
Du machtest mich zum Fetzen Fleisch,
unter tolle Hunde geworfen,
Du brandmarktest mich mit dem Mal der Schande.
Aber ich höre nicht auf, an Dich zu glauben,
und ich werde Dich lieben
Dir selber zum Trotz,
Deinem Willen zum Trotz –
GOTT,
der Du alles getan hast,
damit ich an Dir zweifle.
SCHEMA ISRAEL, ADONAJ ELOHENU,
ADONAJ ECHAD!

Schema Israel – (hebr. Sch'ma Jisrael = Höre Israel) Das mit diesen
Worten eingeleitete Gebet (5. Mose 6, 4–9) ist das Bekenntnis der Ju-
den zum Monotheismus. Es wird täglich im Morgen- und Abendgottes-
dienst gesprochen und ist das letzte, was der fromme Jude in seiner
Todesstunde sagt oder hört. In ihm spricht sich der Glaube aus, der
das Judentum jahrtausendelang aufrechterhalten hat, der es zu einer
Einheit zusammenführte und der ihm in den Zeiten des Leidens und
Duldens ein Trost gewesen ist.

Am 12. Mai 1943 beging in London Szmul Zygielbojm, geboren 1895 in
Borowica, verheiratet, drei Kinder, Selbstmord, um gegen das Schweigen und die Passivität der Welt gegenüber den Naziverbrechen in Polen zu protestieren – Szmul Zygielbojm, Funktionär des „Bundes",
ehemaliger Abgeordneter der Hauptstadt Warschau, Mitglied des Na-
tionalrates in der Emigration. In dieser Zeit ging der hoffnungslose
Kampf im Warschauer Getto schon seinem Ende entgegen. Die Botschaft an die jüdischen Führer in der Welt, die ihm durch den Kurier
der Heimatarmee Karski von den Funktionären der jüdischen Unter-
grundbewegung überreicht wurde, faßte er zutiefst persönlich auf.
Nach mehrmonatigen, vergeblichen Bemühungen, die Großmächte zu
sofortigem Handeln zu bewegen, zog er aus seinem Unvermögen, den
Verbrechen entgegenzuwirken, die endgültige Konsequenz. Sein letzter
Brief vom 11. Mai 1943, adressiert an den Präsidenten Władysław
Raczkiewicz und an den Vorsitzenden des Ministerrats General Władysław Sikorski ist eines der tragischsten Testamente unserer Zeit.

Auflehnung

Ich erlaube mir, meine letzten Worte an Sie zu richten und über
Sie an die polnische Regierung und das polnische Volk, an die Regierungen und Völker aller Bündnisstaaten und an das Gewissen
der Welt. Aus den letzten, aus Polen erhaltenen Nachrichten geht
hervor, daß die Deutschen jetzt mit schrecklicher Grausamkeit die
Reste der dort übriggebliebenen Juden vernichten.
Innerhalb der Gettomauern spielt sich gegenwärtig der letzte Akt
einer Tragödie ab, wie sie die Geschichte noch nicht verzeichnet
hat. Die Verantwortung für das Verbrechen der Ermordung der
gesamten jüdischen Bevölkerung in Polen tragen in erster Linie
die Mörder selbst, indirekt aber lastet sie auch auf der gesamten
Menschheit, auf den Völkern und Regierungen der verbündeten
Staaten, die sich bisher nicht bemüht haben, konkrete Aktionen zur

Einstellung dieses Verbrechens durchzuführen. Indem sie passiv der Ermordung von Millionen wehrloser, zu Tode gequälter Kinder, Frauen und Männer zugesehen haben, sind diese Länder zu Helfershelfern der Verbrecher geworden.

Ich möchte auch erklären, daß die polnische Regierung, obwohl sie in großem Maße dazu beigetragen hat, einen Einfluß auf die Öffentlichkeit zu gewinnen, nicht genügend getan hat, was dem Ausmaß des sich gegenwärtig in Polen abspielenden Dramas entspräche. Von den ca. 3 500 000 polnischen und den 700 000 aus anderen Ländern nach Polen deportierten Juden lebten im April 1943 [...] nur noch 300 000. Und die Ausrottung geht weiter.

Ich kann nicht ruhig bleiben. Ich kann nicht leben, während die Reste des jüdischen Volkes in Polen, dessen Vertreter ich bin, liquidiert werden. Meine Kameraden im Warschauer Getto sind mit der Waffe in der Hand im letzten heldenhaften Kampf gefallen. Es war mir nicht beschieden, so wie sie, zusammen mit ihnen zu sterben. Aber ich gehöre zu ihnen und zu ihren Massengräbern.

Durch meinen Tod möchte ich schärfsten Protest gegen die Passivität zum Ausdruck bringen, mit der die Welt der Ausrottung des jüdischen Volkes zusieht und sie duldet. Ich weiß, daß ein Menschenleben in unserer Zeit wenig bedeutet; da ich jedoch zu Lebzeiten nichts tun konnte, trage ich vielleicht durch meinen Tod dazu bei, daß die Gleichgültigkeit derjenigen gebrochen wird, die die Möglichkeit haben, vielleicht im letzten Augenblick die noch am Leben gebliebenen polnischen Juden zu retten.

Mein Leben gehört dem jüdischen Volk in Polen, und deshalb opfere ich es ihm. Es ist mein Wunsch, daß die Reste, die von den Millionen polnischer Juden übriggeblieben sind, zusammen mit der polnischen Bevölkerung die Befreiung in einer Welt der Freiheit und der sozialistischen Gerechtigkeit erleben werden. Ich glaube daran, daß ein solches Polen entsteht und daß eine solche Welt kommt.

Ich bin sicher, daß Sie, Herr Präsident, und Sie, Herr Premier, meine Worte allen denjenigen übermitteln, an die sie gerichtet sind, und daß die polnische Regierung sofort eine entsprechende Aktion auf diplomatischem Gebiet zugunsten derer unternimmt, die noch leben. Ich richte mein „Bleibt gesund" an alle und alles, was mir teuer ist und was ich geliebt habe.

Von den ca. 3 500 000 polnischen ... Juden – Die Zahlenangaben sind ungenau. Sie stützen sich auf geschätzte Zahlen, die aus Polen einliefen.

Am 16. Mai 1943 benachrichtigte General Stroop in einem Telegramm General Krüger in Krakau:

„Das ehemalige jüdische Wohnviertel Warschaus besteht nicht mehr. Mit der Sprengung der Warschauer Synagoge wurde die Großaktion um 20.15 Uhr beendet ... Gesamtzahl der erfaßten und nachweislich vernichteten Juden beträgt insgesamt 56 065."

HELENA BOGUSZEWSKA

Juden fahren Roller

Falls einmal jemand auf einer der toten oder belebten Straßen Warschaus das unausstehliche Quietschen eines Rollers hört, der über den Gehsteig jagt – möge er sich nicht die Ohren zuhalten, sich nicht aufregen, nicht schimpfen. Vielleicht ist das Persönchen, das da so geräuschvoll seines Weges zieht, Icek Goldman, der, nachdem er viele Male alle Schrecknisse der Erde durchgestanden hatte, auf einem Roller ein solches Glück erfuhr, daß er entschlossen war, mit ihm geradewegs in den Tod zu rollern. Ist das zu glauben?

Icek Goldman ist jetzt vierzehn, aber er sieht viel jünger aus, so klein und schmächtig ist er. Als „das" begann, muß er ein gewöhnlicher kleiner Junge gewesen sein. Und „das" begann für Icek sofort, als die Deutschen im September 1939 in Warschau einmarschierten. Schon gleich am ersten Tag holten sie den Vater zur Arbeit, zwangen ihn, von sechs Uhr morgens bis zehn Uhr abends zu arbeiten, schlugen ihn, und die ganze Familie lebte damals in Angst und Schrecken und hatte nichts zu essen. So schreibt Icek in seinen Aufzeichnungen oder Bekenntnissen, wie man jetzt manchmal sagt. Er schreibt mit orthographischen Fehlern, aber seine Angaben sind fehlerlos. Er schreibt kurz, sachlich, konkret, ja sogar nüchtern, ohne eine Spur von Pathos, ohne eine Spur von Selbstmitleid, auch wenn man meinen möchte, daß es da genug zum Bemitleiden gäbe.

Das einzige, was sich Icek erlaubt, ist, daß er einige Schilderungen mit „leider" beginnt, andere dagegen mit „zum Glück". Darin kommt sein Verhältnis zu bestimmten Fakten zum Ausdruck – eine objektive Klassifizierung und Beurteilung.

Ich lese:

„Leider hielten mich in einem Laden in der Marszałkowska-Straße zwei Gendarmen fest, die mir drohten, daß sie mich erschießen, weil ich ein Jude bin, aber sie brachten mich bloß aufs XI. Kommissariat Poznańska-Str. 13. Ich hab achtundvierzig Stunden gesessen, danach haben sie mich rausgelassen und mir befohlen, ins Getto zurückzukehren. Unterwegs sammelte ich noch 'n bissel Brot ein und drei Złoty und kehrte ins Getto zurück. Nach ein paar Tagen ging ich wieder raus aus dem Getto und ging zur Halle in der Koszykowa. Dort schnappte mich leider wieder ein SS-Offizier, der mich zum XI. Kommissariat in der Poznańska-Straße abführte. Dort wurde ich von ihm furchbar mit einem Knüppel über den Kopf gehauen, danach befahl er einem polnischen Polizisten, mich zu einem deutschen Gendarmerieposten zu bringen, damit sie mich dort erschießen."

Freilich deckten sich alle diese „leider" mit „zum Glück". Sie müssen sich gedeckt haben, sonst würde Icek nicht mehr existieren und seine „Bekenntnisse" schreiben.

Also:

„Zu meinem Glück stand vor dem Eingang zum Getto ein guter Gendarm Posten, der gab mir nur ein paar über den Kopf und befahl mir, ins Getto zu türmen. Als ich zu Hause ankam, erfuhr ich, daß mein Bruder seit drei Tagen auf dem Kommissariat sitzt wegen Verlassens des Gettos und nicht nach Hause kommen kann, weil er erfrorene Füße hat. Da bin ich mit einer Riksha aufs Kommissariat gefahren und hab meinen Bruder nach Hause gebracht. Er mußte ein paar Wochen im Bett bleiben, um sich zu kurieren. Danach ist mein Bruder wieder mit mir auf die arische Seite Brot besorgen gegangen."

So überstürzten sich „leider" und „zum Glück" wie bei einem dubiosen Spiel „um Tod und Leben", das sich über einen Zeitraum von fast zwei Jahren hinzog, eine unerhört lange Zeit für den kurzen Lebenslauf Icek Goldmans. Denn fast zwei Jahre saßen alle hinter den Mauern des Warschauer Gettos. Die ganze Familie: Vater, Mutter, der mittlere Bruder und Icek und die Schwester und das jüngste Brüderchen Leon, alle mit Ausnahme des ältesten Bruders, der „zum Glück" nach Rußland geflohen war, von wo er ein Päckchen schickte, das die Mutter „leider" verkaufen mußte, um Geld zum Handeln zu haben.

Aber ein Handel im Getto konnte keine ganze Familie ernähren; man mußte auf die „arische Seite" hinüber, durch eine Mauer kriechen, die mit SS und Ukrainern und Letten umstellt war. Nicht nur kriechen, sondern auch Kartoffeln und Brot und Sacharin durchschmuggeln. Also ist es so: Die Deutschen, Ukrainer und

---

mit schlechtem Aussehen – Gemeint sind hier semitische Gesichtszüge oder andere „Merkmale" (verängstigtes Wesen z. B., Zeichen von Hunger oder besondere „Gettokrankheiten"), die „Volksdeutsche" und andere judenfeindliche Gruppen mobilisierten. Wie irrig solche „Merkmale" waren, macht die große Zahl von Polen deutlich, die während der Okkupationszeit als Juden aufgegriffen und zum Teil verhaftet oder getötet wurden.

Letten bewachen die Mauer und schießen. SS-Männer und Volksdeutsche ergreifen einen kleinen Jungen mit schlechtem Aussehen. Gute Leute helfen ihm, sich zu verstecken, böse zeigen ihn nicht selten persönlich an.

Hier erst ereignen sich so richtig „leider" und „zum Glück", hier erst müssen sie sich ständig im Gleichgewicht halten, damit so ein Icek Goldman und sein mittlerer Bruder und das jüngste Brüderchen Leon nicht nur leben können, was schon eine große Kunst war, sondern noch die Eltern im Getto unterhalten können.

Icek Goldman sieht darin nichts Außergewöhnliches, er schreibt darüber sehr schlicht, ja beinah flüchtig:

„So lebten wir bis zum 22. Juli 1942, das heißt bis zu dem Tag, wo die Deutschen damit anfingen, die Juden nach Treblinka in den Tod zu verschleppen."

Alle drei Brüder waren damals auf der „arischen" Seite, aber das jüngste Brüderchen ging ins Getto, um die Eltern „zu speisen". Icek Goldman und sein mittlerer Bruder haben Leon nie wiedergesehen. Keinen von der Familie haben sie mehr gesehen: Mutter nicht, Vater nicht, die Schwester nicht.

Icek schreibt kurz und bündig:

„Wir blieben allein zurück, von allen verlassen, und mußten uns unseren Unterhalt verdienen."

Icek läßt sich nicht auf Details ein. Das Gesamtbild ist folgendes: Auf der arischen Seite veranstalten die Deutschen mit der Blauen Polizei Treibjagden auf die Juden aus dem Getto. Im Getto transportieren sie die Leute ab, schlagen sie an Ort und Stelle tot, verbrennen sie in ihren Verstecken.

Icek Goldman und sein mittlerer Bruder laufen durch die Straßen auf der „arischen" Seite, kriechen durch die Mauer ins sterbende Getto, suchen sich in den verlassenen jüdischen Wohnungen Kleidung für den Winter, handeln, betteln, treffen auf gute Menschen, treffen auf schlechte Menschen, aber häufiger auf gute. „Leider" fallen sie in deutsche Hände, „zum Glück" entwinden sie sich diesen Händen, trennen sich, finden sich auf unbegreifliche Weise wieder in dieser Hölle, lavieren zwischen Leben und Tod. Bis der Tag kommt, da man nicht mehr ins Getto zurückkehren kann, weil das gesamte Getto niedergebrannt und leer ist und alle Juden abtransportiert und ermordet sind.

Sie sind jetzt zu dritt: Icek, sein mittlerer Bruder und der Sohn des netten Herrn Kohen aus der Miła-Str. 39. Herr Kohen hatte die Jungen unterstützt, bis man ihn zusammen mit seinem Sohn nach Lublin abtransportierte. Dem Sohn gelang es, in Otwock aus dem Zug zu springen. Mit einem durchschossenen Bein schleppte er sich bis nach Warschau, machte die kleinen Goldmans ausfindig, und die mußten sich nunmehr um ihn kümmern. Also waren es jetzt drei Jungen. Und wieder gaben ihnen gute Menschen zu essen und schlechte verrieten ihr Versteck im Dreszer-Park an der Odyniec-Straße in Mokotów. Polizei kam und nahm sie mit aufs Kommissariat in der Odolańska-Straße. „Zum Glück" entkam Icek. Aber der verwundete Sohn von Herrn Kohen konnte nicht fliehen, und der Polizist aus der Wiktorska-Str. 3 hielt nach Iceks Flucht seinen Bruder fest.

Und wieder ist Icek Goldman allein, diesmal völlig allein.

Ich lese:

„Ich war also allein auf der arischen Seite. Ich gehe über den Unia-Lubelska-Platz, da hält mich ein Volksdeutscher fest und schreit: ‚Jude! Ich bring dich zu den Deutschen!' und fängt an, laut nach der Polizei zu rufen, zu meinem Glück war keine Polizei in der Nähe, und da hab ich ihm ganz doll in die Hand gebissen und konnte so wegrennen. Er ist zwar noch ziemlich lange hinter mir her gewesen, aber zum Glück konnte er mich nicht kriegen. Der Volksdeutsche wohnt Chocimska-Str. 13, Vorderhaus, vierter Stock. In meinem Wanderleben hab ich auch 'ne Menge mitleidige Menschen getroffen, durch die ich mich am Leben halten konnte. So auch, als sie meinen Bruder mitgenommen haben und ich weinend im Garten stand. Da kam Frau D. zu mir, die mich beruhigte, mich mit in ihre Wohnung nahm, mir Frühstück gab und dreißig Złoty und gesagt hat, daß ich oft zu ihr kommen soll."

Bis ein paar Tage nach Ergreifung des Bruders Chaim auftaucht. Chaim ist zwölf und weiter nichts, genauso wie Icek – die ganze Familie ermordet. Sie beschließen zusammenzubleiben. Sie machten sich ein Versteck in der Czeczot-Straße und gingen vereint nach allen Seiten Ausschau haltend, ob keine Gefahr drohte, durch die Straßen. Es drohte mancherlei, aber die Leute waren gut, und Frau Ewa aus der Grójecka bestellte sie zum Mittagessen, gab ihnen anzuziehen, Geld, Proviant für eine ganze Woche. Aber am besten war es in der Rakowiecka-Straße, so gut, daß sie sich einen Roller kauften und ganze Tage mit Getöse darauf herumfuhren. Kann man sich das vorstellen? Nach der Liquidierung des Gettos, inmitten von Treibjagden und Razzien fuhren zwei kleine Juden, Icek und Chaim, von morgens bis spät abends Roller. So sah das wahre Glück aus.

Aber gleich notierte Icek weiter:

„Leider meldete einer aus der Pilicka-Straße, der da Nr. 23

Mokotów – Warschauer Stadtteil

wohnt, der Polizei, daß Juden Roller fahren und seine Ruhe stören, weshalb die Polizei kam, um uns zusammen mit dem Roller zu ergreifen. Zum Glück ging das so aus, daß die Polizei nur den Roller kriegte, da wir zum Glück wegrennen konnten. Zu unserer großen Freude konnten wir nächsten Tag unsern Roller von einem zurückkaufen, der ihn dem Polizisten abgekauft hatte. Und das wiederholte sich dreimal. Beim letzten Mal, als er uns den Roller wegnahm, konnten wir nur mit Mühe türmen, aber den Roller haben wir nicht wiedergekriegt."

In der Wiśniowa leuchteten ihnen im Dunkeln Polizisten mit der Taschenlampe ins Gesicht, in der Rakowiecka fingen die Jungs an, sie zu verprügeln, und einer rannte, um bei der Gendarmerie anzurufen. Ein Obsthändler stand ihnen bei, und Gendarmen umgaben das Haus in der Asfaltowa-Straße, und sie entkamen über den Hinterhof in der Opoczyńska-Straße. Im Kopf dreht sich's einem von dem allen. Wieder kamen schlimme Tage, ein verlorener Unterschlupf, Übernachtungen in Hausfluren. „Leider" und „zum Glück" folgten aufeinander wie Momentaufnahmen. Bis endlich in der Pilicka-Straße, in derselben Pilicka-Straße, wo einer den Anblick des Glücks nicht ertragen konnte, Icek Goldman gute Menschen fand und bei ihnen blieb. Icek Goldman war gerettet.

NOËMI SZAC-WAJNKRANC

„Bockade, snell runterpommen..."

Einmal fahre ich von Warschau nach Sławek. Ich bin wie immer
nervös, und wie durch ein Wunder finde ich in dem vorwiegend
mit Schmugglern überfüllten Abteil einen Platz. Gott sei Dank am
Fenster. Das hat den Vorzug, daß ich interessiert die nicht besonders interessante Landschaft betrachten kann und mein dem Fenster zugewandtes Gesicht schwerer zu beobachten ist. In dieser
Haltung fühle ich mich sicherer.
Auf dem Ostbahnhof quetscht sich eine Ordensfrau, eine Barmherzige Schwester, mit einem kleinen, etwa zweijährigen Mädchen auf dem Arm in den Wagen. Jemand macht ihr höflich Platz,
und die Ordensfrau setzt sich mir gegenüber. Ich bin sehr froh
über mein Visavis; es ist immer sicherer, eine Nonne als Gegenüber zu haben als eine Schmugglerin oder einen gerissenen Halbwüchsigen, der einen so frech mustert, daß einem das Herz ste-
henbleibt. (Vielleicht hat er dich erkannt?)
Mir fallen die sonderbar traurigen und irgendwie erschreckten
Augen des Kindes auf. Das Gesichtchen ist krankhaft bleich. Das
Mädchen sieht sich im Abteil um, rutscht auf den Knien der Schwe-
ster hin und her, quengelt; schließlich beginnt es zu weinen. Die
Umsitzenden versuchen die Kleine zu beruhigen, die Schwester
schaukelt es auf dem Arm, die Leute erkundigen sich:
„Eine Waise, Schwester?"
„Ja", antwortet die Barmherzige Schwester.
„Und warum sieht sie so mickrig aus?"
„Ach, sie ist krank gewesen, hatte Fieber. Aber jetzt geht's schon
wieder. Das geht schnell vorüber."
„Bestimmt war Not zu Hause."
„Ja, ja, Not..."
Ich schaue auf die weiße, warme Strickhose, die weißen Schuh-
chen und das schöne gelbe Wollmäntelchen, das Mützchen aus dem-
selben Material und wundere mich: Das Kind armer Eltern ist so
bestimmt nicht angezogen.
Die Kleine weint immer noch. Eine gutmütige alte Frau drückt ihr
ein ordentliches Butterbrot in die Hand. Vielleicht hat sie Hunger?
Aber auch das hilft nichts. Schließlich holt die Schwester aus ihrem

Korb eine bunte Klapper mit einem Glöckchen heraus. Das Kind hört auf zu weinen, nimmt die Klapper in die Hand und sagt ruhig:

„Bim-bim-bim-bim", schüttelt die Klapper und spricht weiter: „Bockade, runterpommen, Bockade runterpommen, alle snell, snell, Bockade ..."

Mich überläuft es eiskalt. Ein jüdisches Kind. Die tragische Melodie der Aussiedlungstage. Ich blicke mich um. Keiner hat etwas gemerkt. Aber verstehen kann es immerhin jemand.

Was tun? Wie dem Kind das Spiel verwehren? Der Schwester kann ich nichts sagen, vielleicht erschrickt sie. Schließlich weiß sie ja nicht, wer ich bin.

Ich weiß, daß einige Klöster kleine jüdische Kinder aufziehen. Leider bleiben auch Klöster von Denunziationen nicht verschont; viele der dort Verborgenen sind schon umgekommen.

„Sie sind müde, Schwester. Geben Sie mir das Kind ein Weilchen."

Ich nehme das Mädchen auf meinen Schoß. Ich erzähle ihm das Märchen von der Maus, die Grütze gekocht hat, und spiele mit ihm „Backe, backe Kuchen", um es von der Klapper abzulenken. Schließlich werfe ich in einem günstigen Augenblick das gefährliche Spielzeug aus dem Fenster, aus Angst, die Kleine könnte sich der tödlichen Worte erneut erinnern. Das Kind sitzt auf meinem Schoß. Ich küsse seine traurigen Augen, die schon Blut gesehen haben. Wieviel, mein Kleines, gäbe deine Mutter dafür, wenn sie dich so in den Armen halten könnte, wie ich dich jetzt halte. Sie hat dich in fremde Hände gegeben, dich auf deren Gnade und Ungnade, Güte oder Bosheit ausgeliefert. Alles war ihr recht, nur um dich zu retten vor dem sicheren Tod dort im Getto.

Noch einmal küsse ich das Kind und gebe es der Barmherzigen Schwester zurück.

JULIAN TUWIM

Der Dichter Julian Tuwim (1894–1953), einer der bedeutendsten polnischen Dichter des 20. Jahrhunderts und Mitbegründer der avant-
gardistischen Dichtergruppe „Skamander" – bei uns bekannt vor allem
durch sein im amerikanischen Exil entstandenes Poem „Polnische Blü-
ten", das in eindrucksvoller Sprache das ferne Polen besingt –, schrieb,
ebenfalls im Exil, seinen „Brief" („Wir – die polnischen Juden"), in dem
sich der aus einer progressiven, stark polonisierten jüdischen Familie
Stammende unter dem Eindruck der Nachrichten von der Vernichtung
der polnischen Juden und der Niederschlagung des verzweifelten Aufstandes im Warschauer Getto leidenschaftlich als Jude bekennt:
„Nehmt mich auf, Brüder, in diese ehrenvolle Gemeinschaft des unschuldig vergossenen Blutes. Zu dieser Kirche will ich von heute an
gehören. Dieser Rang – der Rang eines Juden Doloris Causa – möge
dem polnischen Dichter verliehen werden von dem Volk, das ihn hervorgebracht hat. Nicht um meiner Verdienste willen; denn die habe
ich nicht vor euch. Ich werde es als die höchste Auszeichnung für die
wenigen Gedichte betrachten, die mich vielleicht überdauern und somit auch meinen Namen leben lassen werden – den Namen eines polnischen Juden."
Ein solches Gedächtnis werde nur möglich sein in einem neuen Polen,
wo Faschismus und Antisemitismus ein für allemal überwunden sind,
besiegt für immer durch das Leiden und Sterben von Millionen polnischer Juden – ein Polen, an das Julian Tuwim leidenschaftlich geglaubt hat.
Im folgenden die Schlußpassage des ergreifenden Bekenntnisses.

Der Mutter in Polen oder
ihrem geliebten Schatten

Wir – die polnischen Juden ...

Wir – die ewig Lebenden, das heißt die, die in den Gettos und Lagern starben, und wir – die Gespenster, das heißt, die, die wir
über Meere und Ozeane in die Heimat zurückkehren und zwischen
den Ruinen umhergeistern werden mit unseren heilgebliebenen
Leibern und dem Gespenstischen scheinbar bewahrter Seelen.

287

Wir – die Wahrheit der Gräber, und wir – Wahnbild des Daseins; wir – die Millionen Toten sowie die Tausenden, vielleicht Zehntausenden nur scheinbar nicht Toten.

Wir – die unendlich tiefe Brudergruft, wir – Kirkut, wie ihn die Welt noch nicht sah.

Wir – die in den Gaskammern Erstickten und die in Seife Verwandelten, Seife, die weder die Spuren unseres Blutes noch das Schandmal der an uns begangenen Sünden abwäscht.

Wir, deren Gehirne an die Wände unserer elenden Wohnlöcher gespritzt sind und an die Mauern, an denen man uns in Massen erschoß, nur weil wir Juden waren.

Wir – Golgatha, wo ein undurchdringlicher Wald von Kreuzen emporwachsen könnte.

Wir, die wir vor zweitausend Jahren der Menschheit einen vom Imperium Romanum unschuldig gemordeten Menschen gaben, und es genügte dieser eine Tod, daß er Gott war ...
Welche Religion entsteht aus den Millionen Toden, Torturen, Erniedrigungen und in letzter Verzweiflung ausgereckten Armen?

Wir – Szlojmes, Sruls, Mośkas; parchy, bejlisy, gudłaje; wir, deren Namen und Schimpfnamen weit würdiger klingen als Achill, Bolesław Chrobry und Richard Löwenherz.

Kirkut – jüdischer Friedhof

parchy, bejlisy, gudłaje – speziell auf Juden angewendete Schimpfworte, parch (pl. parchy) = Krätze, Räude; gudłaj (ukrain.?) = vermutlich Weichselzopf, auch „Judenzopf" – beides häufige Folgeerscheinung bitterster Armut, in übertragenem Sinn als Bezeichnung von etwas besonders Widerlichem gebraucht; bejlisy bezieht sich auf einen Juden namens Bejlis, der Ende des 19. Jahrhunderts in Kiew wegen angeblichen Ritualmordes an einem Knaben (Mazzes mit dem Blut von Christenkindern zubereitet – uralter Vorwurf!) verurteilt wurde – eine Art „Dreyfus-Affäre"

Bolesław Chrobry – von 992 polnischer Herzog (966/967–1025). 1000 traf er sich in Gnieźno mit Kaiser Otto III. und erlangte die Bestätigung der Unabhängigkeit Polens. Seine zahlreichen Feldzüge – von 1002 bis 1018 gegen die Deutschen (Bolesław eroberte die Lausitz und Meißen, die ihm dann von Kaiser Friedrich II. als Lehen zugesprochen wurden), gegen Böhmen (mit einem Mißerfolg endend) und die Kiewer Rus (siegreich) – brachten ihm den Beinamen Chrobry, d. h. der Tapfere, ein. Kurz vor seinem Tode ließ er sich zum König krönen. Der Sohn Mieszko I. gilt als der eigentliche Begründer des polnischen Reiches.

Wir – wieder in Katakomben, in den Bunkern unter dem Straßenpflaster Warschaus, im Gestank der Abwässer watend zum Erstaunen unserer Kumpane, der Ratten.

Wir – mit dem Karabiner auf den Barrikaden, mitten in den Ruinen unserer aus der Luft bombardierten Behausungen; wir – die Soldaten der Freiheit und Ehre ...
„Jojne, idź na wojnę!" Er ging, meine sehr verehrten Damen und Herren, und fiel für Polen!

Wir, denen „Festung war jede Schwelle" eines jeden über uns zusammenstürzenden Hauses.

Wir – die polnischen Juden, in den Wäldern verwildernd, unsere verstörten Kinder mit Gras und Wurzeln nährend; wir – uns dahinschleppend, vorwärtskriechend, wir – stolz aufgerichtet, mit einer durch ein Wunder erlangten oder für eine gepfefferte Summe erflehten altmodischen Doppelflinte als einziger Waffe in der Hand: „Kennen Sie den Witz von dem Juden, der Wildhüter war? Nein? Einfach köstlich! Also, passen Sie auf. Da hat doch der Itzik 'nen Schuß abgefeuert und sich vor Angst gleich in die Hosen gemacht. Ha, ha!"

Wir – Hiob und Niobe.

Wir – in Sack und Asche um Hunderttausende unserer jüdischen Urszulkas.

Wir – abgrundtiefe Gruben voll zerschlagener, zerquetschter Knochen und verkrampfter, striemenbedeckter Leiber.
Wir – Schmerzensschrei! Schrei so gellend, daß ihn noch die fernsten Jahrhunderte vernehmen werden.

Wir – Lamento, Geheul, wir – Chor, der wehklagt im Totengesang: *El mole rachmim*. Sein Echo wird von Jahrhundert zu Jahrhundert hinüberschallen.

„Jojne, idź na wojnę!" – (poln.) „Jojne, zieh in den Krieg!" Verhöhnt wird hier die angebliche Feigheit und Kriegsuntüchtigkeit der Juden, ähnlich wie in dem folgenden „Witz".

„Festung war jede Schwelle" – Zitat aus dem Gedicht „Rota" („Die Rotte") von Maria Konopnicka

Urszulkas – Der berühmteste polnische Renaissancedichter Jan Kochanowski (1530–1584) beweint in ergreifenden Klagegesängen („treni") den frühen Tod seines Töchterchens Urszulka.

El mole rachmim – „Allbarmherziger Gott" – bei jüdischen Begräbnissen gesungen

Wir – der Geschichte großartigster Haufen blutigen Mistes, mit dem wir Polen gedüngt haben, damit denen, die uns überleben, das Brot besser schmeckt.

Wir – ein makabres Reservat, wir – die letzten der Mohikaner; Überlebende des Großen Gemetzels, die irgendein neuer Barnum durch die Welt kutschieren kann, auf grellbunten Plakaten ankündigend: „Ein unerhörtes Schauspiel! The biggest sensation of the world! Polnische Juden – lebendig und echt!"

Wir – Wachsfigurenkabinett, Schreckenskammer, Chambre des Tortures! „Personen mit schwachen Nerven bitten wir, den Saal zu verlassen!"

Wir – an den Flüssen überseeischer Länder sitzend und weinend wie einst an den Flüssen Babylons. Auf dem ganzen Erdenrund beweint Rahel ihre Kinder, aber die Toten sind fort. Am Hudsonfluß, an der Themse, an Euphrat, Ganges und Jordan irren wir umher in unserer Zerstreuung und rufen: „Weichsel! Weichsel! Weichsel! Leibliche Mutter! Graue Weichsel, nicht von der Morgenröte, sondern von Blut rosa gefärbt!"

Wir, die wir nicht einmal mehr die Gräber unserer Kinder und Mütter wiederfinden, übereinandergeschichtet, über das ganze Vaterland zerstreut, wie wir sind, in einer einzigen großen Bestattung. Kein Ort ist da, wo du deine Blumen niederlegen kannst. Streu sie aus wie ein Sämann das Korn, mit weitem Schwunge der Hand. Vielleicht triffst du durch Zufall die Stätte ...

Wir – die polnischen Juden ...

Wir – mit Blut und Tränen getränkte Legende. Wer weiß, ob man sie nicht in Bibelstrophen wird niederschreiben müssen, „mit eisernem Griffel und mit Blei auf ewig in den Felsen eingegraben" (Hiob 19, 24).

Wir – das apokalyptische Stadium der Geschichte.
Wir – die Klagelieder des Jeremia.

Hingestreckt auf den Straßen
liegen Knabe und Greis,
meine Jungfrauen und Jünglinge
sind durch das Schwert gefallen;
du hast sie gemordet
am Tag deines Zorns,
erbarmungslos sie geschlachtet.
                         (Klagelieder 2, 21)

Sie haben mein Leben
in der Grube vernichtet
und Steine auf mich geworfen.
Die Wasser gingen über mein Haupt,
ich dachte: Nun bin ich verloren.
Ich rief deinen Namen an, o Herr,
aus der Tiefe der Grube.

Du hast, o Herr,
meine Unbill gesehen;
hilf mir zu meinem Rechte!

Du wirst ihnen vergelten, o Herr,
nach dem Tun ihrer Hände,
du wirst ihre Herzen verblenden.
Dein Fluch treffe sie!
Du wirst sie verfolgen mit Grimm,
sie vertilgen unter deinem Himmel.

(Klagelieder 3, 53–55. 59. 64–66)

New York, April 1944

Neujahr

1945.

Wie wird das neue Jahr werden? In Gedanken steigen alle Neujahre meines Lebens auf. Voller Erwartung und Geheimnis: Wie wird es werden? Als ich noch ein kleines Mädchen war, weckten mich die Eltern um Mitternacht: „Hier, trink ein Schlückchen Wein, auf daß du gesund und zu unserem Trost heranwachsen mögest!"

Ich trank ein Schlückchen Süßwein und knabberte Johannisbrot, später bekam ich Schokoladentorte, wobei Papa jedesmal ausrief: „Iß nicht soviel, laß dir noch etwas für morgen", und Mama staunte: „Wieviel das Kind essen kann!", während Helena, mein Kindermädchen und meine Verbündete, meine Interessen verteidigte: „Es passiert ihr schon nichts, wenn sie sich einmal zur Nacht vollißt. Soll sie Süßes essen, dann wird ihr das Jahr süß werden." Und mit diesem Argument überzeugte sie meine Eltern.

Wenn die Eltern ausgegangen waren, klingelte pflichtschuldig um zwölf Uhr das Telefon. Als erster wünschte mir Papa ein gutes Jahr, dann übergab er Mama den Hörer. Helena hielt Süßwein, Johannisbrot und Schokoladentorte bereit. Wir hörten Radio, und ich schlummerte ein, den Mund voll Sahnecreme.

Die Jahre gingen dahin. Es kam für mich der erste Neujahrsball. Ich trug ein hellblaues Seidenkleid und rosa Blumen am Dekolleté. Ich trank Wein, tanzte, und als es zwölf schlug, erwartete ich bebenden Herzens das neue Jahr. Ach, Gott, mach, daß meine Wünsche sich erfüllen!

Wünsche, Träume, naiv und klein: daß ich das Abitur bestehe, daß die Eltern, Onkel und Tanten und Großmutter gesund bleiben und glücklich sind und daß ich gut lerne. Daß ich verreise, daß ich mich unsterblich verliebe und wiedergeliebt werde, daß ich in die Berge fahre, ans Meer ...

Ein Neujahr verbrachten Jurek und ich in den Bergen, das war unsere Hochzeitsreise. Wir kamen uns vor wie im Reich der Märchen und Wunder, und das Glück hielten wir fest in der Hand.

Neujahr 1939. Wir waren auf dem großen Ball in der „Adria", wo Licht und Farben schier die Augen blendeten. Wir saßen mit Freunden an einem Tischchen und tranken Champagner. Mitternacht. Wir küßten uns, wünschten uns, daß es keinen Krieg gäbe, daß alle gesund blieben, daß sie uns nicht verfolgten, daß Hitler krepierte. Später lief dann ich zum Telefon: „Mütterchen, ich wünsche dir alles Gute!" Es kommen Papa, Tante, Onkel ans Telefon. „Was macht ihr?" – „Wir amüsieren uns besser als ihr", ruft mein Onkelchen. „Und woher weißt du, wie wir uns amüsieren?" – „Ich weiß, daß man sich besser als wir gar nicht amüsieren kann. Dein Papa hat vor Lachen schon Tränen in den Augen."

Die Neujahre im Getto. Wir begingen sie kaum; sie hörten auf, unsere Neujahre zu sein.

Neujahr in Sławek. Ala hatte Mürbekuchen gebacken, eine Flasche selbstgemachten Wein aus dem Versteck geholt, wir saßen um den Tisch: Ala, Cybulski, Jurek und ich – Gerta ist schon in Warschau, Erik schläft. Mitternacht. Aus der Spieluhr die Mazurka, zwölf Schläge. Vor jedem von uns Kerzen und kleine Zettelchen mit Wünschen – drei Wünsche dürfen es sein. Bei den Klängen der Mazurka aus der Spieluhr verbrennen wir die Zettelchen und wünschen uns, daß alles in Erfüllung gehe. Auf meinem Zettel hatte ich geschrieben: 1. daß alle meine Lieben das nächste Jahr erleben, 2. daß die Befreiung kommt, 3. daß die Hitlerseuche ein für allemal verschwindet.

Der erste Wunsch erfüllte sich in völlig umgekehrter Hinsicht, der zweite erfüllte sich überhaupt nicht.

Das böse, verfluchte, das schlimmste Jahr – 1943 – hatten wir noch mit einem Schluck Wein begrüßt, voller Ungeduld erwartet. Der letzte Tag des Jahres 1944 in einem kleinen Zimmerchen in Sadyba in der Wohnung von Frau Szato. Meine Schwiegermutter und ich liegen schon im Bett. Wir decken uns mit einer dünnen Decke zu, unter der wir frieren und nie richtig die erstarrten Knochen aufwärmen können. Unser Geld geht zu Ende. Die Wohnung ist gekündigt – kein Ausweg.

Nur wir zwei sind geblieben. Im Nebenzimmer schlägt die Uhr zwölfmal. Wir hören durch die Wand, wie sich die Familie Szato ein gutes Jahr wünscht.

Du kommst, Neues Jahr, aber nicht mehr für mich. Ich bin allein. Die schmerzenden Augen sind voller visionärer Bilder von der Qual meiner Liebsten. Du kommst, Neues Jahr. Vielleicht bringst du anderen Menschen die Freiheit, doch mir, mir bringst du wohl

---

Mazurka – Gemeint ist hier sicher die Dąbrowski-Mazurka, die polnische Nationalhymne

nichts mehr; denn bis zum Ende durchzuhalten, dazu fehlen mir die Mittel und die Hoffnung.

Doch plötzlich empört sich etwas in mir, ein heftiges Verlangen nach Kampf, nach Tat. Nein, ich gebe nicht auf. Sicher, ich habe kein Geld, keine guten Papiere, ich verliere das Dach überm Kopf, ich bin allein, aber ich werde kämpfen. Ich will, ich muß sie rächen, muß das Ende des Banditen Hitler miterleben.

Neujahr, verzeih, daß ich dich nicht mit Wein begrüße. Ich hab nicht einmal Brot im Haus. Verzeih, daß ich dich in einem dunklen, kalten Zimmer empfange, aber ich empfange dich mit heißem Herzen, empfange dich mit Mut.

Neues Jahr, hilf mir kämpfen und hilf mir siegen in diesem Kampf! Ich höre, wie meine Schwiegermutter leise weint, und ich küsse sie.

„Mein Kind", sagt sie, „ich kann dir nur das eine wünschen: daß du überlebst."

Wir schlafen ein, und zum ersten Mal seit langer, langer Zeit erfüllt mich die unbegreifliche Hoffnung auf ein Überleben.

Noëmi Szac-Wajnkranc erlebte den Tag der Niederlage Hitlerdeutschlands, aber dieser Tag war der letzte in ihrem Leben.

Noëmi arbeitete zu der Zeit als Dienstmädchen auf einem Gut bei Łódź. Der Einmarsch der Roten Armee brachte auch ihr die Befreiung. Ein Offizier, ein Jude, Oberstleutnant B., schlug ihr vor, aus Sicherheitsgründen mit seiner Abteilung nach Łódź zu kommen, das bereits von den Deutschen geräumt war. Noëmi war eine der ersten, die in die Stadt zurückkehrten.

Plötzlich fielen aus einem Haus, in dem sich noch deutsche Soldaten versteckt hielten, Schüsse – sie trafen Noëmi.

Unter den wenigen Habseligkeiten befand sich auch ihr Tagebuch, das sie auf Papierfetzen aller Art niedergeschrieben hatte. Oberstleutnant B. nahm das Tagebuch mit nach Moskau und händigte es dem Jüdischen Antifaschistischen Komitee aus. Efroim Kaganowski, Mitglied dieses Komitees, der die polnische Ausgabe aus dem Jahre 1947 mit einem Vorwort versehen hat, brachte die Handschrift nach Polen.

Efroim Kaganowski schließt sein Vorwort:

„Noëmi war noch so jung, das ganze Leben lag vor ihr. Zuviel Tod war um sie herum, zuwenig Egoismus und Selbsterhaltungstrieb waren in ihr. Der blinde Zufall zerriß ihren Lebensfaden, beendete das Leben einer tapferen, würdigen und wachen Zeugin. Uns tröstet allein ihr Buch, ein für ewige Zeiten wichtiges Dokument. Wir, die am Leben Gebliebenen, neigen die Stirn vor ihrem Mut, der ihr erlaubte, mit weitgeöffneten Augen in den Höllenschlund zu schauen. Und wir zählen Noëmi Szac-Wajnkranc zu dem Millionenheer unserer Märtyrer."

ADOLF RUDNICKI

Isaaks Opferung

Zwei Auslegungen dieser Legende, einer der dunkelsten und dabei durchsichtigsten, die sich uns erhalten hat.

Nach der ersten ist Abraham seiner Stellung würdig, ist er der wahre Abraham aus der Bibel, in der wir stets aufs neue die Quellen unserer Wahrheit, unserer Bestimmung, die Geheimnisse unseres Weges, von dem wir unbesonnenerweise abgewichen sind, suchen. Möglich, daß wir ganz einfach auf einer der Kreuzungen statt nach links nach rechts gegangen sind oder umgekehrt und schließlich und endlich im steinernen Wald umherirren. Immer wieder wechseln wir den Pfad; leider, keiner befindet sich dort, wo er sich befinden sollte.

Nach dieser ersten Auslegung ist Abraham ein Mensch von großer Gottesfurcht, ein Mann des Rechts, der Vater des Rechts, der Verwalter des Rechts, ständig in Sorge um seine Hausgenossen. Der Stammvater – wert der Geschichte, die er eröffnet; das Recht hat er tief eingegraben im Herzen. Die Umwelt ist sich bewußt, wer Abraham ist. Die Sünde hat noch nicht überhandgenommen, die Augen sehen klar; das ist nicht unsere heutige Umwelt, die Zeit gleicht kaum der unseren. Um in sie einzutreten, ist heute eine große Kraftanstrengung vonnöten, aber wenn wir sie auf uns genommen haben, überflutet eine hohe, sanfte Welle unser Herz. Tief in uns haben wir noch immer den Garten Eden, von wo aus die Menschheit unseren Zeiten entgegenzog, uns entgegenzog, die wir mit tausenderlei Dingen befaßt sind, von denen man nicht weiß, wozu sie dienen – eitlen, obschon unentbehrlichen Dingen, in die wir vertieft sind vom Aufgang bis zum Untergang der Sonne. Wir selber nennen diese Beschäftigung Mäuschenspielen.

Nach der Auslegung hört Abraham STIMMEN, empfängt er Order von der QUELLE, eingefügt in den Blutkreislauf des ETWAS als dessen bewußter Teilnehmer, abhängig von ihm wie der Herrscher einer fernen Provinz von seiner Hauptstadt, seinem ZENTRUM; untertan, aber auch mitentscheidend, mitverantwortlich und keineswegs die Verantwortung von sich weisend, beherrscht, doch herrschend zugleich.

Das ist keiner, an dem zum Beispiel die Frauenzimmerchen – der

Exeget verzeihe mir den mutwilligen Einschub – viel Freude hätten. Aber das ETWAS schon, ES ja.

Bei derartigen Verbindungen, bei derartigen alltäglichen Kontak-
ten bedarf es nicht einmal sonderlich der Frage, *wie* jener Befehl,
Wunsch oder auch bloß mahnende Ruf zu ihm gelangt. Eines Tages
weiß er: Der Herr verlangt das Opfer seines spätgeborenen Sohnes; der Herr hat beschlossen, ihm das Teuerste zu nehmen. Fakten ähnlicher Grausamkeit mußte er als Mensch im Mittelpunkt
des ETWAS kennen, aber diesmal zielte sie auf ihn persönlich ab.
Sie packte ihn an der Gurgel, und sein Schmerz war groß. Er ist
Vater, Person, ein Geschöpf aus Fleisch und Blut, aber er ist auch
Abraham. Er leidet also, aber nicht zu sehr, weil er zur anderen
Seite, der himmlischen, hingeneigt ist, von der aus betrachtet alles
anders aussieht. Sein Glaube ist dem unseren, mit kleinem „g" geschriebenen, nicht vergleichbar, im Gegenteil: es ist ein Glaube in
Großbuchstaben, und viele seiner Komponenten begreifen wir
heute nicht mehr, so weit haben wir uns entfernt.

Aber ist das wirklich so? Finden wir nicht, wenn wir uns stärker
der jüngsten Vergangenheit, ja selbst dem Heute zuwenden, Menschen mit den Zügen Abrahams wieder, Menschen, die wie Abraham denken und wie er untergeordnet und gehorsam sind dem
HAUPTSÄCHLICHEN, dem ERSTEN ETWAS?

Nach der ersten Auslegung mochte Abraham Menschen des Ver-
standes nicht und auch nicht ihre ungeerdeten Gedanken, die in
ihrer Flüchtigkeit und Angriffslust keine Grenzen kennen und in-
folgedessen rasch lästerlich, entheiligend, destruktiv, bedrohlich
werden.

Und dennoch wurde Abraham nach ergangenem Befehl zu einem
von ihnen. An die Oberfläche gelangte vieles von dem, was er in
den Tagen der Gnade erfolgreich unterdrückt hatte oder vielleicht
nicht einmal hatte zu unterdrücken brauchen. Eines Tages sagte er
sich, rebellisch bis zum äußersten, daß ER seine Geschöpfe nicht
zu Leiden verurteilen sollte – ja, Abraham sprach IHM sogar das
Recht dazu ab! –, die ER aufgrund seiner Natur nicht kannte.
Aber weil er Abraham war, ging der Gedanke anders aus:
Alles ist Probe. Alles ist Reflexion. Alles ist Liebe.
Und der Exeget folgert:
Groß war Abraham.
Worauf er hinzufügt:
Nachdem er diese Formel gefunden hatte, söhnte sich Abraham mit
seinem Schicksal aus und litt von nun an weniger.

Nach der zweiten Version ist Abraham ein ganz anderer, oberflächlicher und sogar deprimierender Typ. Er ist zeitgenössisch auf eine Weise, wie sie wohl kaum einem von uns angenehm sein dürfte.

Es ist ein schöner Morgen. Die Vögel jubilieren und tirilieren vor Lust, der Tau auf den Blumenstengeln perlt in voller Frische, der Himmel ist so rein, wie er nur zu so früher Stunde zu sein pflegt. Abraham führt seinen Sohn.

Letzte Nacht hat er sehr schlecht geschlafen, man kann es kaum Schlaf nennen; er ist dem Wahnsinn nah, ja er ist dem Wahnsinn sogar sehr nah – in dieser zweiten Exegese fürchten wir um die Unversehrtheit seiner Geisteskräfte. Viele Nächte hat er wach gelegen, und die Gedanken haben ihn auf die andere Seite getragen, und wir wissen, daß er keinen Schlaf finden wird, ehe er sich nicht von ihnen befreit hat, solange die Zwangsvorstellung dauert. Gott interessiert sich kaum für ihn, so wenig, wie er sich für Gott interessiert; er ist nicht erwählt, kein bißchen mehr als jeder von uns heute. Er könnte einer von uns sein mit all unseren Problemen und all unseren Versuchen einer Antwort darauf.

Seit längerer Zeit leidet er an nervöser Depression, tut nichts, geht den Menschen aus dem Wege, ihre Angelegenheiten sind ihm gleichgültig geworden, und gleichgültig sind ihm auch die Frauen. Die Tage hat er ausgefüllt mit nichts, aber mit der Materie „Mensch" Vertraute wissen, daß die Beschäftigung mit nichts eine absorbierende Beschäftigung zu sein pflegt, eine verbissene Tätigkeit, die für nichts anderes Raum läßt. Übrigens ist er fast krank, nein, nicht fast, er *ist* krank und sollte seine Nerven, seine Seele kurieren; die marschieren immer zusammen.

Er lebt am Boden zwischen der Nichtigkeit der Zeit und der Nichtigkeit der Dinge. Bisweilen haben die Hausgenossen ein Anliegen an ihn, er antwortet lustlos, ohne eine Spur von Herz. Mit offenen Augen sieht er nicht, und wenn er sich unterhält, unterhält er sich nicht wirklich. Fortwährend tauchen dieselben Fragen und dieselben Antworten auf. Die Sonne scheint? Nein, die Sonne scheint vielleicht. Es regnet? Nein, es regnet vielleicht. Der Kontakt mit der Wirklichkeit ist sehr schwach.

Mein Maultier im Stall lebt besser als ich, sagt er er sich. Ich verdaue und scheide aus. Wohin ist mein Glanz entschwunden? Ich hatte ihn, er war vielleicht nicht stark, aber immerhin war es Glanz. Wie konnte ich es mit meinen eigenen Händen zu einem solchen Zustand bringen? Mich hineintreiben in diese tiefe, steilwandige Grube? Und wie geht das zu, daß ich gegen das alles nichts vermag? Was sollte ich auch tun? Welche Art von Tat vermöchte diesen Reifen zu sprengen? Welche Art von Opfer müßte das sein? Es müßte ein solches Opfer sein, daß danach kein Stein auf dem anderen bliebe von meinem bisherigen Haus.

Daß er ohne ein Opfer nicht aus seinem Grab herauskommt, fühlt er seit langem, obwohl er noch keine Ahnung hat, welcher Art das Opfer zu sein hat.

Alle um ihn her, besonders seine Nächsten, sparen ihm gegenüber nicht an boshaften Bemerkungen. Niemand erinnert sich, daß er einst ein anderer gewesen ist, daß er geglänzt hat, daß er bewundert und geliebt worden ist. Zugleich findet er selber, nach wie vor tief unter Asche verborgen, seinen einstigen Glanz. Wenn er mit zärtlichem Auge, mit liebevollem Auge, mit dem eigenen Auge in sich hineinblickt, findet er den alten Glanz lebendig wieder. Und er glaubt, daß es nicht viel braucht, damit in jenem Glanz sein einstiger Glanz wiederkehre. Bis er schließlich eines Tages eine Erleuchtung hat: er weiß jetzt, wie das Opfer aussehen soll! Und es beginnt die Hölle.

Wie in der ersten Auslegung erscheint auch in der zweiten das drohende Wort OPFER.

Beide Exegesen sagen: Die Welt existiert dank ständiger Opfer, das Leben hörte auf ohne Opfer; es läßt sich nicht erklären, aber das ist eine Notwendigkeit. Die Welt verdorrt ohne Opfer, wir alle verdorren ohne das Opfer, das in jedem Augenblick vollzogen wird; jeden Augenblick töten wir jemanden, oder jemand tötet uns, unser Blut ist ein begehrterer Trunk als Wasser. Ich, du, er, wir, ihr, sie suchen Opfer. Jedoch die Wahrheit ist, daß man es nicht wagt, dergleichen ungeschminkt zu verkünden, unter der entsprechenden Parole – von daher das Geschrei, daß wir einen hassen, der Haß verdient, und mühelos machen wir seine schändlichen Eigenschaften ausfindig. Das Opfer belebt. Das Opfer befreit. Das Opfer weckt den Mut. Soweit die menschliche Erinnerung reicht, immer ist von Opfern die Rede. Es fordern sie die Götter und als ihre Schatten wir, weil wir die Götter nachahmen mit der ganzen Kraft unserer Leidenschaft. Alle befinden wir uns im Exekutionskommando, das das Todesurteil vollstreckt. Und alle stehen wir an der Wand als Opfer.

Das ist die eine Seite der Wahrheit.

Die andere ist die:

Die Wasser des Ozeans sind gewaltig, aber sie sind nicht ungezählt. Vergleichbar: Das Tier der Welt, das Tier des Lebens ist unersättlich, sagt man. Aber vollgefressen streckt es sich immerhin auf seinen vier Pfoten vor dir aus. Es springt dir nicht an die Kehle, wie der gesättigte Tiger dem Dompteur nicht an die Kehle springt.

Wenn du ihm ein Opfer unterschiebst, vergißt es dich. Und folglich genügt es, ihm ein Opfer unterzuschieben.

Daher befinden wir uns alle in einem ständigen Wettlauf um ein Opfer, um erstens den Hunger der Welt sowie zweitens unseren eigenen Hunger zu stillen, da wir geschaffen sind nach ihrem Ebenbild.

Nicht vieles bereitet uns Vergnügen, aber fremdes Leiden gehört dazu. Fremder Schmerz bereitet uns fast immer Freude. Wir versuchen es nicht einmal zu verhehlen. Nicht in unseren Gedanken finden wir unser Abbild vor, sondern viel tiefer in unseren Gefühlen; unsere Gefühle sind unser besserer Spiegel. Wir freuen uns über fremden Schmerz, weil das Tier der Welt seine Portion erhalten hat. Vielleicht vergißt es uns. Die Urteilsvollstreckung verschoben? Das ist nicht wenig!

Im Lebenslauf Abrahams stöbernd und über seinen Charakter nachsinnend, kommt der zweite Exeget zu dem Schluß, daß er an der großen Sünde gelitten habe, an der alle diejenigen leiden, die so wenig einen anderen lieben, daß sie innerlich zu faulen beginnen, an der Hochmutssünde. Diese lebt aufs neue in ihm auf. Jetzt, da ihn das Alter schlägt, da seine Glieder, seine Muskeln, sein Hirn erschlaffen, sucht Abraham Rettung in der Sünde des Stolzes, jener Sünde, die Macht gewinnt über seinen geschwächten Geist. Er vermag nicht, sich einzugestehen: Meine Zeit ist vorüber; durch das Fensterchen, das mir allein zu meinem Gebrauch anvertraut gewesen ist, habe ich alles gesehen, was ich sehen sollte, und jetzt ist die Zeit gekommen, es zu schließen. Die Hochmutssünde befiehlt ihm, den Glanz aufzupolieren, der längst erloschen ist und an den man sich nicht einmal mehr erinnert, weil es kein starker Glanz gewesen war. Die Sünde des Stolzes befiehlt ihm, ein Opfer zu suchen, das ihm das Leben zurückgeben soll.

Die Opferung nicht seines Herzensstolzes und seiner übertriebenen Selbsteinschätzung, sondern seines Sohnes – zu diesem Entschluß war er selber, war die Person in ihm gelangt. Gott hatte damit nichts zu tun. Er kannte Abraham nicht einmal, so wie ein Kaiser nicht jeden Federfuchser von der Steuerbehörde in einer fernen Kleinstadt kennt.

In dieser zweiten Auslegung tritt Gott nicht auf. Und dennoch lebt darin ein anderer Gott, gleich mächtig, gleich grausam, gefräßig, halsstarrig, klügelnd: der Gott ICH. Sein Königreich ist riesig. In ihm gibt es kein Mitleid. Der eigene Fingernagel hat dort einen höheren Preis als eine von Leben pulsierende Stadt. Es ist der düstere Gott eines düsteren Reiches.

In der zweiten Exegese geht die Rede davon, daß Abraham eigentlich in der Nacht bei mattem Kerzenschein seinem Sohn die Kehle hatte durchschneiden sollen. Aber der Exeget bemerkt sehr richtig, daß Abraham, als er den Sohn hinausführte, keinen Himmel, kein Grün sah, keinen Vogelsang hörte. In seinem Herzen dauerte die Nacht.

Hier der Ausgang:

Die Stimme des Engels, die Abrahams zustoßendem Messer Einhalt gebot, weckte den Patriarchen aus seinem nichtswürdigen Traum. Siehe da, Isaak ist gerettet, Abraham das Gewissen wiedergeschenkt – Auferstehung. Das Opfer, obschon nicht vollzogen, doch hinlänglich grausam, erwies sich als wirksam. Das Opfer zielt stets auf das eine ab: auf die Auferstehung; das Leben erneuert sich ewig durch Opfer. Der Rest ist der Weg ...

Von nahem besehen sind beide Auslegungen – beide sehr alt – eigentlich äußerst aktuell, äußerst modern; es läßt sich nicht einmal sagen, welche die aktuellere, modernere ist. Daraus folgt, daß auch die Legende selber aktuell geblieben ist, trotz ihres archaischen Gewandes.

WŁADYSŁAW SZPILMAN

Nocturne c-Moll

Ich hatte mich wieder einmal auf die Suche nach Nahrungsmitteln begeben. Diesmal wollte ich mir einen größeren Vorrat anlegen, um nicht zu oft mein Versteck verlassen zu müssen. Ich mußte bei Tage losziehen, weil ich das Haus noch nicht gut genug kannte, um bei Nacht herumstöbern zu können. Ich stieß auf eine Küche und gelangte von da aus in eine Speisekammer. Es gab ein paar Blechdosen und irgendwelche Säckchen und Beutel, deren Inhalt sorgfältig untersucht werden mußte. Ich knotete die Schnur auf, hob die Deckel ab. Ich war so mit dem Suchen beschäftigt, daß ich erst die Stimme hörte, die hinter mir sagte:

„Was suchen Sie hier?"

An das Küchenbüfett gelehnt stand ein schlanker, eleganter deutscher Offizier mit untergeschlagenen Armen.

„Was suchen Sie hier?" wiederholte er. „Wissen Sie nicht, daß in diesem Augenblick der Stab des Festungskommandos Warschau in dieses Haus einzieht?"

Ich sank auf den Stuhl neben der Speisekammertür. Mit nachtwandlerischer Sicherheit fühlte ich plötzlich, daß mir die Kräfte fehlen würden, um dieser neuen Falle zu entrinnen. Ich saß und ächzte und starrte dumpf auf den Offizier. Erst nach einer Weile stotterte ich mühsam:

„Machen Sie mit mir, was Sie wollen. Ich rühr mich nicht mehr vom Fleck."

„Ich hab nicht die Absicht, Ihnen etwas zu tun!" Der Offizier zuckte die Achseln. „Was sind Sie von Beruf?"

„Pianist."

Er musterte mich aufmerksamer, mit sichtbarem Mißtrauen. Dann fiel sein Blick auf die Tür, die von der Küche in die Wohnräume führte. Ihm schien etwas eingefallen zu sein.

„Würden Sie mir bitte folgen?"

Wir traten ins erste Zimmer, das sicher das Speisezimmer gewesen war, und dann ins nächste, wo an der Wand ein Klavier stand. Der Offizier deutete mit der Hand auf das Instrument:

„Spielen Sie etwas!"

Dachte er nicht daran, daß das Klavierspiel sofort die in der Nähe befindlichen SS-Männer herbeirufen würde? Ich sah ihn fragend an und rührte mich nicht von der Stelle. Offenbar hatte er meine Befürchtungen erraten, da er beruhigend hinzufügte:

„Spielen Sie! Wenn jemand kommt, verstecken Sie sich in der Speisekammer, und ich sage, daß ich gespielt habe, um das Instrument auszuprobieren."

Als ich die Finger auf die Klaviatur legte, zitterten sie. Diesmal hatte ich also zur Abwechslung mein Leben mit Klavierspiel zu erkaufen. Ich hatte zweieinhalb Jahre nicht geübt, meine Finger waren steif, mit einer dicken Schmutzschicht bedeckt, die Fingernägel ungeschnitten seit dem Brand des Hauses, in dem ich mich versteckt hielt. Dazu stand das Klavier in einem Zimmer ohne Fensterscheiben, so daß der Mechanismus vor Feuchtigkeit aufgequollen war und auf den Tastendruck widerspenstig reagierte.

Ich spielte Chopins Nocturne c-Moll. Der gläserne, klirrende Ton, den die verstimmten Saiten hervorbrachten, hallte in der leeren Wohnung und im Treppenhaus wider, flog auf die andere Straßenseite durch die Ruinen der Villa und kehrte als gedämpftes, wehmütiges Echo zurück. Als ich geendet hatte, schien die Stille noch dumpfer und gespenstischer. In einer Straße miaute eine Katze, ein Schuß war unten vor dem Haus zu hören – rauhes deutsches Getöse.

Der Offizier sah mich schweigend an. Nach einer Weile seufzte er und knurrte:

„Dennoch sollten Sie nicht hierbleiben. Ich bringe Sie aus der Stadt heraus in ein Dorf. Dort sind Sie sicherer."

Ich schüttelte den Kopf.

„Ich kann nicht weg von hier!" erwiderte ich mit Nachdruck.

Erst jetzt schien er zu begreifen, was der eigentliche Grund dafür war, daß ich mich in den Trümmern versteckte. Er zuckte nervös zusammen.

„Sie sind Jude?" fragte er.

„Ja."

Er nahm die Arme herunter, die er bis dahin auf der Brust verschränkt gehalten hatte, und ließ sich im Sessel neben dem Klavier nieder, als bedürfte diese Entdeckung einer längeren Überlegung.

„Nun ja!" murmelte er. „In diesem Fall können Sie in der Tat nicht weg von hier."

Noch einmal schien er für längere Zeit in Gedanken versunken, dann wandte er sich mit einer neuen Frage an mich:

„Wo ist Ihr Versteck?"

„Auf dem Boden."

„Zeigen Sie, wie's dort aussieht."

Wir gingen die Treppe hinauf. Die Inspektion des Bodens nahm er sorgfältig und fachmännisch vor. Dabei entdeckte er, was ich bislang nicht wahrgenommen hatte: noch eine Art Stockwerk über dem Boden, etwas wie ein Hängeboden aus Brettern direkt über dem Eingang zum Boden, unter der Dachkehle – auf den ersten Blick kaum zu bemerken wegen des Halbdunkels, das auf dem Boden herrschte. Hier sollte ich mich seiner Meinung nach verstecken, und er half mir noch, in den Wohnungen eine Leiter zu suchen. Wenn ich oben auf dem Hängeboden war, sollte ich die Leiter zu mir hinaufziehen.

Nachdem das alles besprochen und erledigt war, fragte er mich, ob ich zu essen hätte.

„Nein", antwortete ich. Er hatte mich ja bei der Nahrungssuche überrascht.

„Na ja, macht nichts", warf er hastig hin, als schämte er sich hinterher seines Überfalls. „Ich werde Ihnen Lebensmittel bringen."

Erst jetzt wagte auch ich eine Frage. Ich konnte einfach nicht mehr länger an mich halten:

„Sind Sie Deutscher?"

Er errötete, und empört, als hätte ich ihm mit dieser Vermutung einen Schimpf angetan, schrie er fast seine Antwort heraus:

„Nein! Ich bin Österreicher."

Schroff gab er mir die Hand und ging.

Drei Tage vergingen, ehe er wieder erschien. Es war abends und völlig dunkel, als ich es unter meinem Hängeboden flüstern hörte:

„Hallo! Sind Sie da?"

„Ja, ich bin da ...", erwiderte ich.

Kurz darauf fiel etwas Schweres neben mir nieder. Durchs Papier hindurch fühlte ich einige Brote und noch etwas Weiches, das sich später als in Pergamentpapier eingewickelte Marmelade erwies. Rasch legte ich das Paket beiseite und rief: „Warten Sie einen Augenblick!"

Die Stimme aus der Dunkelheit klang ungeduldig:

„Worum geht's? Reden Sie schnell. Der Wachposten hat mich hierhergehen sehen. Ich darf nicht zu lange bleiben."

„Wo stehen die sowjetischen Truppen?"

„In Praga. Halten Sie durch! Nur noch die paar Wochen. Übrigens ist der ganze Krieg spätestens im Frühjahr zu Ende."

Die Stimme schwieg. Ich wußte nicht, ob der Offizier noch da war oder ob er schon gegangen war. Doch plötzlich meldete er sich noch einmal:

„Sie müssen durchhalten! Hören Sie?" klang es hart, beinah befehlend, als wollte er mir seine Unbeugsamkeit und seinen Glauben an ein für uns glückliches Ende des Krieges einbleuen. Erst jetzt hörte ich das leise Quietschen der sich schließenden Bodentür.

Einförmige, hoffnungslose Wochen gingen dahin. Von der Weichselseite her meldete sich immer seltener die Artillerie. Es gab Tage, da in der Stille ringsum nicht ein einziger Schuß fiel. Ich weiß nicht, ob ich in dieser Zeit nicht endgültig zusammengebrochen wäre und den so viele Male geplanten Selbstmord doch noch verübt hätte, wenn die Zeitungen nicht gewesen wären, in die der Österreicher das Brot eingewickelt hatte. Es waren die allerneuesten, und ich las sie wieder und wieder, stärkte mich an den darin enthaltenen Nachrichten von den deutschen Niederlagen an allen Fronten, die sich immer schneller, immer tiefer ins Reich vorschoben.

Der Stab tat in den Seitenflügeln des Hauses unverändert seinen Dienst. Im Treppenhaus trieben sich Soldaten herum, brachten häufig große Pakete auf den Boden und holten sie wieder ab, aber mein Versteck war gut gewählt; nie kam es jemandem in den Sinn, auf meinem Hängeboden nachzusehen. Vor dem Haus ging ständig eine Wache auf und ab. Ununterbrochen, Tag und Nacht, hörte ich ihre Schritte und ihr Stampfen, wenn sich die Posten ihre kalten Füße aufwärmten. Wenn ich Wasser brauchte, schlüpfte ich nachts in die zerstörten Wohnungen, wo die Wannen bis zum Rand gefüllt standen.

Am 12. Dezember kam der Offizier zum letzten Mal. Er brachte mir einen größeren Vorrat an Brot als bisher und ein Federbett. Er erklärte mir, daß er mit seiner Abteilung Warschau verlasse und daß ich auf keinen Fall den Mut sinken lassen dürfe, da die sowjetische Offensive mit jedem Tag erwartet werden müsse.

„Auf Warschau?"

„Ja."

„Und wie, glauben Sie, stehe ich die Straßenkämpfe durch?" beunruhigte ich mich.

„Sofern Sie und ich über fünf Jahre diese Hölle durchgestanden haben", erwiderte er, „ist es offenbar göttlicher Wille, daß wir überleben. Man muß daran glauben."

Wir hatten uns bereits verabschiedet, und er wollte gehen, als mir im letzten Augenblick eine Idee kam, nachdem ich mir lange vergeblich den Kopf zerbrochen hatte, wie ich mich ihm erkenntlich zeigen konnte, wo er doch um keinen Preis meinen einzigen Schatz, meine Uhr, annehmen wollte:

„Hören Sie!" Ich faßte ihn bei der Hand und begann überschwenglich auf ihn einzureden: „Ich hab Ihnen bisher nicht meinen Namen genannt. Sie haben mich nicht danach gefragt, aber ich möchte, daß Sie ihn sich merken. Keiner weiß, wie es einmal kommen wird. Sie haben einen langen Weg nach Hause. Ich – falls ich am Leben bleibe – beginne bestimmt sofort hier zu arbeiten, im selben Polnischen Rundfunk wie vor dem Krieg. Sollte Ihnen was zustoßen, und wenn ich Ihnen dann irgendwie helfen kann, denken Sie daran: Szpilman – Polnischer Rundfunk."

Er lächelte wie gewöhnlich: halb abweisend, halb schüchtern, voller Verlegenheit, aber ich fühlte, daß ich ihm eine Freude machte mit meiner in dieser Situation naiven Hilfsbereitschaft.

Mit der Dezembermitte kam die erste Welle harter Fröste. Als ich in der Nacht vom 13. zum 14. auf Wassersuche ging, fand ich es überall gefroren. Ich holte mir aus einer vom Feuer verschont gebliebenen Wohnung im zweiten Aufgang einen Teekessel und einen Topf und kehrte auf meinen Hängeboden zurück. Ich schabte ein Stückchen Eis von dem Topfinhalt ab und steckte es in den Mund, aber damit ließ sich der Durst nicht löschen. Ich verfiel auf einen anderen Gedanken: ich schob mich unters Deckbett, und den Topf mit dem Eis legte ich mir an den nackten Bauch. Nach einer Weile begann das Eis zu tauen. Ich hatte Wasser. Genauso machte ich es in den nächsten Tagen; denn die Temperatur wollte nicht steigen.

Weihnachten kam und dann Neujahr 1945: das sechste Kriegsfest, das schwerste, das ich bisher erlebt hatte oder zu erleben überhaupt imstande war. Ich lag in der Finsternis und lauschte dem Sturm, der am Dachblech zerrte, an den zerfetzten Rinnen, die an den Häuserwänden herunterhingen, oder in den nicht ganz zerstörten Wohnungen Möbelstücke umwarf. In den Pausen zwischen den Sturmböen, die in immer neuen Wellen gegen die Trümmer anheulten, hörte man das Piepsen und Rascheln von Mäusen oder auch Ratten, die auf dem Boden hin und her rannten. Manchmal huschten sie über mein Federbett und, wenn ich schlief, über mein Gesicht und kratzten mich im schnellen Lauf mit ihren Krallen. In Gedanken ging ich alle Feiertage durch, erst die Vorkriegsfeiertage und dann die der Kriegszeit: ich hatte ein Zuhause, Eltern und drei Geschwister. Dann hatten wir kein eigenes Zuhause mehr, aber wir waren beisammen. Später blieb ich allein, aber von Menschen umgeben. Jetzt war ich so einsam wie wohl sonst kein anderer Mensch auf der Welt. Denn als Defoe seinen „Robinson Crusoe" schuf, den Typ des idealen Einsamen, ließ er ihm doch noch die Hoffnung auf die Begegnung mit einem anderen Menschen. Robinson freute sich bei dem Gedanken an das Ereignis, das jeden Tag eintreten konnte, und das hielt ihn aufrecht. Ich aber mußte fliehen, falls die mich jetzt umgebenden Menschen sich näherten, mußte mich in Todesangst verstecken. Wenn ich leben wollte, mußte ich einsam sein, ganz und gar einsam.

Am 14. Januar weckte mich ein ungewöhnliches Treiben auf dem Gelände des Hauses und auf der Straße vor dem Haus. Autos kamen an und fuhren ab, über die Treppen liefen Soldaten, man hörte erregte, nervöse Stimmen. Fortwährend wurde etwas aus dem Haus getragen, wahrscheinlich um es auf Autos zu verladen.

Am 15. frühmorgens erdröhnte plötzlich die bisher schweigende Front an der Weichsel. Bis zu dem Stadtteil, in dem ich mich verborgen hielt, reichten die Geschosse nicht. Aber unter dem unaufhörlichen dumpfen Grollen erzitterte die Erde, die Mauern des Hauses, vibrierte das Blech auf dem Dach, rieselte der Putz von den Wänden. Das waren bestimmt die berühmten sowjetischen Katjuschas, von denen man noch vor dem Aufstand soviel gesprochen hatte. Vor Freude und Aufregung beging ich eine unter meinen momentanen Lebensbedingungen unverzeihliche Torheit: ich trank einen ganzen Topf Wasser leer.

Nach drei Stunden verstummte das stürmische Artilleriefeuer wieder, doch meine ungeheure Erregung hielt an. In der Nacht tat ich kein Auge zu: Falls die Deutschen die Trümmer Warschaus verteidigen sollten, mußten jeden Augenblick die Straßenkämpfe beginnen, in denen ich den Tod erleiden konnte – als endgültige Schlußfermate meiner bisherigen Martern.

Doch die Nacht ging ruhig vorüber. Gegen ein Uhr hörte ich, wie die restlichen Deutschen das Haus verließen. Eine Stille brach herein, wie sie selbst das seit drei Monaten ausgestorbene Warschau bisher nicht gekannt hatte. Nicht einmal mehr die Schritte der Wachposten vor dem Haus waren zu vernehmen. Ich verstand gar nichts. Wurde denn überhaupt gekämpft?

Erst in den frühen Morgenstunden des anderen Tages wurde die Stille mit einem lautschallenden Ton unterbrochen, den ich am allerwenigsten erwartet hatte. Irgendwo in der Nähe aufgestellte Radiolautsprecher sendeten auf polnisch Meldungen über die Niederlage Deutschlands und die Einnahme Warschaus.

Die Deutschen hatten sich kampflos zurückgezogen.

Sobald es zu dämmern begann, bereitete ich mich fieberhaft auf meinen ersten „Ausgang" vor. Ich hatte mir schon den deutschen Militärmantel angezogen, den mir mein Österreicher dagelassen hatte, damit ich bei meinen Wassergängen nicht fror, als mit einemmal wieder auf dem Pflaster vor dem Haus die rhythmischen Schritte der Wachposten erschallten. Also waren die sowjetischen und polnischen Truppen zurückgewichen? Völlig gebrochen sank ich auf meine Pritsche. So lag ich, bis mich neue Geräusche hochrissen. Schon monatelang nicht gehörte Stimmen von Frauen und Kindern, die sich friedlich unterhielten, als ob nichts geschehen wäre, ganz so wie früher, als Mütter mit ihren Kindern einfach auf der Straße spazierengingen. Ich beschloß, um jeden Preis Auskunft einzuholen. Die Ungewißheit wurde allmählich unerträglich.

Ich rannte die Treppen hinunter, steckte den Kopf durch die Vordertür des verlassenen Hauses und sah hinaus auf die Aleje Niepodległości. Es war ein grauer, nebliger Morgen. Links, nicht weit von mir entfernt, stand ein Soldat in einer auf diese Entfernung schwer zu identifizierenden Uniform. Von rechts näherte sich eine Frau mit einem Bündel auf dem Rücken. Als sie dichter heran war, wagte ich, sie anzusprechen:

„Hallo, entschuldigen Sie ...", rief ich mit gedämpfter Stimme und winkte sie näher heran.

Sie starrte mich an, ließ das Bündel fallen, und mit dem gellenden Schrei: „Ein Deutscher!" warf sie sich in die Flucht. Sogleich drehte sich der Wachposten um, erblickte mich, zielte und feuerte in meine Richtung eine Serie aus seiner Maschinenpistole ab. Die Kugeln schlugen in der Wand dicht neben mir ein und schütteten den Putz auf mich herab. Ohne mich zu besinnen, stürzte ich die Treppe hinauf und floh auf den Boden.

Als ich nach ein paar Minuten aus meinem Fensterchen schaute, sah ich, daß bereits das ganze Haus umstellt war. Ich hörte Soldaten rufen, die in die Keller hinabstiegen, Schüsse und Explosionen von Handgranaten.

Zur Abwechslung war meine Lage diesmal absurd. An der Schwelle der Freiheit, im befreiten Warschau, sollte ich auf Grund eines Mißverständnisses von polnischen Soldaten erschossen werden. Ich begann fieberhaft zu überlegen, wie ich ihnen blitzschnell zu verstehen geben konnte, daß ich Pole war, bevor sie mich als Deutschen, der sich versteckt hielt, ins Jenseits beförderten. Unterdessen war vor dem Haus eine andere Abteilung in blauen Uniformen eingetroffen. Wie ich später erfuhr, war es eine Abteilung des Bahnschutzes, die hier zufällig vorübergekommen war und die man zu Hilfe geholt hatte. So lauerten also bereits zwei bewaffnete Einheiten auf mein Leben.

Ich begann langsam die Treppe hinabzusteigen, wobei ich so laut ich konnte rief:

„Nicht schießen! Ich bin ein Pole!"

Bald schon hörte ich rasch Schritte die Treppe erklimmen. Hinter dem Geländer kam die Gestalt eines jungen Offiziers in polnischer

Uniform, mit dem Adler an der Mütze, zum Vorschein. Er zielte aus einer Pistole auf mich und schrie: *„Hände hoch!"*
Ich wiederholte mein „Nicht schießen! Ich bin Pole!"
Der Leutnant errötete vor Zorn.

„Warum kriechen Sie dann in Gottes Namen nicht endlich nach unten?" brüllte er. „Warum rennen Sie im deutschen Mantel rum?"
Erst als sie mich revidiert und genauer betrachtet hatten, gewannen sie Zutrauen zu meinem Nichtdeutschsein. Sie beschlossen, mich zu ihrem Posten mitzunehmen, damit ich mich dort waschen und sattessen konnte; auch wenn ich mir noch nicht klar darüber war, was weiter mit mir werden sollte.

Aber ich konnte nicht einfach so losgehen. Ich mußte erst einen Schwur erfüllen, den ich mir selber auferlegt hatte, nämlich daß ich den ersten Polen küssen würde, den ich nach Beendigung der Naziherrschaft träfe. Das erwies sich als gar nicht so leicht. Der Leutnant sträubte sich lange, wehrte sich mit allen möglichen Argumenten, außer mit dem einen, das er aus Zartgefühl nicht anzuführen wagte. Erst als ich ihn endlich geküßt hatte, nahm er einen Taschenspiegel heraus, hielt ihn mir vors Gesicht und sagte lachend:

„Da, bitte! Jetzt können Sie sehen, was für ein Patriot ich bin!"
Nach zwei Wochen ging ich, vom Militär aufgepäppelt, sauber gewaschen und ausgeruht zum ersten Mal nach beinah sechs Jahren ohne Furcht, ein freier Mann, durch die Straßen Warschaus. Ich ging in Richtung Osten, auf die Weichsel zu, um nach Praga zu gelangen, die einstmals so entlegene, armselige Vorstadt, die heute das ganze Warschau sein mußte, sofern den übrigen Teil die Deutchen tatsächlich ermordet hatten.

Ich ging inmitten einer breiten, einst lebhaft bevölkerten Hauptverkehrsstraße, heute allein auf ihrer ganzen Länge. So weit mein Auge reichte, gab es hier kein einziges heil gebliebenes Haus. Alle Augenblicke mußte ich Trümmerbergen ausweichen, manchmal über sie hinwegklettern wie über Geröllhalden. Die Füße verfingen sich im Gewirr zerrissener Telefondrähte und Straßenbahnleitungen, in Stoffetzen, die einmal Wohnungen geschmückt oder Menschen bekleidet hatten, die längst nicht mehr lebten.

An einer Häuserwand, unter einer Aufständischenbarrikade lag ein menschliches Skelett. Es war nicht groß, von zierlichem Knochenbau, sicher ein Mädchen, da auf dem Schädel noch lange blonde Haare zu sehen waren, die am längsten der Verwesung standhielten. Neben dem Skelett lag ein verrosteter Karabiner, und um den rechten Armknochen hing neben Kleiderresten eine weißrote Armbinde …

Von meinen Schwestern, der schönen **Regina** und der jugendlich ernsthaften Hala, sind nicht einmal solche Überreste geblieben, und nirgends werde ich ein Grab finden, zu dem ich gehen könnte, um für ihre Seelen zu beten.

Ich machte eine kleine Pause, um Luft zu schöpfen. Ich sah in den Nordteil der Stadt hinüber, dorthin, wo das Getto gewesen war, wo man eine halbe Million Juden gemordet hatte – nichts war geblieben. Selbst die Wände der ausgebrannten Häuser hatten die Deutschen unter ihre Füße getreten.

Von morgen an mußte ich ein neues Leben beginnen. Aber wie, wenn hinter einem nur der Tod lag? Welche Lebenskräfte konnte man aus dem Tod schöpfen?

Ich zog weiter meines Weges. Ein stürmischer Wind rüttelte klappernd das Brucheisen in den Ruinen, pfiff und heulte durch die ausgebrannten Fensterhöhlen. Die Dämmerung brach herein. Aus dem sich immer mehr verdunkelnden, bleierner werdenden Himmel fiel Schnee.

Postscriptum

Etwa zwei Wochen später kehrte einer meiner Kollegen vom Funk, der Geiger Zygmunt Lednicki, von seiner Nachaufstandsirrfahrt nach Warschau zurück. Wie viele andere war er zu Fuß gegangen, nur um so schnell wie möglich wieder in seiner Stadt zu sein. Dabei war er an einem behelfsmäßigen Lager für deutsche Kriegsgefangene vorbeigekommen ...

Als er mir später davon erzählte, fügte er gleich hinzu, daß sein Verhalten nicht richtig gewesen sei, daß er sich ganz einfach nicht habe beherrschen können. Mein Kollege hatte sich dem Drahtverhau genähert und zu den Deutschen gesagt: „Ihr habt von euch immer behauptet, ein Kulturvolk zu sein, aber mir, einem Musiker, habt ihr alles genommen, was ich besaß – meine Geige!" Da hatte sich mühsam von seinem Lager ein Offizier erhoben und war auf schwankenden Füßen an den Draht gekommen. Er war elend und abgerissen, das Gesicht bärtig. Seine verzweifelten Augen auf Lednicki richtend, hatte er gefragt:

„Kennen Sie vielleicht einen Herrn Szpilman?"

„Na, sicher kenn ich den."

„Ich bin kein Deutscher, ich bin Österreicher", hatte er fieberhaft geflüstert. „Ich habe Szpilman geholfen, als er sich im Festungskommando Warschau auf dem Boden versteckte. Sagen sie ihm, daß ich hier bin. Er soll mich retten. Ich flehe Sie an ..."

In diesem Augenblick war einer der Wachposten herangetreten:
„Mit den Gefangenen zu reden, ist nicht erlaubt."

Lednicki hatte sich entfernt. Doch gleich darauf war ihm eingefallen, daß er ja den Namen des Österreichers nicht kannte. Darum war er umgekehrt, aber den Offizier hatte der Wachposten inzwischen vom Zaun weggeführt.

„Wie heißen Sie? Wie ist Ihr Name?"

Der Österreicher hatte sich umgedreht und etwas gerufen, aber Lednicki hatte nichts verstehen können.

Auch ich habe den Namen des Offiziers nicht gekannt. Habe ihn aus Vorsicht nicht wissen wollen, damit ich im Falle meiner Festnahme und der folgenden Verhöre, wer mich denn mit dem Kommißbrot versorgt habe, nicht seinen Namen verraten konnte, wenn mich die deutsche Polizei folterte.

Obwohl ich alles getan habe, was in meiner Macht stand, um dem österreichischen Gefangenen auf die Spur zu kommen, ist es mir nicht gelungen, ihn wiederzufinden. Das Gefangenenlager hatte man inzwischen verlegt, wohin, das war Militärgeheimnis. Doch vielleich ist jener Österreicher – der *einzige Mensch* in deutscher Uniform, dem ich begegnet bin – glücklich in seine Heimat zurückgekehrt...

Ich konzertiere manchmal in dem Haus Narbutt-Str. 8 in Warschau, wo ich Ziegel und Kalk geschleppt habe, wo die jüdische Brigade gearbeitet hat, die erschossen wurde, als die Wohnungen für die Gestapooffiziere fertig waren. Die Offiziere erfreuten sich jedoch nicht lange ihrer schönen Wohnungen. Heute ist in diesem erhalten gebliebenen Haus eine Schule untergebracht. Ich spiele für polnische Kinder, die nichts davon wissen, wieviel menschliches Leiden und menschliche Todesangst durch ihre sonnigen Schulsäle gegangen sind.

Oh, daß sie nie erfahren, was das ist, Angst und Leiden!

MIECZYSŁAW JASTRUN

Die Witwe

Besucht hat mich die Witwe eines Freundes, der vor Jahren –
das alles wurde schon allmählich zur Legende,
gleichgültig gegen unsere Tränen – ermordet wurde
in Oświęcim. Sie saß wie eine Glucke ausgebreitet,
trauernd, wenn auch gekleidet in die Farben unsrer Tage,
und voller Freundschaft war der Aufschlag ihrer langen Wimpern.
Doch ich sah wohl: tief auf dem Grunde ihres Blickes
lauerte ein dunkler Vorwurf angesichts der offenbaren
Ungerechtigkeit, daß ich noch lebe, während er gestorben.
Ich spürte das, und an dem Fensterrahmen lehnend
spähte ich heimlich in den Garten voller süßen Schattens,
in mir sündhafte Freude über eigene Errettung.
Und so schwiegen wir einander an genau wie Fremde
und dennoch nah uns und gewärtig, in jedem Augenblick
emporzufahren bei dem Aufschrei seiner letzten Stunde.

(1955)

311

ANTONI SŁONIMSKI

Alphabet der Erinnerungen: Manger, Iҭik

Ein altes englisches Fräulein, Inhaberin einer kleinen Buchhandlung in Chelsea, sah eines Tages auf der Straße einen kranken oder auch betrunkenen Jüngling liegen.

„Er hat den Kopf eines Propheten", sagte die Engländerin und half dem Jüngling auf.

Es stellte sich heraus, daß der junge Mann nicht krank, sondern betrunken war – ein mehr oder minder normaler Zustand im Leben des großartigen Dichters Itzik Manger. Margaret, so hieß das Fräulein, sollte sich von nun an bis zum Ende seines Lebens um ihn kümmern.

Manger war der hervorragendste jiddisch schreibende Lyriker; in Polen nennt man seine Sprache „Jargon", sie setzt sich aus deutschen, hebräischen, polnischen und russischen Worten zusammen. Diese Sprache haben zu jener Zeit Millionen Menschen gesprochen, und ich denke, daß bis auf den heutigen Tag mehr literarische Werke in Jiddisch entstehen als im offiziellen israelischen Hebräisch.

Weil ich nicht jiddisch spreche, unterhielten Manger und ich uns englisch. Erstaunlich war, daß Manger kein Polnisch verstand, obwohl er ein paar Jahre in Warschau gelebt hatte, wie er behauptete. Er ist ein Beispiel für die merkwürdige ethnische Grenze, die irgendwo in der Nähe der Bielańska-Straße durch die Stadt verlief und die Innenstadt vom jüdischen Viertel trennte. Zwei gesonderte Welten! „Die Jungen, die in der polnischen Gesellschaft ihren Weg suchten, verloren den Boden unter den Füßen, da sie mit der Tradition und den jüdischen Sitten brachen, und fanden sich in einer Wüstenei wieder. Mich hat erschüttert, daß alles, was ich in jenen Jahren über diese dürre Wüste wußte, in der diese Jungen und Mädchen aus dem jüdischen Getto lebten, nichts als Abstraktion war", schrieb ein bekannter polnischer Künstler.

Manger las mir einmal ein neues Gedicht auf ziemlich sonderbare

---

Manger, Itzik – Der jiddische Lyriker, Erzähler und Dramatiker Itzik Manger (1901–1969) gilt als einer der bedeutendsten Vertreter der modernen jiddischen Dichtkunst.

Weise vor. Er begann mit den Worten: „Bidnes kalekies" – hier unterbrach er und fügte englisch hinzu: „It means poor cripples." Darauf ich sofort: „Das müssen Sie mir nicht übersetzen, das ist ja beinah Polnisch."

Manger gehörte zu den nicht mehr existierenden Kleinstadtjuden Osteuropas, und sowohl im großen London wie auch später in New York war er, obgleich eingelebt in die angelsächsische Kultur, mit dem Herzen im Land seiner Jugendjahre geblieben. Ein wenig hab ich an ihn gedacht, als ich in meiner „Elegie der jüdischen Städtchen" schrieb: „Verschwunden sind die kleinen Städtchen, wo der Schuster ein Poet war, der Uhrmacher Philosoph, der Friseur ein Minnesänger."

Unter der zweisprachigen Mitwirkung des Autors übersetzte ich sein Gedicht „Am Weg stand ein Baum"; denn Manger lag viel an polnischen Übertragungen. Als der internationale PEN-Club beschloß, seinen Delegierten zur feierlichen Enthüllung des Denkmals für die Helden des Gettos nach Warschau zu entsenden, delegierte man auf meine Initiative hin Itzik Manger. Ein bißchen Kummer hatten wir mit ihm, weil er sich nur unter der Bedingung einverstanden erklärte, daß ihm der PEN-Club einen schwarzen Hut und eine „box" kaufte. Ein schwarzer Hut, das war verständlich, aber was sollte die „box", der Karton? Nun, im Heimatstädtchen Mangers reiste man, wie überall unter der armen jüdischen Bevölkerung üblich, statt mit einem teuren Koffer mit einem Korb oder einem verschnürten Pappkarton. Wir kauften den Hut, er erklärte sich mit einem Koffer einverstanden und reiste nach Warschau, wo er eine sehr schöne Rede hielt. Selbstverständlich auf jiddisch.

Zu wem und in welcher Sprache spricht heute Manger? Ich fürchte, daß seine Stimme ins Leere rinnt. Die wehmutsvolle, lyrische Stimme verstummt, übertönt von der oft brutalen und unmenschlichen Kunst der Moderne.

Ein altes englisches Fräulein hat in ihm einen Propheten gesehen. Er war kein Prophet, er war ein Trauernder, der im erhabenen Gesang der Synagoge die Vergangenheit beweinte und alle fernen, verlorenen Heimatländer.

It means poor cripples." – (engl.) „Das heißt arme Krüppel."

Personenverzeichnis

Aufgeführt sind nur die Namen von Personen, deren Wirken oder
deren Erwähnung im Zusammenhang mit den Vorkommnissen im
Warschauer Getto stehen. Opfer und Peiniger sind, wie es ein al-
phabetisch angeordnetes Register nun einmal mit sich bringt, in
formalem Einvernehmen auf engem Raum zusammengedrängt.
Zusammengedrängt auf engem Raum waren sie auch vor vierzig
Jahren – allerdings in einer Konfrontation auf Leben und Tod,
in dem das Leben kaum eine Chance hatte. So ist der Herausgeberin keineswegs wohl zumute, etwa die Gestapobestie Brandt
zwischen den beiden großen humanistischen Dichtern Brandstaetter und Broniewski zu entdecken. Doch wem ist schon wohl bei
der Lektüre dieses Buches? Lesen wir die Namen der Schuldlosen,
aber auch die der Schuldigen, als eine Litanei:

Quellenverzeichnis

Józef *Bau, Hunger (II)*
aus: „Pieśń ujdzie cało", Warszawa/Łódź/Kraków 1947
(Numerierung des Gedichts stammt von der Herausgeberin)

Helena *Boguszewska, Juden fahren Roller*
aus: „Adolf i Marian", Wydawnictwo Literackie, Kraków 1980

Tadeusz *Borowski, Der Mann mit dem Päckchen*
aus: „Opowiadania Wybrane", Państwowy Instytut Wydawniczy,
Warszawa 1971

Roman *Brandstaetter, Josel Rakower rechtet mit Gott*
aus: „Tygodnik Powszechny", 81/14

Władysław *Broniewski, Den Juden Polens*
aus: „Polnische Lyrik aus 5 Jahrzehnten", Aufbau Verlag, Berlin
1975
(übersetzt von Martin Remané)

Marek *Edelman, Widerstand*
Auszug aus: „Getto walczy", Warszawa 1945
(Titel des Beitrags stammt von der Herausgeberin)

Jerzy *Ficowski, Ein Brief an Marc Chagall*
aus: „Moje strony świata", Czytelnik, Warszawa 1957; *Postscriptum* aus: „Ptak poza ptakiem", Czytelnik, Warszawa 1968

Izabela *Gelbard, Klage um Szaja Judkiewicz*
aus: „Pieśni żałobne getta", 1946

Lejb *Gordin, Hunger (I) – Eine 24-Stunden-Chronik*
aus: ARG (Archivum Getta) I
(Im Original jiddisch; nach der Übersetzung von Lamdan. Der Titel „Hunger (I)" stammt von der Herausgeberin.)

Janka *Heszeles, Bełżec*
aus: „Pieśń ujdzie cało", Warszawa/Łódź/Kraków 1947

Ludwik *Hirszfeld, Der letzte Aufschwung eines untergehenden
Volkes*
aus: „Historia jednego życia", Czytelnik, Warszawa 1946

Mieczysław *Jastrun, Die Witwe*
aus: „Z różnych lat", Wydawnictwo Literackie, Kraków 1981

Anna *Kamieńska, Traum von Janusz Korczak*
aus: „Deszczowe lato", Państwowy Instytut Wydawniczy, Warszawa 1980

Janusz *Korczak, Letzte Seiten*
aus: „Pisma wybrane IV", Nasza Księgarnia, Warszawa 1978
(Titel des Beitrags stammt von der Herausgeberin)

Czesław *Miłosz, Ein armer Christ blickt aufs Getto*
aus: „Ocalenie", Czytelnik, Warszawa 1945

Zofia *Nałkowska, Die Friedhofsfrau*
aus: „Medaliony", Czytelnik, Warszawa 1970

Marian *Pańkowski, Homer*
aus: „Sto mil przed brzegiem", Państwowy Instytut Wydawniczy, Warszawa 1958

Joszua *Perle, Nummer 4580*
aus: „Archiwum Ringelbluma. Getto Warszawskie lipiec 1942 – styczeń 1943", Państwowe Wydawnictwo Naukowe, Warszawa 1980

Erna *Rosenstein, 1943*
aus: „Spoza granicy mowy", Czytelnik, Warszawa 1976

Adolf *Rudnicki, Isaaks Opferung*
aus: „Noc będzie chłodna, niebo w purpurze", Wydawnictwo Literackie, Kraków 1977

Krzysztof E. *Śliwiński, Introduktion: „Ein armer Christ blickt aufs Getto"*
aus: „Więź", 1972/4
(Die in diesem Beitrag zitierten Passagen aus Bogdan Wojdowskis Roman „Brot für die Toten" werden in der Übersetzung von Henryk Bereska, Verlag Volk und Welt, Berlin 1974, wiedergegeben.)

Antoni *Słonimski, Alphabet der Erinnerungen: Manger, Itzik*
aus: „Alfabet wspomnień", Państwowy Instytut Wydawniczy, Warszawa 1975

Noëmi *Szac-Wajnkranc, Joasia / Zosia / Alusias Tagebuch / Im „Kessel" / Das Getto brennt / „Bockade, snell runterpommen ..." / Neujahr*
aus: „Przeminęło z ogniem", Warszawa/Łódź/Kraków 1947

Władysław *Szlengel, Was ich den Toten las*
aus: „Co czytałem umarłym", Państwowy Instytut Wydawniczy, Warszawa 1979

Władysław *Szpilman, Die ersten Deutschen / Meines Vaters Ver-beugungen / Ihr seid Juden? / Unterwegs / Greifer / Inmitten sei-ner Bilder ... / Der Umschlagplatz / Nocturne c-Moll / Postscriptum*
aus: „Śmierć miasta", Spółdzielnia Wydawnicza, Warszawa 1946
(Die Titel der Beiträge „Unterwegs", „Greifer" und „Inmitten sei-ner Bilder" ... stammen von der Herausgeberin)

Julian *Tuwim, Wir – die polnischen Juden*
aus: „Pieśń ujdzie cało", Warszawa/Łódź/Kraków 1947

Józef *Wittlin, Der heilige Franziskus und die armen Juden*
aus: „Pisma Zebrane", Państwowy Instytut Wydawniczy, Warsza-wa 1978

Bogdan *Wojdowski, Gettogeschichten*
aus: „Mały człowieczek, nieme ptaszę, klatka i świat – Opowia-dania zza muru", Państwowy Instytut Wydawniczy, Warszawa 1975
(Die Reihenfolge der sechs Erzählungen ist in der Originalausgabe wie folgt: „Ein kleines Menschlein, ein stummes Vögelchen, ein Käfig und die Welt", „Der Sack", „Streit auf der Krochmalna", „Blut-händchen", „Grzybowski-Platz" und „Morgen frei")

Franciszek *Ząbecki*
(Augenzeugenbericht; s. Nachbemerkung zu Janusz Korczak, „Letzte Seiten")
Auszug aus: „Wspomnienia dawne i nowe", Instytut Wydawniczy „PAX", Warszawa 1977

Jerzy *Zawieyski, Requiem für zwei Freunde*
aus: „Romans z ojczyzną", Czytelnik, Warszawa 1971

Szmul *Zygielbojm, Auflehnung*
aus: Władysław Bartoszewski, „Vergossenes Blut uns verbrüdert", Interpress-Verlag, Warszawa 1970
(Der Titel des Beitrags stammt von der Herausgeberin; einleiten-der Kommentar und Übersetzung im Wortlaut der polnischen Ori-ginalausgabe.)

Briefe 1942
aus: „Archiwum Ringelbluma. Getto Warszawskie lipiec 1942 – styczeń 1943", Państwowe Wydawnictwo Naukowe, Warszawa 1980

Gebet für die in den Tagen der Vernichtungsaktion Verschleppten
aus: „Archiwum Ringelbluma. Getto Warszawskie lipiec 1942 – styczeń 1943", Państwowe Wydawnictwo Naukowe, Warszawa 1980

Als Informationsquelle und Orientierungshilfe dienten ferner: Władysław Bartoszewski, „Ten jest z ojczyzny mojej", Znak, Kraków 1969; ders., „1859 Dni Warszawy", Znak, Kraków 1974; Bernhard Mark, „Powstanie w getcie warszawskim", Żydowski Instytut Historyczny, Warszawa 1954. Władysław Bartoszewski, „Vergossenes Blut uns verbrüdert", Interpress-Verlag, Warszawa 1970, wurde verschiedentlich im Wortlaut für die Texte bei Kommentaren und Anmerkungen herangezogen.

Inhaltsverzeichnis

321

322

Willem Zuidema
Gottes Partner

Begegnung mit dem Judentum
Information Judentum, Bd. 4, ca. 280 Seiten,
Paperback ca. DM 34,–

Dieses Buch ist geboren aus vielen Gesprächen und Fragen. Als allgemeinverständliches Standardwerk zum Judentum eignet es sich für alle, die nach Erfahrungen der jüdischen Lebenswelt suchen. Es versteht sich als Handbuch, als Handreichung für den, der sich in die Gedankenwelt des Judentums einleben möchte, aber auch für den, der sich für die jüdischen Hintergründe des Christentums und der abendländischen Kultur interessiert. Das Buch entstand aus einer sehr persönlichen Beziehung zum Judentum, die in vielen Begegnungen heranwachsen konnte. Der Verfasser ist darum bemüht, sich selbst gegenüber so ehrlich und kritisch zu sein, wie er das dem Judentum gegenüber zu sein bemüht ist. In seinem Urteil ist er sehr behutsam, und Vorurteile möchte er zurechtrücken. Das Wort vom »Partner Gottes« zeigt, wie stolz der Jude darauf ist, Mitarbeiter Gottes zu sein – Mitarbeiter am Schöpfungswerk Gottes, der ihm Begleiter und Partner sein will auf dem Weg, den die Tora ihm vorgezeichnet hat.
Die deutsche Ausgabe von »Gods Partner« ist gegenüber der holländischen Originalausgabe erweitert: Der Übersetzer Dr. Wolfgang Bunte hat in einem Anhang eine vollständige Zusammenstellung der 613 Mizwot hinzugefügt, die somit erstmals in einer deutschen Fassung vorliegen.

Willem H. Zuidema (geb. 1932) studierte evangelische Theologie an der Freien Universität Amsterdam und der Hochschule Kampen, Judaistik an der Protestantisch-Theologischen Fakultät der Universität Brüssel. Seit 1975 arbeitet er als Studiensekretär für jüdisch-christliche Beziehungen der Gereformeerde Kerken in den Niederlanden.

Neukirchener Verlag

Hans
Prolingheuer
Ausgetan
aus dem Land
der Lebendigen
Leidens-
geschichten
unter Kreuz und
Hakenkreuz
Neukirchener

Mit einem Vorwort von Wolfgang Huber
236 Seiten mit zahlreichen Fotos und Dokumenten,
Paperback DM 19,80

Genau 50 Jahre nach dem »freudigen Ja!« vieler Kirchen und Kir-
chenführer zum totalen Staat Adolf Hitlers legt Hans Prolingheuer
– dessen erste Veröffentlichung als die »Entmythologisierung des
Kirchenkampfes« Aufsehen erregte – ein neues Buch vor über den
Weg und Irrweg der Kirchen im »Dritten Reich«.
Und wieder ist es keine spröde kirchengeschichtliche »Abhandlung«, sondern vielmehr die lesbar und spannend geschriebene
Bekanntmachung verschwiegener und vergessener Lebensläufe,
die im »Dritten Reich« in Leidenswege mündeten. Prolingheuer
nennt Namen und Tatsachen, macht kirchliche Schuld konkret, beschreibt Leidenswege, die liebgewordene Legenden zerstören.
In vier bzw. fünf voneinander unabhängigen und dennoch eng miteinander zusammenhängenden Lebensbildern gibt der Verfasser
nach jahrelangen, systematischen Recherchen anhand zahlreicher,
bisher unbekannter und unveröffentlichter Dokumente und Fakten einen erschütternden, aber lehrreichen Einblick in die Geistes-
verfassung der Kirchen und Kirchenleitungen während der ersten
Hälfte unseres Jahrhunderts, das Otto Dibelius einst »Das Jahrhundert der Kirche« nannte.

Neukirchener Verlag

Im Herbst 1983 erscheint:

Philip Hallie
... Daß nicht unschuldig Blut vergossen werde

Die Geschichte des Dorfes Le Chambon und wie dort Gutes geschah

»Philip Hallie, ein jüdischer Ethikprofessor an einer Universität der USA, ›entdeckte‹ im Jahre 1976 das Dorf Le Chambon-sur-Lignon im Département Haute-Loire als eines der wichtigsten Zentren in Frankreich für die Rettung flüchtiger Juden in den vier Jahren der Besetzung durch die nationalsozialistischen Deutschen und während des Regimes von Vichy. Der Kampf, den dieses Dorf geführt hat, ist von höchstem ethischen, sittlichen Interesse . . . Sein Protagonist – ›die Seele von Chambon‹ – ist Pastor André Trocmé, der Pfarrer dieser fast ausschließlich reformierten Gemeinde. Ihm zur Seite steht seine Frau Magda Grilli, eine Italienerin mit unbeirrbarem mütterlichen Instinkt, die spontan und gleichsam unbewußt jeweils das Gute und Richtige tut, allen Gefahren zum Trotz. Der andere Geistliche am Ort, Edouard Theis, ist der Dritte im Bunde – doch spielt das ganze Dorf in diesem Drama unentwegt und tapfer mit . . . Mit Klugheit, List und unerschrockenem Mut organisieren sie den Widerstand gegen Vichy und die Nazis.

Der Autor des Buches beschreibt minutiös und spannend die einzelnen Phasen dieses ungleichen, aber für Trocmé und seine Gemeinde stets siegreichen Kampfes. Hunderte, wenn nicht Tausende verfolgter Juden, die längere oder kürzere Zeit in Le Chambon Aufnahme fanden, wurden auf diese Weise gerettet. Wer wußte bisher – außerhalb vielleicht der reformierten Kreise in Frankreich – von diesen Vorgängen? Was die katholische Kirche getan (oder unterlassen) hatte, war in aller Munde, Chambon, dieses 400-Seelen-Dorf, wurde vergessen . . .

Das Buch müßte eigentlich ein ›Bestseller‹ werden: So viel Menschlichkeit, so viel Ergriffenheit atmet dieser ohne literarischen Ehrgeiz, aber mit der Anmut der Wahrheit geschriebene Bericht.«
(Paulus Gordan OSB)

Neukirchener Verlag